二十四史精华

二十四史是我国古代二十四部正史的总称

姜忠喆 / 主编

辽海出版社

目　录

晋　书

《晋书》概论 ·· 2
政　略 ·· 12
　　卫瓘借酒吐真言 ·· 12
御　人 ·· 13
　　崇尚虚浮　终致一死 ··· 13
法　制 ·· 15
　　刘暾不畏权臣 ·· 15
　　陆云巧断命案 ·· 15
军　事 ·· 17
　　风声鹤唳 ·· 17
　　草木皆兵 ·· 17
　　姚泓兵败 ·· 18
理　财 ·· 20
　　刘实崇俭 ·· 20
　　慕容超亡国 ··· 20
德　操 ·· 22
　　外坦内淳 ·· 22
　　桓冲厚报羊主 ·· 22
传世故事 ··· 24
　　晋明帝除霸 ··· 24
　　贾后一石两鸟 ·· 25
　　杜预为晋兴邦 ·· 26

刘舆因才受重用 ………………………………… 28
　　骄兵必败 …………………………………………… 29
　　范坚维护国家法制 ………………………………… 30
　　桓温与殷浩之争 …………………………………… 31
　　孔严太守宽宥王谈 ………………………………… 32
　　石勒纳谏 …………………………………………… 33
人物春秋 ……………………………………………… 35
　　南征北战风雨中——晋帝司马炎 ………………… 35
　　右军才气世所夸——王羲之 ……………………… 54

宋　书

《宋书》概论 ………………………………………… 62
政　略 ………………………………………………… 69
　　宋武帝刘裕 ………………………………………… 69
　　何尚之进谏 ………………………………………… 70
御　人 ………………………………………………… 72
　　宋武帝用人良苦 …………………………………… 72
法　制 ………………………………………………… 73
　　萧惠开令行禁止 …………………………………… 73
　　奚显度苛虐无道 …………………………………… 74
军　事 ………………………………………………… 75
　　刘义真兵败 ………………………………………… 75
　　沈攸之截粮 ………………………………………… 76
　　宗越治军 …………………………………………… 76
理　财 ………………………………………………… 78
　　刘休佑刻薄至极 …………………………………… 78
　　清廉之士朱修之 …………………………………… 78
德　操 ………………………………………………… 80
　　刘德愿、羊志善哭得官 …………………………… 80
　　步履轻　因母病 …………………………………… 80
　　蔡廓奉兄如父 ……………………………………… 81

宋武帝钟爱义恭 …………………………………… 82
　　张敷思母之情 ……………………………………… 82
　　范晔走向刑场 ……………………………………… 83
　　严世期善举义行 …………………………………… 84
　　刘凝之终归隐逸 …………………………………… 85
传世故事 ……………………………………………… 87
　　蒯恩喂马 …………………………………………… 87
　　刘义隆感恩 ………………………………………… 87
　　颜竣嫉妒能人 ……………………………………… 87
　　荀伯子自夸 ………………………………………… 88
　　张敷不能容人 ……………………………………… 88
　　为官为家　高风亮节 ……………………………… 88
人物春秋 ……………………………………………… 90
　　田园诗人"五柳先生"——陶潜 …………………… 90
　　金戈铁马　气吞万里如虎——刘裕 ……………… 93

南齐书

《南齐书》概论 ………………………………………… 106
政　略 ………………………………………………… 110
　　清官刘怀慰 ………………………………………… 110
　　一身之外　亦复何须 ……………………………… 110
御　人 ………………………………………………… 112
　　张敬儿求官 ………………………………………… 112
　　孔琇之为官 ………………………………………… 113
法　制 ………………………………………………… 114
　　傅琰断案 …………………………………………… 114
　　袁彖被释 …………………………………………… 115
理　财 ………………………………………………… 116
　　宋明帝贪吃丧命 …………………………………… 116
　　齐明帝"好俭喜约" ………………………………… 116

德　操	118
刘瓛太迂阔	118
沈约撰《宋书》	119
传世故事	120
齐明帝尽杀武帝诸子	120
兄弟相攻	120
崔慧景起兵围建康	120
张绪父子显才	121
人物春秋	123
流俗势力　终被赐死——江谧	123
精通历法　长于技艺——祖冲之	124

梁　书

《梁书》概论	128
政　略	131
太子赈贫	131
萧秀恤民	131
御　人	133
梁武帝"射钩斩袪"	133
法　制	135
乐蔼博识断案	135
军　事	136
司州陷落	136
冯道根口不论勋	137
理　财	139
鱼弘四尽	139
太守何远	139
德　操	141
吕僧珍性甚恭慎	141
萧伟豪奢乐施	141

传事故事 ·· 143
　梁武帝伺变 ·· 143
　何敬容独勤政务 ···································· 144
　刘览不徇私情 ······································ 144
　明哲妇人 ·· 145
　陆琛造茅屋读书 ···································· 145
　沈瑀正人先正己 ···································· 145
　范述曾两袖清风 ···································· 146
人物春秋 ·· 147
　忠厚至孝　勤勉政事——萧衍 ······················ 147
　唯物主义无神论者——范缜 ·························· 157

陈　书

《陈书》概论 ·· 164
政　略 ·· 167
　侯安都居功自傲 ···································· 167
　迁都之议① ·· 168
　不辱使命 ·· 169
法　制 ·· 170
　铁面无私 ·· 170
　姚察拒馈赠 ·· 170
军　事 ·· 172
　虎将程文季 ·· 172
　将军章昭达 ·· 172
　仁者必有勇 ·· 173
理　财 ·· 174
　吴明彻救济乡亲 ···································· 174
　守财奴 ·· 174
德　操 ·· 176
　侠御将军 ·· 176
　避利免祸 ·· 176

岁寒知松柏之后凋 …………………………… 177
　　富妻不嫌穷夫 ………………………………… 178
传世故事 …………………………………………… 179
　　鲁悉达终附陈高祖 …………………………… 179
　　郑灼以瓜镇心读书 …………………………… 179
人物春秋 …………………………………………… 180
　　坎坷一生——陈后主叔宝 …………………… 180
　　才华横溢受君宠——张丽华 ………………… 181

魏　书

《魏书》概论 ……………………………………… 184
政　略 ……………………………………………… 191
　　笔公古弼 ……………………………………… 191
　　高允直谏 ……………………………………… 193
御　人 ……………………………………………… 195
　　公孙轨先廉后贪 ……………………………… 195
　　卢昶有辱使命 ………………………………… 196
法　制 ……………………………………………… 198
　　孝文帝大义灭亲 ……………………………… 198
　　司马悦辨真凶 ………………………………… 199
理　财 ……………………………………………… 201
　　贪人败类 ……………………………………… 201
　　杨氏不羡荣华 ………………………………… 201
德　操 ……………………………………………… 203
　　李洪之贪赃丧命 ……………………………… 203
传世故事 …………………………………………… 205
　　鲜卑主误杀其子 ……………………………… 205
　　魏太宗善用贤士 ……………………………… 206
　　孝静帝用臣反为臣用 ………………………… 207
　　崔氏以身作则　不孝子回心转意 …………… 208
　　柳崇巧审疑案 ………………………………… 209

魏高祖褒忠求贤 …………………………………… 210
　　赵修小人得志　暴富暴亡 ………………………… 211
　　折箭教子一场空 …………………………………… 212
人物春秋 ………………………………………………… 214
　　心境悠然　政治宽松——拓跋宏 ………………… 214
　　奇才忠贞思报国　历侍王朝五十载——高允 …… 216

北齐书

《北齐书》概论 ………………………………………… 236
政　略 …………………………………………………… 238
　　高欢劝政 …………………………………………… 238
　　赵彦深其人其事 …………………………………… 238
御　人 …………………………………………………… 242
　　孙搴之事 …………………………………………… 242
法　制 …………………………………………………… 244
　　口手俱足　余无所需 ……………………………… 244
　　苏琼执法严明 ……………………………………… 245
理　财 …………………………………………………… 248
　　主幼政荒 …………………………………………… 248
　　北齐之亡 …………………………………………… 250
德　操 …………………………………………………… 252
　　魏收作史　多撼于人 ……………………………… 252
传世故事 ………………………………………………… 256
　　称兄道弟　志在谋权 ……………………………… 256
　　高欢试子 …………………………………………… 257
　　宠子为害子之祸根 ………………………………… 258
人物春秋 ………………………………………………… 260
　　神武皇帝——高欢 ………………………………… 260
　　屡建战功　名显一时——斛律金 ………………… 270

周 书

《周书》概论	274

政　略 …… 279
　　因时制宜政之上务 …… 279
　　国君乃百姓之表 …… 279
　　清浊之由在于官之烦省 …… 280

法　制 …… 281
　　柳庆断案二三例 …… 281

军　事 …… 284
　　沙苑之战 …… 284
　　西魏创建府兵制 …… 285

理　财 …… 286
　　苏绰论尽地力 …… 286
　　治民当先治心 …… 287

德　操 …… 288
　　周武帝克己励精 …… 288
　　得其人则治 …… 289

传世故事 …… 290
　　周武帝禁佛道二教 …… 290
　　周武帝释放奴婢 …… 290
　　苏绰论教化 …… 290
　　门资与刀笔论 …… 290
　　名医姚僧垣 …… 291

人物春秋 …… 292
　　逞武扬威荡齐国——高祖武皇帝 …… 292

晋书

《晋书》概论

《晋书》，唐房乔即房玄龄撰，共130卷，计有本纪10卷，志20卷、列传70卷、载记30卷，记载从晋武帝泰始元年至恭帝元熙二年（256—420年）156年的史事，诸志所载典章制度则上承汉末。书中虽多矛盾、疏漏，但仍是研究晋史的主要依据。

一

《晋书》130卷，始修于唐太宗贞观十八年（644年），至二十年修成。按朝代顺序，《晋书》在二十四史中列第五，但从成书年代看，《晋书》成于唐初，在宋、齐、魏乃至隋书之后，距西晋灭亡已有300多年，距东晋灭亡也有200多年。

《晋书》题为房乔撰，实际上是一部集体撰制的官修史书。在我国史籍的编撰史上，唐初可以说是一个转折点。唐代以前，史书的编撰是官修和私人编撰并存而以私家著述为主，私家编撰的史书往往不能完全符合当权统治集团的需要，甚至某些奉诏所修的国史，也由于修史者不尽站在以皇帝为代表的最高统治集团一边，自觉不自觉地触及乃至危害其统治利益，因此在隋文帝统一全国后，为了进一步加强中央集权，在史学方面加强了控制，开皇十三年（593年）下诏："人间（即民间）有撰集国史、臧否人物者，皆令禁绝。"（《隋书·文帝纪》）这是明令禁绝私人撰集国史。唐朝政治上的再度统一，要求思想文化方面有相应的措施，扫除分裂割据的痕迹，树立统一的历史观。私人修史远远不能适应这种形势的需要。于是在贞观三年（629年）设置专门的修史机构，从而把官修国史制度化，完成了国史从私修到官修的过渡。《晋书》的编修正是这种官修史书背景下的重要产物。

《晋书》的撰稿人很多，参加编写工作的共有22人。其中房玄龄（即房乔）、褚遂良、许敬宗3人为监修，即担任主编；此外，唐太宗李世民还亲自写了宣帝纪、武帝纪、陆机传、王羲之传等4篇论赞，所以《晋书》旧称"太宗文皇帝御撰"也是有道理的。

二

《晋书》以其130卷的巨制，能在短短3年时间内编成，除上面提到的编写人员众多这个因素外，另一个因素则是可供直接参考的资料十分丰富。唐朝官修的《晋书》所利用的史料大致有3个来源：一是两晋南北朝时期各家撰著的有关晋朝历史；一为晋朝各帝的起居注；一为杂史文集等史料。

首先是18家晋史。晋末距唐初已有200余年，在这一段时间内，研究晋史的学者很多，据《隋书·经籍志》和《唐书·艺文志》所载，已成书的不下20家。唐太宗在《修〈晋书〉诏》中称："前后晋史十有八家"。但究竟是哪18家，到现在已很难确定，一般通行的意见，是指：晋陆机的《晋纪》，王隐的《晋书》、谢沈的《晋书》、干宝的《晋纪》、邓粲的《晋纪》、孙盛的《晋阳秋》、虞预的《晋书》、曹嘉之的《晋纪》、何法盛的《晋中兴书》、朱凤的《晋书》、宋：徐广的《晋纪》、檀道鸾的《续晋阳秋》、裴松之的《晋纪》、谢灵运的《晋书》；齐：臧荣绪的《晋书》；梁：萧子云的《晋书》，萧子显的《晋史草》，沈约的《晋书》等18家。此外还有晋：束皙的《晋书》帝纪十志、荀绰的《晋后书》、习凿齿的《魏晋春秋》；宋：刘谦之的《晋纪》、王韶之的《晋纪》、郭季产的《晋纪》；梁：萧铣的《东晋新书》、郑忠的《晋书》等8家，也在参考之列。

上述这些史书，体例不尽相同，有的属纪传体，有的为编年体；所记年限也不尽一致，有的只写到西晋灭亡，有的仅东晋一朝史事，而最使唐初统治集团深感不满的,是没有一个尽善尽美的本子为他们所用,所以唐太宗要批评说"(臧)荣绪烦而寡要,行思(谢沈)劳而少功,叔宁(虞预)味同画饼,(萧)子云学堙涸流,处叔(王隐)不预于中兴,(何)法盛莫通乎创业"。至于干宝、陆机、曹嘉之、邓粲只不过略记帝王,檀道鸾、孙盛、徐广、裴松之等人虽然富有才华,然而"其文既野,其事罕有"。于是下诏重修。唐朝官修的《晋书》即以臧荣绪的《晋书》为底本,参考其余史料,重新编写而成的。

其次是晋朝的起居注。晋朝的史官是著作郎兼任的,初隶属于中书省,晋惠帝时,又设置著作郎一人,称为"大著作",专掌史任,同时设辅助性的佐著作郎8人。著作郎掌起居集注,记录皇帝言行和当朝大事。因此晋朝的起居注很多,据《隋书·经籍志》记载,就有23种,共557卷,这也是修《晋书》的重要参考资料。

再次是杂史文集,包括有晋朝旧事、五胡十六国史及杂说3种。关于晋朝旧事的有《晋朝杂事》《晋宋旧事》《晋要事》《晋故事》《晋建武故事》《交州杂事》《晋八王故事》《桓玄伪事》《晋东宫旧事》等书。五胡十六国的国书30家,及崔鸿的《十六国春秋》等书。杂说如傅畅的《晋诸公赞》、郭颂的《魏晋世语》、刘孝标《世说新语注》、祖冲之的《述异记》、刘义庆的《幽明录》、干宝的《搜神记》、东阳无疑的《齐谐记》许善心的《符瑞记》等书。

正是由于唐朝官修《晋书》取材宏富,加之编纂得当,所以明显优于以往各种晋史。唐代著名史学家刘知几在他的史学名著《史通》中说,自从唐本《晋书》出现后,"言晋史者皆弃其旧本,竞从新撰者焉"。唐朝官修《晋书》能够取代旧有的18家晋史,得到广泛流传,说明它的编写是成功的,也自有其存在的价值。

《晋书》系叙述两晋(西晋、东晋)时期155年(265—419年)的历史。总括起来,它有如下特点和价值。

首先,从编辑分工合作情况看,《晋书》是官修史书中组织分工比较合理、能够发挥各家专长的一部史学著作。在《晋书》的修撰过程中,主持监修的房玄龄等人对组织分工作了比较合理的安排,因其所长，分工撰录，便于发挥个人专长，然后集合各人的专长，合成一书。这在官修史书上是一个比较突出的特点。后代官修史书在这方面是赶不上《晋书》的。

其次，从编辑体例来说，《晋书》在古代史籍中是体例比较合理并有所创新的一部史学著作。《晋书》的编辑体例，基本上沿袭《史记》《汉书》《宋书》《南齐书》《魏书》的体例并加以发展。有本纪、列传、志书和载记，发挥了纪传体史书固有的特色。本纪中的宣帝、景帝、文帝三纪，追述西晋建立前曹魏后期司马氏专权的历史，说明晋朝帝业的开创始末。这3个人虽没有帝号，陈寿《三国志》也未立传。干宝《晋纪》创立三帝纪，唐修《晋书》承袭这种做法，并对以后的《金史》创立《世纪》产生了影响。

《晋书》列传的编次，很是得体。例如陶潜死于刘宋，为了褒奖他心不忘晋，也为他立传；桓温本有争晋的阴谋，所以他的传不列入桓彝之下，而是与王敦、桓玄同入叛逆传中。70卷列传，共列入772人，除按时代先后编次外，还有很多合传。其中有按高门士族合为一传的，有的多达10人以上，如桓彝子孙16人、安平王司马孚子孙13人、王湛子孙12人、陶侃子孙11人，分别合为一传。这种写法反映了当时士族的强盛和时人对门第观念的重视。有的则按传主的共同特点合传，如阮籍、嵇康、向秀、刘伶等人合传，是因为他们都具有"其进也，抚俗同尘；其退也，餐和履顺，以保天真"的特点。比如将徐广、陈寿等12人合为一传，皇甫谧、束皙等4人合为一传，则是因为他们都是历史学家、考古学家。又比如卷五十九的八王合为一传，若以世次论，他们根本不可能合为一传，但因为他们是导致西晋灭亡的"八王之乱"的罪魁，所以也合为一传。

《晋书》中载记的运用是最具特色的体裁。载记是用来记叙新市、平林、公孙述等的割据势力，有些类似于《史记》的世家。《晋书》写的是统一皇朝的历史，对于东晋十六国时期的历史记载，自然贯彻着一种统一的思想。十六国都在中土，又不受晋封，势难以按照《史记》的世家那样处理，因为世家所列诸侯皆由周王室分封而承认周王室为天下共主，这样就只有援引"载记"之例，分国记述前赵、后赵、前燕、前秦、后秦、后蜀、后凉、后燕、西秦、北燕、南凉、南燕、北凉、夏等14个政权。三十载记，只称"僭伪"，不强调"华夷"，正是唐太宗摒弃华夷之辨的狭隘民族偏向，实行"爱之如一"的民族政策的思想的直接体现。

再次，从史料的角度来看，《晋书》取材广泛，内容丰富，叙事详尽，是一部具有较高史料价值的史学著作。这是《晋书》的一大优点。唐代创官家修史，在图书资料的汇集和人力的组织上都要优于私家。前文在叙及《晋书》的史料来源时曾提18家晋史及其他史著，这在《晋书》中也有反映。比如在《晋书》本纪中，追溯了曹魏末年司马氏专政和代魏的历史，可以弥补《三国志》的不足。在《晋书》列传中，保存的珍贵史料更多，足以反映两晋时期社会矛盾的全貌以及经济文化发展的情况。同时，列传中多载有原始的历史文献，如《禹贡地域图序》（卷三十五）、裴頠的《崇有论》（卷三十五）、刘寔的《崇让论》（卷四十一）等，对于说明晋代的社会风俗，都是极重要的文献。再比如五胡十六国这段历史，在《晋书》以前虽有《三十国春秋》《十六国春秋》等著作，但原著久已失传，今天所能看到的，只是后人的辑本，因而研究这一段历史就不能不留意《晋书》三十载记。此外，唐以前虽有为数众多的晋史著作，但《晋书》取代这些著作后，大多都已失传，流传到今的全本几乎没有了，所以在保存史料方面，《晋书》无疑是有很大成就的。

《晋书》尽管有较完备的体例和充实的史料，但也有其不足之处。

首先值得注意的是《晋书》中所表现的孝道伦理和天命论思想。这还得从魏晋以来的政治、文化思想的变化说起。魏晋以来，由于政权更替频繁，儒教的伦理纲常，尤其是忠君思想，已被大大削弱了。孝道被统治者们死死抱住不放，当成维系其统治的重要手段，所以，从南北朝的各史开始，有关"孝义""孝行"或"孝友"的类传频频出现。到了唐朝，儒家学说逐渐居于正统思想地位。在总结前王得失与进行伦理说教两者之间，《晋书》的修撰者们更多地从后者着眼。因此，宣扬伦理纲常，用以"敦励风俗"，突出孝道，就成为修撰《晋书》的基本思想。这可以说《晋书》的指导思想有别于唐初所修其他各史的一大变化。在《晋书》中，不仅专门为"孝友"产传，就连其他列传也刻意突出孝道。书中所采的"孝悌名流"，有些被后世奉为"孝"的典范，列入"二十四孝图"，足见其影响之深远。另一方面，为了维系和神化皇权，《晋书》还注入了强烈的天命论思想。监修房玄龄按照唐太宗的旨意，明确肯定"王者，必有天命"的命题。因此书中多采摘一些荒诞的神怪故事，"以广异闻"。如《成恭杜皇后传》写皇后少有姿色，长大了还没有牙齿，"帝采纳之日，一夜齿尽生。"《干宝传》说他父亲的一个婢女，幽闭墓中10多年，后来竟然又复苏、嫁人，并且还生儿育女。这种宣扬鬼神怪异，因果报应的文字，对于讲究客观真实的历史著作来说，是极其有害的。

《晋书》另一个值得注意的问题，是它的前后矛盾、疏漏脱落之处。由于是众手修书，参加的人的水平参差不齐，撰成后又未经精心通纂，因而书中存在一些前后矛盾，互不照应之处。至于书中关于人名、地名、官职、时间、地点的错误及前后不一之处，更是不胜枚举。

尽管有上述不当之处，但《晋书》毕竟是在广泛吸取前人成果和占有材料的基础上撰成的，应该说是成绩多于缺点，在我国古代史籍中是一部具有较高水平的史书。加上修撰者多为文学之士，魏晋以来以至唐初，盛行四六骈体文，修撰诸公辞藻华丽，"竞为绮艳"，这对于专门的史学著作讲究笃实的学风来说，固然是不相宜的，但对于一般读者，通过文白对照的形式，展现其中的部分篇什，不是既可以温习一点两晋史实，又可以欣赏到初唐学子的"绮艳"文风么？！

三

我们在这里提供一些有关两晋时期的政治、经济、民族、文化的背景知识可能对了解晋史会有一定帮助。

政治方面：两晋时期政治的一个突出的特点，就是门阀政治（又称贵族政治）。所谓"门阀政治"就是由世家大族把持朝政，出身低微的人是无缘进入官府的。本来，在西汉时期，由于跟随刘邦起事的多为出身低微之徒，后来当上了高官，形成了所谓的"布衣卿相之局"。东汉时期地方世家大族势力虽有所发展，但由于两汉时期采取由社会基层组织推举的"察举"和"征辟"的途径选拔官吏，一些出身寒门的人如果德才兼备还是可以入仕为官的。东汉末年的社会大动荡，摧毁了社会基层组织，原来的"察举"和"征辟"不能有效地进行，曹魏建立后，就实行"九品官人法"，依据人物的品行定为九等，作为选拔官吏的标准，"盖以论人才优劣，非为史世高差"。迄至西晋，当权者司马氏本东汉中叶以来的世家大族，西晋政权所依靠的也是一些世家大族。此时虽继续采用"九品官人法"，但掌握评选标准的却是世家大族，以致形成"上品无寒门，下品无士族"的局面。东晋偏安江东后，门阀政治更是发展到极致，且出现两大变化。其一是地方握有兵权的大族显要往往左右朝政，晋初的"王与马，共天下"就是很好的说明，其后的桓氏家族也是如此。其二是南北士族的结合。东晋所在的江东本是三国时吴国的地盘，与曹魏打击豪强，任人唯才不同，孙吴政权所依据的却是世家大族的势力，等到晋司马氏带领北方士族进入江东时，那里的士族力量已相当强盛，《晋书·王导传》上说："顾荣、贺循、纪瞻、周玘，皆南土之秀"。正是在南北世家大族的共同扶持下，东晋偏安政权才得以延续。门阀政治终东晋一世，直到刘裕取代东晋建立宋朝，门阀政治才算走到了历史的尽头。

　　两晋的门阀政治导致了许多社会现象和社会矛盾。首先，是统治阶级的奢侈和对门第观念的重视。门阀政治和门阀制度的形成，使得士族和寒门成为绝对不可逾越的两大阶层，士族子弟无论才智、品质如何，都可以做到高官，特殊的政治制度保证他们有特殊的社会地位，从而也保证他们有优裕的生活，在这种优裕的生活中，统治阶层腐化了。如晋武帝的宫妾、妃子近万人，皇帝不知在哪家过夜为好，他经常乘着羊车，傍晚时分任羊行走，等到哪家门前停止不前进了，就在哪儿过夜。于是宫女在门前洒上盐水，逗引羊车在自家门前停留。皇帝如此，世家大族更是竞相淫奢。用人乳喂猪者有之，用麦芽糖洗锅者有之，用蜡烛烧火做饭者有之，真是"奢侈之费，甚于天灾"。

门阀制度保证了统治阶级的优越地位和奢侈生活，他们当然竭尽全力去保护它。于是两晋时期对门第观念尤为强调，不仅一切唯出身论，就连通婚、社会交往也要强调彼此的门第和族望。这也就进一步促进了家族观念和牒谱学的勃兴。在《晋书》中往往同一族的人物合为一传，这也是门阀制度的反映。

其次是门阀政治导致了社会矛盾，这种矛盾在东晋尤为明显。东晋立国之初，有北来士族与当地土著士族的矛盾，而在北来士族之间为了争夺中央统治权，也有种种矛盾斗争，这种矛盾斗争突出地表现在"荆、扬之争"上。东晋时期，以扬州为内户，荆州为外闾，扬州虽然是京畿一政治中枢所在；而长江中游的荆州又因为是防御北方的军事重镇，它的经济和军事力量，又常有控制下游的可能，镇守荆州的将领往往拥兵自重，威胁下游的扬州，企图争取最高统治权。而下游扬州的皇室在自身利益受到世家大族威胁时，也往往借助荆州的军事力量进行"清君侧"。这样，为争夺统治权的世族之间的矛盾又和中央与地方的矛盾交织在一起，因而就有了"王敦之乱""苏峻、祖约之乱"和桓温父子的专权，直到东晋灭亡。

两晋时期，民族关系是我国历史上少数民族空前活跃，民族矛盾空前激化，民族融合空前剧烈的时期。自秦汉以来，在我国北方就生活着为数众多的游牧民族，他们逐水草而居，行无定所，社会组织还处于原始社会、奴隶社会或由奴隶向封建社会的过渡阶段。三国鼎立，魏、蜀两国利用少数民族相互牵制、对抗，加上北方草原的旱灾的影响，北方的匈奴（胡）、羯、鲜卑、氐、羌等民族开始大规模地进入中原。西晋初年，进入内地的少数民族已达800多万人。少数民族的迁徙又导致内地汉人的大规模的迁移，加上晋朝统治阶级的盘剥。因而形成了所谓"流民起义"，这在《晋书》中有很充分的记载。随着少数民族大规模地移入，力量也日益强大起来，经过"八王之乱"打击后的西晋王朝，经不起匈奴贵族刘曜、石勒等强大的军事势力的冲击，终于灭亡了。东晋时期，黄河流域已基本上控制在少数民族手中，并建立了为数众多的国家，这就是历史上的"十六国"。少数民族的移入，一方面摧毁了北方的经济，但更重要的是他们在同汉文化的接触过程中，逐渐接受汉文化的熏陶，并逐渐融合在汉文化中。

另一方面，东晋王朝也不断地与北方少数政权发生冲突。在东晋历史上，曾出现多次北伐，著名的如"祖逖北伐""庾亮、庾翼北伐""桓温北伐"等。这些北伐的军事行动要么是准备不充分，要么是受到东晋统治集团的阻挠，最终没有取得成功，它从一个侧面反映了民族矛盾的激化。在南北军事对峙和军事冲突中，著名的如"淝水之战"，锻炼了一批杰出的军事将领，出现了一些典型战例，在军事史上写下了光辉的篇章。

两晋时期民族关系另一个值得注意的趋势，是南方各民族的内迁，像西南的巴、蛮，东南方的山越，这些民族自东汉末年开始活跃，在两晋时期和汉人一起，共同促进了南方经济的开发。

两晋时期经济的发展有两个值得注意的倾向，一是生产关系的变化；一是南方经济的开发。

秦汉时期，主要是一家一户的自耕农经济，经过东汉末年和三国时期的社会大动荡，自耕农经济遭到很大破坏，萌发于西汉末年的庄园经济得到充分发展，并成为两晋时期农业经济的主要形式。在庄园之中，世家大族占有大量土地，建立庄园或别业，庄园之内不仅有种植业，还有种种手工业、制作业和加工业，以及川泽园林。一个庄园构成一个独立封闭的自给自足的经济体系，庄园里从事农业生产的为部曲佃客和奴隶，他们的人身依附关系进一步强化，部曲佃客相当于豪强世族的农奴。在西晋颁布的占田制中，规定按官品的高低占有田地、荫其亲属和占有佃客，从而为世家大族占有田地提供保证。不仅如此，地方豪强还兼并民田甚至官田，世家大族广占田地，建立别业（庄园），役使部曲佃客和奴隶，从而构成了门阀制度的经济基础。

两晋以前，我国的经济重心一直在北方黄河流域，孙吴时期南方经济虽得以开发，但比起曹魏来仍有所不及。东晋偏安江东，大量的北方流民也随之进入长江中下游地区，他们带来了先进的生产技术和大量的人力，从而促进了南方经济的大发展。

两晋时期思想文化方面的突出特征，就是清谈和玄学。清谈是崇尚虚无、空谈名理的一种风气。玄学是指对《老子》《庄子》《周易》这"三玄"的研究与解说。玄学是清谈的主要依据和内容，清谈是对玄学的阐述和表现方式。

然而两晋的清谈玄学既不同于东汉，也不同于曹魏。曹魏时期清谈虽有转向玄虚的倾向，但像何晏、王弼、夏侯玄等人虽是清谈、玄学家，却仍以此为其政治服务。可是，当魏晋政权交替之时，曹氏和司马氏两个集团钩心斗角，愈演愈烈，许多热心政治的名士，相继被杀。于是，一些苟全禄位的大官僚大地主，以玄谈为事，完全流入玄虚之境。这样，清谈玄学成为高门大族有闲者的点缀，或虚饰夸诞，故作姿态；或故弄玄虚，钓名取禄。清谈玄学的这种变化，既有庄园经济作为世家大族的物质基础，又与门阀政治相表里，成为两晋时期社会上层的时髦风尚。不仅士大夫等士族官僚从事清谈，和尚也参加玄谈，如支道林、慧远等都是很有名的清谈家。

清谈玄学如果只是一般有闲阶级的点缀，倒也罢了，要紧的是两晋的一些主要当权者，不理政事，却以清谈为务。如东晋早期丞相王导，可说是一位清谈领袖。《世说新语》说他清谈时，只谈嵇康的《声无哀乐论》《养生论》和欧阳坚石的《言尽意论》3篇的义理，而词锋无所不至。东晋另一名相谢安，少年时清谈还不佳，为此他特别请教过阮裕，但后来与支道林、许询、王濛等谈《庄子》时，却是词气潇洒，才峰秀逸，一座倾倒。又如琅琊大族王衍，也是不理政事，"妙善玄言，唯谈老庄为事"。直到被石勒杀死前，才醒悟过来，懊悔地说，假如以前不崇尚清谈玄学，全力匡救天下，何至于今日。空谈无补于实际。后人指责两晋时清谈误国。西晋既亡，东晋复不振，这也是一个重要原因。

政　略

卫瓘借酒吐真言

惠帝之为太子也，朝臣咸谓纯质，不能亲政事。瓘每欲陈启废之，而未敢发。后会宴陵云台，瓘托①醉，因跪帝床前曰："臣欲有所启。"帝曰："公所言何耶？"瓘欲言而止者三，因以手抚床曰："此座可惜！"帝意乃悟，因谬曰："公真大醉耶？"瓘于此不复有言。贾后由是怨瓘。

（《晋书》卷三十六，卫瓘传）

【注释】

①托：假装。

【译文】

晋惠帝司马衷做太子时，朝中大臣都认为他老实巴交，恐怕将来不能亲政。卫瓘每次都想在武帝面前开口请求废掉太子，却始终不敢开口。后来有一次武帝宴请朝臣于陵云台，卫瓘假装喝醉了酒，便跪在武帝龙床前说："臣有事想启奏皇上。"武帝便问他道："您有什么事要上奏？"卫瓘欲言又止，如此再三之后用手抚摸着龙床说："此座可惜！"武帝心里明白了卫瓘的意思，却故意说："您真是喝得大醉了啊？"卫瓘自此以后再也不提废太子之事。贾后因此对卫瓘耿耿于怀。

御　人

崇尚虚浮　终致一死

（司马）越之讨苟晞也①，衍以太尉为太傅军司。及越薨，众共推为元帅。衍以贼寇锋起，惧不敢当。……俄而举军为石勒所破，勒呼王公，与之相见，问衍以晋故。衍为陈祸败之由，云计不在己。勒甚悦之，与语移日。衍自说少不豫事，欲求自免，因劝勒称尊号。勒怒曰："君名盖四海，身居重任，少壮登朝，至于白首，何得言不豫世事邪！破坏天下，正是君罪。"使左右扶出。谓其党孔苌曰："吾行天下多矣，未尝见如此人，当可活不？"苌曰："彼晋之三公，必不为我尽力，又何足贵乎！"勒曰："要不可加以锋刃也。"使人夜排墙填杀之。衍将死，顾而言曰："呜呼！吾曹虽不如古人，向若不祖尚浮虚，勠力以匡天下，犹可不至今日。"

（《晋书》卷四十三，王衍传）

【注释】

①"越之"句：晋怀帝因为司马越专权，又多违诏命，十分恼火，便于永嘉五年（311年）三月，下诏列数司马越的罪状，并以征东大将军、青州刺史苟桮为讨伐司马越的大将军。司马越与苟桮"竟为暴刻"，相互火并。

【译文】

司马越出兵讨伐苟晞，以太尉王衍为太傅军司。司马越死后，众人推举王衍为元帅。王衍因贼寇蜂起，内心恐惧，不敢就任。……不久，全军被石勒消灭，石勒称王衍为王公，并亲自接见了他，向他打听许多晋廷的旧事。王衍便为石勒陈述晋朝失败的缘由，并且说以前晋廷的大政方针不是出于他。石勒与他谈得十分投机，一直谈到太阳偏西。王衍还自我开脱，说自己自少时起就不参与政事，请求免罪，并劝石勒称帝。石勒大怒道："你的名声传扬四海，身居重位，年轻时就担任朝官，直至白发，怎么还说自己不参与政事呢！破坏天下，正是你的罪过！"说完便让左右的人把他扶出去。接着又问孔苌道："我行走江湖见到的人很多，却从未见到过像这样的人，还能让他留在世上吗？"孔苌回答说："王衍在晋廷位居三公，肯定不会替我们效力的，将这样的人杀了又有什么值得可惜的呢？"石勒说："请不要用刀子等兵器将他杀死。"于是，就在晚上让人推倒王衍等人所居住的房子，将他们活活压死。王衍临死前，环顾左右，叹息道："唉！我等虽不能和古人相比，倘若先前不是崇尚虚浮，热衷清谈，而共同努力来匡救天下，也不会落得今天的下场啊。"

法　制

刘暾不畏权臣

（其后）武库火，尚书郭彰率百人自卫而不救火，暾①正色诘之。彰怒曰："我能截君角②也。"暾勃然谓彰曰："君何敢恃宠作威作福，天子法冠而欲截角乎！"求纸笔奏之，彰伏不敢言，众人解释，乃止。彰久贵豪侈，每出辄从百余人。自此之后，务从简素。

（《晋书》卷四十五，刘暾传）

【注释】

①暾：即刘暾，字长升，太康初年为博士，后任酸枣县令、侍御史等职。晋怀帝时，为羯人石勒之游骑所获，被杀害。②角：古代法官所戴法冠，作角形，状似獬豸（古代传说中的一种独角兽）首。

【译文】

武器库失火后，尚书郭彰率领100人作自我保护，而不去救火，侍御史刘暾严厉地斥问了他。郭彰恼怒地说："我可以削掉你帽子上的角！"刘暾听后大怒，对郭彰说："你怎敢仗着自己得宠作威作福，而把天子法官帽子上的角削掉！"刘暾要来纸和笔，准备将此事记下上奏朝廷，郭彰见后连忙趴在地上，不敢作声，经众人劝解说情，刘暾才作罢。郭彰长期过着显贵、豪奢的生活，每次外出，总有100多人跟随其后。自此，郭彰在生活上就注重简朴从事了。

陆云巧断命案

（陆云①）出补浚仪②令。县居都会之要，名为难理。云到官肃然，下不能欺，市无二价。人有见杀者，主名不立，云录其妻，而无所问。十许日遣出，密令人随后，谓曰："其去不出十里，当有男子候之与语，便缚来。"既而果然。问之具服，云："与此妻通，共杀其夫，闻妻得出，欲与语，惮近县，故远相要候。"于是一县称其神明。

（《晋书》卷五十四，陆云传）

【注释】

①陆云：西晋文学家，字士龙，曾任清河内史等职。②浚仪：县名，在今河南省开封市。

【译文】

陆云离京出任浚仪县令。浚仪县地处通往京城的要道上，都说不易治理。陆云上任后，全县安定，下边的人骗不了他，市场上物价统一。一次，有人被谋杀，凶手没有抓到，陆云就拘捕了被害人的妻子，但没有审讯她。过了10天，陆云释放了她，并暗中派人跟踪。陆云对去跟踪的人说："这女人离去，不超过10里地，就会有一个男人等候她，并与她说话，你就把这个男人抓来。"事情后来果然如此。一审问，那男人便认罪，说："我与此女通奸，一同杀害了她的丈夫。听说她被释放出来，我想与她说话，又不敢在离县城近的地方见她，便在远处迎候她。"于是，全县的人都称赞陆云断案如神。

军 事

风声鹤唳

（晋秦）决战肥水①南，坚②中流矢，临阵斩融③。坚众奔溃，自相蹈藉投水死者不可胜计，肥水为之不流。余众弃甲宵遁，闻风声鹤唳，皆以为王师已至，草行露宿，重以饥冻，死者十七八。

（《晋书》卷七十九，谢玄传）

【注释】

①肥水：亦作"淝水"，水名，源出安徽合肥西北。近人调查证实，东晋太元八年（383年）谢玄等败前秦苻坚于肥水，所指即今安徽寿县城附近东肥河段。②坚：即苻坚（338—385年），十六国时前秦皇帝。③融：即苻融，十六国时前秦将领，字博休，时任征南大将军。

【译文】

东晋和前秦的军队在淝水的南面展开决战。苻坚身中流箭，苻融被杀。苻坚的军队溃败逃命，自相践踏与落水而死的人不计其数，淝水也因死者堵塞而断流。残余的人都丢弃兵甲，连夜逃跑，听到刮风的声音和鹤的鸣叫声，都以为是晋军追了来，他们在草丛中奔走，在野外歇息，加上又饿又冻，有十分之七八的人死了。

草木皆兵

梁成①与其扬州刺史王显、弋阳太守王咏等率众五万，屯于洛涧②……晋龙骧将军刘牢之率劲卒五千，夜袭梁成垒，克之，斩成及王显、王咏等十将，士卒死者万五千。谢石③等以既败梁成，水陆继进。坚与苻融④登城而望王师，见部阵齐整，将士精锐，又北望八公山⑤上草木，皆类人形，顾谓融曰："此亦勍⑥敌也。何谓少乎！"怃然有惧色。

(《晋书》卷一百十三，苻坚载记)

【注释】

①梁成：十六国时前秦将领。②洛涧：淮河支流，在今安徽省寿县东。③谢石：东晋将领，字石奴，东晋名臣谢安之弟。④坚与苻融：坚，指苻坚(338—385年)，十六国时前秦皇帝。苻融(？—383年)，十六国时前秦将领，字博休，时任征南大将军。⑤八公山：在今安徽省寿县西北。⑥劲（qíng）：强劲有力。

【译文】

梁成与前秦扬州刺史王显、弋阳太守王咏等人率领5万人的军队，驻扎在洛涧。……东晋龙骧将军刘牢之率领5000名强健的士兵，夜袭梁成的营垒，将其攻克，斩杀了梁成及王显、王咏等10名将领，前秦的士兵死了1.5万人。谢石等人趁打败梁成之机，从水陆两路分兵随后进击。苻坚和苻融登上城楼瞭望晋军，看见晋军兵阵整齐，将帅与士兵都很强悍，又从北面望见八公山上的草木都很像人的形状，苻坚于是回过头来对苻融说："这些敌人都很强大啊！怎么能说晋军没有人马呢？"苻坚的神情茫然而恐惧。

姚泓兵败

刘裕①进据郑城。泓②使姚裕、尚书庞统屯兵宫中……姚丕守渭桥，胡翼度屯石积，姚赞屯霸东，泓军于逍遥园③。镇恶④夹渭进兵，破姚丕于渭桥。泓自逍遥园赴之，逼水地狭，因丕之败，遂相践而退。姚谌及前军姚烈、左卫姚宝安、散骑王帛、建武姚进、扬威姚蚝、尚书右丞孙玄等皆死于阵，泓单马还宫。镇恶入自平朔门，泓与姚裕等数百骑出奔于石桥。赞闻泓之败也，召将士告之，众皆以刀击地，攘袂大泣。胡翼度先与刘裕阴通，是日弃众奔裕。赞夜率诸军，将会泓于石桥，王师已固诸门，赞军不得入，众皆惊散。

泓计无所出，谋欲降于裕。其子佛念，年十一，谓泓曰："晋人将逞其欲，终必不全，愿自裁决。"泓怃然不答。佛念遂登宫墙自投而死。泓将妻子诣垒门而降。赞率宗室子弟百余人亦降于裕，裕尽杀之，余宗迁于江南。送泓于建康市斩之，时年三十，在位二年。……

姚苌以孝武太元九年僭立，至泓三世，以安帝义熙十三年而灭，凡三十二年。

(《晋书》卷一百十九，姚泓载记)

【注释】

①刘裕：字德舆，小字寄奴，自幼贫穷，后为北府兵将领，曾从刘牢之镇压孙恩起义，后出兵灭南燕、后秦，元熙二年（420年）代晋称帝，国号宋。422年卒。②泓：即姚泓，字元子，十六国时后秦姚兴长子，是后秦的末代皇帝，他在位前后，国势迅速衰微，417年，刘裕率晋军攻入长安，姚泓出降，后被刘裕斩首于建康。③逍遥园：地名，在当时长安城东部。④镇恶：即王镇恶，刘裕部将，时任龙骧将军。

【译文】

刘裕进据郑城。姚泓派姚裕、尚书庞统屯兵长安宫中……又遣姚丕守渭桥、胡翼度屯驻石积，姚赞进驻灞东，姚泓亲自率兵把守逍遥园。王镇恶从两侧率兵强渡渭水，大破姚丕于渭桥。姚泓急忙从逍遥园发兵支援，因临近水边，地方狭小，加上姚丕兵败，人马互相践踏，不战而败。姚谌及前军将军姚烈、左卫将军姚宝安、散骑常侍王帛、建武将军姚进、扬威将军姚蚝、尚书右丞孙玄都战死阵前，只有姚泓单人独骑返回宫殿。王镇恶率晋兵从长安北门平朔门攻入长安城，姚泓与事先奉命率兵戍守宫阙的姚裕带兵数百出逃到长安宫城北面的石桥。姚赞听说姚泓兵败，就把将士召集到一起，告诉他们这一不幸的消息，将士们听说以后，全都悲痛得以刀戳地，捋起袖子放声大哭，姚泓部将胡翼度事先已经与刘裕相勾结，这一天便脱离自己的军队投降了刘裕。姚赞便在夜间统帅诸路人马，准备在石桥与姚泓会合，可晋军已将长安外城各城门死死封住，姚赞军队无法进入，后秦兵士全都成了惊弓之鸟，四散奔逃。姚泓此时已是黔驴技穷，打算向刘裕投降。他的儿子佛念，当时只有11岁，便对姚泓说道："晋军进城后必定会肆行其欲望，我们还是不能保全自己，不如自杀了好。"姚泓怃然不答。于是，佛念登上宫墙，然后跳了下去，自杀而死。姚泓带领妻子儿女到城门外投降刘裕。姚赞率领宗室其他子弟100多人也向刘裕投降，刘裕将他们全都杀掉，将其他的宗室迁往长江以南。将姚泓押送到建康斩首，当时年仅30岁，在位只有两年。……

姚苌于孝武帝太元九年自立为帝，至姚泓已传三世，后秦最终于安帝义熙十三年被刘裕灭亡，总共32年。

理　财

刘实崇俭

刘寔字子真，平原高唐①人也。……寔少贫苦，卖牛衣②以自给。然好学，手约绳，口诵书，博通古今。清身洁己，行无瑕玷。……及位望通显，每崇俭素，不尚华丽。尝诣石崇家，如厕，见有绛纹帐，裀褥甚丽，两婢持香囊。寔便退，笑谓崇曰："误入卿内。"崇曰："是厕耳。"实曰："贫士未尝得此。"乃更如他厕。

（《晋书》卷四十一，刘实传）

【注释】

①高唐：今山东高唐县。②牛衣：给牛御寒的覆盖物。

【译文】

刘寔字子真，平原郡高唐县人。……幼年时十分贫苦，靠卖牛衣养家糊口。但他酷爱学习，手上牵着牛绳，口中背诵诗文，博古通今。洁身自好，品行端庄。……及至后来身居高位，威望尊崇，仍然还是崇尚节俭素朴，不追求奢侈华靡。曾有一次造访石崇家，中间上厕所，看见厕所里面挂着红色的花帐子，床垫、被褥都很华丽，两个婢女还手拿香囊。刘寔便退了出来，笑着对石崇说："不好意思，我错进了您的内室。"石崇道："那就是厕所。"刘寔一听马上说："我是个清贫之士，从未见过这样的厕所。"说完之后，又改上其他厕所。

慕容超亡国

……超登天门①，朝群臣于城上，杀马以飨将士……超幸姬魏夫人从超登城，见王师之盛，握超手而相对泣。韩𧊍谏曰："陛下……正是勉强之秋，而反对女子悲泣，何其鄙也！"超拭目谢之。其尚书令董锐劝超出降，超大怒，系之于狱。于是贺赖卢、公孙五楼为地道出战王师，不利。河间人玄文说裕曰："……若塞五龙口，城必自陷。……今旧基犹在，可塞之。"裕从其言。至是，城中男女患脚弱病者太半。……超叹曰："废兴，命也。吾宁奋剑决死，不能衔璧求生。"于是张纲②为裕造冲车……城上火石弓矢无所施用；又为飞楼、悬梯、木幔③之属，遥临城上。超大怒，悬其母而支解④之。城中出降者相继。裕四面进攻，杀伤甚众，悦寿⑤遂开门以纳王师。超与左右数十骑出亡，为裕军所执。裕数之以不降之状，超神色自若，一无所言，惟以母托刘敬宣而已。送建康市斩之，时年二十六，在位六年。

（《晋书》卷一百二十八，慕容超载记）

【注释】

①"超登"句：超，即慕容超，是南燕献武皇帝慕容德的侄子，即慕容德之兄北海王慕容纳的儿子。因慕容德无子，他被立为太子并得以继承南燕帝位。天门，指帝王宫殿的门。②张纲：是投降刘裕的南燕巧匠。③木幔：一种装有木板作掩护的攻城车。④支解：一种古代刑罚。"支解"就是割解人的四肢。⑤悦寿：是当时南燕朝中的尚书。

【译文】

……慕容超登上宫殿门楼，在城楼之上朝见朝中大臣，并杀掉战马让将士饱饱地吃上一餐饭……慕容超的宠姬魏夫人也跟随他一块登上城楼，看到晋廷王师人马之盛，便握住慕容超的手相对哭泣。大臣韩诨劝谏说："陛下……目前正是发奋尽力的时候，却对着女人悲啼，多么让人瞧不起啊！"慕容超听后擦干眼泪，立即道歉。南燕的尚书令董锐劝慕容超出城投降，慕容超很生气，便将他投进监狱。正当此时，南燕将领贺敕卢、公孙五楼挖掘地道准备出城袭击晋军，没能成功。河间人玄文向刘裕建议道："……如果堵塞住五龙口，广固城（时为南燕都城，在今山东青州西北）就会不攻自破。……现在五龙口的旧基仍在，可以将它堵塞起来。"刘裕采纳了这一建议。恰巧，广固城内的军民一大半患有脚病……慕容超叹息道："是废是兴，命中早已注定。我宁愿挺剑战死，也不会向人捧璧求生。"这时候，投降于刘裕的南燕巧匠张纲为刘裕建造攻城之车……有了这种攻城之车，广固城上的火石、弓矢全都失去了用武之地；张纲还设计建造了飞楼、悬梯、木幔这样的攻城的战具，站在这些战具上面老远就能看到城上的一举一动。慕容超大为恼火，便把张纲的母亲吊将起来，然后割解她的四肢。这时从城内出来投降刘裕的人络绎不绝。刘裕从四面向广固城发动进攻，南燕兵士死伤很多，慕容超的尚书悦寿打开城门放进晋军，慕容超与手下几十人仓皇出逃，被刘裕的士兵捉住。刘裕列举了他顽固不降的罪状，慕容超却神色自若，默不作声，只是将自己的老母托付给刘敬宣照料而已。刘裕将慕容超押解到建康斩首，当时他只有26岁，在位6年。

德　操

外坦内淳

籍①嫂尝归宁，籍相见与别。或讥之，籍曰："礼岂为我设邪！"邻家少妇有美色，当垆②沽酒。籍尝诣饮，醉，便卧其侧。籍既不自嫌，其夫察之，亦不疑也。兵家③女有才色，未嫁而死。籍不识其父兄，径往哭之，尽哀而还。其外坦荡而内淳至，皆此类也。

（《晋书》卷四十九，阮籍传）

【注释】

①籍：即阮籍，魏晋时著名诗人，字嗣宗。②当垆：古时卖酒者积土为垆，以安放酒坛，卖酒时坐于垆边，称当垆。③兵家：指专门服兵役的世家，其地位较低。

【译文】

阮籍的嫂子要回娘家探望，阮籍前去与她告别。有人嘲笑他违背礼教，他说："礼教岂是为我制定的！"他的邻居家有个少妇长得极漂亮，在酒店里做卖酒的生意。阮籍时常到这个少妇那里喝酒，喝醉了就躺在少妇身旁睡起来。阮籍对自己的行为满不在乎，而那少妇的丈夫了解他的为人，对他也不疑忌。有一户专服兵役的人家有个才貌双全的女儿，没出嫁就死了。阮籍也不认识她的父亲和兄长，便直接去她家哭丧，尽情地表达自己的悲哀后才离去。阮籍外表放达而内心至为淳朴，都从这类事情中表现出来。

桓冲厚报羊主

彝①亡后，冲②兄弟并少，家贫，母患，须羊以解，无由得之，温③乃以冲为质。羊主甚富，言不欲为质，幸为养买德郎。买德郎，冲小字也。及冲为江州④，出射，羊主于堂边看，冲识之，谓曰："我买德也。"遂厚报之。

(《晋书》卷七十四，桓彝传)

【注释】

①彝：即桓彝，东晋大臣。②冲：即桓冲，桓彝之子，桓温之弟，东晋将领。③温：即桓温，东晋大臣，字元子，明帝之婿，任过荆州刺史等职，曾专擅朝政。④江州：州名，治所在今湖北省黄梅县西南。桓冲任过江州刺史一职。

【译文】

桓彝死后，桓冲的兄弟们年龄都很小，家境贫穷。他的母亲病了，治疗要用到羊子，可又没办法得到。桓温便以桓冲作抵押向人换取羊子。一个养有羊子的人家里十分富裕，他说不想要桓冲作抵押，并希望帮助抚养买德郎。买德郎，是桓冲的小字。桓冲做了江州刺史后，一次外出射猎，那个养羊人在堂屋旁边观看，桓冲认出了他，并对他说："我就是买德郎呀！"因此对他厚相报答。

传世故事

晋明帝除霸

晋明帝司马绍是晋元帝的长子,从小就聪明,曾经巧妙回答"日与长安孰远"的问题而名传千古。永昌元年(322年),元帝死,他继承了帝位。

明帝即位前后,形势极混乱,晋室衰微,朝政兵权都操持在王敦手中。就在元帝死前的几个月,王敦以清君侧为名,反于武昌,率大军洗劫了石头城。在逼迫元帝封他为丞相、江州牧、武昌郡公后,他才还兵武昌。明帝即位时,王敦又暗示朝廷征召自己,明帝只好亲笔写诏,任他为司空、扬州牧,率军移驻姑孰。王敦见明帝好欺侮,就愈加骄横无忌。四方进贡的物品大都被他据为己有,各级官吏几乎全都是他的手下。他还把自己的哥哥王含、堂弟王舒、王彬、王邃等都安插在执掌兵权的要职上,并且重用沈充、钱凤为自己的谋臣。这些人相互勾结,成为晋室的最大威胁。

明帝自当太子时就险些被王敦废掉,因此心中早有除掉这个权臣的念头,只是群臣都阿附王敦,王敦的兵力又强于自己,所以他不敢轻举妄动。太宁二年(324年),王敦身患重病。明帝得知消息不禁暗喜,便不断派人以探病为由前去察看王敦的虚实。而且,他自己还换上便衣,偷着去侦察王敦的营垒。但在表面上,他还是不动声色,以提拔王敦兄王含父子的职务来迷惑王敦。王敦不知明帝的真意,就任温峤为丹阳尹,让他乘上任之机,打探一下朝廷的动静。怎曾想温峤正是明帝的亲信,一到建康,温峤便向明帝述说了王敦的阴谋。

原来王敦在病榻上为手下谋划了3条计策:其一为"归身朝廷,保全门户",其二为"退还武昌,收兵自守",其三为"悉众而下,万一侥幸"。而王敦的党羽钱凤等都倾向于铤而走险、聚众谋反的第三条计策。明帝觉得这正是讨伐王敦的把柄,便决定兴师问罪。考虑到不少人畏惧王敦,明帝就声称王敦已经死去,下诏历数王敦的罪恶,亲率六军进攻王敦。

明帝进兵时,把矛头专门指向王敦的谋主钱凤,借以分化王军。他在诏书中说道:"诛讨钱凤的罪行,唯其一人是问,我决不滥施刑罚。有能杀死钱凤送上其首级者,封为五千户侯,赏五千匹布。"对于王敦的得力干将冠军将军邓岳和前将军周抚等,明帝故作体谅地说他们本无异志,实为王敦所逼,"我正要委任他们以要职。其余文臣武将为王敦所用者,我一概不予追究责任"。为瓦解王军的斗志,明帝还在诏书中说道:"王敦的将士追随他多年,久怀怨恨之心。有的人父母亡故或妻儿死去,都不准返乡赴丧,对此我深感哀怜。独生子在军中者,准其还归家园,终生不再从军;其余的将士,一律放假3年。"

明帝的分化瓦解策略果然收到了效果,王敦的军队"情离众泪,锋摧势挫",先后被王导、苏峻等击败,王敦病死,钱凤为周光所斩,沈充被吴儒所杀。明帝大获全胜后,有的官员建议对王敦"剖棺戮尸,以彰元恶",于是明帝命人掘开王敦坟墓,焚烧其衣冠,令尸体跪而受刑,其首级被高悬示众。晋明帝"运龙韬于掌握,起天旆(pèi)于江靡""以弱制强,潜谋独断""拨乱反正,张本弱枝,虽享国日浅,而规模弘远矣"。

贾后一石两鸟

晋太熙元年(290年),晋武帝司马炎去世,他的儿子司马衷即位,是为晋惠帝。惠帝立妃贾南风为皇后。这位嫉妒成性、残忍凶暴的皇后自惠帝为太子时,就已把他摆弄得言听计从。

晋武帝活着时,很多大臣都说太子有些糊涂,很难亲理政事。太子少傅卫瓘(guàn)好几次想建议武帝废掉太子,但心存顾忌,始终未说出口。后来武帝于陵云台宴请朝臣时,卫瓘便装着喝醉的样子,跪在武帝床前说道:"臣想有所禀奏。"武帝问道:"你想说什么?"卫瓘欲言又止,反复了三次后,就用手抚摸着床道:"这个座位很可惜。"武帝明白他话中有话,却故意打岔道:"你喝醉了。"连太子的师傅都不维护太子,武帝自然也对儿子的才干智力产生了怀疑。于是,他决定考查一下儿子。一次,他把太子东宫的官员都集合在一起,赐以酒宴。另外却把一封密封的案件交与儿子处理。太子看后,不知如何决断,贾后大为紧张,赶忙请外人替太子草就了处置的奏章,其中引用了不少古代文献。一旁的侍从张泓看到这种情况,提醒贾后道:"太子平素从不读书学习,奏章引用古代文献,陛下肯定生疑,从而以作伪之罪责怪太子。不如就事论事,怎么想就怎么说。"贾后大喜说:"请你代笔起草奏章,他日富贵与你共享。"张泓素有小才,很快草成,又叫太子抄写好,回奏给武帝。武帝一看,奏章写得头头是道,非常高兴,才没有废掉太子。贾后从此对卫瓘怀恨在心。

惠帝即位后,太子太傅汝南王司马亮任太宰,太子少傅卫瓘为太保,两人都受赐"剑履上殿,入朝不趋",共同把持了朝政。司马亮是惠帝祖父司马昭的四弟,辈分既高,权势又重,贾后对他非常顾忌。她觉得智力低下的惠帝已是自己的傀儡,但要真正掌握生杀予夺的大权,还必须除掉自己顾忌和仇恨的太宰、太保。不过，明目张胆地诛杀重臣会引起麻烦，于是，她开始物色司马亮和卫瓘的对头，意欲假他人之手达到自己的目的。

惠帝的五弟楚王司马玮功勋卓著，性格凶狠，爱作威作福，朝臣对他都害怕几分。那时，他奉诏入京诛杀了权臣杨骏之后，正屯兵于司马门。司马亮为削夺他的兵权，奏请惠帝命令诸侯王都返回藩国，卫瓘也积极赞同司马亮的建议，司马玮因此特别憎恨他们两人。贾后见司马玮可以利用，便在惠帝面前诬陷司马亮和卫瓘图谋废立，指使他亲手写下罢免他们的诏书，连夜派人送给楚王司马玮，命他遵旨执行。司马玮一见密诏，正中心意，随即调动军队，逮捕了司马亮、卫瓘等。而且，他还假公济私，乘机矫诏杀害了他们。

天亮时，贾后知司马玮必杀司马亮、卫瓘，便又唆使惠帝采取张华之计，派人带兵以矫诏杀人的罪名逮捕了他，并且处以死刑。司马玮临刑时，从怀中拿出惠帝的亲笔诏书，悲愤地向监刑尚书刘颂说道："我受诏行事，以为是在为社稷尽忠，可如今却说我犯下大罪。我是先帝的子息，竟然蒙受如此不白之冤，希望您以后能为我申述。"刘颂虽然同情他，但也不敢不依旨行刑。司马玮被杀时才21岁，他哪里知道"贾后先恶瓘、亮，又忌玮，故以计相次诛之"。贾后一箭双雕，铲除了她独揽朝权的障碍。

杜预为晋兴邦

晋代的大将军杜预，为晋国统一天下立下过汗马功劳。但人们未必知道，杜预还是个经济学家，为晋国的经济发展也立下了不朽功勋。

杜预字元凯，是京兆杜陵（今陕西省西安市东南）人。他的祖父和父亲都是魏国的高官。但他的父亲因为与司马懿政见不合而受害，所以杜预年轻时，虽然博学多才，却不被任用。司马懿死后，司马昭继承父业，才改变了对杜预的态度。司马昭还把自己的妹妹高陆公主嫁给杜预，从此，杜预的地位才发生了重大变化。他被拜为尚书郎，还承袭了父亲原来受封的丰乐亭侯爵位。在魏军大举伐蜀的时候，杜预也随着司徒钟会出征。但灭蜀后，钟会反叛并被乱军杀死，许多将领遇难了，只有杜预以自己的智谋脱险。此后，杜预日益受到司马氏的重视。在司马炎夺取魏国江山，自立为帝，建立晋朝以后，杜预还与江充等人为晋国制定了许多新的律令。

晋武帝泰始七年，匈奴右贤王刘猛叛晋，武帝拜杜预为度支尚书，并下诏令杜预考虑一套完善的办法解决刘猛叛后的问题，杜预却提出了一套发展经济稳定局势的方案。

杜预的建议，比较主要的有：第一，建立籍田。籍田是古代流传下来的一种制度，名义上是天子耕种的土地，史籍上有不少关于天子亲耕籍田的记载。但是实际上那是天子征用民力来耕种的土地。但建立籍田的本身，就表示天子对农业的重视。杜预意在通过天子表示重视农业，来加强国家的力量，从而安定边疆。第二，制造人排等新式器具。人排是一种用人力驱动的鼓风机，用来给冶铁炉鼓风冶铁的。其实，在东汉时代，就有南阳太守杜诗制造成功水排，用水力推动鼓风机冶铁。魏代也有韩暨制造水排的记载。但战乱之中，难以制造，水排又必须有相应的河流，不是随处可建。杜预的建议，旨在发展冶铁业，从而促进各业的发展。第三，兴建常平仓，这是国家储备粮食的仓库。并由国家制定谷物的价格。第四，建立管理食盐的生产销售运输和管理的制度。杜预提出的这些建议，对内有利于国家安定和繁荣，对外可以巩固边疆。因此，都被晋武帝采纳了。

杜预虽然出身于军伍，却对发展经济好像有一种特别的关注。泰始十年，杜预见黄河孟津渡口险要，时有渡船倾覆，建议在孟津东北不远处的富平津建造一座大桥。有人提出反对说：商周时代都没有在这里造桥，说明这里不能造桥。杜预没有听这一套，果然在这里造成了一座桥。桥成后，武帝亲自看视，称赞杜预说："如果没有先生，这道桥是不可能造成的！"

咸宁四年（278年）秋，荆州、扬州等20多个州郡和封国发生洪水，紧接着又是蝗灾，不但五谷不收，连农民的房舍都被冲毁。低洼的地方，积水排不出去，略高一点的地方，也都变得贫瘠荒凉，给百姓的生活和国家的经济造成了空前困难。这时，杜预再次上书，提出解决水患和兴农富国的建议。

杜预认为，这一次的水灾所以这样严重，是因为兖州（今山东省西南部）、豫州（今河南省东部及安徽省北部）等地修了一些堤坝，本想使洪水不溢出河道。但当洪水来到时，这些堤坝反而阻挡了洪水的排泄。并且，由于河水不能流往各地，也限制了那一地区水产业的发展，使那里的人民连鱼虾螺蚌之类水产品都吃不到。因此，他建议拆毁那些阻碍水流的堤坝，让水能够自然流出，并加以适当地疏导。如此的话，不但河水可以流出，还可以同时发展那里的水产事业，让饥民得到鱼虾等水产充饥。这些堤坝拆毁后，洪水带来的泥沙，还可以淤积出不少土地。这些土地一般比较肥沃。明年春天再种五谷，五谷必然大丰收。

杜预还提出，现在国家养了很多牛，可是这些牛却不用来种地，以至于有些牛已经老了，可是还没有穿鼻子（耕牛都要在鼻子上穿个孔，戴上嚼子，便于驾驭）。这些牛白养着，没有发挥作用，国家却要派出很多士卒饲养它们，还要消耗大量的草料。应该把这些牛大部分卖给农民，让它们发挥作用。卖得的钱，用来抵偿这些牛的成本。

杜预这项建议使武帝很受启发，很快下诏说：现在国家养的牛总计45000多头。如果这些牛没有派上用场，头数再多，又有什么好处？并且这些牛的费用也越来越高。古人认为,养马养牛,平常耕地,战时用来打仗运输。它们与猪羊不同。我们白养着这些牛,不合时宜。现在既然已经拆毁了堤坝,就从国家养的牛中拨出35000头,发给兖豫两州的农民和将吏士卒,用来春耕。第二年有了收成以后,再让他们按每头牛300斛谷的价钱交给国家。这些牛,国家可以净剩700多万斛的粮食,今后几年国家都有了充足的粮食。

就是说,武帝完全采纳了杜预的建议。

杜预的这些建议,使国家和百姓都大受其益,朝廷和百姓拍手称赞。有人给他送了个绰号,叫做"杜武库",意思是说,杜预好像一个武器库,要什么有什么。

在灭亡了吴国以后,杜预还整治了淯(zhì)水和漹(yù)水,这两条河均在今河南省,扩大灌溉面积万余顷,国家和百姓都得到了巨大的利益,成了百姓的依靠,所以百姓把这两项水利工程叫做"杜父"。在南方,他整治了汉水、湘水、沅水等多处河流湖泊。不但发展了灌溉,还方便了航运。百姓作歌歌颂杜预道:"后世无叛由杜翁,孰识智名与勇功。"

杜预还编辑、写作了一本书,名为《春秋左氏经传集解》,流传后世。

当他63岁去世时,被追赠为征南大将军开府仪同三司。

500年后,杜预的后代杜审言,特别是杜审言的孙子杜甫,都成了唐代的著名诗人。

刘舆因才受重用

刘舆字庆孙,俊明有才,在西晋时期以才闻名,与其兄刘琨(字越石)同为时人称赞。当时京都有谚云:"洛中奕奕,庆孙、越石。"

晋惠帝时,"八王之乱"中司马氏兄弟之间互相残杀,东海王司马越和范阳王司马虓起兵时,任刘舆为颍川太守。到河间献王司马颙用刘乔在许昌讨伐司马虓时,他们假借皇帝名义发布诏书说:"颍川太守刘舆迫胁范阳王司马虓,距逆诏命,多树私党,擅权劫持各郡县,合聚兵众。刘舆兄弟过去因为与赵王司马伦有姻亲关系,擅弄权势,凶狡无道,早就该伏诛,只因遇到赦令才得以保留性命。小人无忌,作恶日多,竟用苟晞攻袭兖州,断截王命。镇南大将军刘弘,平南将军、彭城王司马释,征东大将军刘准,当各统所领兵部,直接会师许昌,与刘乔并力共讨。另外派遣右将军张方为大都督,督建威将军吕朗、阳平太守刁默,率步骑十万,同会许昌,以讨除刘舆兄弟。敢有举兵违抗王命的,诛及五族。能杀死刘舆兄弟并呈送首级者,封三千户县侯,赐绢五千匹。"

司马虓兵败,刘舆与他一起逃奔河北。司马虓镇守邺城,任刘舆为征虏将军，做魏郡太守。

司马虓死后，东海王司马越准备召用刘舆，有人说："刘舆就像油污，当你接近之后很容易弄脏。"刘舆来了之后，司马越便心存疑忌地任用他。而刘舆一入司马越王府便暗地里察看了天下的兵簿和仓库、牛马、器械以及水陆地形，都默记在心。那时军国事务繁多，每次开会时遇到问题，除潘滔以外都对答不上来。刘舆见了东海王后，应答辨明，筹划清晰，东海王司马越侧身与他筹措共议。不久司马越便任命他为左长史。司马越后来又任刘舆为上佐，宾客满筵，文案堆积，远近信札报记每天都有数千，刘舆终日不倦，有时甚至连夜劳作。这样人人欢畅，没有不佩服的。刘舆命事议政侃侃而谈，酬对彬彬有礼，当时人都称服他的才能，把他比作陈遵。那时人称司马越府中有三才：潘滔大才，刘舆长才，裴邈清才。司马越诛杀缪播、王延等，都是刘舆出谋定计。

司马越非常重用刘舆。王延被诛后，延妾荆氏有一个乐妓，王延还未入殓刘舆就要聘娶她，还未迎娶，又被太傅从事中郎王俊争夺去了。御史中丞傅宣上书劾奏，司马越不追问刘舆，而免了王俊的官。刘舆接着建议司马越派遣他的兄长刘琨镇守并州，为司马越的北面屏障。洛阳还未攻破，刘舆就因手指生疮而死，时年47岁。死后司马越追赠他为骠骑将军，因有功而封定襄侯。

骄兵必败

311年，汉昭武帝刘聪虏西晋怀帝，5年后，即316年，刘聪又攻破西晋都城长安，俘晋愍帝，西晋遂亡。

西晋虽亡，而西晋丞相、大都督中外诸军事、琅琊大司马司马睿却在建康称晋王，改元建武，大有号召天下恢复中原之势。

西晋灭亡的第二年，即东晋建武元年、汉麟嘉二年（317），刘聪为了剿灭北方晋之残余势力，乃派其从弟刘畅率兵3万进攻荥阳，消灭屯驻于此的晋冠军将军、荥阳太守兼领河东平阳太守李矩之军。

时李矩军屯于韩王故垒。当李矩获知汉军来攻的消息后，汉军距晋军仅有7里之遥，顿时晋军上下惶惶不可终日。

刘畅自恃人多势众，来势凶猛，乃先遣使至晋营招降。

大敌当前，若负隅顽抗，晋军无疑是死路一条。至于李矩部众人数，史无明载，不过，推测一下，充其量不超过万人。正因为力量悬殊，因此，尚未交战，汉军已骄横不可一世，而晋军则闻敌色变。李矩审时度势，遂隆重接待汉之使者，表示愿意归降。

在此危急时刻，必须先稳住刘畅，使之不做战备，才能有机会出奇制胜。所以，李矩在汉使到来之时，将精兵隐藏起来，而现其老弱病残，以示无法为战。汉使回去后，将所见所闻如实禀报，刘畅得知李矩手下皆老弱残兵，并已同意投降，甚为欣慰。

李矩还遣使给刘畅送去美酒和牛肉，供其犒赏大军，刘畅遂大宴众将士，痛饮至夜，皆陶然而醉。

入夜后，李矩召集众将士，准备夜袭汉军。晋军士卒听了，皆有惧色。李矩见士卒不可用，急中生智，乃令将军郭诵至附近的子产祠祈祷，使巫师当众宣称："子产有教，当遣神兵相助。"众将士听了，信以为真，士气大振，摩拳擦掌，准备在"神兵"的帮助下击破汉军。

李矩于是精选能征善战的勇士千名，令郭诵率领，乘夜袭击汉营。汉军大宴后，皆醉卧营中，大多已进入梦乡，做梦也想不到已经答应投降的李矩会来劫营。所以，晋军夜袭非常顺利，以区区千人突入3万汉兵营中，左砍右杀，许多汉兵在醉梦中便丢了脑袋。刘畅也饮得大醉，忽闻营中大乱，登时酒醒了大半，出营一看，汉军早已乱成一团，死的死，逃的逃、降的降，一败涂地，只得上马而逃。

天亮后，李矩打扫战场，缴获汉军马匹辎重不计其数。3万汉兵，被斩首的达数千人，余者皆降，只有刘畅一人逃脱。

李矩以1000袭3万，竟打了一个歼灭战，为战争史上一大奇迹也！

刘畅3万大军，一夜之间灰飞烟灭，就败在一个"骄"字上。可见，"骄兵必败"，乃不易之理！

范坚维护国家法制

东晋成帝时，朝廷执掌司法的廷尉奏道，殿中有个长史叫邵广，盗窃了公库里的帐幔3张，约合布30匹。被查获后，经法司审理，以为应当处以极刑。

邵广有两个儿子，大的叫邵宗，13岁；小的叫邵云，11岁。这两个孩子十分孝顺，不忍父亲被杀，就手举黄幡，到朝堂击响"登闻鼓"，向官府乞求法外开恩，宁愿自己没身为小官奴，以赎取父亲的活命。

两个孩子的请求能否准允呢？政府官员进行了讨论。尚书郎朱映认为，天下做父母的，有儿子的多，没有儿子的少，倘若这种替父顶罪的办法行开了，逐渐就会成为惯例或制度。如此一来，一些人犯了罪，又恐怕承受死刑的惩处，都让儿子去顶罪赎命，那么，国家的法制不就废弛了吗？牺牲了孩子，犯罪现象也制止不了，不能开这样一个门路。尚书右丞范坚赞同朱映的议论。

可是主持这一案件审理的部门，最后还是提出，将邵广判为钳徒（以铁束颈而为徒隶的囚犯），两个儿子没入官中，这样既足以惩治罪犯，又能使百姓明白父子间的天伦关系，知道圣朝提倡仁孝、施恩于孝。因此，可以作为特例，将邵广的死罪减为五岁刑，两个儿子交付奚官为奴，可这种办法不作为可以援用的先例和永久制度。

范坚上疏反驳这种主张，他说："自从远古淳朴的民风消失以后，就产生了刑罚惩治的制度。刑罚的使用，不止是为了惩罚，而是为了少用甚至不用刑罚；死刑的判处，不止是为了杀人，而更重要的是为了少用甚至不用死刑。尽管国家有时也下令施恩赦罪，宽大处理，据情议狱，减缓死刑，可却没有因为一点小小的恻隐之心，就轻易取消典刑。而且，这次既然允许了邵宗、邵云的请求，宽免了他们父亲的死刑，倘若以后出现与此类似的情况，但儿子没有提出舍己赎父要求的，这将置他们于何地呢？他们岂不会被人们视为没有人伦孝顺之心的禽兽了吗？主持这一案件的官员说，他们的主张是特意允许邵宗、邵云的请求，而不将这一处理办法订为永久制度。臣以为国家的方针制度，关系重大，些小之事尚且要谨慎对待，何况是国家法制，这是不能率易行事的。现在之所以宽宥邵广，是由于他的儿子的孝心感人，可是天下人都有爱父爱母之心，谁又比邵宗、邵云差呢？今天你既然允准了邵家兄弟的请求，倘若将来有人继起仿效，你准不准呢？难道后继者就不是陛下的百姓吗？难道他们就没有孝顺父母的诚心吗？所以，所谓'特意允许'之说，不会有什么益处；而'下不为例'必然会引起无穷的怨怼。这一处理办法，臣以为是施舍一个小小的恩典于今天，却留下千千万万的怨怼于以后，实在不可取。"成帝最终听从了范坚的意见，断然处死了邵广。

桓温与殷浩之争

桓温字元子，宣城太守桓彝的儿子。桓彝为人害死，泾县令江播曾参与其事。桓温时年15，便枕戈泣血，发誓为父报仇。他18岁时江播已死，桓温便在丧仪上杀死了江播的两个儿子，此事为人们拍手称快。

桓温后娶南康长公主，被晋王室拜为驸马都尉，世袭万宁男的爵位，后任琅邪太守，转为徐州刺史。桓温与庾翼关系友善，曾向庾申言自己平定中原的大志，庾翼便向晋明帝推荐桓温道："桓温年少但有雄才大略，希望陛下不要把他当做常人对待，应当储备人才培养他，给他以重任，将来就靠他建立伟业。"庾翼死后，朝廷任命桓温假节总理荆、梁四州的军事，任安西将军、荆州刺史，并领护南蛮校尉，权力渐重。

晋穆帝永和二年（346年），桓温率众西伐入蜀，出人意料地取得大胜。后又出兵北伐，收复洛阳。朝廷看到桓温权势过重，兵众过多，开始有所担心。晋简文帝看到殷浩素有盛名，朝野推服，于是就把殷浩引为心腹栋梁，依靠殷浩的实力来钳制、抗衡桓温。这样，桓温便与殷浩两人相互疑忌、防范起来。

殷浩年少时与桓温齐名，两人常在心中暗地竞争。桓温有一次曾对殷浩问道："君怎么比得上我？"殷浩说："我与君周旋的时间太长了，宁愿让君居我之上。"桓温常以雄豪自许，多次轻视殷浩，殷浩并不害怕他。桓温得势后，曾对人说："年少时我与殷浩同骑竹马，我骑了以后丢下的殷浩就拿去骑，他本来就在我之下。"又曾对郗超说："殷浩的道德文章都不错，假如用他做宰相，完全可以总理政务，把握百官，现在朝廷没有使用他的长处。"

朝廷任用殷浩为建武将军、扬州刺史，参与朝政，另图北上军事。永和七年（351年）后赵灭亡，朝廷准备北伐关中、河北，任殷浩为中军将军、假节，总督扬、豫、徐、兖、青5州军事。殷浩受命后，以光复中原为己任，上疏北征许、洛。同时他也任命一些文才武将，任淮南太守陈逵和兖州刺史蔡裔为前锋，安西将军谢尚和北中郎将荀羡为督统。但是，次年在许昌为前秦所败，第二年又在山桑（今安徽蒙城北）遭到姚襄的伏击，全军大败。

这时候，桓温也拥兵北征。当他知道朝廷依靠殷浩等人来钳制自己之后，非常气愤，但由于他与殷浩平时相互了解，因此也不怕殷浩。桓温与朝廷相持了许多年，虽然名义上是君臣，实际上也只是松散的羁縻关系而已，长江上游八州的资用征敛，都没有上交朝廷。后来，桓温以出兵北伐为借口，带领四五万强兵顺江而下，进驻武昌，直接威胁下游南京，朝中一片恐慌。简文帝当时做抚军，便写信给桓温申明社稷大计，质问桓温的意图究竟何在。桓温上书抱怨朝中对他妄生疑忌，外敌当前而内忧于后，担心皇上中了奸人的反间之计，力陈自己为国家社稷的忠心，一再声称自己进军武昌是为了北伐。朝廷又进封他为太尉，桓温坚决推辞不受。

此时，殷浩北伐屡战屡败，耗资巨大，引起朝野一片怨言，桓温就上书说殷浩"受专征之重，无雪耻之志，坐自封植，妄生风尘，遂使寇仇稽诛，奸逆并起，华夏鼎沸，黎元殄悴"，历数殷浩兵败误国的罪行，请求朝廷"且宜遐弃，摈之荒裔"。

于是朝廷将殷浩废为庶人，徙居东阳的信安县。从此，朝廷内外军政大权都被桓温专断。

孔严太守宽宥王谈

东晋废帝太和年间，有个青年农民王谈，刚10岁时，父亲就被邻人窦度无端杀害。幼小的王谈，悲痛之余立下志向，要不惜一切代价为父报仇。可窦度在当地也算是一个强人，由于欠下命债，他也时刻保持着警惕。王谈幼小，势孤力弱，他的打算唯恐引起仇人怀疑，家里从来不敢购置武器，平日身上连一寸小刀也不携带。他就是这样很有心计地暗中准备，等待时机；不到有把握的时候，他决不轻举妄动。

8年过去了，王谈已长成一个壮壮实实的18岁的小伙子。他悄悄买了一把制作精良、锋利无比的铁锸。一个种田的农民时常带着铁锸下地干活，这是十分自然的事，别人也没有特别留意。他早就熟知窦度出门经常坐船，而村东的大桥下是必经之地。他想，这地方比较偏僻，行人稀少，桥离水面不高，倘若趁仇人的小船通过桥洞之时，自己伏在桥上行事，居高临下，比较容易成功。他决定就这么干。

一天，他计算窦度快要回来之时，就躲进小河边的草丛中。远远果然望见窦度的船划过来了，他迅速跃上桥去，待船头刚一露出桥洞，瞄准窦度的头部，用尽平生力气将锸劈下，不偏不倚正中头顶。窦度几乎连喊叫都未出口，就倒在血泊之中，即刻毙命。

筹划8年，等待8年，大仇得报，王谈心中郁积多年的恶气出尽，他丝毫没有恐惧之感，如释重负般地拿着凶器，径直前往县城投案自首。

当时的吴兴太守孔严，出身会稽郡的名门望族，善于治理地方，颇得士民称颂。他管理百姓，尤其重视表彰忠孝。如余杭有个妇人，在大饥荒之年，卖掉自己的儿子，以养活丈夫的哥哥的儿子。又如武康有兄弟两人，妻子都怀有身孕，弟弟远行尚未回家，本地遭逢荒年，势必不能保全两个孩子，兄嫂就抛弃自己的儿子而养活弟弟的儿子。孔太守对这类舍己为人的精神，都全力提倡和加以表扬。当王谈报仇杀人的案子送到郡里以后，孔太守审问几次，就被王谈小小年纪，立志复仇，苦待8年，终于成功的事迹感动了。他以为王谈不仅不是杀人凶犯，而是一个尊亲孝勇的血性君子。他即刻将王谈的孝勇事迹上报朝廷，为他请求宽宥，并得到了允准。

王谈对于孔严太守的宽宥和表彰，也深受感激。不久，孔严因病辞官回籍，病逝。他的3个儿子也在孙恩之乱中被杀。这时，王谈不忘旧恩，他移居会稽，为孔严父子修理坟墓，尽心尽力，当时人都盛赞他的高义。后来的吴兴太守孔廞，根据王谈的孝义行为，举他为孝廉。

石勒纳谏

晋咸和五年（330年），后赵的天王石勒即位称帝，并把国都由襄国迁往临漳。接着，石勒又派荆州监军郭敬、南蛮校尉董幼攻占了襄阳，派河东王石生击败了反叛的休屠王羌。一时间，石勒名震天下。周围的邦国异族如高句丽、肃慎、鲜卑、高昌、于阗、鄯善、大宛等都纷纷向他进贡送礼，就连晋帝的荆州牧陶侃也派人献上江南的珍宝奇兽。石勒感到踌躇满志，不断宽刑赦罪，赏赐群臣。

石勒本为匈奴别部的后裔，屡遭汉人的白眼，加之又曾被人掠卖为奴，受尽坎坷。如今当上了皇帝，不免要体验一下天子的荣华，享受一下帝王的富贵。于是，他降下旨意，让臣下负责营建一座富丽堂皇的邺宫。廷尉续咸听到石勒要大兴土木，觉得有失天子节俭治国之道，便上书切谏。正在兴头上的石勒猛地被人浇了一盆冷水，勃然大怒，骂道："不杀掉这个老家伙，我的宫殿就修不起来！"就吩咐御史把续咸抓进了监狱，准备开刀问斩。

中书令徐光见状，连忙劝石勒道："陛下天资聪颖，远远超过了唐尧、虞舜。然而，如今连忠臣的良言都听不进去，难道陛下想作夏桀、商纣那样的君主吗？臣子的进言，可以采纳实行的，就采纳实行；不能采纳实行的，也理当加以容忍。怎么能因为人家的几句直言，就随便杀死人家呢？"这番话使石勒恢复了理智，他察觉到自己的做法会造成堵塞言路、挫伤贤臣的后果；但是，宫殿不修，他又不甘心。权衡利弊之后，他暂时决定停建邺宫，立即释放续咸，并且给以表彰。想到自己这个皇帝当得真有点受气，连修个宫殿都要受人阻拦，他便对徐光叹道："我身为君主，如此不能当家做主！先前续咸的上书，我怎会不知是金玉良言？我不过是同他开个玩笑罢了。但是，普通人家里有些积蓄，还想另置宅第，更何况我富有天下、身为万乘之尊了。我最终还是要营建邺宫的，不过现在可以下令停建，以成就我正直臣子的名气。"于是，石勒降旨停建邺宫，又赏赐给续咸100匹绢、100斛，造成众臣认为续咸因谏得赏而天子从谏如流的印象。之后，石勒又诏命公卿百官每年推荐贤良、方正、直言、秀异、至孝、廉清等各一人。所荐人士在回答策问时，成绩上等者授任议郎，中等者授任郎，下等者授任郎中。被举荐的人士也可递相引荐其他的人才。此举为广招贤人打开了通路。

人物春秋

南征北战风雨中——晋帝司马炎

　　武皇帝名炎，字安世，是文帝司马昭的长子。为人宽容厚道，慈善好施，喜怒不现于色，有容人的气量。魏国嘉平年间，赐爵北平亭侯，历任给事中、奉车都尉、中垒将军，同时还兼任散骑常侍，经过多次提拔后做了中护军、假节。奉命到东武阳县去迎接常道乡公曹奂，被提升做中抚军，进封爵位为新昌乡侯。到晋王国建立的时候，便被确定为王国的继承人，授官抚军大将军、开府，做相国的副手。

　　起先，文帝因为景帝司马师是宣帝司马懿的直系长子，早年去世，没有后代，便将武帝的弟弟司马攸过继给他，作为子嗣，并特别加以宠爱，自己认为是代司马攸担任相国职位的，今后死了，晋王的王位应当交还给攸。常常说："这是景王的天下，我怎么去分享啊。"当议论王国继承人的时候，有意使司马攸继承。何曾等人坚决反对说："中抚军聪察明智，神明威武，才华出众，旷世少有。又立发垂地，手长过膝，这不是一般的长相啊。"由于大臣们的坚持，就定下司马炎为太子。咸熙二年五月，司马炎被立为晋王的太子。

　　八月初九日，文帝司马昭去世，太子司马炎继承了相国、晋王的职位。发布命令：放宽刑罚，赦免犯人，安抚百姓，减轻徭役，国内举行3日的丧礼。这一月，身材高大的人出现在襄武县境，高达3丈，告诉该县县民王始说："现在天下应当太平了。"

　　九月初七日，任命魏国的司徒何曾担任晋王国的丞相，镇南将军王沈担任御史大夫，中护军贾充担任卫将军，议郎裴秀担任尚书令、光禄大夫；他们都设置办公机构，聘请办事人员。

　　十一月，初次设立四护军，来统率京城以外的军队。闰十一月十五日，下令各郡中正官，按六条标准推荐沉抑在下、不得升迁的人员：一是忠诚恭谨，奋不顾身；二是善事尊长，合乎礼仪；三是友爱兄弟，尊敬兄长；四是洁身自好，勤劳谦虚；五是讲究信义，遵守诺言；六是努力学习，陶冶自身。

　　这时候，晋王的恩德普及，四方归心。由于这样，魏国的皇帝曹奂知道天命已经有了归属，就派遣太保郑冲送策书说："我的祖先虞舜大受上天安排的命运，从唐尧处承继了帝位，也因天命又禅让给了夏禹。3位君主死后的灵魂上升天庭，配享天帝，而且都能广布天子恩德。自从夏禹受禅以后，上天又将伟大的使命降落在汉帝身上。因火德而兴起的汉帝已经衰微，于是又选中并授命给我的高祖。媲美于虞夏四代的光明显赫，这是四海公认的。晋王你的祖辈和父辈，衷心信服贤明的先哲，辅弼光大我曹氏宗族，功业德泽广布四方。至于天地神灵，无不亲善和顺，水土得到平治，万物得到成长，各方因此得到安宁。应当接受上天的使命，协调帝王统治天下的中正法则。于是，我虔诚地遵守帝王世系的传递，将帝位恭敬地禅让给你。帝王相继的次序已经落在你身上了，诚实地执行公平合理的原则吧，上天赐予的禄位得以长久。你应恭敬地顺从天帝的意旨，一切遵循常规法则，安抚周边国家，用来保持上天赐予的吉祥，不要废弃我武帝、文皇的伟大功业。"武帝开始时谦让，魏国的公卿大臣何曾、王沈等人坚持请求，才接受了魏帝的禅让。

泰始元年冬季十二月十七日，在南郊设置坛场，百官有爵位的以及匈奴南单于等四方各国到会的有数万人，举行烧柴祭天仪式，将继承帝位的事报告天帝说："新任皇帝臣司马炎冒昧使用黑色的公牛做祭品，明白地告诉光明而伟大的天帝：魏帝考查了帝位转移的运数，秉承了上天神圣的意旨来命令我：从前的唐尧，发扬光大了崇高的理想，禅让帝位给虞舜，舜又将帝位禅让给夏禹，他们都努力推行德政，留下了光辉的典范，得以世代相传，历年久远。到了汉朝，火德衰微，太祖武皇帝平息动乱，匡时救世，扶持拥戴刘氏，因此又接受了汉帝的禅让。就说进入魏朝吧，仍然是几代动乱，几乎到了灭亡的地步，确实是依靠晋王匡扶拯救的功德，因此得以保存魏国的宗庙祭祀，在艰难危险的时候，给予了极大的帮助，这都是晋王有大功于魏国啊。广阔的四方，无不恭敬顺从，肃清梁、岷，席卷扬、越，极远的荒外也得到统一，吉祥与符瑞多次出现，天命与人事互相呼应，四方无不服从。于是，我效法尧、舜、禹三帝，接受上天授予的帝位。我司马炎的威德不足以继承帝统，辞让又得不到准许。在这时候，公卿大臣、百官僚佐、庶民仆隶以及各族酋长，都说：'皇天洞察下方，寻求民间的疾苦，既然授命为贤明的君主，就不是谦让可以拒绝和违背的事情。帝王的世系不能无人继统，庶民的生计与神灵的祭祀不可以无人主持。'我虔诚地奉行帝王传递的命运，恭谨地畏惧天命的威严，慎重地选择了吉日良辰，登坛接受魏国的禅让，举行祭天仪式将登基的事报告天帝，并永久地满足众人的厚望。"禅让典礼结束，武帝就来到洛阳宫，亲临太极前殿，发布诏令说："从前，我的祖父宣王，聪慧明智，敬慎明察，顺应上天的运数，弘扬帝王的功德，开创了宏伟的基业。伯父景王，身行正道，明达事理，兴旺发达了中国。到了父亲文王，思虑精密远大，和洽天地神灵，适应天命，顺从时运，接受了晋王的封爵。仁慈普及四海，功业惊动天地。因此，魏国曹氏借鉴先王的法则，效法唐尧的禅让，访求诸侯公卿，归结天命于我。我敬畏上天之命，因此不敢违背。想到我的威德不足，承担如此宏大的功业，置身在王侯公卿的上面，得以主宰天下，内心不安，十分畏惧，不懂治理国家。只有依靠你们这些在我左右的得力助手，忠心耿耿的文武大臣，你们的祖辈父辈，已经辅佐过我的祖先，光大兴隆了我晋国的基业。打算与天下各方共同享有这美好的岁月。"与此同时，颁布对已判刑囚犯的减免令，更改年号。赏赐天下人的爵位，每人五级；鳏寡孤独生活困难的人以稻谷，每人五斛。免收一年的田租、户调和关市的商税，老账、旧债全部免去。调解过去的嫌隙，废除原来的禁令，撤去官职、削除爵位的人，全都给予恢复。

十八日，武帝派遣太仆刘原到太庙禀告接受禅让的事。分封魏帝曹奂为陈留王，食邑一万户，居住在邺城的王宫中；曹氏诸王都降为县侯。追加尊号：宣王司马懿称宣皇帝，景王司马师称景皇帝，文王司马昭称文皇帝，宣王妃张氏称宣穆皇后。尊称太妃王氏为皇太后，居住的宫名崇化宫。分封叔祖父司马孚为安平王，叔父司马干为平原王、司马亮为扶风王、司马伷为东莞王、司马骏为汝阴王、司马肜为梁王、司马伦为琅邪王，弟弟司马攸为齐王、司马鉴为乐安王、司马机为燕王，堂伯父司马望为义阳王，堂叔父司马辅为渤海王、司马晃为下邳王、司马瑰为太原王、司马珪为高阳王、司马衡为常山王、司马子文为沛王、司马泰为陇西王、司马权为彭城王、司马绥为范阳王、司马遂为济南王、司马逊为谯王、司马睦为中山王、司马陵为北海王、司马斌为陈王，堂兄司马洪为河间王，堂弟司马楙为东平王。以骠骑将军石苞任大司马，赐爵乐陵公，车骑将军陈骞赐爵高平公，卫将军贾充任车骑将军、鲁公，尚书令裴秀赐爵钜鹿公，侍中荀勖赐爵济北公，太保郑冲任太傅、寿光公，太尉王祥任太保、睢陵公，王国丞相何曾任太尉、朗陵公，御史大夫王沈任骠骑将军、博陵公，司空荀𫖮赐爵临淮公，镇北大将军卫瓘赐爵菑阳公。其余人员增加封邑、晋封爵位各有不同的等次，文武百官普遍增加爵位两级。改《景初历》名为《太始历》，腊祭百神用酉日，祭祀社神用丑日。十九日，武帝下诏，倡导勤俭节约，拿出皇宫库藏的珍珠玉石、赏玩嗜好这类物品，按不同等次分赏给王公以下人员。设置中军将军，用来统领宿卫的左卫、右卫、骁骑、游击、前军、左军、右军等七军。二十日，武帝诏令陈留王曹奂使用天子的旗帜，备用按东、西、南、北、中方位配置的青、白、红、黑、黄五色侍从车，继续沿用魏国的历法，照常在南郊祭天、北郊祭地，礼乐制度也不改变，上书晋帝无须称臣。赐给山阳公刘康、安乐公刘禅的子弟各一人为驸马都尉。二十六日，任命安平王司马孚担任太宰、假黄钺、大都督中外诸军事。又下诏令说：以前，王凌策划废黜齐王曹芳，但曹芳终究未能保住自己的帝位。邓艾虽然自夸功勋，有失臣节，但他没有反抗，接受处罚。现在，彻底赦免他们家属的罪行，各自回到原地并确定他们的直系继承人。使衰败的世家兴旺起来，灭绝的大族后继有人，简化法典，省并刑律。废除曹魏时期对宗室担任官职的禁令。将官佐吏遭遇3年丧期的丧事，准许回家服完丧礼。百姓免去他们的徭役。停止部曲将领、州郡长吏以下人员的人质制度。削减郡国供给皇宫的征调，不准主管音乐的部门演出奢侈华丽的散乐、杂技等伎艺，以及雕刻彩饰这类出游、田猎的器具。鼓励众人敢于讲真话，设置谏官来主管这件事情。

这一月，凤凰6只、青龙3条、白龙两条、麒麟各一只，现于郡国境内。二年春季正月初七日，武帝派遣兼任侍中侯史光等人，给予符节，出使四方，视察民间的风俗，禁止不合礼制的祭祀。初八日，有关部门请求建立供奉七代祖先的庙堂，武帝难于为这事征发徭役，没有批准。十一日，除去宫中在五更的时候，主唱鸡歌的卫士。二十二日，尊称景皇帝夫人羊氏为景皇后，居住的宫名弘训宫。二十七日，册立杨氏为皇后。

二月，解除原魏国对汉朝宗室任官的禁令。十一日，常山王司马衡去世。武帝下诏书说："五等爵位的分封，都是选取过去建立了功勋的人。本封是县侯的传爵位给次子降为亭侯，乡侯的降为关内侯，亭侯的降为关中侯，都收取他的封户租税的十分之一作为俸禄。"二十九日，郊外祭天，用宣皇帝司马懿配享，在太庙中祭祀祖先，用文皇帝司马昭配天帝。二十二日，诏书说："古代百官，都可以规诫帝王的过失。然而，保氏官特别以直言规劝天子作为自己的职责，现在的侍中、散骑常侍，实际上处在保氏官这样的职位上。挑选那些能够打破情面、矫正过误、匡扶救助、弥补不足的人，来兼任侍中、散骑常侍。"

三月二十日，吴国派遣使臣前来吊唁文帝司马昭，有关部门上奏回答吴国称诏书。武帝说："以前，汉文帝、后汉光武帝怀柔安抚他和公孙述，都没有辨正君臣的名分礼仪，这是用来笼络还没有归服的人的啊。孙皓派遣使臣的时候，还不知道晋国已经接受了魏帝的禅让，只用书信的方式来回答他。"

夏季五月戊辰，武帝下达诏令说："陈留王品德谦恭，每有一事就上表奏闻，这不是优待尊崇他的办法啊。主管的人应该向他讲明用意，不是重大的事情，就由王国的官属用表的方式上奏。"壬子，骠骑将军、博陵公王沈去世。

六月二十五日，济南王司马遂去世。秋季七月初五日，营建太庙，运来荆山的木材，开采华山的石料；铸造铜柱12根，表面涂上黄金，雕刻各种物像，用明珠加以装饰。二十二日，谯王司马逊去世。三十日，有日蚀出现。八月初十日，裁减右将军官职。

起初，武帝虽然遵从汉魏的制度，已安葬了文帝，便脱去丧服，但是身穿居家的衣服，头戴白色的帽子，不侍御座，撤去御膳，悲哀恭敬如同居丧时期一样。二十二日，有关部门上奏，请求改穿官服，恢复御膳，武帝不允；直到3年丧期服满以后，才恢复平素的服食起居。后来服太后的丧礼，也是这样。九月二十日，散骑常侍皇甫陶、傅玄兼任谏官，上书直言规诫，有关部门上奏武帝，请求搁置这件事。武帝下诏书说："大凡涉及谈论人主的过失，臣下最感困难，又苦于人主不能倾听与采纳，这就是从古以来忠臣直士所以情绪激昂的原因啊。常常将陈述的事交主管的人，又大多近乎严厉的挑剔，说是优容宽厚应该由皇上施予，这像什么话吗？一定要详细评论议定。"

二十三日，有关部门上奏："晋继承伏羲、神农、黄帝的业绩，踏着虞舜、夏禹的足迹，适应天命，顺从时运，接受魏帝的禅让，应当统一使用前朝的历法和车马、祭牲的颜色，都如同虞舜遵守唐尧典制的先例。"奏章被准。

冬季十月初一日，发生日蚀。初二日，武帝下诏书说："从前，虞舜下葬苍梧，当地的农夫并未让出耕地；夏禹下葬成纪，那里的市井依旧照常营业。追思祖先清廉简易的宗旨，所迁徙陵地10里以内居民这件事，动不动就引起烦扰骚乱，应该完全停止它。"

十一月初五日，倭国人来朝进献特产。合并冬至圆坛祭天、夏至方坛祭地于南郊祭天、北郊祭地，使冬至与夏至的祭祀统一于南郊与北郊。撤销原魏国监视山阳公国的督军官职，废除对它的有关禁令与限制。十五日，景帝夫人夏侯氏被追加尊号为景怀皇后。十七日，把已死祖先的牌位迁徙入太庙。

十二月，撤销屯田制的农官系统，将它与郡县合并。这一年，凤凰6只、青龙10条、黄龙9条、麒麟各一只，出现在郡国境内。

三年春季正月癸丑，白龙两条，出现在弘农郡的渑池县境。丁卯，武帝册立长子司马衷做晋国的太子。颁布诏令说："我以不足的德望，被推尊为天子，小心恭谨，心怀畏惧，担心不能安定匡救天下，想同全国上下，共同整饬、发扬王者的政教，从根本上进行变革，对于设置继承人，明确嫡长子，不是最紧迫的事情。加上近代每次建置太子，必定有赦免罪犯、施行恩惠的事，其间往往是不得已才这样做的，都是顺从王公百官的奏请罢了。当今，盛衰治乱的更迭变化即将稳定，准备用道德仁义的道理去教化他们，用真善丑恶的典型去诱导和警戒他们，使百姓放弃投机侥幸的念头，笃守终始如一的行为，小恩小惠，所以没有必要采用它了。这样的政策要使大家都能明白。"

三月初六日，初次准许二千石以上的官吏可以守完3年的丧礼。丁未，白天如同黄昏一样黑暗。裁减武卫将军官职。任命李熹做太子太傅。太山发生石崖崩裂。

夏季四月十六日，张掖郡的太守焦胜上书说：氐池县的大柳谷口有一处黑色石崖，白天显现出彩色纹理，实在是大晋国的吉祥，将它描画下来，进献朝廷。武帝下令用一丈八尺长的绢帛做祭品，上告于太庙，并将图像藏在秘府中。

秋季八月，撤销都护将军机构，将它所管辖的五官、左、右以及虎贲、羽林五署交还给光禄勋。

这一年王导妻曹氏去世，赠金章紫绶。早年，曹氏性好妒嫉，王导对她十分惮惧，私下在别处营造府邸，安置群妾。曹氏得知，要去那里，王导唯恐群妾蒙受羞辱，急忙命人驾车赶去，仍恐迟到，便用手中的麈尾柄驱牛快进。司徒蔡谟听说后，开玩笑对王导说："朝廷要赐你九锡。"王导没有觉察，只是谦虚推让。蔡谟说："没听说有其他东西，只有短辕牛车，长柄麈尾。"王导大怒，对人道："当年我与群贤同游洛中时，还没听说有蔡克的儿子呢！"

九月十四日，武帝下诏书说："古时候，用德行高低来显示爵位等级，按功劳大小来制定俸禄多少，虽然是最低一级的官吏，还享有上等农夫的收入，对外能够做到奉公守法，丢掉私念，对内完全可以赡养家人，周济亲友。现在，有爵位的官员，俸禄还不能养家糊口。这不是用来倡导教化的根本方法啊。当议论增加官吏的薪俸。"赏赐王侯公卿以下人员数量不等的绢帛。升太尉何曾任太保、义阳王司马望任太尉、司空荀𫖮任司徒。

冬季十月，准许士兵中遭遇父母死亡的人，只要不是在边疆战场上，都可以因家奔丧。十二月，改封宗圣侯孔震为奉圣亭侯。山阳公刘康入京朝见。禁止占星望气、预言吉凶的法术。

四年春季正月初三日，武帝任命尚书令裴秀担任司空。十八日，晋国的律令修订完成，参与者增封爵位、赏赐绢帛各有不同的等级。光芒四射的彗星名字称孛的出现在轸宿星区。十九日，武帝在用于宗庙祭祀的农田上，举行耕田的仪式。二十日，下诏令说："古代，设置象征五刑的特异服饰来表示耻辱，但是百姓都不去犯法，当今，虽然有诛灭父族、母族和妻族的酷刑，可是作奸犯科的事不断发生，为什么德化与刑治的差别有这么大呢！文帝十分爱惜百姓，怜悯狱讼，于是命令众大臣参考历代刑典，修订晋朝的法律。我继承父祖留下的基业，想使天下长治久安，愿同各方用德化作为治国的根本。当前，温暖的春天孕育万物，春耕伊始，我亲自带领王公百官，耕种用于宗庙祭祀的农田千亩。加上律令已经修订完成，将它颁布于天下，准备采用简化刑律、致力德化，来慈爱抚育境内的百姓。应当从宽处理犯法的人，使他们得到改正错误、重新做人的机会，对天下已经判刑的罪犯，实行免刑或减刑吧。长吏、郡丞、长史每人赐马一匹。"

二月初三日，山阳公国增加设置相、郎中令、陵令、杂工宰人、鼓吹车马各有不同的数量。废除中军将军官，设置北军中候代替它。十七日，东海人刘俭因德行突出，被任命为郎官。调中军将军羊祜担任尚书左仆射、东莞王司马伷担任尚书右仆射。

三月二十一日，皇太后王氏去世。

夏季四月初二日，太保、睢陵公王祥去世。初三日，将文明皇后王氏在崇阳陵内与文帝合葬。废除振威、扬威护军等官，设置左、右积弩将军。

六月初一日，武帝下达诏书说："郡国的守相，每三年一次巡视所属的各县，必定在春季，这是古代地方官吏用来陈述职守、传布风化、展示礼仪的方式啊。接见长吏，观察风俗，协调礼律，考查度量，慰问老人，拜访高年；讯视囚徒，受理冤狱，仔细考察政令、刑罚的成功与失败，深入了解百姓所忧虑与痛苦的事情。不分远近，都如同我亲身巡视这些地方。督促教导五常，勉励从事农耕；劝勉求学之人，让他们专心致意于六经，不要学习诸子百家的非根本之学，妨碍了自己的远大前程。士人和庶民中有勤奋学习、遵循道德、孝亲敬兄、诚实守信、廉洁奉公、品行优异的人，推荐并进用他们；有在父母面前不孝敬，在亲族面前不仁爱、违反礼义、抛弃纲常、不遵守法令的人，要加以严惩。田地垦辟，生产发展，礼教普及，令行禁止，这是地方官吏能干啊；百姓穷困，农田荒芜，盗贼四起，狱讼繁多，欺下瞒上，礼教废弛，这是地方官吏的无能啊。如果地方官吏任职期间，有秉公廉洁、不谋私利、刚正不阿、不图虚名的人，以及那些自身贪赃受贿，靠献媚黩货求得安身，公正节操没有树立，但是私家财富却日益增加的人，都要细心考察他们。奖善惩恶，进贤去邪，这正是我垂衣拱手，总揽大纲，督责贤能的郡国守相完成治理天下任务的目的啊。唉，你们要警戒啊！"

秋季七月，泰山石崩，一群陨星向西流失。戊午，武帝派遣使臣侯史光巡视天下。十四日，祭拜崇阳陵。

九月，青、徐、兖、豫四州水灾严重，伊河、洛河洪水泛滥，与黄河连成一片，政府开仓以赈救灾民。武帝下诏书说："即使诏令已作了规定，以及奏请得到批准的事情，但在实施中有不符合实际的，都要如实上报，不得隐瞒。"

冬季十月，吴国将领施绩入侵江夏，万郁寇扰襄阳。武帝派遣太尉、义阳王司马望出屯龙陂。荆州刺史胡烈打败了万郁。吴将顾容入寇郁林，太守毛炅给他以沉重打击，杀了吴国的交州刺史刘俊、将军修则。

十一月，吴国将领丁奉等人出兵芍陂，安东将军、汝阴王司马骏与义阳王司马望反击，再次被击败。二十七日，武帝诏令王公百官以及郡国守相，推荐德行高尚、公正耿介、直言不讳的人士。

十二月，武帝向郡国守相颁布 5 条诏书：一是修养心身，二是厚待百姓，三是体恤孤寡，四是重农抑商，五是杜绝请托。二十八日，武帝到听讼观查阅廷尉府洛阳地区在押囚犯的案卷，并亲自审讯罪犯，进行判决。扶南、林邑国分别派遣使臣来朝，贡献物品。

五年春季正月初一日，武帝一再告诫郡国掌管税收、财务的计吏，以及守相、令长，务必使农民充分利用土地资源，不准他们弃农经商。初四日，武帝到听讼观，查阅囚犯的案卷，并亲自审讯，大多从宽释放。两条青龙出现在荥阳郡境内。

二月，分雍州的陇右五郡以及凉州的金城、梁州的阴平，建置秦州。二十日，二条白龙出现在赵国境内。青、徐、兖 3 州水灾，武帝派遣使臣去救济慰问灾民。壬寅，任命尚书左仆射羊祜都督荆州诸军事，征东大将军卫瓘都督青州诸军事，东莞王司马镇东大将军、都督徐州诸军事。二十六日，武帝下诏令说："古时代，每年记录各种属吏的功绩与过误，积累 3 年再惩罚或奖励他们。现在，令史这类属吏，只选择粗疏低劣的人加以淘汰，起不到鼓励、劝进的作用，不是晋升勤能、罢黜疏劣的好办法啊。当分别记录勤恪能干、功绩卓著、德行优异这样的人，年年如此，成为制度，我将评论他们的事功劳绩。"

三月二十八日，诏令蜀汉丞相诸葛亮的孙子诸葛京，安排适当的官职。

夏季四月，发生地震。

五月初一日，凤凰出现在赵国境内。特赦交趾、九真、日南这三郡判处5年以下刑期的囚犯。

六月，邺城的奚官督郭廙上书武帝，陈述5件事情，用来谏诤，言辞十分恳切直率，武帝破格提升他担任屯留县的县令。西平人麴路鸣、登闻鼓，上奏的言辞大多妖妄诽谤，有关部门奏请将他斩于市场，陈尸示众。武帝说："是我的过误啊。"释放了麴究。撤销镇军将军，重新设置左、右将军的官职。

秋季七月，延请诸公入朝，征询正直的言论。

九月，彗星出现在紫宫星座。

冬季十月十九日，武帝因汲郡太守王宏治理有方，成效卓著，赐谷1000斛。

十一月，武帝给弟弟司马兆追加封爵、谥号为城阳哀王，并将儿子景度过继给司马兆，作为后嗣，继承他的爵位。

十二月，武帝下令州郡推荐勇敢有力、优秀奇异的人才。

六年春季正月初一日，武帝不侍在正殿而来到殿前，也没有陈列乐队。吴国将领丁奉入侵涡口，扬州刺史牵弘打败并赶走了他。

三月，武帝下令赦免判处5年以下刑期的囚犯。夏季四月，两条白龙出现在东莞境内。五月，分封寿安亭侯司马承为南宫王。

六月初四日，秦州刺史胡烈在万斛堆处进讨叛虏秃发树机能，奋力战斗，死在战场上。武帝下诏派遣尚书石鉴代行安西将军、都督秦州诸军事，和奋威将军田章共同讨伐叛虏。

秋季七月十四日，武帝下令陇右五郡遭受叛虏侵扰的百姓，免收田租、户调，无法维护生活的人，开仓予以救济。二十二日，城阳王司马景度去世。武帝下诏令说："自从泰始初到现在，重大的事件都编撰记录下来，保存在秘书府内，还抄写有副本。今后凡有这类事件，都应加以编撰汇集，并把它作为经常的制度。"二十四日，任命汝阴王司马骏担任镇西大将军、都督雍、凉二州诸军事。

九月，大宛国进献汗血马，焉耆来朝进贡特产。冬季十一月，武帝亲往太学，举行祝贺学业有成的"乡饮酒"古礼，并分别不同的等次，赏赐太常博士、学生的绢帛牛酒。分封儿子司马柬为汝南王。十二月，吴国的夏口都督、前将军孙秀率众投降，授官骠骑将军、开府仪同三司，赐爵会稽公。十七日，又恢复设置镇军将军官职。

七年春季正月二十六日，武帝给太子司马衷举行表示成人的加冠典礼，赏赐王公以下人员分别以不同等次的绢帛。匈奴族首帅刘猛反叛，出奔塞外。

三月，吴帝孙皓率领兵将进军寿阳，武帝派遣大司马司马望出屯淮北来防御他。初七日，司空、钜鹿公裴秀去世。十四日，任命中护军王业担任尚书左仆射、高阳王司马珪担任尚书右仆射。孙秀所部将领何崇带领5000人前来投降。

夏季四月，九真郡太守董元被吴国将领虞汜围攻，军队战败，死在战斗中。北地胡人寇金城，凉州刺史牵弘讨伐叛胡。鲜卑等族在内地叛变，将牵弘围困在青山地界。牵弘军战败，死在战场上。

五月，武帝封儿子司马宪为城阳王。雍、凉、秦三州发生饥荒，武帝下令赦免这三州境内判处斩刑以下的罪犯。

闰五月，武帝举行求雨的祭祀，太官也减低膳食标准。又下令交趾三郡、南中各郡免交今年的户调。

六月，武帝诏令公卿以下人员，每人推荐将帅一名。二十四日，大司马、义阳王司马望去世。大雨连绵，伊河、洛河、黄河洪水泛滥成灾，漂流居民4000多家，淹死300多人，诏令救济灾民，死了的赐予棺材。

秋季七月二十六日，调车骑将军贾充担任都督秦、凉二州诸军事。吴国将领陶璜等人围攻交趾，太守杨稷和郁林太守毛炅以及日南三郡向吴国投降。

八月初九日，调征东大将军卫瓘担任征北大将军、都督幽州诸军事。十九日，城阳王司马宪去世。分益州的南中四郡建置宁州，特赦这四郡判处斩刑以下的囚犯。

冬季十月初一日，发生日蚀。冬十一月十二日，卫公姬署去世。十二月，天降大雪。撤销中领军官署，将它与北军中候机构合并。调光禄大夫郑袤担任司空。

八年春季正月，监军何桢出讨匈奴族刘猛，多次打败了他，凶奴左部酋帅李恪杀了刘猛，前来投降。十九日，武帝在用来祭祀宗庙的农田里，举行耕田仪式。

二月初一日，禁止制造违反规定的装饰品、丝织物。十八日，太宰、安平王司马孚去世。诏令中央、地方各级官吏，每人推荐能胜任边郡职事的人3名。武帝和右将军皇甫陶议论政事，陶与武帝发生争论，散骑常侍郑徽上表请求依法处理皇甫陶。武帝说："敢于讲真话，这是殷切希望在我身边的人，都能做到的事情啊。君主常常因为有了阿谀奉承的人，才造成祸患，那里会由于有了正直的大臣，使国家遭受损害的啊！郑徽超越职权，妄自上奏，难道符合我的本意吗？"于是，撤了郑徽的官职。

夏季四月，增设后将军，用来完备前、后、左、右四军的建制。六月，益州牙门张弘诬陷他的刺史皇甫晏谋反，并将晏杀害，通过驿站送人头到京都。张弘坐罪被处死，诛灭了他的父、母、妻三族。二十日，武帝颁布对已判刑囚犯的减免令。二十四日，诏令陇右四郡遭受叛虏侵害的人家，免交田租。

秋季七月，调车骑将军贾充担任司空。九月，吴国西陵督步阐前来投降，授官卫将军、开府仪同三司，赐爵宜都公。吴国将领陆抗进攻步阐，武帝派遣车骑将军羊祜带领兵众从江陵进军，荆州刺史杨肇到西陵迎接步阐，巴东监军徐胤进攻吴国的建平郡，来牵制吴国，求援步阐。

冬季十月初一日，有日蚀发生。十二月，杨肇进攻陆抗，不能取胜，被迫撤军退回。步阐因西陵城陷落，被陆抗擒获。

九年春季正月二十二日，司空、密陵侯郑袤去世。二月二十五日，司徒、乐陵公石苞去世。武帝分封安平亭侯司马隆为安平王。三月，分封儿子司马祗为东海王。夏季四月初一日，出现日蚀。五月，发生旱灾。任命太保何曾兼领司徒。六月二十九日，东海王司马祗去世。

秋季七月初一日，发生日蚀。吴国的将领鲁淑围攻弋阳，被征虏将军王浑击败。撤销五官，左、右中郎将，弘训太仆，卫尉，大长秋等官职。鲜卑族入侵广宁，杀戮、掳掠5000人。武帝下诏选聘公卿以下人员的女儿来充实后宫，搜罗挑选没有结束以前，暂时禁止婚嫁。

冬季十月十七日，武帝发诏，女子满了17岁，父母还没有将她出嫁的，由当地官吏给她婚配。十一月初三日，武帝来到宣武观，举行盛大的阅兵典礼，初十日才结束。十年春季正月十八日，武帝在用于宗庙祭祀的农田里，举行耕田仪式。闰正月十一日，太傅、寿光公郑冲去世。十七日，高阳王司马珪去世。十八日，太原王司马瑰去世。

二十五日，武帝下诏书说："嫡子与庶子的区别，用来分辨上下，表明贵贱。但是，近代以来，大多宠爱姬妾，使她们升上了后妃的位置，搞乱了尊卑贵贱的秩序。从今往后都不准选用妾媵作为嫡系正妻。"

二月，分幽州的五郡建置平州。三月初二日，发生日蚀。夏季四月二十八日，太尉、临淮公荀颢去世。

六月初三日，武帝到听讼观，查阅囚徒的案卷，亲自审讯犯人，多数被从宽发落，得到释放。夏季，出现严重的蝗灾。

秋季七月初六日，杨皇后去世。二十二日，吴国平虏将军孟泰、偏将军王嗣等人，带领军队来降。

八月，凉州的叛虏入寇金城等郡，镇西将军、汝阴王司马骏讨伐叛虏，杀了他的酋帅乞文泥等人。十九日，将元皇后杨氏安葬在峻阳陵内。

九月初四日，武帝调大将军陈骞担任太尉。晋军攻下了吴国的枳里城，活捉立信校尉庄祐。吴国将领孙遵、李承率领军队，入侵江夏，太守嵇喜打败了他们。在富平津处修建了黄河大桥。

冬季十一月，在洛阳城东的七里涧处，修建了石桥。十二日，武帝来到宣武观，大规模阅军。

十二月，彗星出现于轸宿星区。武帝设置管理在春耕前举行亲耕仪式这种农田的籍田令。分封太原王的儿子司马辑为高阳王。吴国威北将军严聪、扬威将军严整、偏将军朱买来晋投降。

这一年，凿通陕南山，在黄河堤岸上打开缺口，使河水向东流入洛河，用来畅通漕运。

咸宁元年春季正月初一日，颁布对已判刑罪犯的减免令，更改年号。

二月，由于将官、士兵已到结婚年龄应当娶妻的人众多，便规定了凡是养育有5个女儿的人家，就免去他的租调徭役。辛酉，原任邺县县令夏谡做官清廉，名声远扬，赏赐稻谷100斛。由于官吏的俸禄菲薄，分别不同的等次，赏赐公卿以下人员的绢帛。叛虏树机能送来人质，请求归降。

夏季五月，下邳、广陵两地区发生风灾，吹折树木，毁坏房屋。

六月，鲜卑族力微派遣儿子来朝贡献。吴国入寇江夏。西域戊己校尉马循讨伐叛虏鲜卑，战胜并杀了它的渠帅。二十四日，设置总管东宫事务的太子詹事官。

秋季七月三十日，发生日蚀。郡国出现螟虫灾害。八月十八日，沛王司马子文去世。武帝把死去的太傅郑冲、太尉荀𫖮、司徒石苞、司空裴秀、骠骑将军王沈、安平献王司马孚等王公，以及还健在的太保何曾、司空贾充、太尉陈骞、中书监荀勖、平南将军羊祜、齐王司马攸等功臣，都书名在旗幡上，配享于太庙。九月十一日，青州发生螟害，徐州洪水泛滥成灾。冬季十月初二日，常山王司马殷去世。初十日，彭城王司马权去世。十一月十一日，武帝在宣武观大规模地检阅军队，十七日结束。十二月初五日，追加尊号：宣帝庙称高祖，景帝庙称世宗，文帝庙称太祖。这一月，发生了严重的瘟疫，洛阳地区的百姓死亡超过了一半。武帝分封裴颜为钜鹿公。

二年春季正月，由于瘟疫流行，停止了元日的朝会。分别不同的等次，赏赐没有固定职事的闲散官吏下至士兵的蚕丝。

二月初五日，河间王司马洪去世。十三日，武帝下令赦免判处5年以下刑期的囚犯。东方夷族有8国归顺。并州的叛虏侵犯边塞，被监并州诸军事胡奋打败。

起初，敦煌太守尹璩去世，凉州刺史任用敦煌县令梁澄代领太守的职务，议郎令狐丰罢黜梁澄，擅自代领该郡事务。丰死以后，弟弟令狐宏又代行郡职。到这，凉州刺史杨欣杀了令狐宏，通过驿站送宏头到洛阳。

早些时候，武帝患病，到现在病体痊愈，大臣们祝贺平安。武帝下诏书说："每次想到近来遭遇瘟疫死去的人们，心里就为他们十分难过。难道能因我一个人的病体康复，就忘了百姓的苦难了吗？凡是来祝贺平安的人，都应该予以谢绝。"

夏季五月，镇西大将军、汝阴王司马骏讨伐北胡，杀了它的渠帅吐敦。创立专门供五品以上官员子弟读书的国子学。二十一日，武帝举行了隆重的求雨祭祀。

六月癸丑，武帝在太庙中进献荔枝。甲戌，彗星出现在氐宿星区。从春季发生旱灾，到这月才降雨。吴国京下督孙楷率领军队来降，被任命为车骑将军，赐爵丹杨侯。两条白龙出现在新兴郡的井中。

秋季七月，彗星出现在大角星附近。吴国的临平湖自后汉末年淤塞，到这时自行开通。年老的人都在传说："此湖堵塞，天下大乱；此湖畅通，天下太平。"

初五日，安平王司马隆去世。东方夷族有17国归附。河南、魏郡洪水泛滥成灾，淹死了100多人，武帝诏令赐予棺材。鲜卑族阿罗多等人入寇边境，西域戊己校尉马循征讨入侵鲜卑，杀死4000多人，生俘9000多人，在这种形势下，阿罗多等人来晋投降。

八月初二日，河东、平阳发生地震。二十一日，以太保何曾任太傅，太尉陈骞任大司马，司空贾充任太尉，镇军大将军、齐王司马攸任司空。慧星出现在太微星座，九月又出现在翼宿星区。丁未，在洛阳城东修建太仓，又在东、西市场修建常平仓。

闰九月，荆州有五郡发生水灾，漂流居民4000多家。冬季十月，任命汝阴王司马骏担任征西大将军，平南将军羊祜担任征南大将军。二十一日，册立杨氏为皇后，颁布对已判刑罪犯的减免令，赏赐王公以下人员以及鳏寡各有不同的等次。十一月，两条白龙出现在梁国境内。十二月，武帝征召从未任官的士人安定郡皇甫谧，出任太子中庶子。进封皇后的父亲镇军将军杨骏爵位为临晋侯。当月，由于平州刺史傅询、前任广平太守孟桓做官清廉、声名远扬，傅询赏赐绢帛200匹，孟桓100匹。

三年春季正月初一日，发生日蚀。武帝分封儿子司马裕为始平王、安平穆王司马隆的弟弟司马敦为安平王。又下诏书说："宗族和亲属，都是国家的辅翼，想使他们遵守和奉行道德礼仪的规范，成为天下人们学习的榜样。但是，身处富贵地位又能谨慎行事的人不多，召穆公召集兄弟在一起，歌咏名为《唐棣》的诗篇作为训诫，这是周代姬氏本宗和支庶能够传递百代、没有凋残的原因啊。现在任命卫将军、扶风王司马亮担任宗师，所有应当施行的事情，都要在宗师那里征询意见。"十五日，始平王司马裕去世。彗星出现在西方。武帝派遣征北大将军卫瓘征讨鲜卑族的力微。

三月，平虏护军文淑讨伐叛虏树机能等人，都打败了他们。彗星出现在胃宿星区。二十一日，武帝准备进行一次田猎活动，担心践踏了麦苗而停止。

夏季五月十五日，吴国将领邵凯、夏祥带领兵众7000多人前来归降。六月，益、梁两州有八郡发生水灾，漂杀居民300多人，淹没了囤积军粮的简易仓库。

秋季七月，调都督豫州诸军事王浑担任都督扬州诸军事。中山王司马睦因犯罪削爵为丹阳县侯。

八月二十一日，武帝改封扶风王司马亮为汝南王、东莞王司马伷为琅邪王、汝阴王司马骏为扶风王、琅邪王司马伦为赵王、渤海王司马辅为太原王、太原王司马颙为河间王、北海王司马陵为任城王、陈王司马斌为西河王、汝南王司马柬为南阳王、济南王司马耽为中山王、河间王司马威为章武王。分封儿子司马玮为始平王、司马允为濮阳王、司马该为新都王、司马遐为清河王，钜平侯羊祜为南城侯。任命汝南王司马亮作镇南大将军。大风吹倒树木，突然降温并且结冰，五郡国降霜成灾，庄稼损害严重。

九月十七日，调左将军胡奋任都督江北诸军事。兖、豫、徐、青、荆、益、梁7州发生严重的水灾，淹没了秋季作物，武帝诏令开仓赈灾。分封齐王的儿子司马蕤为辽东王、司马赞为广汉王。

冬季十一月十六日，武帝来到宣武观，大规模地检阅军队，二十二日才结束。十二月，吴国的将领孙慎入寇江夏、汝南，掳掠1000余家后撤走。

这一年，西北杂居的各族，以及鲜卑、匈奴、五溪蛮夷、东方夷族的3个国家，先后10多人次，各自带领本族部落归顺。

四年春季正月初一日，发生日蚀。

三月十五日，尚书左仆射卢钦去世。辛酉，调尚书右仆射山涛任尚书左仆射。东方夷族有6国来京朝贡。

夏季四月，光芒类似蚩尤旗状的彗星出现在井宿星区。六月初十日，阴平郡的广武县发生地震，二十七日又震。州刺史杨欣在武威地区与叛虏若罗拔能等人交战，大败，死在战场上。弘训皇后羊氏去世。

秋季七月二十三日，武帝将景献皇后羊氏与景帝合葬于峻平陵内。二十二日，高阳王司马缉去世。二十六日，范阳王司马绥去世。荆、扬两州有20个郡国，都发生了严重的水灾。九月，调太傅何曾任太宰。十五日，调尚书令李胤任司徒。

冬季十月，武帝调征北大将军卫瓘任尚书令。扬州刺史应绰进攻吴国的皖城，杀敌军5000人，焚毁囤聚的谷米180万斛。十一月十六日，太医官署的司马程据，进献用雉鸡头部羽毛制成的裘衣，武帝因其为新奇特异的服饰，是被典制礼仪禁止的东西，在大殿前面焚烧了它。十九日，又敕令中央、地方官吏敢有再违犯的，将惩罚他们。吴国昭武将军刘翻、厉武将军祖始来晋投降。二十六日，调尚书杜预出任都督荆州诸军事；征南大将军羊祜去世。十二月初一日，西河王司马斌去世。十三日，太宰、朗陵公何曾去世。

这一年，东方夷族有九国归附。

五年春季正月，叛虏酋帅树机能攻陷凉州。初一日，武帝派遣讨虏护军、武威太守马隆讨伐他。二月初一日，白麟出现在平原国。三月，匈奴族都督拔弈虚带领部落归顺。十二日，由于百姓正度荒年，武帝也减少膳食费用的一半。彗星出现在柳宿星区。

夏季四月，彗星又出现在女御星区。武帝颁布对已判刑囚犯的减免令，废除部曲督以下将吏的人质制度。五月二十五日，有八郡国下冰雹，伤害秋季农作物，损坏了百姓的房屋。

秋季七月，彗星出现在紫宫星座。九月初四日，有麟出现在河南郡。

冬季十月十九日，匈奴余渠都督蚀雍等人带领部落归顺。汲郡人不准发掘战国魏襄王的墓葬，得到有小篆字体的竹简古书共10多万字，收藏在保存国家秘籍的部门。

十一月，武帝大规模伐吴，派遣镇军将军、琅邪王司马伷出兵涂中，安东将军王浑出兵长江西岸，建威将军王戎出兵武昌，平南将军胡奋出兵夏口，镇南大将军杜预出兵江陵，龙骧将军王浚、广武将军唐彬率领巴蜀的士兵，顺长江向下游进军，东西共有军队20多万。任命贾充担任大都督，行冠军将军杨济为副手，总领各路军队。

十二月，马隆进攻叛虏树机能，彻底击败叛虏，杀了树机能，平定凉州叛乱。肃慎国派遣使臣，前来贡献楛箭杆、石制箭镞。

太康元年春季正月初一日，五色云气覆盖了太阳。二十五日，王浑攻克吴国的寻阳、赖乡等城池，活捉了武威将军周兴。

二月初一日，王浚、唐彬等人攻下了丹杨城。初三日，又攻克西陵，杀了吴国的西陵都督、镇军将军留宪，征南将军成璩，西陵监郑广。初五日，王浚又攻占夷道、乐乡等城，杀了夷道监陆晏、水军都督陆景。十七日，杜预攻陷江陵，杀了吴国的江陵督伍延；平南将军胡奋攻克江安。在这时候，晋国各路军队同时并进，乐乡、荆门等地的吴国守军，相继前来归降。十八日，武帝任命王浚担任都督益、梁二州诸军事，又下达诏令说："王浚、唐彬向东进军，肃清巴丘以后，与胡奋、王戎一起攻克夏口、武昌，再顺流东下，直达秣陵，与胡奋、王戎审时度势，相机行事。杜预应当稳定零、桂，安抚衡阳。大军既已前进，荆州的南部地区，定当传布檄文就可平定，杜预应分一万人给王浚，7000人给唐彬；夏口既已攻下，胡奋应分7000人给王浚；武昌得手，王戎分6000人增加唐彬的兵力。太尉贾充移驻项城，总管监督各方事宜。"王浚率军向前，攻陷了夏口、武昌，于是战舰漂浮东下，凡是到达的地方，没有遇到抵抗就平定了。王浑、周浚在版桥地界，与吴国的丞相张悌交战，大败吴军，杀了张悌以及随同他的吴国将领孙震、沈莹，将他们的人头送往洛阳。孙皓穷困紧迫，请求投降，向琅邪王司马伷送上吴国皇帝的御玺及绶带。

三月十五日，王浚率领水军，直达建邺的石头城，孙皓恐惧，反缚双手，载着棺材，在晋军营门前投降。王浚手持符节，代表武帝解开了他的双手，烧毁棺材，送他上京都洛阳。收集吴国的地图户籍，取得4州，43郡，313县，523000千户，32000千吏，23万兵，男女共230万口。吴国原来任命的州牧郡守以下的官吏，都继续留任，废除了孙皓烦琐残酷的政令，宣布了简便易行的措施，吴国百姓十分高兴。

夏季四月二十九日，武帝颁发对已判刑囚犯的减免令，更改年号，特别准许民间举行5天的集会饮宴，来表示欢庆，赈恤孤寡老弱、贫困穷苦的人。河东、高平降下冰雹和雨，伤害了秋季作物。武帝派遣侍中张侧、黄门侍郎朱震，分别出使杨、越地区，抚慰刚刚归顺的百姓。白麟出现在顿丘境内。三河、魏郡、弘农降下冰雹和雨，伤害了隔年才成熟的麦苗。

五月二十五日，武帝赐孙皓爵位为归命侯，任命他的太子孙瑾担任中郎，其余的儿子任郎中。吴国德高望重的人,根据他们的才能,任命相应的官职。孙氏在交战中阵亡的高级将领,他们的家属搬迁到寿阳县居住;将吏渡江北来定居的,免除10年的租调徭役,百姓和各种工匠,免除20年。

六月十一日,武帝来到殿前,举行盛大的朝会,并引孙皓上殿,众大臣都高呼万岁。十二日,在太庙中进献鄘渌美酒。有六郡国遭遇雹灾,伤害了秋季农作物。十五日,武帝诏令凡士兵中年龄在60岁以上的人,都免去徭役,回归家中。二十五日,任命王浚为辅国大将军、襄阳县侯,杜预当阳县侯,王戎安丰县侯,唐彬上庸县侯,贾充、琅邪王司马伷以下人员,都增加封邑。与此同时,评论功绩,进行封赏,分别不同等次赐予公卿以下人员的绢帛。

二十二日,初次设置翊军校尉官职。复封丹水侯司马睦为高阳王。二十九日,东方夷族有10国归附。

秋季七月,叛虏轲成泥入寇西平、浩亹,杀晋督将以下300多人。东方夷族有20国入朝贡献。初五日,调尚书魏舒任尚书右仆射。八月,车师前部国王派遣儿子入侍武帝。初五日,武帝分封弟弟司马延祚为乐平王。3条白龙出现在永昌境内。

九月,众大臣由于天下统一,多次请示到泰山举行祭祀天地的典礼,武帝谦让,没有允许。

冬季十月初四日,废除家中养育5个女儿免除租调徭役的法令。十二月十五日,广汉王司马赞去世。

二年春季二月,淮南、丹阳发生地震。三月十五日,安平王司马敦去世。分别不同等次,将俘掠的吴国人口赏赐王公以下人员。武帝下令挑选原孙皓的妓妾5000人,进入后宫。东方夷族有5国入朝贡献。

夏季六月,东方夷族5国归顺。有16个郡国降下冰雹和雨,大风吹倒树木,毁坏百姓的房屋。江夏、泰山发生水灾,漂流居民300多家。

秋季七月,上党又遭暴风、冰雹大雨袭击,毁坏了秋季作物。八月,彗星出现在张宿星区。

冬季十月,鲜卑族的慕容廆入寇昌黎郡。

十一月二十五日,大司马陈骞去世。彗星出现在轩辕星区。鲜卑族入寇辽西郡,平州刺史鲜于婴讨伐,打退了这次侵扰。

三年春季正月初一日,撤销秦州建制,与雍州合并。十八日,调尚书令张华出任都督幽州诸军事。

三月,安北将军严询在昌黎地界,打败了鲜卑族慕容廆,鲜卑死伤数百人。

夏季四月二十五日,太尉、鲁公贾充去世。

闰四月初一日,司徒、广陵侯李胤去世。

五月初九日,两条白龙出现在济南境内。

秋季七月,废除平州、宁州刺史每三年一次入朝奏事的制度。

九月，东方夷族有29国归服，贡献他们的特产。吴国原将领莞恭、帛奉起兵反叛，攻陷建邺县城，杀了县令，竟然围攻扬州。徐州刺史嵇喜讨伐，平定了这次叛乱。

冬季十二月十三日，调司空、齐王司马攸任大司马、督青州诸军事，镇东大将军、琅邪王司马伷任抚军大将军，汝南王司马亮任太尉，光禄大夫山涛任司徒，尚书令卫瓘任司空。二十五日，武帝诏令国内水灾、旱灾特别严重的地区，免交田租。

四年春季二月十四日，调尚书右仆射魏舒任尚书左仆射、下邳王司马晃任尚书右仆射。戊午，司徒山涛去世。

二月十九日，武帝分封长乐亭侯司马寔为北海王。

三月初一日，发生日蚀。十四日，大司马、齐王司马攸去世。

夏季四月，任城王司马陵去世。

五月初一日，大将军、琅邪王司马伷去世。改封辽东王司马蕤为东莱王。

六月，增加九卿官职的礼遇与品秩。牂柯境内的獠族2000多部落归顺。

秋季七月十四日，调尚书右仆射、下邳王司马晃出任都督青州诸军事。二十八日，兖州洪水成灾，免去灾区百姓的田租。

八月，鄯善国王派遣儿子入侍，武帝赐给归义侯的封号。任命陇西王司马泰担任尚书右仆射。

冬季十一月二十二日，新都王司马该去世。以尚书左仆射魏舒担任司徒。

十二月初五日，武帝在宣武观大规模地检阅军队。

这一年，河内郡以及荆州、扬州水灾严重。

五年春季正月初四日，两条青龙出现在武器库内的井中。

二月初二日，封南宫王的儿子司马砧为长乐王。二十八日，发生地震。

夏季四月，任城、鲁国的池水色红如血。五月十三日，宣帝庙的大梁折断。

六月，初次设置奉皇帝诏令关押犯人的黄沙监狱。

秋季七月十六日，武帝的儿子司马恢去世。任城、梁国、中山降下雨和冰雹，损坏了秋季农作物。减少征收天下户调的三分之一。

九月，南安地区遭受风灾，吹断了树木。有五郡国发生严重的水灾，降霜成害，损伤了秋季农作物。

冬季十一月十四日，太原王司马辅去世。

十二月初十日，武帝发布对已判刑罪犯的减免令。林邑、大秦国分别派遣使臣来朝贡献。

闰十二月，镇南大将军、当阳侯杜预去世。

六年春季正月初一日，因连续几年农业歉收，免除了百姓所欠田租、债务中的旧账。初九日，调征南大将军王浑任尚书左仆射、尚书褚䂮都督荆州诸军事。

三月，有六郡国遭遇霜灾，桑树和麦苗受损。

夏季四月，扶南等10国来朝贡献，参离4000多部落归附。有4个郡国发生干旱，10个郡国洪水泛滥成灾，毁坏了百姓的房屋。

秋季七月，巴西地区地震。

八月初一日，发生日蚀。武帝下令减少征收百姓三分之一的绵绢。有白龙出现在京兆郡内。调镇军大将军王浚任抚军大将军。

九月二十一日，山阳公刘康去世。

冬季十月，南安境内发生山崖滑坡，地下水从中流出。南阳郡捕捉到只有两只足的野兽。龟兹、焉耆国王派遣儿子入侍武帝。

十二月初一日，武帝在宣武观大规模地阅军，历经10天结束。十七日，抚军大将军、襄阳侯王浚去世。

七年春季正月初一日，发生日蚀。初二日，武帝下诏说："近几年来，自然灾害和怪异现象多次出现，日蚀发生在正月初一日，地壳震动，山崖滑坡。国家治理得不好，责任完全在我一人。公卿大臣每人都密封上书，尽你们所知，讲出灾异多次出现的原因，不要有任何隐瞒或忌讳。"

夏季五月，有13个郡国发生旱灾。鲜卑族慕容瘣入寇辽东。

秋季七月，朱提出现山崩，犍为发生地震。

八月，东方夷族有11国归顺。京兆发生地震。

九月二十九日，骠骑将军、扶风王司马骏去世。有8个郡国发生严重的水灾。

冬季十一月初四日，武帝任命陇西王司马泰都督关中诸军事。

十二月，武帝派遣侍御史视察遭受水灾的各郡国。释放后宫女官、才人、歌妓、舞女以下270多人各回自己的家中。初次颁发大臣服满3年丧礼的制度。二十一日，河阴地区下降赤雪，面积达200亩。

这一年，扶南等21个国家、马韩等11个国家派遣使臣，来朝贡献。

八年春季正月初一日，发生日蚀。太庙大殿下塌。

三月十九日，临商观发生地震。

夏季四月，齐国、天水降霜成灾，损害了麦苗。

六月，鲁国发生严重风灾，吹倒了树木，毁坏了百姓的房屋。有8个郡国又出现了严重的水灾。

秋季七月，前殿的地面下陷，深达几丈，其中发现有埋在下面的破船。

八月，东方夷族有两国归顺。

九月，改建太庙。

冬季十月，南康郡的平固县县吏李丰反叛，聚集同党围攻郡县，自称将军。

十一月，海安县的县令萧辅，聚集徒众反叛。

十二月，吴兴郡人蒋迪，聚集党徒反叛，围攻阳羡县。州郡发兵捕捉讨伐，全部判处死刑。南方夷人扶南、西域的康居等国，分别派遣使臣，来朝贡献。

这一年，有五郡国发生了地震。

九年春季正月初一日，发生日蚀。武帝下诏书说："振兴教化的根本，在于政治清明，讼事平允及时，地方官吏不去多方体恤百姓的疾苦，却任意凭借私人的恩怨，制造扩大狱讼；又大多贪残污浊，扰乱百姓。当敕令刺史、郡守，纠察那些贪赃枉法的人，推荐那些公正清廉的人，有关部门讨论他们的罢黜或升迁。"又要求中央、地方各级官吏，荐举清廉有才能的人，提拔出身微贱的人。长江东岸的4个郡发生地震。

二月，尚书右仆射、阳夏侯胡奋去世，调尚书朱整任尚书右仆射。

三月初七日，杨皇后在洛阳城西的郊外，举行亲身蚕事的典礼，分别不同等次赏赐绢帛。二十二日，初次将春季祭社和秋季祭社合并为春季祭社。

夏季四月，长江南岸有8个郡国发生地震。陇西郡降霜成灾，伤害了越冬麦苗。

五月，义阳王司马奇触犯刑律，削爵为三纵亭侯。武帝诏令中央、地方各级官吏推荐能胜任郡守、县令职事的人才。

六月初一日，发生日蚀。改封章武王司马威为义阳王。有32个郡国发生严重旱灾，损害了麦田。

秋季八月十四日，陨石坠落有如雨点。武帝下令郡国将判处5年以下刑期的囚犯马上结案发遣，不要滞留各种讼事。

九月，东方夷族有7国到东夷校尉府归顺。24个郡国发生螟灾。

冬季十二月初七日，分封河间平王司马洪的儿子司马英为章武王。十二日，青龙、黄龙各一条出现在鲁国境内。

十年夏季四月，由于京兆太守刘霄、阳平太守梁柳办事有方，成效卓著，分别赏赐稻谷1000斛。有8个郡国发生霜灾。太庙改建完成。十一日，迁徙死去祖先的牌位进入新建的太庙，武帝在道旁亲自迎接，并举行祭祀远祖、近祖的典礼；颁布对已判刑罪犯的减免令，文武百官增加爵位一级，参加修建太庙的增加两级。十三日，尚书右仆射、广兴侯朱整去世。十九日，崇贤殿发生火灾。

五月，鲜卑族慕容瘣归降，东方夷族有11国归顺。

六月初七日，山阳公刘瑾去世。又恢复分别设置春季祭社与秋季祭社。

冬季十月二十一日，改封南宫王司马承为武邑王。

十一月丙辰，代行尚书令、左光禄大夫荀勖去世。武帝疾病初愈，赏赐王公以下人员的绢帛，各有不同等次。含章殿练武的鞠室发生火灾。

二十三日，武帝任命汝南王司马亮担任大司马、大都督、假黄钺。改封南阳王司马柬为秦王、始平王司马玮为楚王、濮阳王司马允为淮南王，都授予假节的权力，前往各自的封国，并分别统率封国所在地附近数州的军事。分封儿子司马乂为长沙王、司马颖为成都王、司马晏为吴王、司马炽为豫章王、司马演为代王，孙子司马遹广陵王。又分封濮阳王的儿子司马迪为汉王、始平王的儿子司马仪为毗陵王、汝南王的次子司马羕为西阳公。改封扶风王司马畅为顺阳王，畅的弟弟司马歆为新野公，琅邪王司马觐的弟弟澹为东武公、繇为东安公、漼为陵公、卷为东莞公。各王国的属官相，改名内史。

二十九日，太庙的大梁折断。

这一年，东方夷族僻远的30多个国家、西南方夷族的20多个国家，来朝贡献。叛虏奚轲率男女10万人归降。

太熙元年春季正月初一日，更改年号。初九日，调尚书左仆射王浑任司徒、司空卫瓘任太保。

二月十二日，东方夷族有7国人朝贡献。

三月初五日，调右光禄大夫石鉴任司空。

夏季四月十二日，调侍中、车骑将军杨骏任太尉、都督中外诸军、录尚书事。二十日，武帝在含章殿逝世，时年55岁，葬在峻阳陵地，庙号世祖。

武帝度量宏大，待人厚道，一切事情都本着仁恕的原则办理，能容纳直言正论，从不以粗暴的态度待人；明智通达，长于谋略，能断大事。所以，能够安定各方，平定天下。继魏国奢侈苛刻的风气之后，百姓怀念过去古朴的风尚，武帝就用恭敬节俭原则来加以督促，用清心寡欲思想来加以劝导。有关部门曾经上奏宫中的牛青丝鼻绳断了，武帝命令用青麻绳代替它。当朝处理政事能宽容，法令制度有常规。高阳许允被文帝司马昭处死，允的儿子许奇担任太常丞。武帝将要在太庙中行事，朝臣议论因为许奇出身在遭受过打击的家庭，不想要他接近武帝，请求将他调离太常府，出外任长史。武帝追述许允旧日的声誉，夸赞许奇的才能，反而提拔他担任了祠部郎，当时的舆论都赞扬武帝有公正豁达的气度。平定吴国以后，天下太平，于是对施政方略产生了厌倦，沉溺于游荡宴乐的生活之中，放纵偏爱皇后家族，亲近并优待当朝权贵，经验丰富的老臣宿将，得不到信任和重用，典章制度遭到破坏，请托徇私公开流行。到了晚年，明知惠帝司马衷不能承担大任，但是仗持孙子司马遹天资聪颖，智力过人，所以没有另立太子的打算。又考虑到司马遹不是贾后亲生，担心最终会导致危机，于是便和亲信共同商议死后的保证措施。出主意的人说法不一，长时间又下不了决心，最后采用了王佑的谋划，派遣太子司马衷的弟弟秦王司马柬都督关中，楚王司马玮、淮南王司马允同时出镇要害的地方，来增强皇室司马氏的力量。又担心皇后杨氏的逼迫，再任命王佑为北军中侯，来统率保卫皇帝的禁军。不久，武帝卧病不起，不见好转，渐渐进入危重，缔造晋国的功臣，都已先后死去，文武百官惶恐不安，也不知该怎么办才好。适逢武帝的病情稍稍缓了过来，有诏令任命汝南王司马亮辅佐朝政，又想在朝臣中挑选几位名声好、年纪轻的人协助司马亮辅政；杨骏隐藏诏令，并不公布。武帝转眼间又迷糊错乱，杨皇后趁机拟诏，任命杨骏辅佐政务，催逼司马亮马上出发，到镇赴任。武帝一会苏醒，询问汝南王司马亮来了没有，示意想见他，有重要的事情向他交代，身边的人回答说没有到，武帝便进入了昏迷垂危的地步。朝廷内部的动乱，概源于此。

右军才气世所夸——王羲之

　　王羲之字逸少，是司徒王导的堂侄。幼时语言迟钝，别人也并不认为他有什么特异之处。在他13岁时，曾经去拜访周颛，周颛审视他后，对他很感惊异。当时宴客很重视烤牛心这道菜，宴会开始时，其他客人还没尝这道菜，周颛首先切给王羲之吃，从此王羲之开始知名。他成年以后，富于才辩，以耿直著称，尤长于楷书，是古往今来的佼佼者，人们评论他的运笔气势，以飘忽如浮云、矫健如惊龙来形容。他深受堂伯父王敦、王导的器重。当时陈留人阮裕名声很重，在王敦手下任主簿。王敦曾对王羲之说："你是我们家的优秀子弟，应不次于阮主簿。"阮裕也认为王羲之和王承、王悦是王家的3位优秀青年。当时太尉郗鉴派他的门客去王导家选择女婿，王导让这位门客去东厢房挨个相看他的子侄。这位门客回去后，对郗鉴说："王家的小伙子们都很好，但是当他们得知我是选女婿的，一个个都一本正经的，只有一个人在东床上敞着怀吃饭，好像不知此事。"郗鉴听了以后，说道："这个人就是我要选的好女婿啊！"一打听，原来他就是王羲之，于是就把女儿嫁给了他。

　　王羲之初任官为秘书郎，征西将军庾亮聘请他为参军，历升至长史。庾亮临死前，向朝廷上奏，称赞王羲之品行清高且有鉴识。后来升任宁远将军、江州刺史。王羲之在少年时就有很好的名声，朝廷上的公卿贵官都很爱重他的才华，多次征召他任侍中、吏部尚书，他都不干。又任他为护军将军，他又推脱不接受。扬州刺史殷浩一向敬重他，劝他接受任命，给他写信说道："很多人都以你的进退来考察国家政事的兴衰，我们这些人也是这样。你的进退关系到国家的兴衰，怎么能不顾一代兴亡，只顾满足自己的心意呢？希望你细心体察众人的心意。你若不应时任职，国家哪有善政可言呢？你如果豁然想通了，就能够体验到众人的心意所向了。"王羲之写信回答说："我一向无心在朝廷上任职，王丞相在位时就坚持让我在朝廷任职，我誓不答应，那时我写的书信手迹尚在，可见我的这种志向由来已久，并不是你参政之后我才不愿任职的。自从儿子娶妻、女儿出嫁之后，我就立志学尚子平那样隐居不仕，也曾多次向亲朋知己说过，并非一天两天的事了。承您不弃。如果想任用我的话，即使是关陇、巴蜀地区，我也在所不辞。我虽然不具备应对朝廷事务的才能，但能忠于职守，宣扬国威和德政教化，所起的作用，自当不同于一般的使臣，一定让远近的百姓们都知道朝廷对他们并不见外，这样给国家带来的好处，比起护军将军一职所起的作用，就大不相同了。汉代末年曾派太傅马日磾去安抚关东，若不嫌我身份低微，对我的能力无所怀疑的话，最好在初冬时节赴任，我恭敬等候。"

　　王羲之被任为护军将军后，又再三要求去宣城郡任职，朝廷不答应，于是任他为右军将军、会稽内史。当时殷浩与桓温不和，王羲之认为国家的安定在于朝臣和外官的和衷共济，因而给殷浩写信，进行劝诫，殷浩不听。在殷浩要北伐的时候，王羲之认为必败无疑，便写信劝止，言辞恳切。殷浩最终还是出征了，果然被姚襄打得大败。殷浩想再次北征，王羲之又写信给他说：

  得知安西将军谢尚失败的消息，国家和我本人都为之痛惜，时刻不能忘怀。小小的江左地区，竟治理成这样，使天下人为之寒心，已非一朝一夕，再加上这次失败，这真应该认真地加以研究。过去的事已无法挽回，希望筹划开拓未来的方略，让天下百姓有个安身立命之地，以此成就中兴的大业。治理政事，道义是成功的关键，行政宽容和谐是根本，一味以武功取胜，这样做是不应该的，遵循以道义取胜的原则，以此来巩固大业，我想您会清楚其中的道理。

  战乱以来，掌管朝廷和地方大权的人，没有深谋远虑、锦囊妙计，而一味损耗百姓，各逞其志，结果竟无一功可论，一事可记，忠正的言论和好的策略摈弃不用。致使天下将出现土崩瓦解之势，怎么能使人不痛心疾首、悲愤万端呢！当事者又怎么能推脱使天下陷于混乱的罪责呢？追究过去的罪责，又能起什么作用？应该改弦更张，虚心求取贤人，和有识之士共同商定大计，不能再出现忠正言论屈服于当权者个人意志那样的局面了。现在军队在外失败，国内物资耗尽，保住淮河一线的想法已经无力做到，不如退保长江一线，都督将领名回旧镇，长江以北各地，只是维持现有局面而已。掌握国家大权的人，应引咎自责，应自行贬降，向百姓谢罪，一改过去的做法，和朝廷的贤能臣僚制定平稳的政治措施。废除那些繁苛规定，减轻百姓的赋役负担，和百姓一起重新做起，这样差不多能满足百姓的希望，把他们从艰难困苦中解脱出来。

  刺史大人您出身于平民百姓，担当国家的重任，在推行德政方面，没有做到事事妥当，您身为统帅而遭到这样的失败，恐怕朝廷上的贤能之士没有人肯分担这个责任的。现在应赶快推行德政，以弥补过去的失误，广招贤能之士，和他们分担责任，即使这样做，还不能断定能否达到预期目的。如果您认为以前做得还不够，因而再去追求不合时宜的东西，天地虽然这样广大，还有您立足之地吗！我明白我说的话您一定不听，反而会招致您的怨恨，但是我在这个问题上感触很深，因而不能不尽情陈言。如果您一定要率兵出征，不明白这个道理而贸然行动，我实在无法理解。希望您再和其他人共同斟酌。

  又接到州衙的命令，让会稽增运军粮1000石，征调军粮和劳役同时进行，又都限定军事需要的时间，面对这一切，灰心丧气，不知所措。一年以来，剥夺黎民百姓，其恶果是罪徒满路，这和秦始皇时的虐政相差无几，只不过还没有实行灭三族的刑罚罢了，我担心陈胜、吴广那样的灾难，过不了多久就会发生。

  王羲之又向会稽王上书，陈述殷浩不应北伐的道理，并论及政事，说道：

  古人因其君主没有成为尧舜那样而感到羞耻，做臣子的人，哪有不希望他所侍奉的君主受到尊崇，可以和前代圣君贤主媲美，何况现在又是千载难逢的大好时机呢？但是现在的才智和力量都比不上当年，又怎能不根据轻重情况的不同而妥善处理呢？现在虽然有令人高兴的事，但是反躬自问，令人忧愁的事多于令人高兴的事。经典说得好："若不是圣人治理天下，外面虽然显得安宁无事，必有重重的内忧。"现在的情况是，外边既不安宁，内忧却更深重。古代能成就大业的人，有人或许不依靠大家的智谋，而能尽全国的力量建立一时功业的，也往往不乏其人。那是因为个人的智谋确实足以超过众人，用国家暂时的困苦能获得一劳永逸的结果，只有这样的人，才能做到这一点。用这个标准衡量现在的人，能与古人相比吗？

要使朝廷必胜，一定要仔细衡量敌我双方的情况，具备万全之策方能行动。成功之后，就应利用当地的民众和实力扩充自己的力量。现在成功还没有把握，但是饱经战乱之后的幸存者也会被歼灭殆尽，无所剩留。再说从千里之外运送军粮，这是自古以来的一大难题，何况现在要转运供给，向西运往许昌、洛阳，向北运过黄河。就是秦朝的弊政，也没有达到这样的程度，那么十家九空的忧患，便会接踵而至。现在从事转运的人没有归还日期，各种征调又日重一日，仅以小小的吴越地区，维系天下十分之九的军需，不灭亡还有什么结局呢！而又不量力而行，不失败不停止，国内的人因此而痛心悲叹，但没有人敢说真话。

过去之事，说也没用，未来的事情还可以加以补救，希望殿下您能考虑再三，改弦更张，下令殷浩、荀羡回师据守合肥、广陵、许昌、谯郡、梁、彭城等地的驻军都回师把守淮河一线，建立起不可战胜的根基，等根基牢固形成攻势，再出兵征伐，也为时不晚，这确实是在当前形势下最高明的策略。如果不这么做，国家的灾难就会不日而至。掌握安危变化的关键，易如反掌，考察国家的虚实，形势就明摆在眼前，希望殿下英明决断，迅速决定。

我的地位低下，而谈论国家的重大问题，我怎不知这是很难的事情？但是古人或身为平民百姓，或是军阵中的士卒，他们尚且为国家出谋划策，决策者并不因此讥笑他们，况且我身居大臣之末位，怎能沉默不语呢！在关系到国家存亡的关键时刻，决定了就去实行，绝不能犹豫不定延误时机，这时不做出决断，后悔可就晚了。

殿下您德高望重，国内人心所归，以皇室贵胄辅佐朝廷，您最有条件去直说直做，使国家出现当年那样兴盛的局面，但是您的作为并不像人们期望的那样，这使我这个受您器重的人为之终夜兴叹，我真替您感到可惜。国家陷于深度的灾难之中，我时常担心，伍子胥的忧虑不仅是古代的悲剧，麋鹿出没的地方不只是山林水泽这样的地方。希望殿下您暂时摒弃那些清虚玄远不切实际的追求，解救国家的危难，这可以说在败亡的危局中奋力图存，转祸为福，这是国家的大幸，四海的百姓也有所依赖了。

当时东部地区发生灾荒，王羲之赈灾。但是朝廷征发的赋税徭役仍很繁重，吴郡、会稽一带尤其严重，王羲之多次上疏力争，往往被朝廷采纳。他又给尚书仆射谢安写信说：

　　近来我陈述的意见，常常被您采纳，因此令下之后，百姓们可以稍微休养生息，各务其本业。如不是这样，这一郡百姓都跳东海喂鱼了。

　　现在大事还没有安排的，漕运就是其中之一。我的意见是，希望朝廷下达规定的期限，交有关部门办理，不要再催逼下层，只是到年底考核成绩的好坏就行了。主管官员的成绩最差的，派囚车把他送交朝廷治罪。如果有3个县完不成任务，郡守一定要免职，有的可以降级使用，让他到边远艰苦地区任职。

　　再者，从我到此，助手常常有四五个人，加上上司衙门以及都水御史行衙的文件之多，像雨点般下发，其中颠倒错误，互相抵触，不知有多少。我只能闭着眼睛按常规办理，推给下面，只是拣重要的事交主簿办理，一般的则交下面机构办理。主管人到任，还不到10天，官吏和百姓来回奔走，费用以万计数。您正担任重要职务，您可以认真地考虑一下我所说的情况。在平时，江左地区，扬州只用一位称职的刺史就足以把政事统理得井井有条，现在有一群有才能的人来治理，反而没有治理好，只因为法令不一，多方牵制。我认为，用简而易行的办法，便足以守住已有的成就。

　　仓库监督官耗费、盗窃官米，往往数以万计，我认为杀掉一人，便能断绝这种弊端，但是当权的人不同意。近来检查各县，都是这样。余姚县被耗盗官米10万斛，向百姓收取重税，却用来肥了贪官污吏，致使国用缺乏，真可叹啊！

　　自从有战事以来，各种征调徭役以及担任转运军粮的人，死亡叛乱散逃回不了原地的人很多，百姓们被损耗到这种程度，国家仍照常规抽人补充代替，因此，各地都被弄得凋敝困苦，谁也不知该怎么办。被长官遣派出去的人，上路以后，多数叛逃，于是监送的官吏也和叛逃的人一起逃跑了。按照常规，就让叛逃者的家属和邻里负责追捕。追捕不到人，家属和邻里接着也叛逃而去。百姓流离逃亡，户口日渐稀少，原因就在这里。另外，各种工匠和医生，或死或逃，家家空无一人，没有人代替他们的差役，但是上司还不断催促，这种情况已延续了10年或15年，尽管官吏不断遭到弹劾而获罪，但无济于事，这样下去，老百姓怎么能承受！我认为从现在开始，各种减死的罪犯以及判5年徒刑的罪犯，可以补充逃亡人户的亏缺，减死罪犯可长期服兵役，判5年徒刑的罪犯可以充当各色工匠医生，把他们的家属也迁来，以充实城市。城市得到充实，这是行政的根本，又可以杜绝逃亡事件的发生。如不把他们的家属迁来，逃亡之患仍将和以前一样重演。现在免除他们服刑而充当杂役，又把他们的家属迁来，小民愚昧无知，有的人可能认为这种惩罚比杀头还严重，因而可以杜绝奸恶。惩罚虽然看起来很轻，但惩办的性质却很严重，这难道不是适合现时需要的措施吗！

　　王羲之平常喜欢服丹食药，涵养性情，不喜住于京城，他刚渡过浙江，便产生终身住在这里的想法。会稽有秀丽的山水，很多名人都生活在这里，谢安在做官以前也住在此地。孙绰、李充、许询、支遁等人都以文章名满天下，都在江东一带构筑别墅，和王羲之志趣相投。他曾和这些志趣相投的人在会稽郡山阴县的兰亭聚集宴饮，王羲之亲自撰文表达他的志趣，文章说：

永和九年，这年的干支为癸丑，在暮春三月上旬，众人会集在会稽郡山阴县的兰亭，采兰游戏，以驱除晦气。高人贤士们都到了，老老少少聚集在一起。这里有高山峻岭，茂密森林，修长的竹子，又有清澈见底的小溪。小流湍急，萦绕如带，利用溪水漂流酒杯，取以饮酒，人们依次坐在岸边。虽然没有乐队助兴的盛大场面，然而一边喝酒，一边吟诗，也足以尽情抒发幽雅的情怀。

此日，晴空万里，空气清新，暖风轻拂，令人心胸舒畅，仰头纵眼望去，宇宙是如此广大，低头细察，万物是如此繁盛，这样放眼纵观，敞开胸怀，耳目得到极大的享受，确实是赏心悦目之事啊！

人们在互相交往中，很快就度过一生。有的人互相敞开胸怀，在一室之内促膝畅谈；有的人寄情于万物，放浪不羁，忘记了自身的存在。虽然他们对人生的追求千差万别，性格或恬静或躁急各不相同，但是他们对自己的境遇感到满意的时候，即使是暂时的称心，他也会痛快满足，从而忘记了老年即将到来。一旦对所追求的东西感到厌倦，心情随之发生变化，无限的感慨也随之而来了。以前曾为之高兴的事情，顷刻之间，已成为过眼烟云，因而不能不引起无限感慨。况且人的生命的长短，听命于自然，最终是要完结的。古人说："人的生和死，也是大事情啊！"这怎么能不引起无限伤痛呢！

考察古人产生感慨的原因时，发现竟都如出一辙，我面对书卷，不能不感慨悲叹，弄不明白这究竟是为什么。我当然明白，那种认为生死如一、寿灭相同的说法是虚假荒诞之词，后世的人考察今天的人和事，也就像今天的人考察古代的人和事一样，想来真让人悲伤！因此我逐一记下参加集会人的姓名，并录下他们所作的诗文。后世和今天，虽然时代不同，人事各异，但引起人产生感慨的原因，却是一致的。后世的读者，读了我这篇文章也将会产生感慨的。

有人拿潘岳的《金谷诗序》和王羲之这篇文章相比，把王羲之和石崇相比，王羲之听了很高兴。

王羲之平素喜欢鹅，会稽有个老妇饲养了一只鹅，叫声很好听，王羲之要买下这只鹅，但没有买成，于是他带着亲友前去观看。老妇听说王羲之要来。把那只鹅宰了煮熟来招待他，王羲之为此整日叹惜。又有个山阴县道士饲养了一群好鹅，王羲之前往观看，非常高兴，执意要买下。道士说："你替我抄写一部《道德经》，我把这一群鹅送给你。"王羲之欣然命笔，写完之后，把鹅用笼子装起来带回，满心高兴。王羲之就是这样真诚坦率。有一次他到他门客家里，看到桌面光滑干净，就在上面写满了字，一半是楷书，一半是草书。后来门客的父亲没注意把字刮掉，那位门客为此懊丧了好几天。王羲之又曾在蕺山看到一个老妇，手拿六角竹扇叫卖，王羲之在她的竹扇题了字，每把扇子上5个字。老妇人起初是满脸怒气，他对老妇人说："您只说这是王右军的书法，每把扇子可要价100

钱。"老妇人按着他的话去卖,人们竞相购买。又一天,老妇人又拿来扇子求王羲之书写,王羲之笑而不语。他的书法被世人珍重,都和这事一样。他经常自称:"我的书法同钟繇相比,可以说是并驾齐驱;比起张芝的书法,应该说仅在其次。"他曾给人写信说:"张芝在池塘边练字,洗笔把池水都染成黑色,别人如果能这样入迷,未必赶不上他。"王羲之的书艺,开始时不如庾翼、郗愔,到他晚年,书艺才达到精妙的境界。他曾用章草体给庾亮写回信,庾翼看到,深为佩服,因而给王羲之写信说:"我过去曾收藏张芝的章草十幅,过江南渡时颠沛流离,于是遗失了,常为这样精妙的书法绝迹而感叹。忽见您给家兄写的回信,书法美妙入神,好像张芝的书迹又呈现在面前。"

当时的骠骑将军王述,与王羲之齐名,但王羲之很看不起他,两人不大合得来。王述先前曾在会稽任职,因母亲逝世,回会稽郡境内守孝,王羲之接替王述的职务,只去吊唁了一次,就没有再去。王述每次听到吹角声,认为是王羲之来问候自己,于是洒扫庭院来等待,一连几年,王羲之竟然没有来看他,王述因此非常怨恨。后来王述被任为扬州刺史,将要赴任时,在会稽郡内走了一圈,却不去见王羲之,临走时,才去告别了一下。在此之前,王羲之常对他的宾朋们说:"王述只是个做尚书的材料,到老可能得个仆射的职位。他得到会稽内史的职位,就飘飘然了。"当王述被任为大官,王羲之作为王述的下属,感到羞耻,便派人去京师,请求朝廷把会稽郡分出来设立越州,派去的人言词失妥,深受当时贤明人士的讥笑。事后王羲之内心惭愧,满腹感慨,对他的儿子们说:"我不比王述差,而职位相差悬殊,或是由于你们不如王垣之(王述子)的缘故!"后来王述查考会稽郡的政事,当问及刑狱的情况时,主管官员疲于回答问题,被弄得狼狈不堪。王羲之对此深感羞耻,于是称病离开会稽郡,来到他父母的坟前发誓说:"在永和十一年三月(癸卯日是初一)九日辛亥,儿子王羲之敬告二老在天之灵。羲之生来不幸,很早父亲去世,未得到父亲的教诲。母亲和哥哥的抚养,使我慢慢长大成人,因人才缺乏,才得到国家的职位。我在职任上在忠孝方面没有建立名节,退职之举又违背了荐贤而代的道义,每当我诵读老子、周任的告诫,常担心一旦失身死去,辱及祖宗,哪里仅仅是自身的事呢!因此我昼夜叹息,像坠入万丈深谷。知足而止,现在就做出决定。恭敬地在这月的吉日良辰摆设筵席,向祖宗叩头行礼,满怀诚心,在二老灵前发誓:从今以后,如果我胆敢变心,贪图禄位,投机进身,那我是无视父母的不肖之子。作为儿子而不肖,是天地所不容、礼教所不齿的。誓言出自诚心,就像白日在天一般!"

王羲之离职以后,和吴郡、会稽一带名士尽情游览山水,捕鸟钓鱼,娱乐身心。他又和道士许迈一起炼丹服药,为采集药石不远千里,遍游东部各郡,遍访名山大川,泛舟东海。他感叹道:"我最后会死于纵情游乐。"谢安曾对他说:"我中年以后,因喜怒哀乐伤害了身体,和亲友离别,就会好几天心情不好。"王羲之说:"人到晚年,自然如此,刚要想听听音乐来陶冶情操,又常常担心儿子们发觉，对欢乐情绪有所影响。"朝廷鉴于他发了绝誓，就不再征召他做官。

当时刘惔任丹阳尹，许询曾在刘惔处借宿，床帐被褥都新鲜艳丽，饮食也十分丰盛，美味俱全。许询说："如果能保持这样的生活，比在东山强多了。"刘惔说："你如知道吉凶祸福是由人们的行为决定的，我哪能保证永远过这样的生活。"王羲之当时在座，说道："如果巢父、许由遇上稷、契，不会说这种话。"说得许询和刘惔二人都脸有愧色。

王羲之离官初期，优游无所事事，他给吏部侍郎谢万写信说：

古代逃世隐居的人，有的披乱头发装疯卖傻，有的满身污垢，也够艰难的了。现在我安逸而坐，实现了当初的愿望，实为大幸，这难道不是上天赐予的吗！违背天意是不会有好结果的。

前些时东游归来，种植桑树、果树，现在长得茂盛，鲜花盛开，我带领儿子们，怀抱小孙孙，在桑果林中游玩，摘得好吃的果子，切开分吃，享受眼前的欢乐。虽然我的道德修养不深，仍想以敦厚退让教育子孙。如果子孙有轻薄举动，就罚他用马鞭子去清点马匹，效法古代万石君的风范，你认为这样做怎么样？

近来将要和谢安石东游山海，同时到田野考察收成情况，以此来打发闲暇时光。除衣食之外的剩余，想和知心朋友时时进行欢宴，虽不能吟诗作赋，但举杯痛饮、讲讲田野里的所见所闻，以此来作为谈笑之助，这种得意的生活，言语是表达不出来的！我常常按照陆贾、班嗣、杨王孙等人的处世原则去做，很想学习他们的高风，我的志愿就全在这里了。

后来谢万任豫州都督，王羲之写信劝诫它，说道："以你豪迈不羁的次质，屈居群官之中，实在令人难以想象。但是所谓通达明智的人，也只能随事行止，这样才能达到远大的目标。希望您经常和下层官吏在生活上保持一致，那就完美无缺了。吃饭只有一道菜，睡席不用双层，这有什么，但古人却传为美谈。成功与否的原因，在于积小以成大，您要好好记住。"谢万没有采纳他的建议，后来果然失败。

王羲之 59 岁时去世，朝廷赠衔金紫光禄大夫。他的儿子们遵从他的生前本意，坚辞不受。

宋书

《宋书》概论

《宋书》，南朝沈约撰，共100卷，其中本纪10卷、列传60卷、志30卷，叙事自宋武帝永初元年至宋顺帝升明三年（420—479年），记刘宋60年史事，成书草率，叙事又多忌讳，但保存史料较多，八志内容上溯三代秦汉，尤详于魏晋，可补《三国志》之缺。

一

《宋书》是记载南朝刘宋王朝八帝统治59年（420—479年）的史书。《宋书》中的帝纪10卷用编年方法记述武帝、少帝、文帝、孝武帝、前废帝、明帝、后废帝、顺帝等皇帝时的大事，从武帝刘裕创业建立刘宋王朝开始，中经"元嘉之治"、宋魏和战直到萧道成代宋，可以说是刘宋一代兴亡的政治史。

《宋书》体裁包括帝纪、列传和志，没有"表"。南北朝各代正史都是沿用纪传体，当时人修史比较注意议论，因而志、表等形式运用得较少，只有《宋书》《南齐书》和《魏书》有志。沈约自谓"修史之难，莫出于志"，对于志书的修撰，他是颇花费一番工夫的。早于他的何承天又精通天文、历法，沈约精于音律，《宋书》八志为人称道，也在情理之中。

《宋书》中的列传，主要是当时历史人物的传记，共有60卷。其中的《恩幸传》和《索虏传》是以前没有的。所谓"恩幸"，据作者自己解释，是合《汉书》的《恩泽侯表》和《佞幸传》二者为一的。实际上，《宋书》的《恩幸传》与《汉书》并不相同。沈约所谓的恩幸，是当时的寒门。南朝重视门阀，以高门上品而居高位；出身寒微而为吏者，则入恩幸传。这是门阀制度由盛而衰的反映。《恩幸传》记载法兴、单尚之、戴明宝、徐爰等15人的传略。《索虏传》创自《晋书》，用以记叙北魏事迹。北朝人多辫发，南朝人骂他们是索头虏，因而称其传为《索虏传》，含有轻蔑的意思。魏收出使江南，看到《宋书》有《索虏传》，于是在他所著的《魏书》中，把记南朝史事的篇目称为《岛夷传》。南北互相诋毁，这对于真实地反映历史情况，有害无益。由于南北分裂，双方对峙，《宋书·索虏传》的材料不够丰富，内容也有失实之处。关于北魏史事的详细记载可以参看《魏书》。

《宋书》中的八志是最富特色的，共30卷，以卷数论，它不及列传的二分之一；以分量论，则几乎与纪传相等，占到全书的二分之一。自从班固《汉书》、司马彪《续汉书志》之后，今存史籍，唯《宋书》诸志资格最老。宋志不仅记刘宋一代制度，同时还上溯到曹魏时期，包括晋代。所以后来著名史家刘知几讥讽它"失于断限"。但宋志上括曹魏，使魏晋典章制度源流分明，对于保存史料，研究刘宋一代制度，有益无损。

《宋书》志目有八，在八志之前，有《志序》一篇，是诸志的总序。因其篇幅短小，未能独立成卷，置于《律历志》之前，因而有人将其误认为是《律历志》的序。《志序》首先概述了源流，再次阐述《宋书》八志的缘起。沈约一生为官，熟悉各种典章制度。志是《宋书》的精华所在。

《宋书》志30卷，《律历志》有上、中、下3卷，保存了许多有关律吕和历法的资料，有的全文收录，十分宝贵。《礼志》5卷，篇幅几乎为全志的三分之一。《乐志》4卷，记载魏晋及刘宋时期乐舞的沿革，其中也收录了流传在民间的乐舞，命名《乐志》的内容更加丰富，这是过去司马迁《乐书》和班固《乐志》所没有的，为后世《乐志》开创了新的方向。《天文志》4卷，保留了详尽的星变记录。《符瑞志》3卷，是《宋书》新增加的志目，记载灾异符瑞与人事的关系。《五行志》5卷，主要记述自然灾害。《州郡志》4卷，记地理沿革。《百官志》两卷，主要记述魏晋、刘宋的官制。

沈约《宋书》自撰成流传以后，历来有着不同的看法，有人认为《宋书》仅次于《史记》，有人则批评《宋书》繁芜，甚至不如裴子野《宋略》。的确，以刘宋偏安江淮短短五六十年的历史，却撰成皇皇百卷的巨著，是有其繁芜之处，但还不是《宋书》的大毛病。最让史界所诟病的，是《宋书》的忌讳、回护和曲笔。势必把历史真相搞得黑白混淆，是非颠倒。篡夺说成"禅让"，已经成为朝代更替的习惯用语。"反""叛""功""义"，一切唯主子是从，全无是非标准。如宋汝阴王被废，乃萧道成遣王敬则逼杀，沈约却写道："天禄永终，禅位于齐。壬辰，帝逊位于东邸……建元元年五月己未殂于丹阳宫，时年十三，谥曰顺帝。"看不到半点篡夺杀戮的痕迹。并且凡是宋臣如沈攸之、袁粲等效忠于宋，谋讨萧道成者，一概称之为"反"；而如张敬儿等为萧道成党羽者，反而称之为"起义"。所以刘知几批评他，"舞词弄札，饰非文过"。取舍完全凭自己的臆想，奖惩恣意于笔端，这是作者的丑行，违反人伦，人神共愤。清代史家赵翼也说，撰写刘宋的本纪，却将忠于刘氏的行为说成是反叛，为萧氏奔走出力的说成是忠义，这难道也是可以轻易载于史册的么？批评十分尖刻。

再者，《宋书》成书时间短促，有草率失检之处。《宋书》无食货、刑法和艺文三志，这是《宋书》的一大欠缺。尽管如此，沈约的《宋书》还是有其价值和长处的。

首先，《宋书》保存了丰富的史料。由于《宋书》为当朝人，当朝人记当朝史事，虽然不免有为当权者避讳和回护、曲笔的现象，但他们所接触的材料远比后世人所能接触的丰富得多。这表现在以下几个方面：

第一，《宋书》的帝纪和列传中，记载了当时阶级矛盾和社会矛盾的史实。如在《少帝纪》和《褚叔度传》中记载了富阳人孙洁光领导的农民起义；《文帝纪》和《蛮夷传》《沈庆之传》《张邵传》中记载了荆州、雍州、豫州地区的"蛮族"骚动等。另外，在帝纪和诸王列传中还揭示了刘宋统治集团的政治斗争，如"徐（羡之）、傅（亮）废位""太子劭弑逆""南郡王之反""竟陵王之叛""桂阳王之叛"等。

第二，《武帝纪》《文帝纪》记载了宋初的改革和"元嘉之治"；《前废帝纪》和《后废帝纪》记载了宋末政治腐败的情况。《百官志》记载了晋宋时代特别是刘宋时期的政治制度。《州郡志》不仅记载了刘宋时代的地方行政机构的建置，同时还追溯了自魏晋以来南方地区州郡设置的变迁情况以及东晋刘宋时期南方侨置州郡的分布情况，对于研究这一时期的历史地理具有较大的史料价值。

第三，《宋书》虽然没有专门记载社会经济情况的《食货志》，但在一些列传中还是保存了一部分反映当时社会经济发展情况的史料。如在《羊玄保传》中提到"富强者兼岭而占，贫弱者樵苏无托"。可以窥见当时土地兼并的情况。《孔琳之传》《范泰传》以及《何尚之传》中记载了关于改铸钱币的争议，从中可以了解到南朝初年货币铸造及货币经济的发展情况。《谢灵运传》和《孔秀恭传》记载了当时士族的庄园别业，可以了解庄园经济的形态。等等。

第四，《宋书》列传和志书记载了不少有关当时科技发展的情况，如《何承天传》记载了天文家何承天在天文方面的成就，《律历志》记载了杨伟的《景初历》、何承天的《元嘉历》和祖冲之的《大明历》。而《五行志》记载了日、月食，地震，水、旱灾情况。这些都是了解研究当时科技发展的重要史料。沈约在《谢灵运传》后所作的"论"，从屈原、宋玉讲起，一直叙述到魏晋以来文学的发展和演变，是文学批评史方面的重要文章。

第五，《蛮夷传》不仅记载了东晋和南朝南方各少数民族的生产、生活方式情况和诸少数民族与汉民族融合的过程，还在《索虏传》和《吐谷浑传》中叙述了北魏和吐谷浑的建国源流，可以补《魏书》的不足。此外，它还叙述了亚洲各国如天竺（印度、巴基斯坦）、扶南（柬埔寨）、师子国（斯里兰卡）、倭国（日本）、高丽、百济（朝鲜）等国与刘宋王朝的交通贸易和使节往来，是研究刘宋时期中外经济文化交流历史的珍贵史料。

《宋书》的列传中的一大长处是运用了带叙手法以及生动的文笔。《宋书》列传目录有姓名者，共230余人。但《宋书》有带叙法，一人传中可带叙同时有关的其他人，即所谓："其人不必立传，而其事有附见于某人传内者，即于某人传叙其履历以毕之，而下文仍叙某人（指传主）之事。"如《刘道规传》，写刘道规时，使刘遵为将攻破徐道覆时，接着插带叙说："刘遵字慧明，临淮海西人，道规从母兄萧氏舅也。官至右将军、宣城内史、淮南太守。义熙十年卒，追赠抚军将军。追封监利县侯，食邑七百户。"下文又重叙刘道规事，以完成本传。《何承天传》带叙谢元，《何尚之传》带叙孟顗，《刘义庆传》带叙鲍照，

《谢灵运传》带叙荀雍、羊璇之、何瑜等。这样事实较少之人，不必立传，而事实又不至于湮没，确是一大优点。沈约本人即是文士，文字功夫当然了得。《梁书》本传说他诗、文俱佳，以至于当时北方人还特意模仿他的文笔。他撰写的《宋书》可读性较强，不像后世的史学考据文章干枯乏味。

此外，《宋书》中沈约撰写的"序""论"也很有特色，可以帮助我们了解沈约以及南北朝时期的史学思想，是研究中国史学史的有用的参考资料。古人修史，基本史实的叙述大体因袭前人著作甚多，沈约《宋书》多本于徐爰等之旧史，百卷巨帙一年而成。但是，除去体例编排之外，纪传体史书最能体现作者特色的地方，就是序或论部分。

沈约《宋书》的序或论时时可以看出南朝时史学对历史发展的洞察能力。《武帝纪》的"史臣曰"，以简洁的文字描述了汉末到刘宋间政治历史的梗概，抓住了各时期的要害。说："魏武自以兵威服众，故能坐移天历。鼎运虽改，而民未忘汉，"解释了曹操为什么慑于舆论，不敢篡夺政权。关于司马氏取代曹氏，沈约认为，"及魏室衰孤，怨非结下。晋藉宰辅之柄，因皇族之微，世擅重权，用基王业"。说明曹魏政权尚未到矛盾尖锐濒于崩溃的局面，是司马氏巧取豪夺得了政权。关于东晋，沈约写道："晋自社庙南迁，禄去王室。朝权国命，递归台辅。君道虽存，主威久谢。"这样的估计，要言不烦，恰中肯綮。《孔季恭传》的"史臣曰"，纵论荆、扬二州为南朝经济中心，能使"数郡忘饥""覆衣天下"。而统治者剥削无度，"田家作苦，役难利薄""并命比室，口减过半"，终于导致灭亡。

值得注意的是，《宋书》在隋、唐时期流传不广，到宋朝始有刻本。历经传抄，已有脱误和缺佚。今本《宋书》已非原貌，既有残缺，也有后人补入之文字，请阅读时请加以留意。

二

为帮助阅读《宋书》，下面简要地介绍一下刘宋时期的历史发展大势。

东晋以来，有两种社会势力在互相激荡。一种是世家大族的势力，他们依一定的门第和仕途，在政治上享有特殊的地位。另一种是寒门将帅的势力，他们由军功起家，或由寒吏入仕。这两种势力，在刘宋59年的历史中互为消长，并与整个南朝相始终。

南朝的世家大族，承两晋以来的余绪，凭借世资，坐取公卿，继续盘踞高官重位，如宋孝武帝以琅琊王僧达为尚书右仆射，而僧达"自负才地，三年间便望宰相"。他们优越的政治地位又是以庄园经济的基础为前提的。谢灵运在会稽始宁县的别墅，包含南北二山，有水田旱田，果园五所，竹林菜圃，便是很好的说明。世家大族的社会地位，比起他们的政治和经济地位来，更显得优越。世族、寒门二者身份高下的不同，决定了他们社会地位的悬殊。寒人虽致位通显，上升为贵戚近臣，但并不为世族看重，甚至受到侮辱。孝武帝舅父路庆之的孙子路琼之，和王僧达做邻居，曾去拜访王僧达，僧达不仅不跟琼之讲话，还把他坐过的床让人烧掉，搞得路琼之下不了台。世家大族为了要表示自己门第的优越感，为了不混淆与士庶的界限，就必须不与寒门庶族通婚，所以世家大族对婚姻的选择，特别重视门当户对。但也正是由于世家大族有田园别墅供其剥削和享受，政治上有父祖的资荫作凭借，他们大都鄙薄武事，结果，寒门庶族出身的将士军人，便以军功作为进身之阶。宋武帝少年时，曾伐荻新洲，又曾与刁逵赌博，输了不能付钱，被刁逵绑在马桩上，其出身寒微可知。其他将帅如蒯恩、到彦之、沈庆之、张兴世、沈攸之、宗越、吴善、黄回等人都出身寒门。不仅如此，刘宋时期君主为了行使君权，也常引用寒门出身之人典掌机要，形成自东晋以来的一大变局。本来自魏晋以来，世家大族的势力愈益发展，结果自然是君权的衰落。一切高官显要，全由世家大族来充任，于是君主的用人之权，只限于卑官寒吏。可是魏晋以来的世家大族，如前所述，凭借其身份特权，进至高位；并且拥有大量庄园，过着悠闲的生活，不必为仕途担心，也不关心吏治，结果实际吏治，均由卑官寒吏去办理，也就是说，世家大族固然把持了政权高位，同时却又脱离了实际吏治。世家大族一方面盘踞高官重位，一方面又不屑留心吏治，并且进而压抑君权。刘宋皇室既出自寒门，为了行使君权，自然有所委信，当时世家大族太多，剥夺其官品不大可能，结果，只好一方面优容世家大族，任其霸占高官重位，一方面便引用寒士，掌握实际大权。

元嘉三十年（453年），文帝刘义隆想废掉太子刘劭，消息走漏，反被刘劭所杀，劭赶忙继位称帝。自此开始了皇室内部互相残杀的丑剧。文帝第三子刘骏，起兵讨刘劭，劭败被杀，刘骏即帝位，这就是孝武帝。此后父子相残、兄弟相杀之事屡见不鲜。孝武帝怕他的叔父荆州刺史南郡王刘义宣威胁他的帝位，派兵杀了他，同时还杀死了他的弟弟竟陵王刘诞、海陵刘休茂等。刘骏死后，太子刘子业继位，即前废帝。前废帝以其叔祖江夏王刘义恭权力太大，把他杀掉。文帝的第十一个儿子刘彧，因而起兵杀前废帝，自己即位称帝，这就是明帝。明帝又尽杀前废帝的兄弟刘子勋等人。孝武帝刘骏共有28个儿子，其中10人夭折，被前废帝所杀者两人，被明帝所杀者16人，至此，无一幸存。当时有一首民谣唱道："遥望建康城，小江逆流萦。前见子杀父，后见弟杀兄。"

导致这种自相残杀的原因固然很多，但它跟刘宋时期世家大族的下降、寒人执掌机要有莫大的关系。

刘宋的君主，鉴于东晋政权由于门阀强盛，威权下移，因此中央重用寒人，参掌机要；而外藩则派宗室出任。宗室出任方面大吏，握有兵权，往往形成地方割据势力，形成中央与地方的对立。如南郡王刘义宣，即在荆州刺史任上败死，刘诞败死于南兖州刺史任上，刘子勋败死于江州刺史任上，而孝武帝刘骏，也是由江州刺史起兵，杀前废帝而取得帝位的。

其次，刘宋以寒人掌机要，往往被派往诸王身边充任典签——也称签帅，他们职位虽低，权力却很重。如孝武帝刘骏起兵夺取帝位时，曾担任其典签的戴法兴、戴明宝、戴闲3人，参与密谋策划，刘骏称帝后重用他们为中书通事舍人，执掌机要，握有实权。又如明帝刘彧夺取帝位时，寒人阮佃夫协助明帝废除前废帝，因而封侯执政，后废帝刘昱在位时，阮佃夫又想进行废主，事泄被杀。寒人执政对皇室内乱确实起到了推波助澜的作用。在刘宋王室自相残杀的内乱中，大权逐渐旁落到中领军将萧道成手中。447年，萧道成杀后废帝刘昱，立刘准为顺帝，3年之后，萧道成也像当年的刘裕一样，登位称帝，刘宋王朝就这样在内乱中灭亡了。

政　略

宋武帝刘裕

　　上①清简寡欲，严整有法度，未尝视珠玉舆②马之饰，后庭无纨绮③丝竹之音。宁州尝献虎魄④枕，光色甚丽。时将北征，以虎魄治金创⑤，上大悦，命捣碎分付诸将。平关中，得姚兴从女⑥，有盛宠，以之废事。谢晦⑦谏，即时遣出。财帛皆在外府⑧，内无私藏。宋台⑨既建，有司奏东西堂施局脚床⑩、银涂钉，上不许；使用直脚床，钉用铁。诸主出适⑪，遣送不过二十万，无锦绣金玉。内外奉禁，莫不节俭。性尤简易，常著连齿木屐⑫，好出神虎门⑬逍遥，左右从者不过十余人。时徐羡之⑭住西州⑮，尝幸⑯羡之，便步出西掖门，羽仪⑰络驿追随，已出西明门矣。诸子旦问起居，入羡⑱脱公服，止著裙帽，如家人之礼。孝武大明⑲中，坏上所居阴室⑳，于其处起玉烛殿，与群臣观之。床头有土鄣，壁上挂葛灯笼、麻绳拂。侍中㉑袁顗盛称上俭素之德。孝武不答，独曰："田舍公㉒得此，以为过矣"。故能光有天下，克成大业者焉。

（《宋书》卷三，武帝本纪下）

【注释】

　　①上：皇上，此指宋武帝刘裕（356—422年），东晋末为北府兵将领，后掌握政权，420年代晋，成为南朝宋的开国皇帝。②舆：车。③纨绮：丝绸，亦转义为身着丽服的歌儿舞女。④虎魄：亦作"琥珀"，可作装饰品。⑤金创：指刀枪等物所造成的外伤。⑥姚兴从（zòng）女：姚兴，后秦国君。从女，侄女。⑦谢晦：宋代大臣，深受刘裕信任，文帝时谋反，被诛。⑧外府：指国库，区别于少府或中府（皇帝的私府）。⑨宋台：指刘裕封宋王，遂有王府。⑩"有司"句：有司，有主管部门或官员。施，放。局，弯曲，通"跼"。⑪诸主出适：诸主，各位公主。出适，出嫁。⑫木屐：木拖鞋。⑬神虎门：和下文的西掖门、西明门均为

当时建康城门。⑭徐羡之：宋初重臣。⑮西州：地名，晋宋间扬州刺史治所，在今江苏南京。⑯幸：帝王所至临。⑰羽仪：指皇帝出行的仪仗。⑱羕：门房小门。⑲孝武大明：宋孝武帝大明（457—464年）年间。孝武帝刘骏是刘裕之孙。⑳阴室：指皇帝生前所居殿室，其死后作为遗物收藏之处。㉑侍中：官名。㉒田舍公：乡下人。

【译文】

宋武帝刘裕清心寡欲，注重法度，不讲究装饰排场，后宫也不设歌舞之类。宁州曾经贡献虎魄枕，非常好看，当时将要北伐，因为虎魄可以治疗刀枪之伤，皇上得了此枕非常高兴。令人把它捣碎分给将领们。平定关中时，俘获了姚兴的侄女，非常宠爱她，因此而影响了军政大事。谢晦提出批评，皇上马上就放她出宫。财物都在国库，而没有什么私藏。宋王府建立，办事部门奏请在东西堂放置式样比较好看的曲脚床，钉子涂银，皇上不准，结果使用直脚床，用铁钉。里里外外，都遵守规定，节俭从事。皇上生性喜欢随便，常穿着木拖鞋，喜欢去神虎门外转悠，随从不过十来个人。当时徐羡之住在西州，皇上常去他那儿，走出西掖门，仪仗队在后面紧追，可他早已走出西明门了。儿子们早上起来请安，进门都穿便服，行家人礼，很平常。孝武帝大明年间，把皇上生前住的殿室拆了，盖玉烛殿。孝武帝和群臣参观皇上生前居室，只见床头有土垒的小墙，墙上挂着葛布灯笼、麻绳拂子。侍中袁𫖮一个劲地称赞皇上的俭素之德。孝武帝不置可否，过一会儿，才自言自语地说："乡下人若能这样，那就很不错了。"所以皇上能拥有天下，终于成就宏大的事业。

何尚之进谏

是岁造玄武湖①，上欲于湖中立方丈、蓬莱、瀛洲三神山②，尚之③固谏乃止。时又造华林园，并盛暑役人工，尚之又谏，宜加休息，上不许，曰："小人常自暴④背，此不足为劳。"

（《宋书》卷六十六，何尚之传）

【注释】

①是岁造玄武湖：是岁，宋文帝元嘉二十二年（445年）。玄武湖，在今江苏南京市东北玄武门外。②"上欲于"句：上，皇上，此指宋文帝刘义隆。三神山，《史记·秦始皇本纪》："齐人徐市等上书，言海中有三神山，名曰蓬莱、方丈、

瀛洲，仙人居之。"③尚之：何尚之，生于东晋末，入宋历任要职。④暴（pù）："曝"，晒。

【译文】

　　这一年修建玄武湖，皇上想要在湖中建起方丈、蓬莱、瀛洲三座神山，何尚之竭力劝阻，才算作罢。当时又建造华林园，正是盛暑高温让人苦干，尚之又加以劝阻，认为这种天气应当让服役者休息，皇上不同意，说："小人是经常晒脊梁的，干这点活算什么。"

御 人

宋武帝用人良苦

先是，庐陵王义真①为扬州刺史，太后谓上②曰："道怜③汝布衣兄弟，故宜为扬州。"上曰："寄奴④于道怜岂有所惜。扬州根本所寄，事务至多，非道怜所了。"太后曰："道怜年出五十，岂当不如汝十岁儿邪？"上曰："车士⑤虽为刺史，事无大小，悉由寄奴。道怜年长，不亲其事，于听望不足。"太后乃无言。

（《宋书》卷五十一，长沙景王道怜传）

【注释】

①庐陵王义真：宋武帝刘裕之子，封庐陵王。②太后谓上：太后，皇帝之母。上，此指宋武帝。③道怜：刘裕之弟，封长沙王。④寄奴：刘裕小字。⑤车士：义真小字。

【译文】

此前，庐陵王义真担任扬州刺史，太后对皇上说："道怜是你一起从平民百姓过来的兄弟，应让他当扬州刺史。"皇上说："我对道怜还会有什么舍不得给的吗？扬州这个地方关系重大，事务繁杂，不是道怜所能胜任的。"太后说："道怜已经50出头了，难道还不如你那10岁的儿子吗？"皇上答道："车士虽是刺史，但事无大小，都由我做主。而道怜就不同了，他年岁大，要是不亲自操持，就会影响声望。"太后就不再说什么了。

法 制

萧惠开令行禁止

其年①，会稽太守蔡兴宗之郡②，而惠开自京口请假还都③，相逢于曲阿④。惠开先与兴宗名位略同，又经情款⑤，自以负衅摧屈⑥，虑兴宗不能诣⑦已，戒勒部下："蔡会稽⑧部伍若借问，慎不得答。"惠开素严，自下莫敢违犯。兴宗见惠开舟力甚盛，不知为谁，遣人历舫讯，惠开有舫十余，事力二三百人，皆低头直去，无一人答者。

（《宋书》卷八十七，萧惠开传）

【注释】

①其年：此指南朝宋明帝泰始五年。②"会稽太守"句：会稽，郡名，治所在山阴。太守，郡之长官。蔡兴宗：宋朝名臣。③"而惠开"句：惠开，萧惠开，宋朝名臣，当时任南东海太守等职。京口，在今江苏镇江。都，指当时首都建康。④曲阿（ē）：县名，今江苏丹阳。⑤情款：情意真挚融洽。⑥负衅摧屈：为有过失而收敛。此指萧惠开曾依附晋安王刘子勋，反对明帝继位。⑦诣：到。⑧蔡会稽：此以所任官职（会稽太守）称蔡兴宗。

【译文】

这一年，会稽太守蔡兴宗奔赴其任职之郡，而萧惠开从京口请假回建康，两人相逢于曲阿。萧与蔡名气、地位相差无几，过去也有真挚融洽的交情，但萧惠开因为他依附晋安王的事，自己觉得抬不起头来，估计蔡兴宗不会前来看望，就命令部下："蔡会稽部下若有人问起，谁都不要回答。"惠开向来严于治下，因此没人敢于违犯。蔡兴宗见这支船队规模颇盛，但不知是谁，便派人一艘艘船挨着问，惠开有船10余只，从事力役的有二三百人，不管问到谁，都是低头走开，没有一人回答。

奚显度苛虐无道

大明①中,又有奚显度者,南东海郯②人也。官至员外散骑侍郎。世祖常使主领人功③,而苛虐无道,动加捶扑,暑雨寒雪,不听暂休,人不堪命,或有自经④死者。人役⑤闻配显度,如就刑戮,时建康县⑥考⑦囚,或用方材⑧压额及踝胫,民间谣曰:"宁得建康压额,不能受奚度拍。"又相戏曰:"勿反顾,付奚度。"其酷暴如此。前废帝⑨尝戏云:"显度刻虐,为百姓所疾⑩,比⑪当除之。"左右因倡"诺"。即日宣旨杀焉。时人比之孙皓杀岑昏⑫。

(《宋书》卷九十四,戴明宝传)

【注释】

①大明:南朝宋孝武刘骏的年号。②南东海郯:南东海为郡名,郯,县名,在今浙江嵊州市。③人功:服役、施工人员和工程。④自经:上吊。⑤人役:服劳役的人。⑥建康县:设置在当时首都建康(今江苏南京)。⑦考:同"拷"。⑧方材:砖。⑨前废帝:南朝宋皇帝刘子业,荒淫残暴,在位不到两年被废杀。⑩疾:恨。⑪比:近期。⑫孙皓杀岑昏:孙皓,三国吴末代君主,极为残暴。岑昏是他的亲信,因公愤太大,孙皓不得已杀之。

【译文】

南朝宋大明年间,有一个奚显度,南东海郡郯县人氏,官做到员外散骑侍郎。世祖经常让他监督施工,而他残酷暴虐,没有人性,经常责打人,无论是暑天雨中,还是寒冬雪下,都不让干活的人稍有喘息,在他监管下的人都觉得没活头,甚至有上吊自杀的,役夫们如闻说分配到姓奚的那里,就好像判了死刑上杀场一般。当时建康县拷讯囚犯,有时用方砖压在犯人的额头和脚踝、小腿上,民间便传开了一首歌谣:"宁肯在建康压额头,受不了奚显度的苦头。"又相互开玩笑说:"别回头,把你交给奚显度。"奚显度的酷暴就是这般厉害。前废帝曾当好玩似地说:"显度如此酷虐,为百姓所恨,近来我要除掉他。"他的话刚完,左右就顺着答应道:"是。"当天就颁下他的圣旨,杀掉了奚显度。当时人都把废帝杀奚显度比作孙皓杀岑昏。

军 事

刘义真兵败

高祖遣将军朱龄石替义真镇关中①,使义真轻兵疾归。诸将竞敛②财货,多载子女③,方轨徐行。虏④追骑且至,建威将军傅弘之曰:"公处分亟进⑤,恐虏追击人也。今多将辎重,一日行不过十里,虏骑追至,何以待之。宜弃车轻行,乃可以免。"不从。贼追兵果至,骑数万匹,辅国将军蒯恩断后不能禁,至青泥⑥,后军大败,诸将及府功曹⑦王赐悉⑧被俘虏。义真在前,故得与数百人奔散,日暮,虏不复穷追。义真与左右相失,独逃草中。中兵参军⑨段宏单骑追寻,缘道叫唤,义真识其声,出就之,曰:"君非段中兵邪?身在此。"宏大喜,负之而归。义真谓宏曰:"今日之事,诚无算略。然丈夫不经此,何以知艰难。"

(《宋书》卷六十一,庐陵孝献王刘义真传)

【注释】

①"高祖"句:高祖,此指宋武帝刘裕。义真,刘裕子。关中,这里主要指今陕西中部地区。东晋末,掌握兵权的刘裕率军攻关中,灭后秦,一度让义真留守关中。②敛:搜聚。③子女:年轻女子。④虏:指夏主赫连勃勃,南朝称其为"佛佛"。⑤公处分亟进:公,指刘裕。处分,安排。亟:急速。⑥青泥:地名。⑦府功曹:官名。⑧悉:全。⑨中兵参军:军职名。

【译文】

高祖派将军朱龄石代替义真镇守关中,让义真带轻兵,急速返回。义真手下将领们争着搜聚财物,还带着许多年轻女子,南归的队伍走得很慢。夏国赫连勃勃的军队在后面追赶,眼看就要追上了,建威将军傅弘之说:"刘公对我们的指示是快速行军,这是因为担心敌人会追迫。如今辎重太多,一天走不到10里路,敌军追上了,怎么办好。应当把车辆丢掉,轻骑行进,才是办法。"义真不予采纳。敌人追兵果然赶来，有马数万匹，辅国将军蒯恩断后，但抵挡不住，到了青泥这个地方，后军就溃败了，众将领以及府功曹王赐都当了俘虏。义真在前队，所以和数百人奔走离散，天色渐暗，敌军也就不再追了。义真与他左右的人走散，一个人逃进草丛中。中兵参军段宏骑着马找他，沿着路叫唤，义真听出段宏的声音，就从草丛中走出来。说："你不是段中兵吗？我在这里呢。"段宏大喜，背着他归队。义真对段宏说："今天的事，太少算计，不过，大丈夫不经历一下，怎么会知道什么是磨难呢。"

沈攸之截粮

薛常宝①在赭圻②食尽，南贼大帅刘胡③屯浓湖④，以囊盛米系流查⑤及船腹，阳⑥覆船，顺风流下，以饷赭圻。攸之⑦疑其有异，遣人取船及流查，大得囊米。

(《宋书》卷七十四，沈攸之传)

【注释】

①薛常宝：当时南方叛军（即下文所称"南贼"）的一员将领。②赭圻：岭名，在今安徽繁昌县北。③刘胡：宋将，后反叛。④浓湖：旧湖名，今已堙废，故址在今安徽繁昌县境。⑤流查：木筏。查，本作"楂"，通"槎"。⑥阳：表面上。⑦攸之：沈攸之，南朝宋军将领。

【译文】

薛常宝在赭圻吃光了粮食，南贼大帅刘胡驻守浓湖，用袋子装了米，系于木筏和船腹，再把船盖上，让船顺风而下，供给赭圻的同伙用。沈攸之对此异感到常有疑问，于是派人截取这些船和木筏，得到了大批袋装的米。

宗越治军

越①善立营阵，每数万人止顿，越自骑马前行，使军人随其后，马止营合，未尝参差。及沈攸之②代殷孝祖③为南讨前锋，时孝祖新死，众并惧，攸之叹曰："宗公可惜，故有胜人处。"而御众严酷，好行刑诛，睚眦④之间，动用军法。时王玄谟⑤御下亦少恩，将士为之语曰："宁作五年徒，不逐王玄谟。玄谟尚可，宗越杀我。"

(《宋书》卷八十三，宗越传)

【注释】

①越：宗越，南朝宋武将，为人残暴，前废帝在位时，他助纣为虐，十分得意，明帝即位后，因谋反被杀。②沈攸之：宋将领，宗越谋反，先告诉了沈攸之，沈攸之便向明帝告发。③殷孝祖：宋将，秦始二年（466年）在与叛军作战时中箭阵亡。④睚眦（yá zì）：怒目而视，借比小怨小忿。眦，亦作"眥"，眼角。⑤王玄谟：宋军将领。

【译文】

宗越精于立营布阵，每当数万人的军队行动，宗越骑马在前，大队人马跟在后面，他的马停在哪里，军营就在哪里形成，整齐有序，没有差错。后来，沈攸之代替殷孝祖为南讨军的前锋总指挥，当时孝祖刚战死，部下心中害怕，这时沈攸之想起了宗越，叹息道："宗公可惜了，他果然是有胜人之处。"但宗越对待部下太过严酷，喜欢用刑杀人，常因小事动用军法。那时候王玄谟对待部下也是刻薄少恩的，将士们编了一首顺口溜说："宁可作五年刑徒，也不想跟着王玄谟。王玄谟还叫我活着，宗越可要杀我。"

理 财

刘休佑刻薄至极

休祐①素无才能，强梁自用，大明之世，年尚少，未得自专，至是②贪淫，好财色。在荆州，裒刻③所在，多营财货。以短钱④一百赋⑤民，田登⑥，就求白米一斛⑦，米粒皆令彻白，若有破折者，悉删简⑧不受。民间籴⑨此米，一升一百。至时又不受米，评米责⑩钱。凡诸求利，皆悉如此，百姓嗷然⑪，不复堪命⑫。

(《宋书》卷七十二，晋平剌王刘休佑传)

【注释】

①休祐：刘休祐，南朝宋文帝刘义隆第十三子，初封山阳王，后改封晋平王。②至是：指刘休祐在宋明帝即位后地位转强。③裒刻：搜刮财物。④短钱：不足实数的钱。⑤赋：给。⑥田登：指稼收获。⑦斛：容量单位，10斗为一斛。⑧悉删简：悉，全，都。删简，弃置。⑨籴（dí）：买（米）。⑩责：求，索取。⑪嗷然：叫苦不迭。⑫堪命：活命。

【译文】

（刘）休祐，向来没有才能，且又自负，在大明年间，年纪还轻，不怎么专横，等到这时，贪淫本性暴露无遗，贪财好色。他在荆州，专事搜刮，多积财物。以不足实的100钱给老百姓，等收获季节，收取白米一斛，要求米粒必须极白，有米粒不完整的，就让挑选干净，否则不收。民间买这样的米，一升就要花100钱。到时候突然又不收米了，而是评定米的等级收钱。他所干的求利刻薄之事，都是这一类的，百姓叫苦不迭，简直无法活了。

清廉之士朱修之

修之①治身清约，凡所赠贶②，一无所受，有饷③，或受之，而旋④与佐吏赌之，终不入己，唯以抚纳群蛮⑤为务。征为左民尚书，转领军将军⑥。去镇⑦，秋毫不犯，计在州然⑧油及牛马谷草，以私钱十六万偿之。然性俭克少恩情，姊⑨在乡里，饥寒不立，修之未尝供赡。尝往视姊，姊欲激之，为设菜羹⑩粗饭，修之曰："此乃贫家好食。"致饱而去。先是，新野⑪庾彦达为益州刺史，携姊之⑫镇，分禄秩之半以供赡之，西土⑬称焉。

(《宋书》卷七十六，朱修之传)

【注释】

①修之：朱修之，南朝宋人，曾被北魏俘虏，后辗转回到南方，任荆州刺史等职。②贶（kuàng）：赠，赐。③饷：此指上司慰劳、奖励一类。④旋：随即。⑤群蛮：指当时南方各少数民族。⑥"征为"句：征，皇帝特聘，任命官职。左民尚书，官职名。领军将军，军职名，但"将军"名号多，权位亦不一样。⑦去镇：镇，指朱修之所任职的荆州。去，离开。⑧然：通"燃"。⑨姊（zǐ）：姐姐。⑩羹（gēng）：古时称汤为羹。⑪新野：在今河南新野。⑫之：去，到。⑬西土：指位于中国西部的益州一带。

【译文】

朱修之清廉自守，对于各种馈赠，概不接受；有时受到慰劳、奖励，接受后，就与自己属下吏员们，自己总是不得要的。他以安抚群蛮为要务。朝廷聘任他为左民尚书，又转为领军将军。离开荆州时，秋毫不犯，计算在荆州任职期间耗费的灯油及牛马所食谷草，用自己的钱16万支付补偿。但他为人俭克，少人情味，姐姐在乡间，饥寒交迫，难以度日，他却没能帮助过。曾经去看望姐姐，姐姐想激一激他，用菜汤粗饭招待他，不料修之却说："这是穷人家的美食了。"他饱食而去。先前，新野人庾彦达当益州刺史，带着姐姐去上任，以所得俸禄的一半来供养她，益州一带被传为佳话。

德 操

刘德愿、羊志善哭得官

德愿①性粗率，为世祖②所狎侮。上③宠姬殷贵妃薨④，葬毕，数与群臣至殷墓。谓德愿曰："卿哭贵妃若悲，当加厚赏。"德愿应声便号恸，抚膺擗踊⑤，涕泗交流。上甚悦，以为豫州刺史⑥。又令医术人羊志哭殷氏，志亦呜咽。他日有问志："卿那得此副急泪？"志时新丧爱姬，答曰："我尔日自哭亡妾耳⑦。"志滑稽善为谐谑，上亦爱狎之。

(《宋书》卷四十五，刘德愿传)

【注释】

①德愿：刘德愿，南朝宋人，善驾车，官至廷尉。②世祖：宋孝武帝刘骏。③上：皇上，即孝武帝。④薨（hōng）：死。⑤抚膺擗踊：膺，胸口。擗踊：捶胸顿足，哀痛之状。⑥豫州刺史：官名，刺史为一州之长。豫州，基本范围在今河南东南部至湖北东北部。⑦"我尔日"句：尔日，那天；妾：小老婆。

【译文】

刘德愿为人粗朴直率，世祖也对他极随便，常加戏弄。皇上的宠姬殷贵妃死了，安葬后，又多次与群臣到她的墓地去。皇上对德愿说："你要是哭殷贵妃哭得悲伤，我就重赏你。"他的话一说完，德愿便大哭大叫，捶胸顿足，眼泪鼻涕齐下。皇上对此很高兴，任命他为豫州刺史。皇上又命令因医术而入宫的羊志哭殷氏，羊志也哭得很伤心。后来有人问羊志："你的眼泪怎么要它来就来了？"羊志当时刚死了一个爱妾；便答道："我那天是哭自己的亡妾呀。"羊志这人滑稽得很，善于取笑，皇上也极喜欢他。

步履轻　因母病

（谢瞻①）弟嚼②字宣镜，幼有殊行。年数岁，所生母郭氏，久婴痼疾③，晨昏温清④，尝药捧膳，不阙一时，勤容戚颜，未尝暂改，恐仆役营疾⑤懈倦，躬自执劳。母为病畏惊，微践⑥过甚，一家尊卑⑦，感嚼至性，咸纳屦而行⑧，屏气而语，如此者十余年。

（《宋书》卷五十六，谢嚼传）

【注释】

①谢瞻：东晋末人，卒于宋初，为著名诗人谢灵运的族兄。②嚼：音jiào。③久婴痼疾：婴，缠绕。痼疾，经久难治之病。④清（qìng）：寒，凉。⑤营疾：看护病人。⑥微践：轻步行走。⑦一家尊卑：古时家中有老幼，还有主仆，故有此语。⑧咸纳屦而行：咸，都、全。屦（jù），鞋子。纳屦而行，指把鞋穿好走路，以免发出响声。

【译文】

谢瞻的弟弟谢嚼，字宣镜，自幼就有不平常的表现。几岁时，他的生母郭氏长期患病，久治不愈。他不分早晚、冷热，给母亲送药端饭，送药先尝，端饭后吃，一时不缺，勤谨的面容，愁忧的脸色，从未改变。又怕家中仆役们照顾得不好，事情都尽量自己做。他母亲病而怕惊动，因此他走路轻轻，十分当心。家中所有的人被他的孝心所感动，都把鞋子穿好走路，屏住呼吸，轻言轻语，像这样一直有10来年之久。

蔡廓奉兄如父

廓①年位并轻，而为时流所推重，每至岁时②，皆束带③到门。奉兄轨如父，家事小大，皆咨④而后行，公禄赏赐，一皆入轨，有所资须，悉就典者⑤请焉。从高祖⑥在彭城⑦，妻郗氏书求夏服，廓答书曰："知须夏服，计给事自应相供，无容别寄。"时轨为给事中⑧。

（《宋书》卷五十七，蔡廓传）

【注释】

①廓：蔡廓，字子度，济阳考城人，东晋末追随刘裕。②岁时：年节。③束带：衣冠楚楚。④咨：询问，请示。⑤典者：此指管家。⑥高祖：此指宋武帝刘裕。⑦彭城：今江苏徐州。⑧给事中：官名。简称"给事"。

【译文】

蔡廓年纪轻，官位不高，可却为当时名流所推重，时逢年节，家中有许多衣冠严整的人来访。他尊奉史长蔡轨，就像对待父亲一样，家中事无论大小，都要先向哥哥请示，再做决定，所得的俸禄赏赐，统统交给哥哥，如需要用钱时，就先向管家请取。他跟随高祖在彭城时，妻子郗氏写信来要夏天穿的衣服，他回信说："需要夏服一事已知。料想给事会给你的，不必另寄。"当时蔡轨当着给事中的官，因此他信中这么写。

宋武帝钟爱义恭

江夏文献王义恭①，幼而明颖，姿颜美丽，高祖特所钟爱②，诸子莫及也。饮食寝卧，常不离于侧。高祖为性俭约，诸子食不过五盏盘，而义恭爱宠异常，求须③果食，日中无算，得未尝啖④，悉以乞与⑤傍人。庐陵诸王⑥未尝敢求，求亦不得。

(《宋书》卷六十一，江夏文献王刘义恭传)

【注释】

①江夏文献王义恭：刘义恭，南朝宋武帝刘裕子，封江夏王。江夏，郡名，治所在今武汉市武昌。②高祖特所钟爱：高祖，此指宋武帝。钟爱，特别喜爱。③须：通"需"。④啖（dàn）：即"啖"，吃。⑤悉以乞与：悉，全，都。乞与，给予。⑥庐陵诸王：指宋武帝的其他儿子。

【译文】

江夏文献王刘义恭，自幼聪明伶俐，模样也长得俊秀，高祖十分喜欢，别的儿子谁也没法相比，吃饭睡觉，常在他身边。高祖生活上十分节俭，孩子们吃饭，不超过5个盘子的菜，而义恭却十分受宠爱，每天从早到晚，要这要那，要了他并不吃，都给别人。庐陵王等谁都不敢像他那样开口要东西吃，就算要，也要不到。

张敷思母之情

张敷字景胤，吴郡①人，吴兴②太守邵子也。生而母没。年数岁，问母所在，家人告以死生之分，敷虽童蒙，便有思慕之色。年十许岁，求母遗物，而散施已尽，唯得一画扇，乃缄录③之，每至感思，辄开笥④流涕⑤。见从母⑥，常悲感哽咽。

(《宋书》卷六十二，张敷传)

【注释】

①吴郡：郡名，今属江苏苏州市。②吴兴：郡名，治所在吴兴。③缄录：密藏。④笥：竹箱。⑤涕：泪。⑥从（zòng）母：伯母；叔母。

【译文】

张敷字景胤，吴郡人，吴兴太守张邵的儿子。他一出生，母亲就死了。几岁时，问起母亲在哪里，家人把实情告诉了他，他虽年幼，可已有思念的表现。到10多岁时，提出要母亲的遗物，别的都已找不到了，只有一把画扇还在，他珍藏起来，每到思母情切时，就开箱取视，流泪不止。见到伯母、叔母，时常含悲伤心，语声哽咽。

范晔走向刑场

将出市①，晔②最在前，于狱门顾谓综③曰："今日次第，当以位邪？"综曰："贼帅为先"④。在道语笑，初无暂止。至市，问综曰："时欲至未？"综曰："势不复久。"晔既食，又苦劝综，综曰："此异病笃⑤，何事强饭。"晔家人悉至市，监刑职司问："须相见不？"晔问综曰："家人以来⑥，幸得相见，将不暂别。"综曰："别与不别，亦何所存。来必当号泣，正足乱人意。"晔曰："号泣何关人，向见道边亲故相瞻望，亦殊胜不见。吾意故欲相见。"于是呼前。晔妻先下抚其子⑦，回骂晔曰："君不为百岁阿家⑧，不感天子恩遇，身死固不足塞罪，奈何枉杀子孙？"晔干笑云罪至而已。晔所生母⑨泣曰："主上念汝无极，汝曾不能感恩，又不念我老，今日奈何？"仍以手击晔颈及颊，晔颜色不怍⑩。妻云："罪人，阿家莫念。"妹及妓妾⑪来别。晔悲涕流涟，综曰："舅殊不同夏侯色⑫。"晔收泪而止。综母以子弟自蹈逆乱，独不出视。晔语综曰："姊⑬今不来，胜人多也。"晔转醉，子蔼亦醉，取地土及果皮以掷晔，呼晔为别驾⑭数十声。晔问曰："汝恚⑮我邪？"蔼曰："今日何缘复恚，但父子同死，不能不悲耳。"

（《宋书》卷六十九，范晔传）

【注释】

①将出市：古代于闹市处决犯人。②晔：范晔，南朝宋史学家，字蔚宗，顺阳人。元嘉二十三年末，因牵涉密谋迎立彭城王刘义康一案，被杀。③综：谢综，范晔的外甥。④贼帅为先：这是一句玩笑话。⑤笃：指病势沉重。⑥以来：此处

"以"通"已"。⑦其子：指范晔之子范蔼，因范晔而被株连。⑧阿家（gū）：这是范晔妻对她婆婆（范母）的称呼。⑨所生母：生身之母。⑩怍（zuò）：惭愧。⑪妓妾：指范晔家中的小妻和歌舞女艺人。⑫夏侯色：三国魏夏侯玄谋杀司马师，事泄被杀，夷三族，"临斩东市，颜色不变，举动自若"。⑬姊（zǐ）：姐姐，此指谢综母。⑭别驾：范晔曾任荆州别驾从事史这一官职。⑮恚（huì）：愤怒，怨恨。

【译文】

　　就要被押赴刑场了，范晔走在最前面，在监狱的门口，回过头来对谢综说："今天排次序，还论官位大小吗？"谢综说："谁是贼帅，谁就该在前面。"他们一路说笑着，接连不断。到了市场，范晔问谢综："时间到了吗？"谢综答道："看来不会很久了。"范晔吃了一顿饭，又一再劝谢综也吃，谢综说："这跟病重不同，没有必要勉强吃饭。"范晔的家人都到刑场来了，监斩官问："要见个面吗？"范晔问谢综："家里人已经来了，有幸再见一次面，不就要暂别了吗？"谢综说："道不道别，还有什么呢。来了，都是哭哭啼啼的，叫人心烦。"范晔说："哭叫也没有什么，刚才见路边上亲人故旧都朝我这儿看，倒也是最好不见。但我还是想见一下。"于是家属都被叫过相见。范晔的妻子先抚摸着儿子，回头骂范晔："你不为百岁娘亲考虑，不感激天子的恩待，你死有余辜，为什么还让儿孙也要把命搭上。"范晔干笑着说自己罪不可恕而已。范晔的生母哭泣着说："主上待你极好，你不能感恩，又不想着我已年老，到今天这般地位，怎生是好。"以手连连打范晔的头颈和脸颊，他却并无羞愧之色。妻子说："罪人，阿家您不要再想他了。"妹妹和妓妾也来告别，范晔很悲伤，谢综说："舅舅和当年夏侯的表现相去太远了吧。"范晔就不哭了。谢综的母亲因为是家人自找死路，所以没有来看。范晔对谢综说："姐姐今日不来，那比别人强多了。"范晔酒后醉意上来了，他的儿子范蔼也是，他从地上抓土、捡果皮向范晔身上丢，连着叫范晔"别驾"几十声。范晔问他："你恨我吗？"范蔼答道："今天为何还要恨，只是父子同死，不能不觉得可悲啊。"

严世期善举义行

　　严世期，会稽①山阴②人也。好施慕善，出自天然。同里③张迈三人，妻各产子，时岁饥俭，虑不相存，欲弃而不举，世期闻之，驰往拯救，分食解衣，以赡④其乏，三子并得成长。同县俞阳妻庄年九十，庄女兰七十，并各老病，单孤无所依，世期衣饴⑤之二十余年，死并殡葬。宗亲⑥严弘、乡人潘伯等十五人，荒年并饿死，露骸不收，世期买棺器殡埋,存育孩幼。

(《宋书》卷九十一,严世期传)

【注释】

①会稽:郡名。②山阴:县名,是会稽郡治所,在今浙江绍兴。③里:民户聚居处的基层单位,古有以25家为里的,但多有变更。④赡:供给、帮助。⑤衣饴:此两字均为动词。衣(yì),给予衣物。饴(sì),给人食物,通"饲"。⑥宗亲:同宗亲戚。

【译文】

会稽山阴人严世期非常乐于帮助别人,乐于做善事,出于天性。与他同里而住的张迈等3人,妻子各生了孩子,当时正闹饥荒,都怕养不活,准备把孩子抛弃掉,世期听说后,急忙赶去救助,给吃给穿,解决困难,结果3个孩子都得到抚养而长大成人。同县有个俞阳,他的妻子庄年已90,女儿兰,年70,两人老而有病,孤单无靠,世期向她们提供衣食,前后20余年,她们去世后,还为之料理丧事。他的同宗亲戚严弘、同乡潘伯等15人,都在荒年饿死,骨骸暴露不收,世期为他们置办棺材,并且还抚养他们留下的孩子。

刘凝之终归隐逸

(刘)凝之①慕老莱②、严子陵③为人,推家财与弟及兄子,立屋于野外,非其力不食,州里重其德行。州三礼辟西曹主簿,举秀才,不就④。妻梁州刺史⑤郭铨女也,遣送丰丽,凝之悉散之亲属。妻亦能不慕荣华,与凝之共安俭苦。夫妻共乘薄笨车⑥,出市买易,周用之外,辄以施人。为村里所诬,一年三输公调⑦,求辄与之。有人尝认其所著屐⑧,笑曰:"仆⑨著之已败,令家中觅新者备君也。"此人后田中得所失屐,送还之,不肯复取。

……

荆州年饥,义季⑩虑凝之馁毙⑪,饷⑫钱十万。凝之大喜,将⑬钱至市门,观有饥色者,悉分与之,俄顷立尽。性好山水,一旦⑭携妻子泛江湖,隐居衡山之阳⑮。登高岭,绝人迹,为小屋居之,采药服食,妻子皆从其志。元嘉二十五年⑯,卒,时年五十九。

(《宋书》卷九十三,刘凝之传)

【注释】

①刘凝之：南朝宋人，一生未做官。②老莱：老莱子，即老子，春秋时的大哲学家李耳。③严子陵：严光，字子陵，少曾与刘秀同游学，刘秀称帝，他变姓名隐遁，后被刘秀派人找到，但终于拒受官职，仍归山林。④"州三礼辟"数句：州，指刘凝之所居之荆州。辟，辟除，征召，古时选任官吏的方式之一。西曹，分管府吏署用事。主簿，西曹的主事。秀才，南北朝时是荐举人才的主要科目。就，指接受任命或称号。⑤刺史：州之长官。⑥薄笨车：粗陋的车子。⑦公调：缴公的户调（实物税）。⑧屐（jī）：木拖鞋。⑨仆：古人的谦称。⑩义季：南朝宋衡阳王刘义季，时镇江陵。⑪馁毙：饿死。⑫饷：馈赠。⑬将：持。⑭一旦：某一日。⑮衡山之阳：衡山，在今湖南。阳，山之南称阳。⑯元嘉二十五年：元嘉，南朝宋文帝刘义隆年号，元嘉二十五年为448年。

【译文】

　　刘凝之心慕老莱子和严子陵的为人，把家财让给弟弟和哥哥的儿子，在野外别建屋，靠自己的劳动生活。他所在的荆州看重他的德行，3次征召他担任西曹主簿之职，又举他为秀才，可他都没有接受。他的妻子是梁州刺史郭铨的女儿，陪嫁丰盛，也都被刘凝之送给亲属了。这位夫人倒也不慕荣华，能安心与他一起过艰苦俭朴的生活。夫妻俩一起坐着粗陋的车子，外出到市场做点买卖，除了维持自己的生活之外，都用来帮助别人。不幸遭到村里基层机构的诬害，一年之中交了3次公调，可他没说什么，有要就给。有人曾说他所穿的木拖鞋是自己的，他就笑道："鄙人所穿的已经旧了，让我回家中再找一双新的给您吧。"这人后来在田中找到了他自己丢失的拖鞋，就把刘凝之给的那双送还，凝之说什么也不肯收。

　　……

　　荆州闹饥荒，衡阳王刘义季担心凝之会乏食饿死，给他送来10万钱。刘凝之大喜，拿着钱到市场门口，看到面带饥色的人，就分钱给他，不一会10万钱就分光了。他又十分喜欢山水，终于带领妻子泛游江湖，隐居于衡山之南。登上高岭，不与人来往，搭盖小屋，住了下来，采药服用。他的妻子儿女都服从他的意愿。元嘉二十五年，他死去了，时年59岁。

传世故事

蒯恩喂马

蒯恩字道恩,是兰陵郡承县人。高祖征讨孙恩时,县差去征兵,让他充当二等兵,给马伐草料。蒯恩常背回大捆草料,比别人多几倍,每次往地上扔草料,就叹息说:"大丈夫弯弓能达三石力,为什么要给马伐草料!"高祖刘裕听说后,就配给他兵器,蒯恩非常高兴。自此征讨妖贼,常常作为先锋,多取敌人首级。他既熟悉作战阵势,胆力又超过常人,诚心尽力,小心谨慎,未曾有过失,非常得高祖信任。

刘义隆感恩

元嘉三年(426年),太祖刘义隆讨伐荆州(今湖北江陵)刺史谢晦,下诏命令益州(今四川境内)派遣军队袭击江陵,谢晦已经平定,益州的军队才到了白帝(今重庆奉节县)城。张茂度平时与谢晦很要好,有人议论说他故意出兵迟缓,当时张茂度的弟弟张邵是湘州(今湖南及广东北部、广西东北部)刺史,率兵营救太祖,太祖因为张邵的忠诚节义,所以不对张茂度加罪,把他带还京城。元嘉七年(430年),重新起用做廷尉,兼奉车都尉,出任本州中正官,进为五兵尚书,迁太常。后因脚病遣为义兴(今江苏宜兴溧阳)太守,加秩中二千石。太祖曾从容地对张茂度说:"不要把在西蜀讨伐谢晦这件事放在心上。"张茂度回答说:"我如果不蒙受陛下您的开明,现在说不定坟墓上的草木都长出来了。

颜竣嫉妒能人

侍中颜竣这时才开始大富大贵,与何偃都在门下省做官,把各自的文章拿来互相欣赏,相处得非常好。颜竣自以为受到皇帝的礼遇超出别人,应该居于重要的位置,然而他的位次与何偃等人没有什么不同,心里觉得有些不高兴。等到何偃代替颜竣任领选官,颜竣更加愤恨不满,于是与何偃结怨。颜竣当时在朝廷权势极大,何偃内心颇觉不安,所以引发了心痛病,性情也变得乖僻,上表给皇帝要求解除官职，称病告医不再做官。世祖对侍何偃礼遇甚厚，对他的病也百般加以治疗，让名医替他开药，随他取所需医药，何偃的病才得以治愈。

荀伯子自夸

荀伯子官任太子征虏功曹，国子学博士。他的妻弟谢晦推荐保举他，入朝为尚书左丞，又出补临川（今江西抚州）内史。车骑将军王弘称赞荀伯子说："为人沉稳庄重不浮华，有先人平阳侯的遗风。"荀伯子出自颍川荀氏大族，常常自夸自己家世之美，对王弘说："天下富贵人家，唯有您琅邪王氏与我颍川荀氏，谢晦这些人，不值得一提。"

张敷不能容人

中书舍人秋当与周赳一起掌管要务，认为张敷与他们同为中书省官吏，想要去拜访他。周赳说："假如他不能容纳我们，就不如不去拜访。怎么可轻易去拜访他呢？"秋当说："我们都已是员外郎了，何必担心不能和他一起同坐。"张敷先摆设两个座椅，距离墙壁三四尺远，两位客人就座以后，应答接待非常热情，不一会儿却传呼左右人说："把我移到远离客人之处。"周赳两人仓皇失色地离去。

为官为家　高风亮节

颜延之，字延年，琅玡临沂（今属山东）人。他父亲早逝，自小孤苦。尽管家境贫困，却爱好读书，几乎无所不览，后成为南朝宋代著名诗人，与谢灵运齐名。

颜延之为官多年，生性耿直，因而常常得罪权贵。他见刘湛、殷景仁之辈专权，心有不平，常说道："天下之事，应当和天下人共同治理，难道凭一两个人的小聪明就能处理得了？"为此，刘湛非常恨他，将他贬出朝廷，改任永嘉太守。但是颜延之仍然不改其直，所以仕途屡次受挫。

颜延之除了爱喝酒的毛病外，生性清廉俭约，不谋私利。尽管做了官，却也常有家中空空不能自给的时候。他常常穿布衣，食蔬菜，在郊外独饮，自由自在。颜延之有好几个儿子，各自继承其父亲的不同品性。有一次，宋武帝刘裕问颜延之，他的几个儿子谁最得父风，颜延之答道："竣得臣笔，测得臣文，㚟得臣义，跃得臣酒。"他所称得其笔法的儿子颜竣，后来慢慢官居高位，权重当朝，其地位远远超过了颜延之。

颜竣比较孝顺，见父亲日子并不富裕，也常想着给父亲以供养。颜延之却不领儿子的情，颜竣所给，他一点都不肯接受。平时仍住在原先的旧房子里，衣服器具，丝毫未有改变，一如既往地过着布衣蔬食的清贫生活。颜延之喜欢出游，外出时，常常是乘坐着瘦牛拉着的粗笨车子。颜竣位高，出行时总是仪仗显赫，护卫众多，十分威风。颜延之出去，只要一遇儿子的仪仗护卫，总是立刻在道旁停住牛车避让。不得已碰到了儿子，总是说："我平生最不喜欢见显要人物，今天真是运气不佳，碰上了你！"但是他对新朋旧友等却非如此，有时骑马出游，在街巷碰到老朋友，总要停下亲切地攀谈一番。骑在马上，有时常跟朋友要酒喝，要到了酒便自斟自饮，十分自在，朋友间丝毫不拘礼节。

颜竣当上高官后，便准备造所好房子，颜延之却含意深长地对儿子说道："希望你好自为之，不要弄到最后，让后人嗤笑你的愚蠢！"这话大有深意，因为前代有许多造了豪华宅第后家族却很快败落，不能安享永保的事例。颜延之尽管没有明说，却有告诫儿子不要追求豪华奢侈的深意在。又有一次，颜延之因事早上去见儿子，见家中已宾客盈门，颜竣却还在睡觉，没有起床，不禁怒火万丈。他极为严厉地训斥儿子道："你本出身贫贱，如今算是高高在上了，居然傲慢无礼到这种样子，你这官能做得长久吗？"

颜竣为官甚有父风，他直言敢谏，言辞恳切，无所回避，常使皇帝不悦，因而也不肯听从其言。后来，终于招来杀身之祸。可见封建时代立朝为官，也实在是难矣！

人物春秋

田园诗人"五柳先生"——陶潜

陶潜，字渊明，少年时就有很高的志趣，曾撰写《五柳先生传》，以"五柳先生"比拟自己，说：

不知道五柳先生是什么地方人，也不知道他的姓名，在他住宅的旁边有五株柳树，因此就把"五柳"作为他的号。他沉静寡言，不羡慕功名利禄。喜欢读书，但不过分穿凿字句，每当心中有所领悟，便高兴得忘记了吃饭。他性情嗜好酒，然而由于家境贫困，不能经常有酒喝。亲戚朋友知道他的这种情况，有的就备酒招呼他，他去饮酒，总要把酒喝光，希望能够喝醉。喝醉了就回家，从不舍不得走。他的住屋四壁空荡，不能遮风蔽日；他穿的粗毛短衣，破烂缝补；他的竹篮瓜瓢常常空着，如此清苦，却安逸自乐。他曾经撰写文章自寻乐趣，文章很能表达自己的志趣。他忘却世俗，愿意终生过着这种生活。陶潜自己是这样叙述的，时人说这是实际的记录。

陶潜的双亲年老，家境又贫穷，起初他任江州（今江西九江）祭酒，因不能忍受官职的拘束，便辞职回乡。州府又召他做主簿，他不接受。他亲自耕耘种作，以自供自给，他的身体瘦弱疲病。后来在镇军将军刘裕幕府中任镇军参军，又在建威将军刘敬宣的幕下任建威参军，他向亲朋好友说："我姑且以出任官职来作为归隐田园的本钱，行吗？"当官的听后，便任命陶潜为彭泽令。公家的田地全都指使差役种粘稻，他的妻子坚持请求种粳稻，于是，他就用50亩地来种粘稻，用50亩来种粳稻。郡守派了督邮到彭泽，县官告诉陶潜应该整饰衣冠，束紧衣带去拜见督邮，陶潜愤慨地说："我不能为了五斗米而向小人弯腰。"当天，陶潜解下官印，辞掉了县令的官职。陶潜写了《归去来》赋，赋中写道：

回去啊！田园将要荒芜了，为什么还不回去？既然自己的心志被形体所驱使，又为什么惆怅而悲愁呢？认识到过去已经不可挽回，知道未来尚可以弥补。确实迷失了道途，好在尚不远，领悟到今天的正确、昨天的错误。回归时，水路中，船摇晃着是那样轻快飘扬，风轻飘飘地吹拂着衣裳；陆路上，向行人询问前面的路程，可恨的是星光微弱，辨认不清。

看见了简陋的家屋，高兴得奔跑过去。家僮、仆人高兴地出来迎接，幼子等候在家门口。屋前的小路已经荒芜，但松树、菊花还在！拉着幼子进入屋内，酒器里盛满了酒，拿来了酒壶、酒杯，自斟自酌。悠闲地观望着庭院里的树木，脸上露出了愉快的神情。靠着南边的窗子，寄托着傲世的情怀，深知狭小的屋室仅能容纳足膝，却也适宜于安身。每日在园子里散步倒也自成乐趣，屋子虽然设了门，门却经常关着。拄着手杖优游歇息，时常抬起头向远处眺望，云朵无意地飘出山头，鸟儿飞倦了也知道归巢。日光暗淡，太阳将落，我抚摩着松树，独自流连徘徊。

　　回去啊！愿与世间息绝交游。世俗与我相违背，再驾车出游还能有何要求？喜欢与亲戚谈心，乐于弹琴读书以消除心中的忧愁。农夫们告诉我春天到了，将要在田地上耕作。有的驾着篷车，有的划着小船，顺着山路蜿蜒曲折地进入幽深的山谷，沿着崎岖不平的山路，经过了小山岗。树木欣欣向荣，泉水缓缓流动。羡慕万物适时地生长，感叹我的生命可将要结束。

　　算了吧，寄身于天地间能有多久？为什么不随着心意决定自己的行止？为什么要心神不定，又想到哪儿去了呢？富贵不是我的愿望，仙境也不可能期待。有时乘着美好的时光独自去游赏，有时放下拐杖去除草培土。登上东面的田边高地放声长啸，面对清澈的流水吟诗。姑且顺应自然而终归死去，乐天知命，还会有什么疑虑？

　　义熙末年，征召陶潜为著作佐郎，陶潜不接受。江州刺史王弘要与陶潜认识，但未能达到目的。陶潜曾到过庐山，王弘让陶潜的朋友庞通之带着酒具在半路上的栗里邀请陶潜。陶潜患有脚病，便差派一个差役和两个小孩抬着竹轿去请陶潜。陶潜来到后，便高兴地一块喝酒。不多时，王弘来了，陶潜也没与他过意不去。此前，颜延之任刘柳后军功曹，在浔阳与陶潜款叙情怀。后来颜延之任始安郡守时，经过浔阳，天天去造访陶潜，每次前往，必然一醉方休，临离开时，留下两万钱给陶潜，陶潜全都存入酒店，逐渐去取酒来喝。曾经在九月九日重阳节时没有酒，他走出门在屋子旁边的菊花丛中坐了很久，正逢王弘送酒来到，他马上就地喝了起来，到喝醉了才进家门。陶潜不懂音乐，却存有一张素琴，琴没有弦，每当他酒喝够了，总是抚弄着素琴，以此来寄托自己的心志。不分贵贱，只要来造访他的，凡是有酒，他总要摆出来，如果陶潜先喝醉，就会对客人说："我喝醉了，要睡了，你先走吧。"陶潜就是如此地纯真、直率。郡守去探望陶潜，正逢陶潜的酒酿好，便拿下头上的葛布巾来过滤酒，滤完酒，又将葛布巾戴在头上。

　　陶潜幼年官微，并考虑放弃或接受某种官职，自以为曾祖父陶侃是东晋皇帝的辅政大臣，而感到羞耻的是生为后代的他，却身份低微，屈居人下。从曾祖以后，帝王的基业虽然逐渐兴隆，陶潜却不肯再做官了。他所撰写的文章，都写上写作的年、月。义熙以前，则写晋朝年号；自永初以后，只写明甲子而已。给他儿子的信中，谈了自己的志趣，并且拿它作为对儿子的教导和告诫。信中说：

天地赋人以生命，人有生也有死，自古以来的圣人贤士，有谁能够幸免呢？子夏说过："生死由命运，富贵在天。"子夏也是与孔子4个得意门生一样的人，他亲身受过孔子的亲口教诲，他发表这种议论，难道不是因为命运的好坏而不可妄意追求、寿命的长短永远无法从分外求得的缘故吗？我已经过了50岁，还为穷苦所困扰，因为家境贫穷破败，只好到处漂泊。我的本性刚直、才质倔强，因而与世人不和，自己估计这样做下去，必定留下来自世俗的祸患。勉强辞官归隐，辞别世俗，却使你们幼小时便遭受饥寒之苦。常被东汉孺仲的贤妻的话所感动，自己盖着破棉絮，对儿子又有什么可惭愧的呢？只恨邻居没有羊仲、求仲那样的高士，而家中又没有像老莱子的妻子那样的贤妻，抱着这样的苦心，确实独自感到怅然失意。

幼时喜欢读书，偶然也爱闲适恬神，打开书卷阅读，心有所得时，便高兴得忘记吃饭。看见树林枝叶交错成荫，听见鸟婉转鸣叫，便又高兴得很。我曾说过，五六月在北边窗下闲卧时，恰逢凉风突然吹来，便自称是伏羲时代以前的人了。意志浅薄，学识寡陋，岁月瞬息流逝，远远地回顾过去，一切是那么的渺茫！

患疟疾以来，身体逐渐衰弱了。亲戚、老朋友不遗弃我，经常拿来药物相救助，不过，恐怕自己的寿命已经不久。可恨的是你们还幼小，家境贫困，没有仆人，劈柴打水等劳动，什么时候可以免啊！只在嘴里叨念着，怎能用言语表达呢？你们虽然不是同一个母亲生的，但你们应该想到四海之内都是兄弟。鲍叔和管仲在分钱财时，管仲多分，鲍叔并不猜疑；归生和伍举各事其主，路上相遇仍能坐在荆条上款叙以往的友情。鲍叔能帮助管仲转失败为成功；伍举因在国丧时，在郑国维护了公子纠的地位而立了功。他们这些人尚且如此，更何况同父亲生的人呢？颍川的韩元长是汉末的名士，身处辅助国君的执政大臣地位，80岁时才辞世，兄弟却住在一起，一直到年老。济北的氾稚春是西晋时节操品行高洁的人，他七代人拥有共同的财产，家里所有的人都没有埋怨的神色。《诗经》中写道："在高山上能高瞻远瞩，在大路上能通行无阻。"你们要谨慎啊！我还有什么话可说呢？

陶潜还写了《命子诗》留给他的儿子，诗中写道：

我的祖先是那么悠远，可以追溯到帝尧陶唐。尧的儿子丹朱做了舜的虞宾，此后，历代留有功德的光辉。陶唐氏的后裔御龙曾任职夏朝、豕韦又辅佐商朝。周朝司徒陶叔，端庄盛美，他的宗族因他而昌盛。纷乱的战国时代以及寂寂无闻的周朝衰落时期，陶氏的人才有的隐居林间，有的则隐居于山中。周末群雄战乱，犹如奔窜的虬龙蟠绕云上，飞驰的鲸鱼惊起了浪涛，由于上天成全而建立了汉朝，愍侯陶舍也就得到了眷顾。光荣的愍侯，运气当是依附帝王以建功立业。手执宝剑清晨起舞，他的战功是那样的显著。面对山河立下誓言，开辟疆土拓展地域。汉景帝时的丞相陶青是那样的勤勉，他精诚地追随帝王辅佐朝政。长河浩瀚渺茫，大树郁郁苍苍。众多的支流疏导长河，繁多的枝条罗盖大树。君子有时沉默独处，有时发愤入世，命运本来就有高贵，也有低贱。直到东晋，祖辈功业显赫于长沙（今湖南），英武的长沙公曾祖上封地，独揽荆、湘、江等州军事大权。功成后便辞官返乡，面临荣耀而心不迷乱，谁说此种心志，中近民可以有的呢？我的祖父武昌太守陶茂很严肃，始终谨慎小心。他正直执法，是荆、江二州刺史属官的模范，他的恩惠，使全郡人民和悦。父亲是多么仁慈啊！他淡泊虚疏，托身于仕途，对官职的得失，喜怒都不形于色。慨叹我自己孤陋寡闻，远望前辈，自己都不及他们。感到惭愧的是头发已经花白，而只能背负日光单身孤立，应受五种惩罚的罪过，莫过于没有后代。真正值得我思念的是听到你呱呱落地的哭泣声。在吉日良时为你占卜，给你起名叫俨，取得表字叫求思，你要朝夕保持温和恭敬，我所盼望的就在于此。我还想到孔丘的孙子孔鲤，希望你能跟上他成为肖孙。长疮的人夜半生子，便拿来火光察看，生怕儿子像自己。君子有自己的志趣，为什么要等待我呢？既然看着他出生，确实希望他能令人满意。人们也说，这种感情是真切的。岁月流逝，你将逐渐长大。福不会无缘无故地来到，祸害也容易降临。早起晚睡，时刻盼望你能成才，如果你不才，也只好哀叹"亦已焉哉"。

陶潜于元嘉四年（427年）去世，时年63岁。

金戈铁马　气吞万里如虎——刘裕

宋高祖武皇帝刘裕，字德舆，小名寄奴，身材魁梧，风骨奇特。家虽贫，志向远大，不拘小节。刘裕最初任冠军孙无终的司马。

隆安五年（402）春，孙恩频繁进攻句章，每次都被刘裕击败，又撤往海上。三月，孙恩北击海盐，刘裕跟踪追击，在海盐县城旧址筑起城池。起义军白天攻城，城内兵力空虚，刘裕就挑选数百人组成敢死队，都脱掉盔甲，手持短兵器，击鼓呐喊冲出城，起义军被震慑得士气大跌，丢盔卸甲逃散，大帅姚盛被斩。虽然连战连胜，但众寡悬殊太大，刘裕因而颇感忧虑。一天晚上，偃旗息鼓，藏匿主力，假装已逃遁。第二天早晨开启城门，派几个老弱病残上城墙。起义军在城外远远地问刘裕在什么地方。城楼上人回答说："昨晚逃走了。"起义军信以为真，蜂拥进城。刘裕乘其懈怠，指挥伏兵猛攻，大获全胜。孙恩感到城攻不下来，就率部向沪渎进发。刘裕又弃城追击。海盐县令鲍陋派其子嗣之领吴兵1000，请求打先锋。刘裕说："起义军精干，吴兵又不擅战，如若前锋失利，必会导致我军溃败。吴兵殿后作声援吧。"嗣之不听。当晚，刘裕四处设伏兵，又置备旗鼓，但每处不过数人。次日，孙恩率万余人接战。前锋遭遇后，伏兵齐出，举旗击鼓。起义军以为四面都有伏兵，撤退。嗣之追赶，被杀死。刘裕边战边退，由于起义军人多势众，所率士兵几乎都战死、受伤。刘裕考虑到可能难免一死，跑到设置伏兵的地方，停下来，命令随从脱下死者的衣服穿上。起义军以为刘裕本当逃走现在反倒停下来，怀疑设有埋伏。刘裕乘机高呼再战，英姿飒爽，英勇无比，起义军以为真的设有伏兵，就离去了。刘裕慢慢地撤退，再渐渐聚拢被冲散的士兵。

五月，孙恩攻陷沪渎，杀吴国内史袁山松，四千人战死。同月，刘裕又在娄县打败起义军。

六月，孙恩乘胜渡海，突然进军丹徒，士兵多达10余万人。刘牢之还驻在山阴，京师震动。刘裕日夜兼程，与起义军同时抵达丹徒。当时敌我众寡悬殊，又加上长途急行军十分疲惫，而丹徒守军又无斗志。孙恩率兵数万，击鼓呐喊攻蒜山，蒜山居民都拿起扁担准备抵抗。刘裕率部猛烈攻击，大败起义军，起义军死伤惨重。孙恩靠鼓排渡泗，才得以退回船上。孙恩虽然被击败，但仍依仗其人多，径直向京师进发。由于楼船高大，又遇逆风难以前往，10天后才到白石。得知刘牢之已撤回拱卫京师，朝廷有防备，就改向郁洲进军。

八月，朝廷加封刘裕为建武将军、下邳太守，派他带领水军追到郁洲讨伐，刘裕又大败孙恩。孙恩南逃。十一月，刘裕追击孙恩到沪渎，在海盐，又大败孙恩。三战三捷，俘虏的起义军数以万计。此后，孙恩军由于饥饿、疾病、瘟疫死伤大半，从浃口逃到临海。

元兴元年（402年）正月，骠骑将军司马元显率军西进讨伐桓玄，桓玄亦率荆楚大军，南下讨伐元显。元显派镇北将军刘牢之抵御，刘裕协助刘牢之。刘牢之率部到溧洲。桓玄到了，刘裕请求发起攻击，未得同意，刘牢之打算派儿子敬宣到桓玄营中讲和。刘裕与牢之外甥东海何无忌联袂坚决谏阻，牢之不听。派遣敬宣到桓玄营中。桓玄攻克京师，杀害元显，任命牢之为会稽内史。牢之恐惧，对刘裕说："桓玄很快就会剥夺我的兵权，大祸即将临头啊。现在应当向北边的高雅靠近，在广陵起义，你能同我前往吗？"刘裕答道："你率精兵数万，望风而降。桓玄新得志，威震天下。三军人心，都已涣散，广陵岂能去得了！我要回去，退回京口吧。"牢之起义后自缢而亡。何无忌问刘裕："我该到哪里去呢？"刘裕说："镇北将军起义定然难免一死，你可随我回京口。桓玄若能守臣节北面侍君，我就与你归顺他；否则，与你共击之。现在正是桓玄骄横为所欲为之日，肯定要用我们。"桓玄堂兄桓修领抚军衔镇守丹徒，任命刘裕为中兵参军，军队编制、郡辖范围不变。

自从孙恩溃败后，追随他的士兵日渐稀少，他害怕被活捉，在临海投水自杀。剩下的人推举孙恩妹夫卢循为首领。桓玄想尽快平定东方，就任命卢循为永嘉太守。卢循虽然接受了任命，但仍然为所欲为。五月，桓玄又派刘裕东征。当时卢循从临海进入了东阳。元兴二年（403年）正月，桓玄又遣刘裕讨伐卢循，攻下东阳，卢循逃到永嘉，刘裕追击又攻下永嘉，杀卢循大帅张士道，并追到晋安，卢循渡海南逃。六月，桓玄加封刘裕为彭城内史。

桓玄想篡夺皇位，桓玄堂兄卫将军桓谦派人问刘裕说："楚王功勋卓著，德高望重，四海归附。朝廷有禅让之意，你意下如何？"刘裕已立志推倒桓玄，故意谦逊地答道："楚王，宣武之子，功德盖世。晋室微弱，失民心已久，乘天运取而代之，有何不可。"桓谦高兴地说："你觉得可以，那就可以。"

十二月，桓玄篡位，把天子送到寻阳。桓修入朝，刘裕跟他一起到京师。桓玄见过刘裕后，对司徒王谧说："昨日看见刘裕，气度不凡，是人中豪杰。"每次游猎集会，都热情地邀刘裕同往，给刘裕的馈赠赏赐也很丰厚。刘裕更讨厌他。有人对桓玄说："刘裕龙行虎步，相貌不凡，恐怕不愿为人下，宜及早打算。"桓玄说："我正欲平定中原，只有刘裕能担此大任。关陇平定后，再作计议。"桓玄于是下诏说："刘裕以少胜多，屡次打击起义军的气焰。渡海追寇，十灭其八。诸将奋力作战，多数受过重伤。上自元帅下至将士，论功行赏，以表功勋。"

当初刘裕东征卢循，何无忌跟随到山阴，他劝刘裕在会稽起义。刘裕认为桓玄未篡皇位，而且会稽距京城遥远，起义难以成功，等他篡位的事实彰著后，再在京口起兵，定能成功。这时桓修回京师，刘裕借口伤口疼痛，忍受不住陆路行走之苦，与无忌坐船同回京城，共谋复兴王室之计。于是与弟道规、沛郡刘毅、平昌孟昶、任城魏咏之、高平檀凭之、琅邪诸葛长民、太原王元德、陇西辛扈兴、东莞童厚之，共同筹谋。当时桓修弟桓弘为征虏将军、青州刺史，镇守广陵。道规是桓弘的中兵参军，孟昶是主簿，刘裕派刘毅秘密前去与孟昶接头，在江北聚结力量，图谋起兵杀桓弘。长民是豫州刺史刁逵左军府参军，计划在历阳响应。元德、厚之准备在京城聚集力量攻打桓玄，并约定同时起义。

元兴三年（404年）二月二十七日，刘裕借口游猎，与无忌等集聚亲信心腹，同谋者有何无忌、魏咏之、咏之弟欣之、顺之、檀凭之、凭之侄儿韶、韶弟祗、隆、道济、道济堂兄范之、刘裕弟道怜、刘毅、刘毅堂弟藩、孟昶、孟昶族弟怀玉、河内向弥、管义之、陈留周安穆、临淮刘蔚、堂弟珪之、东莞臧熹、堂弟宝符、侄子穆生、童茂宗、陈郡周道民、渔阳田演、谯国范清等27人；愿追随的百余人。二十八日清早，城门开，无忌穿传诏服，假称传诏居前。众义士随他急驰入城。齐声呼叫，守城官兵惊呆，不敢阻拦，很快将桓修斩首示众。刘裕哭得很悲惨，厚葬桓修。孟昶劝桓弘这天出城狩猎。为让狩猎人出城，天没亮就开了城门，孟昶、道规、刘毅等率壮士五六十人乘机长驱直入。桓弘正在吃粥饭，当即斩了他，收集他的余部渡江而去。起义军刚攻下京城时，桓修的司马刁弘率文武官吏前来救援。刘裕登上城楼对他说："郭江州已奉圣谕在寻阳反正，我等也被密诏前来诛除逆贼叛臣，约在今日相会。叛贼桓玄的首级已挂在城头示众，诸君难道不是大晋之臣吗，今天来想怎样？"刁弘等人信以为真，率众撤走。刘毅到后，刘裕命他杀刁弘。

刘毅兄刘迈先在京师，起义前几天，刘裕派同谋周安穆告他，叫他到时做内应。刘迈表面上答应了，内心却很震惊恐惧。安穆见他惶恐，估计事情肯定会泄露，赶忙返回。当时桓玄委任刘迈为竟陵太守，刘迈不知该如何办才好，乘船欲去竟陵郡。这夜，桓玄写信给刘迈说："北府人什么动向？你最近见到了刘裕说了些什么？"刘迈以为桓玄已获知他们的密谋，早晨一起来就把真相告诉了桓玄。桓玄惊恐，封刘迈为重安侯；后又怪罪他没有拘留安穆，让他逃了，就杀了他。杀元德扈兴、厚之等人。召集桓谦、卞范之等人商讨对付刘裕的办法。桓谦等建议："速派兵攻打。"桓云说："不妥。刘裕兵力精锐、行动敏捷，若派兵去攻打等于去送死。如果先派水军迎战，恐怕又不足以与之抗衡，假如出了差错，刘裕就成了气候，而我们就输定了。不如将大军集结在覆舟山等待刘裕的军队。刘裕军出入无人之地200里，没遇敌手，锐气定然会受挫，等到了覆舟山突然发现这么多兵力严阵以待，肯定会惊慌恐惧。我们按兵不动、固守阵地，不与他们交锋，他们想打打不成，自然会解散离去。"由于桓谦一再恳切请求出兵，桓玄于是派遣顿丘太守吴甫之、右卫将军皇甫敷北上抗拒义军。

桓玄自从获悉刘裕率众起义后，成天忧心忡忡不知所措。有人说："刘裕等力量弱小，哪里具备成气候的力量，陛下何必担忧呢。"桓玄回答说："刘裕堪称当代雄才；刘毅家无多少储蓄，赌博时却敢下注百万；何无忌，乃是刘牢之的外甥，很像他舅舅。他们联合起来，共举大事，怎能说他们不会成功呢。"

起义大众推举刘裕为盟主，并在京城传递檄文，任命孟昶为长史，总管后勤事务，檀凭之为司马。百姓愿意追随的千余人。三月初一日，吴甫之领兵到江乘。甫之，桓玄的猛将，他的部队是精锐。刘裕亲自拿着长刀，高喊着冲向敌军，所向披靡，很快就杀甫之。进军到罗落桥，皇甫敷率数千人迎战。宁远将军檀凭之和刘裕各领一队人马，凭之战败被杀，其部下溃败散。刘裕越战越勇，左右冲突，在约定时间内打败了敌军，击毙了皇甫敷。

桓玄获悉皇甫敷等人都覆没了，更加恐惧。派遣桓谦驻扎东陵口，卞范之驻守覆舟山西侧，两地驻军合起来有两万人。二日早晨，起义军用完早饭后，丢弃剩余粮食，进至覆舟山东侧，派原是乞丐的士兵在山上插旗，迷惑敌人。桓玄又派武骑将军庾祎之前来，配以精兵锐器，援助桓谦等人。刘裕身先士卒，冲向敌军，将士都拼命死战，都以一当百，喊杀声震天动地。当时东北风大，刘裕就下令放火，烟火遮天蔽日，击鼓声、喊杀声震动京师。桓谦等各路军，一时间土崩瓦解。桓玄当初虽然派兵布阵，但已打定了逃走的主意，嘱咐领军将军殷仲文在石头城备好船，带着他的子侄渡江南逃了。

三月初三日，刘裕平定了石头城，设置留台官，在宣阳门外焚烧桓温的神庙，在太庙立了东晋的新皇帝。派遣众将帅追击桓玄，尚书王嘏率百官恭迎圣驾。司徒王谧与众人推举刘裕管理扬州，刘裕坚辞不肯。于是以王谧为录尚书事，兼任扬州刺史。后又推举刘裕为使持节，统管扬州徐州兖州豫州青州冀州幽州并州八州军务，领军将军、徐州刺史。

先前朝廷接手的是晋朝这个乱摊子，政治混乱，百官放纵，百业废弛，桓玄虽然也想整治，但众人都不听他的。刘裕以身示范，先以威严约束宫廷内外。百官皆认真供职，二三天内，风气大变。况且桓玄虽然凭着英雄豪气被推举获得了拥护，但很快就篡夺了皇位，晋朝的各地刺史和在朝大臣，都尽心尽力地服侍他，君臣名分定了。刘裕在朝廷里职位卑微，又无一支军队，在草莽之地振臂高呼，倡导大义恢复帝位。因此王谧等人觉得失去了民心，都觉愧疚恐惧。

诸葛长民过了约定的时间还不能起事，刁逵拘捕了他，并押送石头城，还未到桓玄就失败了。桓玄逃往寻阳，江州刺史郭昶之将事先准备好的皇室信物送给他。桓玄搜罗2000余人，挟天子逃往江陵。冠军将军江陵、辅国将军何无忌、振武将军刘道规率领军队追赶。尚书左仆射王愉、王愉的儿子荆州刺史王绥等人，是江东的名门望族。王绥年轻时名气就很大，因为刘裕出身平民，很是看不起。王绥，还是桓玄的外甥，也有夺取王位的志向。刘裕都杀了他们。四月，遵奉武陵王遵为大将军，承袭旧制。大赦天下，唯有桓玄一族的后人不在大赦之列。

当初刘裕家境贫寒，曾欠刁逵社钱3万，长久无力偿还。刁逵执法甚严，拘捕了刘裕，王谧拜访刁逵，暗地为刘裕代还了欠款，于是刘裕获释。刘裕名微位卑，名流都不与他往来，只有王谧同他交往。桓玄打算篡位时，王谧亲手解下了安帝的玉玺和系玺丝带，成了桓玄的篡位功臣。等到起义军攻克了石头城，众人都认为王谧该杀，只有刘裕保护他。刘毅曾乘朝会的时候问王谧玉玺在什么地方，王谧愈加惊恐不已。等到王愉父子被杀，王谧堂弟王谌对他说："王驹本无罪，而起义军杀了他，这是剪除异己，断绝百姓的指望。你是桓玄的同伙，名位又如此显赫，想幸免能吗？"驹，是王愉的小名。王谧害怕，逃到曲阿。刘裕写信告诉大将军，好好保护王谧，迎接他回来官复原职。

桓玄哥哥的儿子桓歆，聚集兵力向寻阳进军，刘裕命令辅国将军诸葛长民迎击，桓歆败走。无忌、道规在桑落洲大败桓玄大将郭铨，各路义军进据寻阳。皇上授权刘裕掌管江州军务。桓玄逃回荆郢后，大规模地招兵买马，招募水军建造楼船、制造武器，很快率兵两万，挟天子从江陵出发，顺江东下，与冠军将军刘毅等人在峥嵘洲遭遇，众将士奋勇拼搏，大败桓玄。桓玄丢下将士，又挟天子逃向江陵。桓玄同党殷仲文送东晋两皇后回京师。桓玄逃到江陵后，想趁机西逃。南郡太守王腾之、荆州别驾王康产恭迎天子到南郡郡府。

当初征虏将军、益州刺史毛璩派遣堂孙毛璩之与参军费恬护送弟弟的灵柩顺江而下，护灵柩有200人，毛璩弟弟的儿子毛修之当时是桓玄的屯骑校尉，引诱桓玄入四川。桓玄到了枚回洲，费恬与毛璩之迎击。益州督护冯迁砍下了桓玄的头，送到京师。接着又在江陵杀了桓玄的儿子桓升。

当初桓玄在峥嵘洲大败，义军以为大局已定，未及时追击。桓玄死后近10天，义军的主力还不到。桓玄的侄儿桓振逃到华容的涌中，招聚桓玄的党徒数千人，清晨袭击江陵城，城内居民争相出城投奔桓振。王腾之、王康产都被杀了。先前藏在沮川的桓谦，也聚众响应。桓振为桓玄发丧，设丧廷。桓谦率文武百官将玉玺绶带送还给了安帝。何无忌、刘道规到江陵后，在灵溪与桓振交战。桓玄的部属冯该又在杨林设置伏兵，义军溃败，退回寻阳。

兖州刺史辛禺心怀不轨意欲叛逆。恰逢北青州刺史刘该反叛，辛禺请命征讨刘该，到了淮阳，辛禺也反叛了。辛禺长史羊穆之杀辛禺，并把他的首级在京师传递示众。十月，刘裕任青州刺史，率披铠甲执锐器的卫队百人进入州衙。刘毅等各路人马又进军到夏口。刘毅攻鲁城，刘道规攻偃月垒，都予以攻克。十二月，各路军挺进平定巴陵。义熙元年（405年）正月，刘毅等抵江津，击败桓谦、桓振，平定江陵，皇帝获救。三月，皇帝从江陵到达。

十一月，天子重申前令，封刘裕为侍中，晋升为车骑将军、开府仪同三司。刘裕坚决推辞。皇上派百官恳劝。义熙三年（407年）二月，刘裕回到京师，准备拜访廷尉，安帝在先诏令廷尉，刘裕的辞呈不得被接受，进宫面陈推辞，天子才同意，很快刘裕回到丹徒。

闰月，府内大将骆冰谋划叛乱，将要被抓时，独自逃走，刘裕追上去斩了他。当初桓玄战败，因为桓冲的忠贞不贰，给他的孙子取名为桓胤。到此时骆冰谋划让桓胤称帝，与东阳太守殷仲文暗地勾结。刘裕于是斩杀了殷仲文以及他的两个弟弟。此时，桓玄的残党余孽，都被处死了。

义熙四年（408年）正月，天子召刘裕入朝辅佐，加封为侍中、车骑将军、开府仪同三司、扬州刺史、录尚书，照旧担任徐兖二州的刺史。刘裕上书解除了兖州刺史一职。

当初，燕王鲜卑人慕容德在青州僭越称帝，他死后，他哥哥的儿子慕容超继位，先后多次在边境制造祸患。义熙五年（409年）二月，在淮河以北大肆掠夺，俘虏了阳平太守刘千载、济南太守赵元，掠走1000多家。三月，刘裕发布北讨的檄文。四月，水师从京师出发，沿淮河进入泗水。五月，到下邳，留下舰船辎重，用步兵进攻琅琊郡。每过一处都筑城派兵留守。戍守梁父、莒城的鲜卑人都逃跑了。

慕容超听说晋军即刻将至，他的大将公孙五楼劝说："应占据大岘，割掉粟苗，坚壁清野等待敌军，晋军远道而来没有粮草，想交战又不能，一二十天之后，就可折断刑杖鞭笞他们了。"慕容超不听，说："敌军远道而来，肯定不能长久有战斗力，一旦引他们过了大岘，我用精锐的骑兵去攻打，不用担心击不败他们，哪用得着先毁庄稼，示弱于人呢？"在刘裕即将出兵时，谋士们认为，鲜卑人听说大军去讨伐他们，一定不敢迎战，如果不截断大岘，就会坚守广固，割粟苗坚壁清野，来断绝三军的粮草，这样不只是很难成功，而且还会回不来。刘裕说："这件事我考虑成熟了，鲜卑人贪婪，贪图眼前小利，他们舍不得粟苗。认为我们孤军深入，不能长久作战，只能进驻临朐，退守广固。我军一旦进入大岘，将士们就没有后退的想法，带领怀有必死之心的军队，对付怀有野心的叛逆，何愁不成功！他们不能坚壁清野牢固死守，是替各位保护财产。"刘裕已经进入大岘，用手指着天说："我们大功告成了。"

六月，慕容超派遣五楼和广宁王贺赖卢首先占据了临朐城。听说晋朝大军到了，留下年老的瘦弱的士兵守广固，其余的全部出击。临朐有一条巨蔑河，离城40里。慕容超告诉五楼："赶快去占领它，晋军得到了水源，就很难击败了。"五楼率骑兵急进。晋龙骧将军孟龙符率领骑兵打先锋，急驰争夺巨蔑河，五楼败退。晋军稳步地前进，战车4000辆，分为左右两翼，成方阵徐徐前行，车子全部蒙上青布，驾车的人手持长槊。又把轻骑兵作为机动部队。军令严肃，队伍整齐。在离临朐几里的地方，燕军精锐的骑兵一万多人，先后到达，刘裕命令兖州刺史刘藩，刘藩弟并州刺史刘道怜，谘议参军刘敬宣、陶延寿，参军刘怀玉、慎仲道、索邈等合力攻打。将近未时，刘裕派谘议参军檀韶直奔临朐。檀韶率领建威将军向弥、参军胡藩急驰前进，当天便攻下了临朐城，砍断燕军牙旗，全部缴获慕容超的辎重。慕容超听说临朐城已被攻克，带领大军逃走，刘裕亲自带兵追赶，燕军狂奔不停。慕容超逃到广固。

第二天，东晋大军进逼广固城，立即攻外城，慕容超退守内城。并且筑长长的壁垒来守卫它，壁垒高3丈，外面3道壕沟穿插其间。停泊长江、淮河上的船只，将粮食屯集在齐地。刘裕安抚接纳归顺的士兵，汉族人和少数民族人都很高兴，士兵们都信任他。

七月，天子下诏加封刘裕为北青、冀两州刺史。慕容超的大将垣遵、他的弟弟垣苗都率领士兵来归顺晋朝。刘裕准备制造攻城的器械时，守内城楼上的燕兵说："你们没有得到张纲，怎么能够制造出来呢！"张纲，南燕国的尚书郎，他擅长奇技。碰巧慕容超派张纲向后秦国姚兴称臣求援，请求派兵救助。姚兴假装答应他，而实际上害怕晋军，不敢派兵。张纲从长安返回，泰山太守申宣俘虏了他并送给晋军。刘裕于是让张纲坐在楼车的顶端，让城内人看到，城里人没有不感到大惊失色的。于是让张纲大规模制造攻城器具。慕容超没有得到救援，张纲反而被俘虏了，变得担心害怕了，于是请求做晋的藩国，请求割地以大岘为界，进献马匹1000只。刘裕不答应，围攻城池更加厉害。黄河以北的百姓带武器粮食来投奔的日以千计。

录事参军刘穆之，谋略过人，刘裕让他充当首席谋士，每次有举动都向他咨询。当时姚兴派使者告诉刘裕说："慕容超素与我相邻友好，现在因为处境艰难向我求援，我当派精骑兵10万，径直占据洛阳。晋军如果还不后退，我就命令铁骑长驱直入。"刘裕大声地告诉后秦使者："你告诉姚兴，我平定南燕之后，停战3年，就去平定关中、洛阳。现在自己送上门来，就快些过来吧。"刘穆之听说有后秦的使者，迅速赶来，然而刘裕已经打发他走了。刘裕把姚兴的话以及他的回答，详细地告诉了刘穆之。刘穆之忧虑地对刘裕说："平常事情不论大小，都让我先考虑一下。这件事应该好好地考虑，为什么那么仓促地答复呢。你答复姚兴的言辞，不能威慑敌人，反会激怒他们。如果南燕还没攻克，后秦的援军突然到了，不知您怎么对付他们？"刘裕笑着说："这是军机，所以不告诉你。兵贵神速，他们如果真的出兵救援，一定害怕我们知道，怎么可能先派遣使者呢。这是他们看到我军攻打南燕心里已经恐惧，说一些自我掩饰的话罢了。"

九月，天子加封刘裕为太尉、中书监，刘裕坚辞。十月，黄河以北归顺晋朝。张纲制造的攻城器械，设计奇巧，像飞楼木幔之类，莫不齐备。城上的火石、弓箭等守城工具，都没有用了。

义熙六年（410年）二月初五日，攻下广固城，慕容超越城逃走，征虏贼曹乔胥俘获了他，杀南燕王公以下的以及俘虏的人口一万多，马2000匹，押送慕容超回师，在建康街头斩首。

刘裕北伐之时，徐道覆还有伺机而动的野心，劝卢循乘虚而出，卢循没有听从。徐道覆就到番愚（广州）劝说卢循："我们居住在南岭以南，难道真的只能限此一隅，只是因为打不过刘裕罢了。如今他在围攻固若金汤的广固城，不知什么时候才能攻下。乘此时，用归乡心切的将士，偷袭何无忌、刘毅的部队，成功易如反掌。不趁这一有利时机，如果刘裕平定南燕之后，稍稍休养生息，过不了一二年，一定有檄文征讨你。如果刘裕亲自率军队到豫章，派遣精锐的部队越过南岭，即使将军再勇猛，恐怕也抵不住。现在这个机会，万万不可错过。如果占领了他们的都城，捣了他们的老巢，刘裕即使回师，也无能为力。"卢循听从了他的话，于是带兵越过了南岭。这个月，攻克了南康、庐陵、豫章三郡，各郡的郡守都弃职逃走。此时平定南燕的消息还未传到，天子派使者赶紧告诉刘裕，刘裕刚刚攻下南燕国，想在下邳休整，进而平定河、洛，但不久朝廷的使臣到了，当天就班师回朝。

镇南将军何无忌与徐道覆在豫章交战，晋军战败，何无忌被杀。朝廷内外非常震惊。朝廷想请晋帝渡江北上靠近刘裕的军队，不久得知起义军还未到，京城的人心稍稍安定。刘裕到了下邳，用船运载辎重，自己带领骑兵回师。到山阳，听说何无忌被杀，担心京城失守，于是日夜兼行，和几十个人到了淮河，向行人询问京城的消息。有人告诉他们说："起义军还没有到，刘裕如果回来了，就不用担心。"刘裕很高兴，一个人乘船过江，径直赶到京口，京城的人心大为安定。四月初二日，刘裕回到京师，解除戒严。

抚南将军刘毅上书请求南征，刘裕写信给刘毅："我以前常和起义军作战，知道他们的战术，他们近来又接连获胜，不可轻视。最好等我休整完毕，我们一同前往。"刘毅不听，率水师两万从姑孰出发。卢循北上，派徐道覆向寻阳进攻，自己进攻湘中的各郡。荆州刺史刘道规派兵到长沙迎战，被卢循打败。起义军直入巴陵，准备攻江陵。徐道覆听说刘毅率军沿江西上，派人报告卢循说："刘毅的军队很强大，应该合力击败他。如果这次胜利了，夺取天下就没有什么问题了。根本安定了，就不用担心枝叶不平定。"卢循当天从巴陵出发，与徐道覆联手东下。另外有艛舰9艘，舰上有4层楼，高12丈。刘裕因为南方诸郡失守，上书请求免职，皇上不允。五月，刘毅在桑落洲（今江西九江）被击败，弃船从陆路逃走，其余逃走不及的人，都被起义军俘虏。

卢循刚到寻阳时，听说刘裕已经回来了，不相信。击败刘毅的军队后，询问凯旋将士，都相顾失色。卢循想退回寻阳，占领江陵，占据两地来对抗晋朝廷。徐道覆认为应当乘胜追击，据理力争，商讨几天后，才被采纳。

刘毅失败的消息传来，朝廷内外动荡不安，此时北伐的军队才回到京师，大部分都受伤染病，京城的战士，不过数千。起义军已经攻破江、豫两镇，士兵10余万人，车船绵延百里。孟昶、诸葛长民担心起义军步步进逼，想保护天子渡长江北上，刘裕不同意，孟昶一再坚决请求。刘裕说："现在重镇被占，强敌向腹地逼近，人心惶惶，没有长久的打算。如果天子北渡，那么就会土崩瓦解，长江以北又怎么去得了呢！假使能够渡江北上，也只不过暂时延缓一段时间罢了。现在士兵虽然少，还可以一战。如果京城被攻破，那么君臣同归于尽，假如厄运一定要降临，我必当以死来护卫社稷，横尸宗庙，实现多年以来以身报国的志愿，不逃到民间苟且偷生，我已拿定了主意，你不要再说什么！"孟昶害怕刘裕不能成功，就上书天子说："刘裕北伐的时候，大家都不赞同，只有我赞同刘裕的行动，导致强敌趁机而入，社稷危急，这是我的罪过，现在我只有以死来谢罪天子。"把奏折封好后，就服毒自尽。

朝廷开始重金招聘守城勇士，投身效力朝廷的人，都委以京城的官职。征发老百姓修建石头城，建牙城戒备森严，当时有人主张分兵把守各要塞。刘裕认为："敌众我寡，如果分兵驻守，敌人会摸清我们的虚实。况且一地失利，三军士气都会丧失，现在将军队集中在石头城，调遣起来机动灵活，既可以让敌人无法知道我军的人数，又可以集中力量。如果部队需要转移汇集，以后再说吧。"把军队转移驻扎在石头城，在淮河中设栅栏隔断了查浦。不久起义军大部队到了，刘裕分析说："敌人如果在新亭向前挺进，就锐不可当，胜败就难以估量，如果停泊在西岸，那么就要成为我们的俘虏。"

徐道覆想在新亭、白石两地上岸后焚船。卢循犹豫不决，总想考虑出万全之策，对徐道覆说："我大军还未到，孟昶就闻风自杀，就大势来说。晋军在数日内就会溃败。现在急于决定胜负，既然不是必由之路，况且还要损伤士兵，不如按兵不动等他们自败。"刘裕此时登上石头城观察起义军，开始看到他们向新亭方向进军，环顾左右，脸都变了色。不久起义军的舰只回头停泊在蔡洲。徐道覆还想前行，卢循阻止了他。此时，晋军陆续到京师附近集结，整修越城，修筑查浦、药园、廷尉3个堡垒，都派重兵把守。冠军将军刘敬宣驻守京城北郊，辅国将军孟怀玉驻扎丹阳郡西部，建武将军王仲德驻守越城，广武将军刘怀默驻扎建阳门外。还派宁朔将军索邈率领鲜卑人的虎班铁骑1000多匹，都披上五彩的绸缎，从淮河以北赶到新亭。卢循派10余只舰船排除石头城前栅栏，刘裕命令用神弩射击，起义军的舰船都被毁坏了，卢循于是下令停止攻栅栏。偷偷地派兵在南岸埋伏，派一些年老体弱的士兵坐在船上向白石城进发。刘裕担心起义军从白石城上岸，于是率领刘毅、诸葛长民从北面出击，留下参军徐赤特守卫南岸，命令他死守不要轻举妄动。

刘裕带兵走后，起义军火烧查浦后上岸，徐赤特的守军被打败，战死失踪的有100多人。徐赤特丢下余部，坐小船渡过淮河，卢循就率领几万人屯扎在丹阳郡。刘裕急忙率领军队回来援救。大家担心起义军过了江，都认为刘裕应当从小路回城避免遇敌。刘裕先前已分兵一路回到石头城，大家都不知道。让战士们休息，吃饱喝足之后，在南塘严阵以待。因为徐赤特违抗军令，被处以斩首。刘裕还命令参军褚叔度、朱龄石率精兵1000多人渡过淮河。起义军几千人，都手握长刀和短兵器，精制的盔甲在太阳下闪光，跳跃着蜂拥而进。朱龄石所带的士兵大多是鲜卑人，善于徒步长矛作战，并且布阵以待。起义军的短兵不能敌，死伤了几百人，退走。在日落时，晋军也返回了。刘毅被打败后，豫州主簿袁兴国反叛晋朝，占据历阳响应起义军。琅琊郡的内史魏顺之派大将谢宝讨伐并斩杀了他。豫州司马袭击谢宝，魏顺之不去救援反而撤退，刘裕愤怒，杀了魏顺之。魏顺之，是魏咏之的弟弟。这样，有功的将领都受到震动，不敢不听从命令。

六月，天子又加封刘裕为太尉、中书监，还授给黄金装饰的钺。刘裕接受黄钺，其他的封赏坚决不接受。让司马庾悦担任建威将军和江州刺史两职，从东阳向豫章出发。

七月初十日，起义军从蔡洲南撤，回寻阳驻扎。刘裕派遣辅国将军王仲德、广川太守刘钟、河间太守蒯恩追击。刘裕回到东府，大规模扩建水军，船又都是有高楼的大舰，有10余丈高。卢循派他的大将荀林进犯江陵，桓谦先从江陵逃往羌，后又从羌进入四川，谯纵让他当荆州刺史。桓谦和谯道福率兵两万人，进攻江陵，正好与荀林相遇，相隔100多里。东晋的荆州刺史刘道规在枝江斩杀了桓谦，在江津击败荀林的军队，追杀到竹町，斩杀了荀林。

初卢循逃走之时，刘裕知道他必定进犯江陵，立刻派遣淮陵内史索邈率领骑兵从陆路援助荆州。又派建威将军孙季高率士兵3000，从海路袭击番禺。江州刺史庾悦到五亩峤，卢循已派1000多人占据山道，庾悦的前锋鄱阳太守虞丘进击溃了起义军。刘裕已治理好军务。十月，率领兖州刺史刘藩、宁朔将军檀韶等水师南征。

这个月，徐道覆率兵3万进犯江陵。荆州刺史刘道规又大败其军，斩杀万余人，徐道覆又回到盆口。开始刘裕派索邈入川，索邈在山道上被起义军截断，直到徐道覆被击败后才到达四川。自从卢循南下，江陵方面与京城的音讯就断绝了，传递消息的人都说已被占领。直到索邈到后，才知卢循已经逃走了。卢循从蔡洲南逃时，留下他的亲信范崇民率5000人、大舰100多艘戍守南陵。王仲德等人听说大军将至，于是进攻范崇民。十一月，大败范崇民的军队，焚烧其舰船，收抚散兵。

卢循在广州的守兵对海道不设防。这个月，建威将军孙季高从海路忽然到了，起义军的城池高峻严整，守城的士兵有几千人。季高焚烧了起义军的船只，全部上岸，从四面围攻，当天就攻下了广州城。卢循的父亲乘小船逃往始兴。季高安抚老百姓，剿杀起义军将士，派兵好好守城。当初刘裕派遣季高出兵的时候，大家都认为从海路进攻遥远，一定很艰难，且分散了兵力，费时又很长。刘裕不赞同。天子诏令季高说："大军在十二月底，一定打败起义军。你现在到广州去，捣毁他们的巢穴，让他们溃逃时，没有去处。"季高依命而行，如期成功。

卢循这时正修整舰只，制造一些攻城的器械。刘裕想从长计议，于是驻军雷池。起义军扬言不进攻雷池，顺水而下。刘裕知道起义军想进攻，但考虑到起义军战败后，可能从京江进入东海，派王仲德带200艘舰船在吉阳断绝起义军的去路。十二月，卢循、徐道覆率兵几万人，乘船而下，前后相连，不见边际。晋军出动全部轻便小船，刘裕亲自摇旗擂鼓，命令三军合力出击。又在西岸派出一些步兵、骑兵。三军奋勇争先。晋军中有很多威力大的神弩，所到之处无坚不摧。

刘裕在江中间督军。起义军的船只顺着风和水流的去向，全部停泊在西岸上。岸上的士兵首先预备了火攻的材料，于是点火烧起义军的舰只，烟雾满天，起义军大败，卢循等人退回寻阳。当初派步兵驻西岸，没有人不感到奇怪的，等到烧了敌军船只，大家才信服。召回王仲德，让他还担当先锋。留下辅国将军孟怀玉驻守雷池。卢循听说晋朝大军沿江上溯，想逃往豫章，于是全力在左里设置栅栏隔断江面。晋军到左里，准备决战，刘裕手中拿的令旗旗杆断了，折断的旗帜沉入水中，大家都感到很奇怪。刘裕笑着说："从前在覆舟的一战，旗杆也折断了，现在又是，一定能够打败敌人。"立即攻克栅栏前进。卢循的军队虽然也拼命迎战，但无能为力。各路晋军乘胜追击，卢循乘小船逃走。被晋军杀的以及投水自杀的起义军，总共有万余人。收纳投降的士兵，赦免那些被逼走上叛逆之路的人。派刘藩、孟怀玉轻装追击残兵，卢循收集残兵剩将，还有几千人，从小路逃回广州。徐道覆退守始兴。刘裕在左里凯旋班师。

十四年（411年）六月，接受皇上所赐相国、宋公、九锡的任命。十二月，天子崩驾，大司马琅邪王即皇帝位。

元熙元年（419年）正月，晋升公爵为王爵，以十郡增封给宋国。

二年（420年）六月，到京师。晋帝禅位于宋王刘裕。

永初三年（422年）五月，宋高祖刘裕病危，告诫太子说："檀道济是有才略，但无大志，比其兄檀韶好掌控。徐羡之、傅亮也无异志，谢晦多次随我东征西战，谙悉机变，若有人图谋篡位，必是此人。以后让他远离京城，到会稽、江州去。"二十一日，高祖在西殿驾崩，时年60岁。

高祖节俭简约寡欲，严肃认真讲究法度，不看重珍珠宝玉华车骏马，不爱奢靡丝竹之音。宁州曾进献虎魄枕，色泽艳丽。当时正准备北征，需用虎魄治疗刀枪伤。高祖非常高兴，下令捣碎虎魄枕，将虎魄分给众将。平定关中后，得姚兴侄女，美妙绝伦，高祖十分宠爱，以至荒废政事，谢晦进谏，高祖醒悟，马上打发她走了。钱财都收入国库，不藏于私家。宋宫建成后，有人上奏请东西厅堂使用局脚床、涂银钉，高祖不许，用直脚床、铁钉。诸公主出嫁，陪嫁赠送不过20万，没有锦绣金玉相送。内外尊奉禁令，莫不节俭，高祖生性简朴，常着连齿木屐，喜欢出神虎门散步，左右随从不过10余人，当时徐羡之住在西州，高祖很思念他，步行出西掖门，侍卫连忙追随，高祖已出了西明门。诸子早晨向高祖请安，高祖回家就脱去皇袍穿上便服，如同普通百姓。孝武帝大明年间，拆高祖居室建玉烛殿，武帝与群臣一起观看高祖居室。大臣们看到床头上有土，壁上挂的葛灯笼用的是麻绳。侍中袁头盛赞高祖俭朴素之德，孝武帝没回答，只是说："一个田舍郎能得到这些，就很过分了。"由于这些高贵品质，高祖能一统天下，终成大业。

南齐书

《南齐书》概论

南朝宋、齐、梁、陈四代，齐历时最短，从479年齐高帝立国至502年齐和帝被废，仅23年。有如昙花一现的齐代，是处于南北朝时期大分裂局面下偏安一隅的小国，它的历史命运，注定了记载齐代历史的专门史书——《南齐书》不可能有壮观之貌。然而，这并不能丝毫降低《南齐书》的价值，相反在专门记载齐史的著作舍此无存的情况下，它成了治南北朝史，尤其是齐史的必备书了。

一

《南齐书》的作者萧子显（489—537），字景阳，南兰陵郡南兰陵县（今江苏常州市）人。出身于南齐贵族是齐高帝萧道成之孙。萧子显一生著述宏富，据史书记载，有《后汉书》100卷，《齐书》60卷，《普通北伐记》5卷，《贵俭集》30卷、《文集》20卷。另有诗赋《鸿序赋》一首，"体兼众制，齐备多方，颇为好事者所传，故虚易远"。可惜这些著作除《齐书》外均已失传。

《南齐书》原名《齐书》，后世为了与《北齐书》区别，才加了一个"南"字而成今名。《南齐书》原书60卷，《隋书·经籍志》《旧唐书·艺文志》均载60卷，曾巩的《录》始称《南齐书》五十九卷，前人史家推断，"盖子显欲仿沈约作自序一卷，附于后，未成就；或成而未列入耶。"（《二十二史劄记》）又据《南史萧子显传》"自序二百余字"的记载，进而推论，"岂即其附《齐书》后之作，而延寿撮其略，入于本传者耶？"（同上）

《南齐书》的取材有二：其一是前人所撰史书。齐虽历时短暂，但仍继承了往代撰修正史之传统。《南齐书·檀超传》载："建元二年，初置史官，以超与骠骑记室江淹掌史职。上表立条例，开元纪号，不取宋年，无假年表。立十志：律历、礼乐、天文、五行、郊祀、刑法。艺文依班固，朝会、舆服依蔡邕、司马彪，州郡依徐爰。百官依范晔，合州郡。"又改日蚀入天文志，立帝女传、处士传、列女传。诏内外详议。王俭认为，"宜立食货，省朝会"，承袭前代五行，省帝女传，帝女中"若有高德异行，自当载在列女"。通过审议，皇帝批复，"日月灾隶天文，余从俭议"。由此看来，齐代史书的体例早在齐时就已通过反复审议而初步拟定。檀超"史功未就"而卒，江淹则撰成《齐史》十志行于世。刘知几的《史通·古今正史》载："江淹始受诏著述，以史之所难，无出于志，故先著十志，以见其才"。另外萧子显撰《南齐书》之前还有沈约的《齐纪》20卷，吴均的《齐春秋》30卷，王逸的《齐典》5卷、熊襄的《齐典》10卷等，这些都为萧子显作《南齐书》做了资料准备和前期撰述工作。其二是齐宫廷收藏的档案文献。萧子显乃齐之皇族，齐亡时14岁，齐代发生的种种事件，他亲眼所见者不少。更为重要的是，他利用皇族身份之便，阅览了大量宫廷收藏的档案文献，占有了他人不易获得的大量资料。《南齐书》编就后，表奏皇上，诏付秘阁，所以能够完整保存，流传至今。

二

《南齐书》继承前代纪传体史书的传统，有纪8卷、志11卷、列传40卷。纪的部分，主要记载齐代七帝史事，与往代正史相比，体例上没有多大变化。志的部分，略异于它史，《艺文》《沟洫》《食货》《刑法》等重要志缺无，并《郊祀》《舆服》两志入《礼志》。历代史家多认为《南齐书》中的《百官》《州郡》两志传述翔实，最具参考价值。列传部分，其写法仿于《宋书》，而类传较有特色，并在名目上作了更动。如改《宋书》之《良吏》为《良政》《隐逸》为《高逸》《恩幸》为《幸臣》《索虏》为《魏虏》，专立《文学》，等等。

《南齐书》主要优点在于：第一，它记录的内容较为真实。萧子显身为南齐贵族，较早参与政治，南齐发生的许多事情，他都亲历目睹，这使得《南齐书》的很多材料都直接采用了第一手资料。《南齐书》成于梁代，而齐、梁又同为萧氏朝代，梁代齐后，完整地保存了齐代的档案文献，作者利用皇族身份之便，查阅了大量齐代原始材料，从而保证了《南齐书》材料的真实性。第二，保存了一些重要的资料，对研究科技史、文化史有重要的参考价值。《南齐书》在"文学"列传中写进了祖冲之，并全文引用了祖冲之所上"大明历"表。另外，还记录了他创造指南车、千里船、水推磨的过程和机械特点。这些都是研究齐代科技史的珍贵资料。第三，志中的《百官》《州郡》两志，史料价值较高。《百官志》记载"侍中"，谓"汉世为亲近之职。魏晋选用，稍增华重，而大意不异。宋文帝元嘉中，王华、王昙首、殷景仁等，并在侍中，情在亲密，与帝接膝共语，貂拂帝手，拔貂置案上，语毕复手插之。孝武时，侍中何偃南郊陪乘，鏊辂过白门阙，偃将匐，帝乃接之曰：'朕乃陪卿。'齐世朝会，多以美姿容者兼官。永元三年，东昏南郊，不欲亲朝士，以主玺陪乘，前代未尝有也。侍中呼为门下。亦置令史……"如《州郡志》载："巴州，三峡险隘，山蛮寇贼，宋太始三年，议立三巴校尉等镇之。后省，升明二年，复置。建元二年，分荆州巴乐、建平，益州巴郡为州，立刺史，而领巴东太守，又割涪陵郡属，永明元年省，各还本属焉。"这些重要的记载，详实地反映了当时职官、州郡的设置与变迁，为研究当时的政治、文化和地理沿革有重要参考价值。第四，文字精练，合传较多，并采用了类叙方法。文字精练，是《南齐书》作者用笔的一大特点。这主要表现在列传上，他以合传的方法，对人物的共同之处不重复用墨，避免了词句的重复。其合传分为两种，一是同类合传，一是同姓合传。同类合传有"皇后""文学""良政""高逸""孝义""幸臣""魏虏"等，同姓合传主要是王子列传。合传便于查找资料，使用时根据以"以类相求"的原则，很容易找到所欲求的史料。

三

尽管《南齐书》有上述优点，其不足之处有以下几点：第一，作者以唯心主义的史观，把英雄创造历史的谬说与宿命论结合起来，站在地主阶级的立场上，把封建地主阶级的代表人物写成创造历史的英雄，把封建统治秩序说成是永恒的社会秩序。他不只像别的宿命论者那样，从相貌以及一些自然现象去附会'天命'以神化皇权，而且特别强调'历数'，把皇权的转移说成是先天的安排，不是争夺得来的，都表现一个'天意支配下的历史程序'。正所谓"圣人之有天下，受之也，非取之也"。不仅如此，作者还大肆宣扬因果报应的观点，例如将佛教抬到高乎其他一切学派的地位。第二，书中有重要失实之处。作者在行文时，对有损齐朝廷形象的历史事件采用了曲笔方式，从而有违历史事实。例如《高帝纪》，对高帝令王敬则勾结杨玉夫等人杀宋苍梧王之事不书，只言"玉夫杀帝，以首与敬则，呈送高帝"，根本看不出高帝杀君夺位之迹。第三，有些叙事过于简略。《州郡志》虽对州郡的地理位置及沿革记载详备，但"州郡不著户口"，这使得有关当时经济状况的材料缺乏。

政　略

清官刘怀慰

怀慰①至郡②，修治城郭③，安集居民，垦废田二百顷，决沈湖灌溉。不受礼谒④，民有饷⑤其新米一斛者，怀慰出所食麦饭示之，曰："且食有余，幸不烦此。"因著《廉吏论》以达其意。

（《南齐书》卷五十三，刘怀慰传）

【注释】

①怀慰：刘怀慰，南朝宋齐时人。②至郡：指齐高帝时刘怀慰被任命为齐郡太守，到郡上任。齐郡，此指齐所置，治所在瓜步（今江苏六合）。③城郭：古时指内城与外城为城郭，亦泛称城邑。④礼谒：礼节性拜见。⑤饷：赠送。

【译文】

刘怀慰到了齐郡任上，修治内城池，安定百姓，开垦荒田200顷，开通沈湖，用以灌溉。他不受别人的礼节性拜访，百姓有送给他一斛新米的，他就拿出自己所吃的麦饭给人看，说："我每天除了吃的仍有剩余，不必麻烦给我送这送那。"他还专门写了《廉吏论》以表达自己的清廉之意。

一身之外　亦复何须

永明三年，（裴昭明①）使虏②，世祖③谓之曰："以卿有将命之才④，使还，当以一郡相赏。"还为始安内史⑤，郡民龚玄宣，云神人与其玉印、玉版书，不须笔，吹纸便成字。自称"龚圣人"，以此惑众。前后郡守敬事之，昭明付狱治罪。及还，甚贫罄⑥。世祖曰："裴昭明罢郡还，遂无宅。我不谙书，不知古人中谁比？"……

……昭明历郡皆有勤绩，常谓人曰："人生何事须聚蓄，一身之外,亦复何须?子孙若不才,我聚彼散;若能自立,则不如一经⑦。"故终身不治产业。

(《南齐书》卷五十三,裴昭明传)

【注释】

①裴昭明:南朝宋齐时人,《南齐书》入《良政列传》。②使虏:指出使北魏。"虏"是南方政权对北朝的蔑称。③世祖:此指齐武帝。④卿有将命之才:卿,古时对人的尊称。将命,传达言辞。⑤始安内史:始安,郡名,治所在始安(今广西桂林)。内史,相当于太守,是郡的长官。⑥罄(qìng):尽,空。⑦一经:指任何一部儒家经典。西汉时韦贤、韦玄成父子皆以明经官至丞相,故时有谚曰:"遗子黄金满籝(筐笼一类的竹器),不如一经。"

【译文】

永明三年,裴昭明出使北魏,世祖对他说:"你有传达言辞的才能,出使回来后,要以一郡之官赏你。"待他回归,被任命为始安内史。当地有个叫龚玄宣的,说什么神人给了他玉印、玉版书,不用笔,往纸上一吹,就会成字,自称"龚圣人",以此来迷惑众人。前面好几任郡守对他敬重,而昭明到任,就把他抓进了监狱。在他离开始安时,十分贫困。世祖说:"裴昭明从始安离任还,结果连住的地方都没有。我不熟悉书,不知古人中谁是这样的?"……

……裴昭明在历经任职的郡都有勤政之绩,他常对人说:"人活在世上,为什么要聚蓄财富,一身之外,还要什么呢?子孙如不成才,我聚他散;子孙若能自立,那再多财富还不如一部经典。"因此他一生都不积蓄家产。

御 人

张敬儿求官

太祖①以敬儿②人位既轻,不欲便使为襄阳重镇,敬儿求之不已,乃微动③太祖曰:"沈攸之在荆州,公知其欲何所作?不出敬儿以防之,恐非公之利也。"太祖笑而无言。乃以敬儿为持节④、督雍梁二州郢司二郡军事⑤、雍州刺史,将军如故⑥,封襄阳县侯,二千户⑦。部伍泊沔口⑧,敬儿乘舴艋⑨过江⑩,诣晋熙王燮⑪。中江遇风船覆,左右丁壮者各泅走,余二小吏没舱⑫下,叫呼"官"⑬,敬儿两掖挟之,随船覆仰,常得在水上,如此翻覆行数十里,方得迎接。失所持节,更给之。

(《南齐书》卷二十五,张敬儿传)

【注释】

①太祖:此指南朝齐高帝萧道成。②敬儿:张敬儿,本名苟儿,出身将家,武艺高强,宋末追随齐高帝。③微动:以言语打动。④持节:官名,刺史而总军务者所任。⑤"督雍梁二州"句:雍州,治所在襄阳。梁州,治所在南郑(今陕西汉中)。郢州,治所在汝南(治夏口城,今湖北武汉市武昌)。司州,治所在平阳(今河南信阳)。郢、司二郡,为何二郡,不详。⑥将军如故:张敬儿先已为宁朔将军、辅国将军。⑦二千户:食封2000户。⑧沔口:今称汉口,在湖北武汉。⑨舴艋(zé měng):小船。⑩江:特指长江。⑪诣晋熙王燮:诣,到,往见。晋熙王燮:宋朝宗室刘燮,时任郢州刺史。⑫舱:一种船的名称。⑬叫呼"官":南朝时臣下对皇帝,百姓对官吏都可称"官"。

【译文】

太祖因为张敬儿资历尚浅,就不想让他担当襄阳重任,敬儿则一再请求,他用以打动太祖的理由是:"沈攸之在荆州,您会料到他能干出什么事来?您要是不派敬儿去（襄阳）防止他，恐怕不利于您呀。"太祖笑而不说什么。于是，以张敬儿为持节、都督雍梁二州郢司二郡军事、雍州刺史，他所担任的将军之职如故，封他为襄阳县侯、两千户。他所率部队驻于沔口，自己乘着舴猛过江，去会见晋熙王燮。在大江中遇到风浪船翻了，左右身强力壮者都游泳逃生，剩两个小吏，在波涛中叫呼"官"，敬儿一臂挟一个，随船起伏，常在水面之上，如此漂流数十里，才得到援救。皇上给他的节也丢失了，又重新颁发。

孔琇之为官

（孔琇之）出为临海太守，在任清约，罢郡还，献干姜二十斤，世祖①嫌少，及知琇之清，乃叹息。

（《南齐书》卷五十三，孔琇之传）

【注释】

①世祖：此指齐武帝萧赜。

【译文】

孔琇之出任临海太守，任职期间清正俭约，从临海离任返京，献上干姜20斤，世祖嫌少，等知道孔琇之清正的事迹，为之叹息。

法 制

傅琰断案

太祖①辅政,以山阴②狱讼烦积,复以琰③为山阴令。卖针卖糖老姥④争团丝,来诣⑤琰,琰不辨覈⑥,缚⑦团丝于柱鞭之,密视有铁屑,乃罚卖糖者。二野父⑧争鸡,琰各问"何以食⑨鸡",一人云"粟⑩",一人云"豆",乃破鸡得粟,罪言豆者。县内称神明,无敢复为偷盗。琰父子并著奇绩,江左⑪鲜有。世云"诸傅有《治县谱》,子孙相传,不以示人。"

(《南齐书》卷五十三,傅琰传)

【注释】

①太祖:此指齐高帝萧道成。②山阴:在今浙江绍兴。③琰:傅琰,南朝宋、齐时良吏,曾两任山阴令,皆有政绩。④姥(mǔ):老年妇女。⑤诣:往见。⑥覈(hé):查验,核实。⑦缚(fù):卷,绕。⑧野父:农夫。⑨食(shì):喂鸡。⑩粟:古时经常作为谷类的总称。⑪江左:长江下游东部地区。

【译文】

太祖辅政,因为山阴打官司的多,案子难办,让傅琰再次担任山阴县令。有两个老妇,一卖针,一卖糖,争一团丝,前来找傅琰解决,傅琰并不勘问、查验,而是把团丝缠在柱上,以鞭抽之,而仔细一看,丝上有铁屑,于是就清楚了,罚卖糖的那人。两个农夫争一只鸡,傅琰各问他们"是拿什么喂鸡的",一人说是"粟",一人说是"豆",就杀了鸡,结果证明鸡吃的是粟,于是就定说给鸡喂豆的那人的罪。一县之内,都称道县令的神明,无人再敢偷盗。傅琰父子俩都治绩出色,在江左地区是罕见的。世间广泛流传说"姓傅这家人有一本《治县谱》,子孙相传,不向外人宣示。"

袁彖被释

彖①性刚,尝以微言②忤③世祖,又与王晏④不协,世祖在便殿⑤,用金柄刀子治瓜⑥,晏在侧曰:"外间有金刀之言,恐不宜用此物。"世祖愕然,穷问所以。晏曰:"袁彖为臣说之。"上衔怒⑦良久,彖到郡⑧,坐逆用禄钱⑨,免官付东冶⑩。世祖游孙陵⑪,望东冶,曰:"中有一好贵囚。"数日,车驾与朝臣幸冶,履行库藏,因宴饮,赐囚徒酒肉,敕见彖与语,明日释之。

(《南齐书》卷四十八,袁彖传)

【注释】

①彖(tuán):袁彖,南朝宋、齐间人,官至侍中(实际相当宰相)。②微言:隐含深义之言。③忤:冒犯。④王晏:南朝宋、齐间人,官至侍中。⑤便殿:宫中帝王休息宴游的别殿。⑥治瓜:削瓜,切瓜。⑦衔怒:记恨。⑧郡:指吴兴郡(治所在乌程,今浙江吴兴)。袁彖被任命为冠军将军,监吴兴郡事。⑨坐逆用禄钱:坐,因……而得罪。逆用,预支。禄钱,官吏的俸钱。⑩东冶:南朝设东冶、南冶,收领囚徒,从事生产。⑪孙陵:三国吴孙氏陵区。

【译文】

袁彖性格刚直,曾因含义深微之言冒犯了世祖皇帝,与王晏关系不好。一天,世祖在便殿,用金柄刀子切瓜,王晏在旁边,说:"外面正流传金刀怎样的话,皇上恐怕最好不要用这家什。"世祖感到吃惊,就追问这话从何而来,王晏便说:"是袁彖对我说的。"皇上记在心中,恨恨不已。袁彖到了吴兴郡,因为预支俸禄钱的事,被免去官职,送付东冶干苦工。世祖游孙陵,遥望东冶,说:"那里有一名不一般的囚犯。"数日之后,坐着车,带着群臣来到东冶,步行巡视了库房,又设宴,分赐囚徒酒肉,传下命令,召袁彖来见,君臣间说了些话,次日,就释放了袁彖。

理 财

宋明帝贪吃丧命

帝①素能食，尤好逐夷②，以银钵盛蜜渍之，一食数钵。谓扬州刺史王景文曰："此是奇味，卿颇足不？"景文曰："臣夙③好此物，贫素④致之甚难。"帝甚悦。食逐夷积多，胸腹痞⑤胀，气将绝。左右启饮数升酢酒⑥，乃消。疾大困，一食汁滓犹至三升，水患积久，药不复效。大渐⑦日，正坐，呼道人⑧，合掌便绝⑨。

（《南齐书》卷五十三，虞愿传）

【注释】

①帝：指南朝宋明帝（465—472）刘彧。②逐夷：鱼名，亦指晒干的咸鱼肠。③夙（sù）：早。④贫素：贫困。⑤痞：胸中结块的病。⑥酢（cù）酒：发酸的酒。⑦大渐：病危。⑧道人：有法术的人。⑨绝：死。

【译文】

宋明帝一向能吃，尤其喜欢吃逐夷，用银制的钵子装上蜜，将逐夷渍在蜜中，他一吃就好几钵。他对扬州刺史王景文说："这是奇味，您也常吃吗？"王景文答道："我早先也喜欢吃，因没钱，要搞到不易。"明帝听了很高兴。吃逐夷太多，消化不良，胸腹感觉胀，受不了了。左右给他喝了几升酸酒，才消了下去。他的病很重了，吃顿饭，连汤带菜还要吃下3升，由于水积得太多，影响了服药的效果。他病危那天，端正坐着，叫道人过来，两手合掌间，气绝而亡。

齐明帝"好俭喜约"

上①慕俭约，欲铸坏太官元日上寿银酒枪②，尚书令王晏等咸③称盛德。颖胄④曰："朝廷盛礼，莫过三元⑤。此一器既是旧物，不足为侈。"帝不悦。后预曲宴⑥，银器满席，颖胄曰："陛下前欲坏酒枪，恐宜移在此器也。"帝甚有惭色。

(《南齐书》卷三十八，萧颖胄传)

【注释】

①上：皇上，此指齐明帝萧鸾。②"欲铸坏"句：铸坏，销熔。太官，负责皇帝饮食宴会的官职。元日，新年元旦。酒枪，暖酒之器，又称"酒铛"。③咸：都，全。④颖胄(zhòu)：其父萧赤斧为齐高帝萧道成族弟。萧颖胄有文彩，有器度。⑤三元：元旦，为新年第一月的第一天，故称"三元"。⑥后预曲宴：预，参加。曲宴，宫中之宴。

【译文】

齐明帝追求俭朴节约，打算把太官元旦之日上寿所用的银酒枪给销熔掉，尚书令王晏等人都因此称赞皇上有盛德。萧颖胄却说："朝廷举行的典礼，隆重者莫过于每年的三元。这一器物早已置办，留着它也算不上奢侈。"皇上听后不悦。后来，萧颖胄参加宫中宴会，见满桌都是银器，便对皇上说："陛下前此打算销熔的那个银酒枪，恐怕应当放在这里面。"皇上十分惭愧。

德　操

刘瓛太迂阔

建元①初，（刘瓛②）为武陵王晔③冠军征虏参军④。晔与僚佐饮，自割鹅炙⑤，瓛曰："应刃落俎⑥，膳夫⑦之事，殿下⑧亲执鸾刀⑨，下官未敢安席。"因起请退。与友人孔澈⑩同舟入东，澈留目观岸上女子，瓛举席自隔，不复同坐。豫章王太尉板行佐⑪。兄璝夜隔壁呼瓛共语，瓛不答，方下床著⑫衣立，然后应。璝问其久，瓛曰："向束带未竟。"其立操如此。文惠太子⑬召瓛入侍东宫⑭，每上事，辄削草⑮。

（《南齐书》卷三十九，刘瓛传）

【注释】

①建元：南朝齐高帝萧道成的年号。②刘瓛：南朝著名学者刘琎（huán）弟。③武陵王晔（yè）：齐武帝第五子萧晔。④冠军征虏参军：萧晔先任冠军将军，后转征虏将军。参军，参谋。⑤鹅炙：烤鹅。⑥俎（zú）：古代割肉类用的砧板。⑦膳夫：厨师。⑧殿下：指对太子或亲王的尊称。⑨鸾刀：有铃的刀。⑩孔澈：《南史》作孔遏。⑪"豫章王"句：豫章王，指南齐豫章王萧嶷，齐高帝次子，齐武帝时任太尉。板，以板授官。行佐：官名。⑫著（zhuó）：穿。⑬文惠太子：齐武帝萧赜长子萧长懋，武帝即位后为皇太子，未及继位而死。⑭东宫：太子所居之处。⑮削草：把草稿销毁。

【译文】

建元之初，（刘瓛）任武陵王萧晔冠军将军、征虏将军参军。萧晔和手下官员们在一起饮酒，自己用刀割烤鹅吃，刘瓛说："动刀切割，是厨师做的事情，殿下亲拿鸾刀，下官感觉坐不下去了。"说着，真的起身要走。他与友人孔澈同舟东行，孔澈盯着岸上女子看，刘瓛就拿着席子，隔在两人之间，并再也不和他同坐了。当时任太尉的豫章王，萧嶷任命他为行佐之官。他的哥哥刘璝夜里隔着墙壁叫他，要和他说话，他不答应，而是下床穿好了衣服再答应。哥哥问他为什么过了好一会才有回声,他答道:"刚才是因为腰带还没有束好。"他的操行就是这样的。文惠太子召他入侍东宫,每次奏事,他都把草稿毁掉。

沈约撰《宋书》

世祖使太子家令沈约撰《宋书》①,拟立《袁粲②传》,以审世祖。世祖曰:"袁粲自是宋家忠臣。"约又多载孝武、明帝诸鄙渎事③,上④遣左右谓约曰:"孝武事迹不容顿⑤尔。我昔经事宋明帝,卿⑥思讳恶之义⑦。"于是多所省除。

(《南齐书》卷五十二,王智深传)

【注释】

①"世祖"句:世祖,此指齐武帝萧赜。太子家令,官名,太子属官。沈约,南朝著名的文学家、史学家,其所撰《宋书》百卷,今存。②袁粲:南朝宋人,初名愍孙,后改名。宋末萧道成打算代宋,他拟起兵杀萧道成,事泄被杀。③"约又多载"句:孝武,宋孝武帝刘骏。明帝,宋明帝刘彧。鄙渎事,丑恶之事。④上:皇上,即齐武帝。⑤顿:为难。⑥卿:古时对人的尊称。⑦讳恶之义:故意把丑恶之事隐而不提。

【译文】

世祖皇帝让太子家令沈约修撰《宋书》,打算写《袁粲传》,专为此事请示世祖。世祖说:"袁粲可以肯定地说是宋家忠臣。"沈约又多多记载了宋孝武帝和明帝的丑恶之事,皇上派左右向沈约传达说:"孝武帝的事迹嘛,就不为难改动了。宋明帝,我是经历过、臣事过的,请您要考虑有哪些事不该记载,这是讳恶之义。"因此删除了很多内容。

传世故事

齐明帝尽杀武帝诸子

临贺王萧子岳字云峤，世祖武皇帝第十六子。齐武帝永明七年（489年）被封为王。齐明帝（高宗）杀武帝诸子，只有子岳及6个弟弟后死，当时人称为"七王"。朔望日朝见，明帝回到后宫，便叹息说："我和爱卿的儿子们都不长久，可高帝、武帝的子孙一天天长大。"永泰元年（498年），明帝病危，昏死后又苏醒过来，于是杀子岳等人。延兴、建武年间，齐明帝3次大杀诸王。每次杀戮之前，明帝都是先烧香，痛哭流泪，别人就知道今夜要杀人了。子岳死时，才14岁。

兄弟相攻

萧宝玄娶尚书令徐孝嗣的女儿为妃，孝嗣被杀后被迫离绝，东昏侯送了两个少姬给他，宝玄很怨恨，暗中准备造反。第二年，崔慧景起兵，回到广陵（今江苏扬州市西北），派使者来拥戴宝玄为皇帝。宝玄把来使杀掉，调集将士守城。东昏侯派骑兵军主戚平、外监黄林夫帮助镇守京口（今江苏镇江市）。崔慧景将要渡江，宝玄暗中接应，杀掉司马孔矜、典签吕承绪和戚平、黄林夫，打开城门迎接崔慧景。又使长史沈佚之、谘议柳憕指挥着军队，自己坐着八扛舆，手持绛色旗，跟着崔慧景到了京城，住东府，老百姓投奔他的很多。崔慧景败亡后，官军得到了大量投给宝玄及慧景军的名片，东昏侯下令烧掉，说："江夏王尚且造反，怎可再对别人治罪。"宝玄逃跑后，几天才露面。东昏侯把他叫进后堂，用步障裹上，命令身边的几十个无赖击鼓吹角，在外面围了很多重，派人对他说："你当时围攻我时也是这样的。"过了几天，才把宝玄杀掉。

崔慧景起兵围建康

崔慧景起兵，进军至查硎，竹塘人万副儿善于射猎，能捕老虎，投奔慧景，说："现在平路都被官军切断，不能再走。只有从蒋山的山尾上进兵，出其不意。"慧景听从了他的建议，分派千余人沿着山路鱼贯而进，夜里从西边下山，喊叫着冲向城中。官军惊恐，立时逃散。东昏侯又派右卫将军左兴盛率台城内的官军3万人到北篱门阻击崔慧景，左兴盛军望风退走。慧景率兵入乐游苑。崔恭祖带10余名轻装骑兵冲进北掖门，后又退回。宫门全部关闭。慧景便包围了皇宫。此时，东府、石头、白下、新亭各城皆溃。左兴盛逃回，不能入宫，又逃到秦淮河渚的荻船中，被崔慧景捉住杀掉。宫中派兵出战，败归。崔慧景放火烧掉兰台府署作战场，守卫尉萧畅率军驻扎在南掖门，指挥城内的军事，随时应战，城内这才逐渐安定下来。

张绪父子显才

张绪，从小就很有节操，叔父将他比作古代的乐广。张绪后入仕，累官至国子祭酒、散骑常侍、金紫光禄大夫。张绪很有学问，尤其精通周易，讲解起来，常有精妙之语，时人都很佩服。张绪由刘宋入齐朝，仍然在朝为官，前后历经数帝，齐高帝、齐武帝、刘明帝等都十分赞赏他清淡有节，风姿高雅。

张绪一生清简寡欲，口不言利，有钱财就散给部下，或施舍于人，确实很有清节。他行为端正，有时穷得整日没有吃的。门生见他饥寒，为他煮食物，他从不主动索求。张绪又耿介不肯阿谀人，有一次和客人闲谈，张绪自称道："我从不知道低声下气奉承别人！"此语传到朝廷宰相耳中，引起他心里老大的不舒服，为此，张绪被外放，出任吴郡太守。

张绪的儿子张充，字延符，入仕时已是南朝齐代，比他父亲晚了几十年。张充跟父亲一样，也精通《老子》《周易》之学，后也担任国子祭酒、散骑常侍、金紫光禄大夫。张充之所以后来能够很有学问，并立朝为官，与其悟性和父亲教导有关。

当张绪在朝廷为官时，远离家乡苏州。张充和诸兄弟们没有父亲管束，在家乡便放浪形骸，不拘小节，肆意玩乐起来，不把学习放在心上。张充特别喜欢打猎，一有工夫，就牵狗架鹰，到郊外尽兴打猎。

一次，张绪回乡探亲，刚刚走到苏州城西郊，便碰到儿子张充在那里打猎。只见张充左手臂上停着一只猎鹰，右手牵着一只猎犬，嘴里还大声吆喝着，显得兴致勃勃。一见到父亲，张充顿时不知所措，急忙将臂上的鹰和牵着的猎犬都放走，恭恭敬敬地向父亲下拜行礼。张绪没有声色俱厉地训斥儿子，只是语气沉重地说道："你又要呼鹰，又要牵狗，不觉得太辛苦吗？"张充受到父亲的责备，认识到自己的过错，便一面向父亲行跪拜之礼，一面郑重其事地回答父亲道："古语所谓'三十而立'，儿子今年已经29岁了。请父亲大人放心，到明年再看，我一定下决心完全改过！"此时，张绪便不再对儿子加以责备，而是马上用鼓励的语气对儿子说："有了过错知道改正，仍然不失为贤人，过去孔子的学生也有过这样的事。"

张充是悟性极高的人，受了父亲的批评，便真的下决心改过。他彻底丢弃了过去的坏毛病，修身养性，刻苦攻读。还不到一年，他就已经读了很多书，并且精通了《老子》、周易之学。和他的叔父张稷一道，名声极好。

张充成才以后，还有个小插曲：齐武帝曾经想任命张绪为尚书仆射，这时尚书令王俭当朝，王俭不同意，加以谏止，其中的一个理由是张绪的儿子年少时行为缺乏检点。张充听到此事，特意写了一封长信给王俭，予以辩解。这封长信，载于《梁书》中。于此可见，一个人行为失检，其造成的影响是多么难以消除啊！尽管已事过境迁，但仍然会在个人历史上留下一个丑陋的影子。

人物春秋

流俗势力　终被赐死——江谧

江谧字令和，是济阳考城人。江谧当初曾被关押在尚方署，孝武帝平定京城后，才被放出来。初任奉朝请，辅国行参军，于湖县令，为官精干称职。宋明帝任南豫州刺史时，江谧倾身侍奉，明帝对他很是亲信。明帝做皇帝后，任江谧为骠骑参军。其弟江蒙相貌丑陋，明帝经常把他叫来戏侮取乐。

江谧转任尚书度支郎，不久迁任右丞，兼比部郎。泰始四年（468年），江夏王刘义恭的第十五个女儿死去，其时19岁，尚未行笄礼。礼官讨论应按成人行葬礼，诸王着"大功"丧服。左丞孙夐特别上奏说："《礼记》上说女子十五而笄，郑玄解释为此是针对已许嫁的女子而言的。至于未许嫁的女子，则二十岁行笄礼。射慈说十九岁死仍然属于殇。因此礼官的决定不合经典，没有根据。"朝廷决定让博士太常以下礼官都检讨认错，江谧因此受杖责50，停职百日。江谧又上奏说："孙夐事先没作研究辨析，混同谬议。按照惯例，也应受责罚。"于是孙夐又检查认罪。皇上下诏允诺。

后来江谧出任建平王刘景素冠军长史、长沙内史，行湘州事，为政苛刻。僧遵道人与江谧关系密切，随江谧到郡里，只因犯些小事，便被他下到郡狱里，僧遵撕衣为食，3件衣都吃完了，便被活活饿死。此事被有关部门揭发，江谧被调回京城等待处理。明帝驾崩后，江谧遇赦幸免。后任正员郎，右军将军。

太祖萧道成统领南兖州时，任江谧为镇军长史、广陵太守，入都任游击将军。江谧品性流俗，善于趋利附势。元徽（473～477年）末年，朝野都有心拥戴建平王刘景素，江谧便使劲巴结景素，后来景素失败，江谧几乎丧命。苍梧王被废以后，人心未定，江谧便竭诚归服太祖，被任命为以本官领尚书左丞。升明元年（477年），迁任黄门侍郎，左丞仍旧。沈攸之事件爆发，朝议加太祖黄钺，就是江谧的建议。沈攸之被平定后，江谧迁任吏部郎，渐受信任。又迁任太尉谘议，领录事参军。齐王国设置建制时，江谧任右卫将军。建元元年（479年），迁任侍中，出任临川王平西长史、冠军将军、长沙内史、行湘州留事，先遣到镇所，其后骠骑豫章王萧嶷领湘州，任江谧为长史，将军、内史、知州留事仍旧。被封为永新县伯爵，食邑四百户。建元三年，任左民尚书。诸位皇子出阁用文武主帅，都让江谧来安排。不久皇帝下敕说："江谧本为寒门，按说不应和贵族平等使用。但他甚有才干，可以让他主持吏部工作。"

江谧长于刑法诉讼，他分管的部门很有成绩。太祖驾崩时，江谧推说有病不入内殿，众人都推测他是因没被参与顾命而心怀不满。世祖萧赜做皇帝后，江谧没有被升官，因此心中怨恨。后来世祖生病，江谧去见豫章王萧嶷，鼓动说："皇上这病是没指望了，太子又没什么才能，你现在有什么打算呢？"世祖知道后，让江谧出京去任征虏将军、镇北长史、南东海太守。还没出发，世祖又命御史中丞沈冲揭发江谧前后罪行，下诏赐死，当时江谧52岁。

精通历法　长于技艺——祖冲之

冲之少年时代就研习古事，思想机敏。刘宋孝武帝把他安排在华林园省察工作，赐给他住宅、车马和衣物。又派他到南徐州任从事史，从而入仕，后来被调回中央任公府参军。

刘宋元嘉时，所使用的历法为何承天所制《元嘉历》，比古代十一家历法更精密，可祖冲之认为粗疏，于是更造新的历法。给皇帝上奏说：

我广泛搜访前人书籍，深入研究古代经典，五帝时的躔次，三王时的交分，《春秋》中的气朔，《竹书纪年》中的薄食，司马谈、司马迁的载述，班彪、班固的列志，曹魏时的注历，晋代的《起居注》，以寻求古今之异，考察总结了华族和少数民族的历法。自产生文字以来，2000多年，日、月相离相会的迹象，五星行度疏密之验证。我是专门下功夫深入思考，都是能够知道而可讲述的。特别是自己测量圭尺，亲自观察仪器和计时器漏刻，眼睛完全看到毫厘小数，心中进行计算，考查变迁，这就深入掌握了其他历法的详情了。

然而古代历法粗疏错误，大都不够精密，各家互有矛盾，他们未能研究出对它的正确认识。等到何承天所献上的历法，他愿望是要改革，可是设置的法则简略。根据我的校验，看到它的3个错误：日月所在位置，发觉其误差三度；冬至，夏至晷影长度几乎失误一天；五星见伏的日期，误差达到40天，留逆进退，有的推移了两个星宿。春秋分冬夏至失去真实，则节气置闰就不正确；宿度不与天象实际相符，则等候观察就无准。我生逢圣明的时候，都赶上好运气，敢于拿出愚盲，再次创造新的历法。

谨提出改变的设想有二，设置法则的情况有三。改变的第一点：按旧法一章，为十九年设有七闰，闰数多了，经过200年就差一天。节气置闰既然变动，则要相应改变闰法，日月运行轨道的分纪就屡次迁改，是由于这一条。现在改章法为391年设有144闰，令其符合周代、汉代之法，那么将来就能永远使用，不会再出现差误变动。第二点：根据《尚书·尧典》所说"日短星昴，以正仲冬"。以此推之唐尧之世的冬至日，在现在星宿之左边差不多五十度。汉代初期，仍用秦代历法，冬至日在牵牛六度。汉武帝改革建立《太初历》，冬至日在牵牛初度。后汉的四分历，冬至日在斗宿二十二度。晋代的姜岌用月食检验日之所在，知道冬至日在斗宿十七度。现在参照中星，考查日月交食和朔望变化，冬至之日，在斗宿十一度。通而计之，不满百年，就差了二度。旧法都令冬至日有固定位置，天文数据既然差错，则日月五星的宿度，就逐渐显露错误。乖谬既然显著就相应改变。这样做只能符合一时，而不能通行长久。改来改去不停，便是由于这条。现在知道冬至所在位置岁岁微差，回过头检验汉代历注，都很缜密，将来永久施用，不必烦劳屡次修改。还有设置法则，其一，以子时为时辰之首，（从方向来说）子位在正北，封爻应在初九日为升气的开始，虚为北方七宿之中宿。元气的发端，应当在这个"次"。前代学者虞喜，对其意义给予了详细论述。我的历法上元度日，发端于虚宿。其二，用日辰之号子，甲子日为前导，历法设起算年（上元），应当在此年。但是黄帝以来，世代所用，总共有11种历法，"上元"之年，没有相当于这个名称的。我的历法上元那年在甲子。其三，以上元之年，历法中的众多条款，都应以此为计算的起点。可是《景初历》的交会迟疾，历元的开始参差不齐。又如何承天的历法，日月五星，各自有各自的历元，交食迟疾，也都设置不同起点，剪裁使得朔气相合而已，条件次序纷繁错误，未达到古代的意境。现在设法使日月五星交会迟疾，都是以上元岁首为起点，众多支流有共同的源泉，大多没有错误。

　　如果对定形进行测量，就得到真实效果。悬挂的星象显著明亮，用圭表等仪器测验可推算，变动的气虽不明显而微弱，可用径寸的竹管候测不会有差错。现在我所建立的，容易使人取信。但是综合研究始终，大多存在不精密，革新变旧，有简有繁。用简的条款，道理上不必自我恐惧；用较繁的意思，不过不是谬误。为什么？就是记闰不整齐，数据各有分数，把分数作为主体，并非不细密，我这样做是特别珍惜毫厘之类的小数，以完成求解出美妙之则，不去掉累积，以成就永久固定的著述，不是经思考而不知道，也不是明白了还不改。如果所献上的历法万一可以采用，我愿意由皇帝向各部门宣传，给予详细考究。

　　上报到皇帝，孝武帝令朝廷的官员们懂得历法的提出质难，而没人能把他难倒。可是正赶上孝武帝逝世未能施行。派祖冲之出去担任娄县令，又调回任谒者仆射。当年宋孝武帝平定关中时缴获后秦姚兴时制作的指南车，有外部形状而没有机巧，每当行走，使人在车内旋转指向。到宋升明时，齐太祖肖道成辅佐朝政，使祖冲之按古法修造指南车。祖冲之改用铜制机械，圆转不穷，而指示方向保持不变，是三国时马钧以来所没有的。当时有一位北方人索驭麟，也说能制造指南车，肖道成就让他与祖冲之各造一辆，让他们在京城的乐游苑相对同时进行校对试验，结果索驭麟的颇有偏差，于是折毁烧掉了。齐永明（483—493年）中，竟陵王肖子良爱好古物，祖冲之制造了一件欹器献给他。

文惠太子肖长懋在东宫，看到了祖冲之的历法，启奏给齐武帝施行，文惠太子不久死去，事情又被搁置。祖冲之转任长水校尉，领本职。他写作《安边论》奏章，建议开屯田，发展农殖。齐明帝在位时（494—498年）中，明帝肖鸾派祖冲之巡行四方，兴造大业，可以有利于百姓，恰好连年有战争，事情终于没有实行。

祖冲之懂得乐律学，博塞游戏当时独绝，没有能和他匹敌的。他认为诸葛亮有木牛流马，于是制造一件器械，不依靠风、水，施用机关能自己运行，不靠人力。又造千里船，在长江的新亭江段试验，一日能走100多里。在乐游苑造水碓磨，齐世祖即武帝亲自到场观看。又特别精通数学。永元二年（500年），祖冲之去世，终年72岁。

梁 书

《梁书》概论

《梁书》是我国古代一部重要的纪传体断代史书,共56卷,包括本纪6卷,列传50卷。主要记述南朝时期萧梁王朝自502年建立到557年灭亡计56年的历史。

一

《梁书》是由姚思廉与其父姚察合写而成。姚察(533—606年),字伯审,祖籍吴兴武康(今浙江德清县西)。陈朝灭亡后迁往关中,定居万年(今陕西西安)。一生历仕梁、陈、隋三朝。梁朝灭亡时,姚察才22岁;陈朝建立后他任秘书监、领大著作、吏部尚书等职。开始修撰《梁书》,书未成,陈亡。

589年,隋文帝统一中国,结束了长达300余年的大分裂局面,使我国封建社会政治、经济、文化得到了一定的发展。593年,隋文帝禁止民间私修国史,自西汉以来私人自发修史的工作便变成了由朝廷组织的事业,开我国设史馆专修国史之先风。唐朝开国之君也极为重视史学,并希望藉此以达长治久安、永保皇业的目的。李世民认为"览前王之得失,为在身之龟鉴",加上中国自古有盛世修史的传统,故设史馆修史,李世民(唐太宗)曾亲领修撰《晋书》,魏徵、房玄龄、褚遂良、令狐德棻等大臣皆兼领史职,所选史官多为一时名家,被列为正史的二十五史有三分之一是在这一时期修成的,《梁书》即是其中之一。

隋朝建立之后,姚察已定居关中,任隋朝秘书丞。开皇九年(589年),姚察奉命撰修梁、陈二史,书未成便于大业二年(606年)去世。

临死前嘱咐儿子思廉一定要完成他的未竟之业。

姚思廉（557—637），字简之。自幼受家学熏陶，嗜书如命，一生历仕陈、隋、唐三代，在陈时任会稽王扬州刺史陈庄的主簿，入隋，任汉王杨谅王府参军，迁代王杨侑侍读。唐贞观初年历任著作郎、弘文馆学士、散骑常侍等职，一生敢于直言极谏，虽高官厚禄，然淡泊名利。贞观三年（629年），唐太宗诏令著作郎姚思廉与秘书监魏徵同著《梁书》。因事先已有丰富的积累和深厚的功底，经过近9年的努力，终于在贞观十年撰成《梁书》，由魏徵转奏皇帝，并藏于秘阁。姚思廉撰写《梁书》主要是根据姚察的书稿，另外可供参考的还有谢昊、许亨等九家梁书。

二

《梁书》与同时代的《宋书》《南齐书》相比，其最大的特点是内容扼要，文字精练朴实，没有六朝骈文华而不实的辞藻，仿效司马迁、班固用简练的散文叙事。

在编目层次上，将开国元勋，尤其是那些出身寒门但贡献极大的文臣武将排在宗室诸王和世家名流之前；为不曾入仕但在文学、医学上独有建树的阮孝绪、陶弘景等人立传，尤其是为出身低微的范缜、刘勰等人立传，表现出作者思想开明和纪实的一面。

在编纂方法上，叙事自成一体，一般传记多分为3部分，首先写人物身世、籍贯、品第、官职，其次写重要史实，然后写死后的情况。在人物分类上以人物地位、身份、职务归类，也有以操行、才华及学术政绩归类，如"孝行""处士""止足"篇均以操行归类；良吏侧重政绩，《儒林》《文学》等篇则重学术文化的成就。

《梁书》尽管缺少"表"和"志"，亦有曲笔、虚词之嫌。但仍不失为一部重要的史书，在南朝各史中它是编得最好的一部，在其他梁史著作散失的情况下，更使之成为我们研究这一段历史最原始、最重要的依据，加之对海南各国历史的记载，有关战役的经过等为研究中国哲学史、民族史、战争史保存了大量的资料，一些奏章中也反映了农民起义的情形，在文学、艺术、宗教、风习、医学等方面也保存了有益的资料。

在编纂体例上,《梁书》只有本纪和列传两大部分,主要记述帝王纪年与大事以及历史人物、少数民族等,缺少综系年代、世系和人物的《表》,以及记载当朝典章制度的"志",好在《隋书》"志"实际上包括了梁、陈、北齐、北周、隋5个朝代,共分为礼仪、音乐、律历、天文、五行、食货、刑法、百官、地理、经籍等10个篇目,在这个意义上讲,《梁书》并非无"志",只是归在《隋书》之中,有关内容要到《隋书》中去查,这是读《梁书》要特别注意的地方。

政　略

太子赈贫

普通①中，大军北讨，京师谷贵，太子②因命菲衣减膳，改常馔为小食。每霖雨积雪，遣腹心左右，周行闾巷③，视贫困家，有流离道路，密加振④赐。又出主衣⑤绵帛，多作襦袴⑥，冬月以施贫冻。若死亡无可以敛者，为备棺槥⑦。每闻远近百姓赋役勤苦，辄敛容色。常以户口未实，重于劳扰。

（《梁书》卷八，昭明太子传）

【注释】

①普通：南朝梁武帝萧衍年号，520—527年。②太子：昭明太子萧统，梁武帝长子。③闾巷：普通百姓住的地方。④振：同"赈"。⑤主衣：主衣库，储藏皇帝服饰用品的专用仓库。⑥襦袴：上下衣服。袴，通"裤"。⑦槥（huì）：小棺材。

【译文】

普通年间，朝廷出兵北伐，京城谷价昂贵，昭明太子就命令手下的人为他准备差的衣服，降低膳食标准，把每天的正餐改为小吃。每当下雨飘雪，就派身边的人出去穿街走巷，看望贫困人家，如果有流离失所的，就亲切地加以周济。又拿出主衣库的丝绵绢帛，做了许多衣裤，冬天施舍给贫困挨冻者。如遇到有死亡而没有收埋的，就为之备给棺材。他每每听说远近百姓赋税徭役繁重而勤苦，就会在脸色上表现出来。他常认为户口统计不实，所以百姓负担沉重。

萧秀恤民

郢州当涂为剧地①，百姓贫，至以妇人供役，其弊如此。秀至镇②，务安之。主者③或求召吏，秀曰："不识救弊之术；此州凋残，不可扰也。"于是务存约己，省去游费④，百姓安堵⑤，境内晏然。先是夏口常为兵冲⑥，露骸积骨于黄鹤楼下，秀祭而埋之。一夜，梦数百人拜谢而去。每冬月，常作襦袴以赐冻者。……

秀有容观，每朝，百僚属目。性仁恕，喜愠不形于色。左右尝以石掷杀所养鹄⑦，斋帅⑧请治其罪。秀曰："吾岂以鸟伤人。"在京师，旦临公事，厨人进食，误而覆之，去而登车，竟朝不饭，亦不之诮⑨也。……

(《梁书》卷二十二，安成康王萧秀传)

【注释】

①当塗为剧地：塗，通"途"。当途，位于四方要冲。剧地，形势险要之地。②秀至镇：秀，即梁安成康王萧秀，梁武帝弟，天监十三年（514年）始任郢州刺史。镇，即郢州，为当时军事重镇。③主者：刺史属下官员。④游费：指巡游等的资费。⑤安堵：安居。⑥兵冲：兵家必争、易发战事之地。⑦鹄（hú）：天鹅。⑧斋帅：警卫头目。⑨诮（qiào）：责备。

【译文】

郢州地处四方要冲，形势险要，百姓贫困，以至于让妇女承担力役，其凋敝程度可想而知。萧秀到了郢州任上，努力安定民生。有些官员要求增添吏员，他就说："你们不懂救弊之术，这里一片凋残，不能再干增加百姓负担的事了。"于是上下严格约束，也尽量节省开支，这样，百姓安居，一州之内也很安定。原先夏口常有战事，一些阵亡者的残骸堆积于黄鹤楼下，萧秀予以祭祀、掩埋。一天晚上，他梦见数百人对他拜谢而后离去。每到寒冬，他就制做衣服，赐给那些无衣受冻的人。……

萧秀外表出众，每当朝会，百官都喜欢朝他看。他为人讲仁恕，喜怒不形于色。他手下有个人曾用石头打死了他所养的天鹅，他的警卫头目斋帅要求惩罚那人，但萧秀却说："我怎么能因为死一只鸟而伤人呢？"在京城时，早晨起来要赶去上朝，厨师送来早餐，不小心打翻在地，他就登车而去，这顿早饭没吃，饿到中午。就这样，他也没有责备那个厨师。

御 人

梁武帝"射钩斩袪"

义师①起，四方多响应，高祖使仙琕故人姚仲宾说之②，仙琕于军斩仲宾以徇③。义师至新林④，仙琕犹持兵于江西⑤，日钞运漕⑥。建康⑦城陷，仙琕号哭经宿，乃解兵归罪。高祖劳之曰："射钩斩袪⑧，昔人弗忌。卿⑨勿以戮使断运，苟自嫌绝也。"仙琕谢曰："小人如失主犬，后主饲之，便复为用。"高祖笑而美之。俄而仙琕母卒，高祖知其贫，赙给⑩甚厚。仙琕号泣，谓弟仲艾曰："蒙大造之恩，未获上报。今复荷殊泽，当与尔以心力自效耳。"

（《梁书》卷十七，马仙琕传）

【注释】

①义师：指萧衍乘齐内乱起兵。②"高祖"句：高祖，此指梁武帝萧衍。仙琕，马仙琕，原为南齐将领。故人，老相识。说（shuì），劝说，此指诱降。③徇：示众。④新林：地名，在今江苏江宁县。⑤江西：此指今安徽境内长江以北地带。⑥日钞运漕：不断袭扰水上补给。⑦建康：今江苏南京，齐、梁均都于此。⑧射钩斩袪：常用典故。春秋时管仲曾射中齐公子小白带钩（古人束腰革带上的金属钩），小白继位（即齐桓公）后仍予重用。晋文公重耳也曾在危难中被寺人（阉人）披斩及袖口，即位后也不予追究。⑨卿：古时对人的尊称。⑩赙（fù）给：助人料理丧事的钱物。

【译文】

高祖起兵后，四方广泛响应，高祖让马仙琕的老相识姚仲宾去劝降，仙琕不但不听，还将仲宾斩首示众。高祖的军队到了新林，仙琕所率军队仍在江西，频繁袭扰江上交通补给。建康城易主，仙琕痛哭了一宿，终于投降。高祖安慰他说："射钩斩琕，古人尚不以为嫌。你不必为杀使者断运漕这些事而有顾虑。"仙琕表示："小人如同失主之犬，现在有了新主人，就为新主所用。"高祖笑着给予肯定。不久仙琕母亲去世,高祖知道他贫困,于是给予优厚的丧葬补助。仙琕因此大哭,对弟弟仲艾说:"多蒙主上再生之恩,还没能报答,如今又受厚恩,我要和你尽心尽力效劳啊。"

法 制

乐蔼博识断案

蔼①性公强,居宪台②甚称职。时长沙宣武王③将葬,而车府忽于库失油络④,欲推主者⑤。蔼曰:"昔晋武库火,张华⑥以为积油万石必然⑦,今库若有灰,非吏罪也。"即而检之,果有积灰,时称其博物弘恕⑧焉。

(《梁书》卷十九,乐蔼传)

【注释】

①蔼:乐蔼,南阳淯阳(在今河南南阳市)人,南朝梁时官至广州刺史。②宪台:指御史府。乐蔼曾任御史中丞,司监察职。③长沙宣武王:梁武帝长兄萧懿。④油络:古时车上悬垂的丝织绳网。⑤主者:指车库的主管者。⑥张华:西晋大臣,文学家。他在《博物志》中说:"积油满万石,则自然生火。武帝泰始中,武库火,积油所致也。"他认为晋武帝泰始年间的武库火灾是由储油自燃而引起的。⑦然:通"燃"。⑧博物弘恕:具有广博的知识,又持宽宏的态度分析问题。

【译文】

乐蔼为人公正,精明能干,在御史台任职干得很出色。当时长沙宣武王将要安葬,而车府忽然在库内不见了油络,于是就将追究主管者的责任。乐蔼说:"从前西晋武库失火,张华认为是储油万石必燃的原因所致。现在只有察看车库内是否有油络燃后的灰烬,若有,就可以肯定不是主管者的责任。接着就进行检查,库内果有积灰,于是人们都称赞乐蔼的知识广博,分析案件时态度宽宏。

军　事

司州陷落

　　三年，魏①围司州②，时城中众不满五千人，食裁③支半岁，魏军攻之，昼夜不息，道恭④随方抗御，皆应手摧却。魏乃作大车载土，四面俱前，欲以填堑⑤，道恭辄于堑内列艨冲斗舰以待之，魏人不得进。又潜作伏道以决堑水，道恭载土㹠⑥塞之。相持百余日，前后斩获不可胜计。魏大造梯冲⑦，攻围日急，道恭于城内作土山，厚二十余丈；多作大槊⑧，长二丈五尺，施长刃，使壮士刺魏人登城者。魏军甚惮之，将退。会道恭疾笃⑨，乃呼兄子僧勰，从弟⑩灵恩及诸将帅谓曰："吾受国厚恩，不能破灭寇贼，今所苦转笃，势不支久，汝等当以死固节，无令吾没⑪有遗恨。"……其年五月卒。魏知道恭死，攻之转急。……至八月，城内粮尽，乃陷。

（《梁书》卷十，蔡道恭传）

【注释】

　　①魏：当时据中原与梁朝对峙的北魏政权。②司州：治所在平阳（今河南信阳）。③裁：通"才"。④道恭：蔡道恭，当时任司州刺史。⑤堑：壕沟，护城河。⑥土㹠：装满土的草袋。㹠（tún），小猪。⑦梯冲：云梯，冲车，都是古时攻城战具。⑧槊：古代兵器，即长矛。⑨疾笃：病势危重。⑩从（zòng）弟：堂弟。⑪没：通"殁"，死。

【译文】

　　天监三年，北魏围攻司州，当时城中不到5000人，粮食只能支持半年，魏军攻得急切，昼夜不停，蔡道恭灵活机动地抗御，一次次地打退了敌人的进攻。魏军又做大车运土，四面齐进，企图把护城河填没。蔡道恭则于护城河内列战舰以待，使魏军无法前进。魏军又挖暗道，想让护城河决口，蔡道恭又运载土㹠加以堵塞。与魏军相持了百余日，前后杀敌俘敌不可计数。魏又大造攻城的云梯、冲车，攻打更急。蔡道恭于城内堆起土山，厚达20余丈；又做了许多长矛，长2丈5尺，置长刃，让壮士刺魏军登城士兵。魏人很害怕，有了撤军的打算。恰在此时，蔡道恭病重，他把侄儿僧勰、堂弟灵恩及诸将帅叫来，对他们说："我受国家厚恩，不能破敌灭贼，现在我的病转重，难以久支，你们应当以死战来固守你们的志节，不要让我死后有遗恨。"……这年五月，蔡道恭病逝。魏人知道后，又加强了攻势。……到了八月，城内粮尽，司州陷落。

冯道根口不论勋

道根①性谨厚，木讷少言，为将能检御部曲②，所过村陌，将士不敢虏掠。每所征伐，终不言功，诸将欢哗争竞，道根默然而已。其部曲或怨非之，道根喻曰："明主自鉴功之多少，吾将何事。"高祖尝指道根示尚书令沈约③曰："此人口不论勋。"约曰："此陛下之大树将军④也。"处州郡⑤，和理清静，为部下所怀。在朝廷，虽贵显而性俭约，所居宅不营墙屋，无器物侍卫，入室则萧然如素士之贫贱者。当时服其清退，高祖亦雅重之。微时⑥不学，既贵，粗读书，自谓少文，常慕周勃⑦之器重。

（《梁书》卷十八，冯道根传）

【注释】

①道根：冯道根，南朝梁将领。②部曲：军队（多指地方豪强或将领的私兵）。③"高祖"句：高祖，此指南朝梁武帝萧衍。尚书令，官名，系朝中要职。沈约，南北朝时期著名文学家、史学家。④大树将军：东汉初光武帝刘秀部下大将冯异不喜论功，常独处树下，军中号为"大树将军"。⑤州郡：古时两级地方行政建置。⑥微时：指原来处于较低社会地位时。⑦周勃：西汉初年大将，"为人木强敦厚"。所谓"器重"，也就是指此。

【译文】

冯道根为人谨厚，质朴寡言，领兵带将，对部下约束严格，所过村庄，将士不敢为非作歹。每次战后，从不摆功，其他将领喧哗计较，他却默然无语。他的部下中有抱怨的，他就劝说他们："自有明主善于衡量各自功劳大小，我们何必操心。"高祖曾指着道根对尚书令沈约说："这个人不论勋。"沈约说："这是陛下的大树将军啊。"在各处州郡任职，也有条有理，甚得人心。居于朝廷，虽然官位显要，但秉俭约之性，住的房子不加装饰，既无高档器物，也无侍卫人员，进入室内，有如同进入寒素贫贱之家的感觉。时人都对他的清正自约很佩服，高祖也予推重。原先地位微下时未能学习，有了地位后，读了些书，不过自己认为于文不足，经常钦慕周勃的器重。

理 财

鱼弘四尽

（鱼弘）常语①人曰："我为郡②，所谓四尽：水中鱼鳖尽，山中獐鹿尽，田中米谷尽，村里民庶尽。丈夫生世，如轻尘栖弱草，白驹之过隙。人生欢乐富贵几何时！"于是恣③意酣赏，侍妾百余人，不胜④金翠，服玩车马，皆穷⑤一时之绝。

（《梁书》卷二十八，夏侯亶传附鱼弘）

【注释】

①语：对…说。②为郡：指担任太守治理一郡。③姿：通"恣"。④不胜：负担不了。⑤穷：尽。

【译文】

鱼弘常常对人说："我当太守治郡，要做到四尽，即：水中鱼鳖要抓尽，山中獐鹿要捕尽，田里的粮食要占尽，村里的百姓也要用尽其力。男子汉活在世上，就好比轻细的灰尘停留在柔软的草叶上，又好比白驹过隙。人生欢乐富贵又能有几时！"于是他恣意饮酒观舞，侍妾有百余人，都有戴不过来的金翠饰品，他穿的玩的乘的骑的，都是当时最高档次的。

太守何远

顷之，（何远）迁武昌太守。远本倜傥①，尚轻侠，至是乃折节②为吏，杜绝交游，馈遗③秋毫无所受。武昌俗皆汲江④水，盛夏远患水温，每以钱买民井寒水，不取钱者，则挞⑤水还之。其他事率多如此。迹虽似伪，而能委曲用意焉。车服尤弊素，器物无铜漆。江左⑥多水族⑦，甚贱，远每食不过干鱼数片而已。

（《梁书》卷五十三，何远传）

【注释】

①倜傥（tì tǎng）：卓越豪迈。②折节：改变以往生活方式和态度。多指严格要求自己。③馈遗（wèi）：赠送。④江：专指长江。⑤捡（liǎn）：担运。⑥江左：长江下游以东地区，即今江苏省一带。⑦水族：水生动物。

【译文】

没过多久，（何远）调任武昌太守。何远为人倜傥，崇尚侠义，而此时起，他大为改变，严格克制自己，不再交往，不收别人的丝毫馈赠。武昌地方居民都取用江水，盛夏季节，何远嫌江水温度高，常常用钱买老百姓井中较凉的水，如有不收他钱的，他就要担水还给人家。其他事也大多如此。他这些做法虽然显得有点过分，但他的用意还是有了成效。他所乘的车所穿的衣服，不是旧的，就是很朴素，所用器物也无铜器漆器。江左地方多水生动物，所以价格低廉，而何远每顿饭不过吃干鱼数片而已。

德 操

吕僧珍性甚恭慎

僧珍①有大勋，任总心膂②，恩遇隆密，莫与为比。性甚恭慎，当直禁中③，盛暑不敢解衣。每侍御座④，屏气鞠躬，果食未尝举箸。尝因醉后，取一柑食之。高祖⑤笑谓曰："便是大有所进。"禄俸⑥之外，又月给钱十万，其余赐赍⑦不绝于时。

（《梁书》卷十一，吕僧珍传）

【注释】

①僧珍：吕僧珍，南朝齐梁时人，尤受梁武帝萧衍的信重。②心膂：亲信，骨干之人。膂，脊骨。③直禁中：直，通"值"。禁中，皇宫中。④御座：指皇帝的宝座，实即指皇帝。⑤高祖：此指梁武帝。⑥禄俸：官吏的薪水。⑦赍（jī）：以物赠人。

【译文】

吕僧珍立有大功，被视为最亲信者，恩重遇厚，无人能与之相比。他为人恭敬谨慎，在皇宫中值班，酷暑之日都把衣服穿得十分整齐。每当侍陪皇上，不敢大口呼吸，动辄点头哈腰，座席上放的吃食，从不举筷取用。有一次他喝多了酒，取了一只柑子吃了。高祖笑着对他说："这真是大有长进啊。"除了禄俸之外，每月还给他10万钱，其他赏赐的、赠送的，总也不断。

萧伟豪奢乐施

伟①少好学，笃诚通恕，趋贤重士，常如不及。由是四方游士，当世知名者，莫不毕至。齐世②，青溪宫改为芳林苑，天监③初，赐伟为第，伟又加穿凿，增植嘉树珍果，穷极雕丽，每与宾客游其中，命从事中郎萧子范④为之记。梁世藩邸⑤之盛，无以过焉。而性多恩惠，尤愍⑥穷乏。常遣腹心左右，历访闾里⑦人士，其有贫困吉凶不举者，即遣赡卹之。太原王曼颖⑧卒，家贫无以殡敛，友人江革⑨往哭之，其妻儿对革号诉，革曰："建安王⑩当知，必为营理。"言未讫⑪而伟使至，给其丧事，得周济焉。每祁寒⑫积雪，则遣人载樵⑬米，随乏绝者即赋给之。

（《梁书》卷二十二，南平元襄王萧伟传）

【注释】

①伟：萧伟，梁武帝之弟。②齐世：齐代，在梁之前。③天监：梁武帝第一个年号，502—519年。④萧子范：本为齐宗室，入梁在南平王萧伟手下任职。⑤藩邸：诸王府第。⑥愍（mǐn）：哀怜。⑦闾里：乡里，泛指民间。⑧太原王曼颖：一个叫王曼颖的太原人。太原，郡名。⑨江革：梁朝名士、名臣。⑩建安王：即萧伟，他初封建安王，后改封南平王。⑪讫：完。⑫祁寒：严寒。⑬樵：柴薪。

【译文】

萧伟自小喜爱学习，为人和蔼可亲，向往贤者，敬重士人，常常表现得十分谦逊。因此，四方游走之士，当世知名人物纷纷而来。齐时，将青溪宫改为芳林苑，到梁天监初年，又将芳林苑赐给萧伟作为府第，萧伟加以整修，新种了不少好树，比以前大为增色，便时常与宾客一道在苑中游玩，每每都要命从事中郎萧子范把尽欢的过程、情景记下来。梁朝诸王府第的盛况，没有超过他的了。萧伟的性格喜施恩惠，尤其是怜悯一些穷困的人士。常派手下亲信，走访乡里士人，见有贫穷而婚丧一类事无力举办者，就给予帮助。太原人王曼颖死，家里无钱安葬，友人江革到他家中吊唁，他的妻儿向江革哭诉困境。江革说："建安王会知道的，他一定会帮助。"话还没说完，萧伟派的使者就到了王家门口，给予资助，料理丧事。每到严寒积雪之时，还派人用车拉着柴米，见有生活困难者就发给一些。

传事故事

梁武帝伺变

梁高祖武皇帝萧衍，字叔达，小字练儿，是西汉名相萧何的后裔。他能文善武，精通谋略，与沈约、谢朓、王融、萧琛、范云、任昉、陆倕等并称，被当时人称为"竟陵八友"。齐明帝时，以功累迁至辅国将军、雍州刺史，镇守襄阳。

齐建武五年（498年），齐明帝死，太子萧宝卷即位，是为东昏侯。萧宝卷昏庸残忍，朝权把持在扬州刺史、始安王萧遥光、尚书令徐孝嗣、尚书右仆射江祐、右将军萧坦之、侍中江祀和卫尉刘暄手里。这6位权贵轮流主持政事，而他们彼此之间，钩心斗角，齐帝萧宝卷也不是个甘心任人摆布的角色，他时时在窥伺机会，以便夺回权力，另立亲信。萧衍善于见风使舵，看到齐室已处于山雨欲来风满楼的时刻，便对舅父张弘策说道："政出多门，必然要大乱。《诗经》有云：'一国三公，吾谁适从？'何况而今朝廷六贵当权！他们之间一旦产生了嫌隙，就必然会相互仇杀。如今要选择避祸之地，只有我这襄阳最为合适。我在襄阳勤恳治事，多行仁义，可以稳稳地成为西伯那样的人物。只是几个弟弟还在京城，令人担心难免罹祸。此事须与兄长萧懿商量一下。"

当时，萧懿正在郢州执掌大权，萧衍特派张弘策向他陈述自己的建议道："从前，晋惠帝昏庸无能，宗室诸王相互争权，造成内乱九兴而外患三起。如今，6个显贵也在争权，他们个个手执王法，发号施令，都想独自专权。因而，他们之间难免睚眦成仇，相互火并。何况嗣主萧宝卷当太子时就声誉不佳，宠幸小人，秉性残忍。他一上台，定会我行我素，绝不可能任人左右。时间一久，君臣离心，他必然要大开杀戒，诛戮权臣，从而造成政局更加混乱。现在掌权的六贵中，只有江、刘可为根干，但江祐怯懦而少决断，刘暄柔弱无能。他们成事不足，败事有余，折鼎覆餗，指日可待。萧坦之胸怀猜忌，出言举足总是伤害别人；徐孝嗣不是栋梁之材，终究要听凭别人的驱使。他们之间一旦出现了裂痕，朝野内外必定土崩瓦解。现在你我能够镇守外藩，正好可以做好将来的打算。所谓智者见机，不俟终日。趁着如今他们没对你我产生猜疑防范之机，应当赶快召回诸弟，以免今后难以拔足。你镇守的郢州，为荆湘的要害之地，我坐镇的雍州，人马有数万之多。我们可以虎踞郢、雍，以观天下之变。世道太平，可为本朝竭诚尽忠；社会骚乱，可为国家剪除凶顽。与时进退，正好为万全之策。若不及早打算，恐后悔无及。"萧懿是个恪守愚忠的人，弟弟萧衍这一番话使他觉得心惊肉跳，连脸色都吓变了。他不赞成萧衍的主张，不过也没有阻拦萧衍自己去干。

张弘策回告萧衍后，萧衍便自管自地行动起来。他先把弟弟萧伟、萧蠡接回襄阳，然后秘密地制造各种作战器械，命人砍伐了大量的竹子木材，全都沉入檀溪，以便到时制作舟船。永元二年（500 年），官至齐尚书令的萧懿被齐帝萧宝卷杀害，得到信息的萧衍在议事堂召集手下诸将，宣布道："从前周武王大会孟津，人人皆曰商纣可伐。而今萧宝卷昏庸残暴，穷凶极恶，朝中贤臣几乎被斩尽杀绝，民生涂炭，上天不容。我要与诸位同心协力，共兴义举，讨伐昏主。欲当公侯将相的，就看今朝的努力。各位如立功勋，到时我萧某绝不食言！"于是，召集兵卒，得甲士一万余人、马千余匹、船 3000 艘。他又叫人取出沉在檀溪中的竹子木材，用以制造了许多战船。他依靠这些力量，开始了讨伐萧宝卷的征程。一年后，萧衍攻陷了建康，齐帝萧宝卷被废见杀。梁天监元年（502 年），萧衍废齐和帝萧宝融，即位称帝。

何敬容独勤政务

何敬容长期在尚书省任职，很熟悉过去的事情，而且聪明有远见卓识，勤于文书之类的具体公务，从早晨一直工作到晚上也不休息。自晋、宋以来，宰相们都以文学和义理来消遣，不理政务，只有何敬容一人勤于庶务，因而遭世人嗤笑。当时，萧琛儿子萧巡很有些轻薄之才，作了卦名离合等诗来嘲笑何敬容，何敬容对此不屑一顾，仍然我行我素。

刘览不徇私情

梁高祖听说刘览很有孝性，几次去省视他。服丧期满后，被任命为尚书左丞。刘览生性聪敏，尚书令史多达 700 人，刘览见一面就记住了他们的姓名。刘览做官清廉正直，不谋私利，姐夫御史中丞褚湮和堂兄吏部郎刘孝绰利用职务之便大肆贪污受贿，刘览上奏弹劾，两人都因此免了官。刘孝绰怨恨刘览，经常对人说："狗咬过路人，刘览咬自家人。"刘览出任始兴郡内史，治郡尤其清廉有节操。

明哲妇人

贞敬太夫人（王僧辩母谥号）姓魏，王神念在天监初年率部属据东关（今安徽巢县东南东关），后退保合肥巢湖以西，在那里娶了魏氏夫人为妻，生有王僧辩。魏氏夫人安详随和，善于待人接物，里里外外，莫不爱戴她。当初，王僧辩被关进监狱，夫人流着泪，光着脚，要进宫负荆请罪，梁世祖不接见她。当时贞惠太子很受世祖宠爱，军国大事大都让他参与。夫人入阁拜见贞惠太子，自责教子无方，泪流满面，甚为悲伤，大家都深表同情。后来，王僧辩被赦免出狱，夫人谆谆教训，辞色严厉，对王僧辩说："人臣侍君，必须忠烈，不但要保佑今世，而且要流芳子孙。"后来王僧辩光复旧都（指建康，今南京市），功盖天下，夫人也总是谦逊退让，不以富贵骄人，朝野上下交口称赞，说她是明哲妇人。

陆琛造茅屋读书

陆琛从小勤学，善于写文章。在宅院内造两间茅屋，杜绝往来，日夜读书，如此者有几年。书只读一遍，就能背诵出来。曾经向人借《汉书》，遗失《五行志》四卷，就默写出来，还给人家，一点也没有遗漏。小时候，外祖父张岱就觉得他非同一般，常常对女婿说："这孩子是你家的阳元啊。"17岁那年，被推举为本州秀才。

沈瑀正人先正己

沈瑀因母丧离职，服丧期满后，被任命为振武将军、余姚县县令。余姚县大族虞氏有1000多家，到县衙门走后门，拉关系，人众聚集，喧嚣若市。先前的县令都不能杜绝此风，自沈瑀到任后，如果不是因公事而来，一律罚他们站立阶下，绳之以法。县南又有豪族几百家，子弟横行乡里，互相包庇，恣意聚敛财物，老百姓都很害怕他们。沈瑀传唤那些年老者为石头仓看守，年轻者为县府僮仆，大家都号泣道路。从此，豪族销声匿迹，不再有违法乱纪之事。沈瑀刚来余姚上任时，富吏们都穿着鲜艳美丽的服装，以显示自己身份地位的优越。沈瑀怒气冲冲地说："你们这些人不过是下贱的县吏，哪有资格学贵人样？"于是，叫他们都改穿草鞋粗衣，罚他们整天站立，脚稍有摇晃，就打板子。沈瑀寒贱时，曾经一人到余姚县贩卖瓦器，受到这里富人们的侮辱，所以，他趁机报复，因此，县里的士大夫和富人们对他心怀怨恨，可是，沈瑀做官清白自守，没有留下把柄，因而能够实现他的愿望。

范述曾两袖清风

齐明帝即位，任命范述曾为游击将军，出任为永嘉太守。范述曾为政清平，不尚威猛，人民以此为便。所辖横阳县（治所在今浙江平阳县）山谷险峻，是逃亡之徒聚集之地，先前太守进行追捕都未能平息。范述曾上任后，推行恩德，讲求信用，所有强盗土匪都自动出山，负荆请罪，范述曾把他们编成户籍，达二百多家。从此，横阳县商贾流通，人民安居乐业。范述曾在永嘉郡励行清白，不受贿赂，齐明帝知道后，深表赞赏，下诏嘉奖，征辟他为游击将军。离郡赴任之时，郡中人民送故旧钱20多万两，范述曾丝毫不收。当初到郡上任时，范述曾未带家属，到现在离任回朝时，随从中仍没有挑行李的。无论老少，人民都出来送行，依依不舍，啼哭声几十里之外也能听到。

人物春秋

忠厚至孝　勤勉政事——萧衍

梁高祖武皇帝名萧衍，字叔达，小名练儿，南兰陵郡中都里人，是汉朝相国萧何的后代。出生时与众不同，膝盖骨有两块并列的骨头，头顶高隆，右手心有"武"字一样的纹理。长大后，博学多才，好谋划策略，能文能武，当时的名流贤达都很推崇赞扬他。

起初任巴陵王南中郎法曹行参军，迁任卫将军王俭的东阁祭酒。王俭一见到萧衍便很器重他，并感到惊异，对庐江何宪说："这萧家公子30岁以内会当侍中，30岁以后就没法形容其显贵。"竟陵王萧子良开设西邸，招徕文人学士，高祖与沈约、谢朓、王融、萧琛、范云、任昉、陆倕等都游学于此，时称八友。王融英俊爽朗，见识鉴识能力超人，特别敬重高祖，另眼相看。每每对自己亲近的人说："主管统治天下，必定就是这个人。"后又任随王任镇西咨议参军，不久因父亲去世而离任。

隆昌初年，明帝辅佐朝政，起用高祖为宁朔将军，镇守寿春。服丧期满后，被任命为太子庶子、给事黄门侍郎，入直殿省，参与萧谌等评品和册封有功之人，封为建阳县男，食邑300户。

建武二年（495年），北魏派大将刘昶、王肃率兵侵袭司州，朝廷任命高祖为冠军将军、军主，隶属江州刺史王广担任后援。部队距离义阳城百余里地，不少人认为北魏军气势正盛，故犹豫不决，都不敢前进。高祖请求担任先锋，王广把手下精兵分调给高祖。那天夜里便向前进军。离魏军驻地只有几里地，径直登上贤首山。魏军搞不清来兵实力，不敢逼近。黎明时，城内官兵看见援军已到，便出兵攻击北魏军营垒，高祖率领部下从外部向内进攻。北魏军内外受到攻击，便突破重围败逃。撤军后，任命高祖为右军晋安王的司马、陵郡太守。回宫后任太子中庶子，领羽林监。不久，出京镇守石头城。

四年（497年），北魏孝文帝亲自率大军进攻雍州，齐明帝命令高祖增援。十月，到襄阳，下诏又派遣左民尚书崔慧景总领各路军队，高祖及雍州刺史曹虎等都受他调度管辖。第二年（498年）三月，崔慧景和高祖进军至邓城，魏文帝率 10 万余骑兵突然追至邓城。崔慧景惊恐，打算引兵退却，高祖坚决地阻止他，他不听从并狼狈脱逃。魏国骑兵乘机发动进攻，于是齐军大败。高祖独自领军抗战，杀死北魏军数百人，魏国骑兵稍向后退，因而才得以结成阵势断后，到晚上才下船撤退。崔慧景所率军队几乎全军覆没，只有高祖保全军队胜利而归。不久高祖兼管雍州府事务。

七月，又授持节，都督雍、梁、南北秦四州及郢州的竟陵、司州的随郡等地的军事，为辅国将军，任雍州刺史。当月，齐明帝驾崩，东昏侯即帝位，扬州刺史始安王遥光、尚书令徐孝嗣、尚书右仆射江祐、右将军萧坦之、侍中江祀、卫尉刘暄轮番执政，每日一道诏令。高祖听说后，便对其从舅张弘策说："政出多门，国家秩序便乱了。《诗经》说'一国有 3 个首脑，我跟从哪个好呢？'何况现在有 6 个首脑，这怎么能行呢！一旦形成猜疑发生间隙，便相互诛杀，现在躲避祸乱只有您这个地方。时常以仁义行事，便可轻易成为西伯侯。但几个弟弟都在京城，恐怕遭受世乱之祸，必须和益州图谋这件事。"

当时高祖的大哥萧懿辞去益州的任职回来，仍然任郢州刺史，他便让张弘策前往郢州，向萧懿陈说计策："过去晋惠王昏朽、诸王争权，于是内乱多次发生，外敌也三番五次侵犯。今日 6 位权贵争权，人人都掌握着国家大政。挟持皇帝发布诏令，都想一人垄断权柄。彼此怒目终成仇恨，肯定要相互残杀。而且新继位的皇帝在东宫时本来没有什么好声望，对左右凶狠无比，目如黄蜂，视害人如乐事。登上帝位后，怎会情愿虚坐皇帝的位子，把大政交给朝臣。积隙猜疑异心后，必定大加杀戮。始安王遥光想做历史上的又一个赵伦，形迹已显现出来，跛脚人想上天，相信没有这个道理。况且他性情猜疑心胸狭小，只不过是乘乱兴风作浪罢了。能够当大任的只有江祐、刘暄两人而已、江祐胆小没有决断，刘暄柔弱而没有才干，断送国家指日可待。萧坦之猜忌成性，一开口便伤人，徐孝嗣不是柱石之才，让人牵着鼻子转，如果嫌隙加大，猜疑祸起，内外就会土崩瓦解。今得以镇守外藩，有幸图谋生计，聪明的人见机行事，不坐等末日。趁现在朝廷没生猜疑防备之心，最好召集各位兄弟聚集一起。等到有了猜疑防备后，想跑也没有退路。郢州控带荆、湘，西应汉、沔；雍州兵马，一呼数万。雄视其间，等待天下变动。世界太平则效忠本朝，天下大乱则剪灭暴君，可以随时进退，这是万全之策。如不早做打算，后悔也来不及了。"萧懿听了后脸色大变，心里不以为然。张弘策回来后，高祖便接来了弟弟萧伟和萧蠡，这年到襄阳。于是暗中制造武器工具，砍伐竹木，沉入檀溪，秘密地建造船只。

永元二年（500 年）冬，萧懿被杀害。消息传来，高祖便秘密地召集长史王茂、中兵吕僧珍、别驾柳庆远、功曹史吉士瞻等策划谋反,决定后,在十一月乙巳召集僚佐于议事厅,说:"过去周武王在孟津会盟,大家都说'商纣王可以讨伐'。现在昏主恶劣,十分暴虐,诛杀朝廷贤臣,并断绝他们的后代,生灵涂炭,上天命我等代天行罚。你们同心疾恶,共同发起义举,公侯将相就在今天,你们要各尽所能,我绝不食言。"当天建立军旗。于是收集将士一万多人,马千余匹,船3000艘,捞出原来沉放在檀溪的竹木造船。

起初,东昏侯任刘山阳为巴西郡太守,配备精兵3000,使他路过荆州随萧颖胄以袭击襄阳,高祖知道这一计谋后,便遣参军王天虎、庞庆国前往江陵,在州府广泛散发书信。等刘山阳西上,高祖对诸将领说:"荆州本来就怕襄阳人,何况唇亡齿寒,自然会急得像断弦一样,怎么会不暗地同谋呢?我如果统领荆、雍之兵,扫平东夏,即使韩、白再世,也无计可施,况且以无主见的昏君,驱使着用刀逼来应征的徒众呢?我能让刘山阳一到荆州,便让他交出脑袋,诸君等着看如何。"等刘山阳到巴陵,高祖又让王天虎带着书信交给萧颖胄兄弟。王天虎去后,高祖对张弘策说:"举凡用兵的道理,攻心是上策,攻城是下策,心理战是上策,用兵作战是下策,现在这件事就是如此。最近派王天虎前往州府,使州府官员人人有书信。这段时间驿马传书特别紧急,只有两封信交给行事萧颖胄兄弟,书信上说:'王天虎口述具体情况。'等问王天虎又没说什么,行事不得而知,不允许随便乱说。王天虎是行事萧疑胄的心腹,他人知道后一定认为行事与王天虎共同隐匿了此事,这样人人会产生怀疑。刘山阳从众人所说中感到疑惑,认为与萧颖胄不是一条心,则行事是进是退自己也不清楚,这样便中了我的圈套。这就是发两封空信便平定了一个州。"

刘山阳到江安,听说后果然生疑不进。萧颖胄很害怕,便斩杀了王天虎并将他的人头送给刘山阳,刘山阳这才信任萧颖胄,带几十人开进荆州城,萧颖胄埋伏兵士斩杀刘山阳,并将他的人头送给高祖。并将南康王对尊号的意见告诉高祖,还说:"时月不利,当等来年二月;匆忙进兵,恐怕不当。"高祖回答说:"现在屯兵10万,粮草军用自会用完,况且所凭藉的义心,乘一时骁勇锐利,一事接一事,还怕疑虑松懈;假若将部队停留十旬,必定后悔退缩。说变就变,便成就不了大事。如今太白星现于西方,依仗仁义而行动,天时人愿,有何不利?地位名分已定,怎么能中途停止呢?过去周武王讨伐商纣王,天时也不顺,难道还要等待年月吗?"竟陵太守曹景宗派遣杜思冲劝说高祖迎接南康王定都襄阳,等正尊号后,然后进军,高祖没有听从。王茂又私下写信给张弘策说:"我奉事萧衍将军,当义无反顾;然现在把南康王送到别人手中,他们便可以挟天子以令诸侯，而将军前去受人驱使，这怎会是岁寒之计呢？"张弘策说起此事，高祖说："假如前途大事没有成功，便会兰花与艾草一起被焚；如果功业建成，威震四海，号令天下，谁敢不从！怎么会是白白受人摆布呢？等到了石城，我当面给王茂、曹景宗讲清楚。"在沔州南面设立新野郡，以招集新近归附的人。

三年（501年）二月，南康王任相国，任命高祖为征东将军，给鼓乐吹乐一部。二月十三日，高祖自襄阳出发，留下弟弟萧伟守卫襄阳城，总领州府大事，弟弟萧蟸守卫垒城，府司马庄丘黑守樊城，功曹史吉士询兼任长史，白马戍主黄嗣祖兼任司马，緌县县令杜永兼任别驾，小府录事都郭俨负责漕运。并向京城发布檄文说：

"天道不会总是太平，天时不会总是平顺，凶险与安泰相交替，阴暗清明常变动，都是行危困然后通达，经历多灾多难启迪圣贤。所以昌邑王有悖天德，孝宣才得势，海西侯扰乱朝政，简文帝得以升宝座，都是治理混乱以开拓基业，光大盛世和天命，这样的道理已被以前的经历所验证，事例在过去的史书中也记载得很清楚。

"专横的君王扰乱天常，毁灭抛弃君德，奸恶荒淫，日滋月甚。在婴儿时就糅合着暴虐，在孩童时便埋下了凶险。猜忌凶毒，随时随地出现，暴残昏乱，遇事便发。自先皇帝死去，喜笑的神情已显露出来。皇帝的棺木还停放在殡宫，脸上便毫无哀伤之色，欢娱游晏比平常还要热闹频繁，穿着奇异的衣服，极尽华丽。至于选挑妃嫔，连姊妹也不放过，招收侍女，姑侄不分，宫嫔像小商贩，妇女们穿戎衣。以至身体裸露，内衣不振，以图欢笑。淫纵放肆，驱逐到郊邑。老弱到处流浪，士女遭到迫害。满路上可见到生小孩的妇女，大道上塞满了车载的尸体，母亲来不及抱，小孩来不及哭。劫掠剽掳，日夜不断。白天休息，夜晚游玩，从未停止。酒店里淫乱酗酒，装醉乱唱宠信放纵愚蠢的人，被妖孽所迷惑，梅虫儿、茹法珍收集重用小人，专制独断、残杀忠良，诛灭卿相。刘镇军以舅氏尊严，尽忠报国；江仆射以外戚的显贵，竭诚奉侍皇帝；萧领军作为亲戚，立志做国家的柱石，徐司空、沈仆射是官吏之首，众望所归。或有舅甥之情，或勋劳功绩卓巨；或忠诚地克服危难，或效力王室，都受先皇的遗托，共同协助新皇帝，送走先皇，侍奉当今皇帝，倾心尽力。对他们应该奖励当世，并让他们的后代高官得坐。而一旦被杀戮，孩童也不能幸免。人与神都怨恨，陌路之人也感到愤慨。萧令君忠于王朝，其忠诚人世鬼域都知道，过去寇贼不时出没，南郑危乱形势紧迫，他挺刀而出，孤军作战。到后来大军反叛，他又掌控京城，谋划王室，指挥各路将领，收拾叛军，保住了我大齐江山。崔慧景勇猛迅速，出兵交战,令敌军闻风丧胆,失魂落魄,投效者络绎不断,很多人带着粮食如影跟随,愚蠢的、聪明的竞相投奔他。加之又在江甸誓师,奋不顾身,奖励义师,像闪电一样打击敌人,歼灭大敌,以巩固皇基。功劳超出桓、文,勋绩有过于伊、吕;并且勤劳谦虚反省自己,用事实来表明心迹,功成便隐退,不求荣誉和满足。没得到奖赏,祸灾却很快降临,扼杀精英,怎能不感到冤痛!而恶毒之人违命、蜂虿藏着毒性,便派刘山阳驱逐煽动逃犯,招收威逼亡命之徒,秘密策划,企图偷袭。萧右军、夏侯征房以忠义为本,出奇谋,图大举,举手之间便杀了他,恶贯满盈,罪不容诛。至于违背礼教,伤害风化,残虐人民,像晋灵公那样弹射路人的,比起来还算好些,像商纣那样杀剖胎儿,砍断腿骨,比起他来还算不残酷,把世上的竹子都砍掉做成书简,也难以写完他的罪过,把天下山泽的兔子都杀光连成皮书也记不完他的罪过。自开天辟地以来,史书所记,昏庸的君主、残暴的皇后,没有比现在这位更昏更暴的了。

"人神无主,宗庙社稷处于危险境地,天下动荡,百姓不安,黎庶危惧,如同摧折其角,百姓私议,无立足之地。将军作为前朝的亲属,有责任关注国家的安危,上有先帝委托交付的重任,下应体察民众痛苦,怎可以睡在柴草上点火,坐视国家灭亡呢!永康王是高宗的后代,很受慈念宠爱,与日月一样光明,清纯专一,神灵知晓,吉祥引龟、符瑞应验于璧出,威镇陕西,德行感化西夏,赞歌不断,万人推崇。右军萧颖胄、征房将军夏侯详都同心爱戴,住在故楚国宫殿所在地,日、月、星重新放出光明,天下九州万象更新,升平之运,从此开始,太平盛世,正在此时。然而为帝之德尽、管昭显,但天下未定,首恶未除,实现太平盛世的路还不畅通。仰仗天意,率先开路。即日遣冠军、竟陵内史曹景宗等20位将军,率5万军兵像骥缛一样快捷,瞻视勇猛,争先恐后,如龙骧并驾齐驱,从陆地出横江,直捣朱雀,长史、冠军将军、襄阳太守王茂等30名将领,率7万船舰水军,乘流而下,消灭敌军精锐,攻克险阻,从侧面攻白城。南中郎咨议参军、军主萧伟等39名军主,大船快桨,乘风破浪,旗鼓8万,云集石头城。南中郎咨议参军、军主萧蠡等42名军主,熊罴之士,甲盾10万,顺流而下,攻克新亭。益州刺史刘季连、梁州刺史柳惔、司州刺史王僧景、魏兴太守裴师仁、上庸太守韦䜣、新城太守崔僧季,都庄严地奉英明的诏令,恭敬地行使上天的惩罚。蜀、汉的精兵,沿江而下,淮、汝的劲旅乘波速追。将军总领勇猛的军士、骁健勇猛的士兵百万,修缮燕国的弓,聚集赵地的马,撞击金鼓动地,敲响皮鼓震天,利剑的寒光比太阳还亮,红旗一展整个天空都变成了红色,战船连起来有千里之长,往来不绝,前呼后拥。萧右军深谋远虑,能文能武,英明远略，秉公济民。拥有荆南的人民，调遣四方的军队，宣传皇帝的诏令，护卫天子的车驾。旌旗所指之处，无所不克，龙腾虎跃，云集建业。罢免流放愚蠢与狡猾的人，与海昏抗礼，澄清神甸，平定京城。就好像泰山塌下来压倒蚂蚁的窝，高悬的河流溃口浇灭残火和余烬，怎么会有不消灭的呢！

"现在所要诛杀的，只不过是梅虫儿、茹法珍而已。诸君都是受人尊敬的贵族后裔，有学问之家，都在奸党前低头，受制于凶恶威吓。如果能随着世道的变化立功，变祸为福，对河岳发誓，将永远系青戴紫。如果执迷不悟，抗拒王师，大部队一到，格杀无赦。好比火烧原墅，野草与芝兰都将毁灭，努力求得福禄，不要以后后悔。赏罚分明，像水一样清明。"

高祖到竟陵，命令长史王茂和太守曹景宗为前军，中兵参军张法安驻竟陵城。王茂等到汉口，轻兵渡过长江，逼近郢城。荆州刺史张冲布兵据守石桥浦，义军与官兵作战失利，军主王僧起在这一战役中阵亡。众将议论要合兵围攻郢城，分兵袭击西阳、武昌。高祖说："汉口宽不过一里，可以步攻箭射相配合，房僧寄带重兵固守，是郢城人的掎角。如果所有的军队都前进，敌军肯定会断绝我军的退路，一旦受阻，便会后悔莫及。现在想派王茂、曹景宗所部渡江，与荆州军队相会合，以逼近敌军的堡垒。我从背后包围鲁山，以打通沔、汉。郧城、竟陵等地的粮食，可顺流而下运出；江陵、湘中的军队，连接着可随即赶到，这样粮食充足、兵员增多，围守这两个城，不攻便会自拔，可以很轻易地夺取天下。"众将领都说："妙！"于是便派王茂、曹景宗率兵渡江，进驻九里。当天，张冲出兵迎战，王茂等拦击敌军，大破敌军，敌人卸盔丢甲逃跑。荆州刺史派冠军将军邓元起、军主王世兴、田安等好几千人，在夏普会合大军。高祖修筑汉口城的工事据守鲁山，命令水军将领张惠绍、朱思远等在江中游弋阻截，中断郢、鲁两城的信使。

三月，便命令邓元起进军据守南堂西陼，田安之驻城北，王世兴驻守曲水老城。当时，张冲已死，其部下推荐军主薛元嗣和张冲的长史程茂为主帅。

三月十一日，南康王在江陵即帝位，将永元三年改称为中兴元年，遥废东昏侯为涪陵王。任高祖为尚书左仆射，加封征东大将军、都督征讨诸军事，手握黄钺。西台又派冠军将军萧颖达带兵来会师。当日，薛元嗣的将领沈难当率轻舰几千艘，争先攻击，张惠绍等将他们一一击破，全部擒获。

四月，高祖出师沔阳，命令王茂、萧颖达等进兵逼近郢城。薛元嗣作战很疲惫，所以不敢出来迎战。众将领想乘机攻击，高祖没有同意。

五月，东昏侯派宁朔将军吴子阳、军主光子衿等13军援救郢州，进守巴口。

六月，西台派遣卫尉席阐文慰劳将士，带回萧颖胄等人的建议，对高祖说："现在屯兵在长江两岸，不合力围攻郢城，平定西阳、武昌，攻占江州，有利的战机已失去；不如向魏求援，与北边的邻国结联和好，仍不失为一个好的计策。"高祖对席阐文说："汉口有大道与荆、雍相通，控制牵引秦、梁，粮草运输、物资储备，都要关注这里发生的任何变化，所以大兵逼压汉口，势必引起好几个州的连锁反应。现在如果将军队合在一起去围攻城池，又分兵几路前进，鲁山必然是前去沔阳路上的障碍，此地地势险要，有掩喉控颈的形势。如果粮草送运不畅通，军队自然会离散，哪里能持久呢？邓元起最近想派兵3000前去平定寻阳，对方如果突然醒悟到须识时务，派一个郦生就足够了；假如抗拒王师，3000兵不能攻下来。前进与后退都没凭据，我看不可行。西阳、武昌攻击便可占领，占领后便应加以镇守。驻守两城不能少于一万士兵。粮食储备问题还不大，可是兵员却无从补充。如果贼军中有能干远见的人，万人攻击一城，两城势必不能相互呼应救助。如果我分出兵力前去增援，则前锋与后援都被削弱；如果不派兵增援，孤立的城池肯定会被攻陷落入敌手。一座城陷落后，几个城便会逐一像土崩裂一样很快陷落，这样天下大业便休矣。如果攻克了郢城，就能席卷长江流域沿途的城池，西阳、武昌，自然闻风披靡，何必把兵众分散得七零八落，给自己制造危险和麻烦呢！而且我们的一举一行，都应合着天象的运行；更何况拥有好几个州的兵力以诛伐群贼，拦坝蓄水去扑火，哪有不灭的道理？怎能向北面请救，以显出自己弱小呢！而且魏国未必能守信用，只是白白地让我们蒙受不好的名声。这样的下等计谋，怎能说是上策呢？你替我向镇守的军队讲清楚：前去攻取，都已托付讲明了，发生的一切都看在眼里，不要担心不能胜利，希望驻守的军队安心地镇守好了！"

吴子阳等进军武口，高祖便命令军主梁天惠、蔡道祐据守渔湖城，唐修期、刘道曼屯兵白阳垒，夹持长江两岸，准备迎击敌军。吴子阳又进占加湖，距离郢城30里，傍山面水，修筑营垒以坚守。鲁山城首脑房僧寄死去，众人重新推举助理防务孙乐祖代替城主职位。七月，高祖命王茂率曹仲宗、康绚、武会超等偷偷出兵袭击加湖，打算攻打吴子阳。当时河水干涸不能行船，当夜河水猛涨，众兵乘流齐进，擂鼓呐喊攻击敌军，敌人很快溃败，吴子阳等人逃走，士兵都在江水中淹死众多。王茂俘房余众，凯旋而归。于是郢、鲁两城相互联通呼应。

此前，东昏侯派遣冠军将军陈伯之镇守江州，作为吴子阳的后援。高祖便对众将领说："出征讨伐不一定总是凭借实力，成名更重要。现在加湖之战敌军大败，谁人敢不慑服。陈虎牙是陈伯之的儿子，狼狈地逃回家，那里的人们在感情上按理应会恐惧，我认为九江发一篇檄文便可以平定。"因此命令搜查抓获的俘虏，发现其中有一位是陈伯之的幢主，名叫苏隆之，给优厚的赏赐，让他将檄文传送过去。鲁山城主孙乐祖，郢城主程茂、薛元嗣先后请求归降。起初，郢城关闭城门时将佐文武男女人口10余万人，疾病瘟疫流行死亡者有十分之七八，至城门打开，高祖都加以抚恤，对死人给予棺材。

先前，汝南人胡文超在溵阳起义，请求讨伐义阳、安陆等郡，以便能够效力高祖，高祖又派遣军主唐修期攻打随郡，都取得了胜利，攻克了城池。司州刺史王僧景派自己的儿子王贞孙作为人质请求不要攻击，司州被和平解决。

陈伯之派遣苏隆之前来复命，说不便于进军。高祖说："陈伯之这句话，说明他进退不定，乘他犹豫不决时，快速出兵攻击他，使他无计可施，必定不能有大的危害。"便命令邓元起率领众兵，即日沿江而下。八月，天子遣黄门侍郎苏回慰劳军队。高祖登上战船，命令诸将领依次上路前进，留下上庸太守韦𧗱驻守郢城，执掌州府事务。邓元起快到寻阳，陈伯之仍然猜疑恐惧，便收兵退保湖口，留下他的儿子陈虎牙驻守盆城。等到高祖来到时，便缴械束甲请罪。九月，天子下诏让高祖平定东夏，并相机行事。就在这个月，留下少府、长史郑绍叔驻守江州城。先头部队到达芜湖，南豫州刺史申胄丢弃姑孰逃走，至此大军进据之，照例派遣曹景宗、萧颖达率领骑兵、步兵进驻江宁。东昏侯派遣征虏将军李居士率领步兵迎战，被曹景宗所部击溃。于是王茂、邓元起、吕僧珍进据赤鼻逻，曹景宗、陈伯之所部为机动部队。当天，新亭城主江道林率兵出战，在战斗中被众兵擒获。大军到达新林后，命令王茂进据越城，曹景宗据守皂荚桥，邓元起据守道士墩，陈伯之据守篱门。江道林残余部队退却屯驻航南，义军穷追不舍，因而江军再次溃散逃亡，退守保卫朱爵，凭借淮河以自卫。当时李居士仍据守新亭垒，请求东昏侯火烧南岸城镇的旁屋以开辟新的战场。自大航以西、新亭以北，都被夷为平地。

十月，齐朝乐昏侯的石头城军主朱僧勇率领水军2000人归降。东昏侯又派遣征虏将军王珍国率领军主胡虎牙等在航南大路布下战阵，全都配备强兵锐器，人数有10余万。宦官王伥子手持白虎旗幡督率各路大军，又拆断航桥，以断绝军队的退路，誓死决战。王茂、曹景宗自两边拉开阵势，互成掎角，相互声援急速前进，将士们展开殊死搏战，无不以一当百，战鼓声、呐喊声震天动地。王珍国的部队，一时间土崩瓦解，跳入淮河而死者，尸体堆积与航桥等高，后到的人踩着死者的尸体渡过淮河，于是朱爵等军皆望风而溃。义军追至宣阳门，李居士交出新亭垒，徐元瑜交出东府城投降，石头、白下等地的守军都被击败。二十一日，高祖镇守石头城，命令各路大军包围6个城门，东昏侯便放火烧门内，驱逼营署、官府一并入城，聚众20万人。青州刺史桓和在东昏侯面前假称出战，乘机率所部前来投降。高祖下令各路大军修筑工事。

起初，义军逼近，东昏侯派遣军主左僧庆镇守京口，常僧景镇守广陵，李叔献屯兵瓜步，后来申胄从姑孰逃归，又让他屯兵破墩以为东北声援。至此，高祖派遣使者前去讲明形势和道理，他们都率部众归降。于是派遣自己的弟弟辅国将军萧秀镇守京口，辅国将军萧恢屯守破墩，从弟宁朔将军萧景镇守广陵。吴郡太守蔡缚弃本郡赴义师。

十二月初六日，兼卫尉张稷、北徐州刺史王珍国杀死了东昏侯，将他的人头送给义师。高祖命令吕僧珍统率大军封锁府库及图书秘籍，收东昏侯的妃子潘妃及凶党王咺之等41位属官，加以斩杀。宣德皇后下令废涪陵王为东昏侯，依照汉朝海昏侯旧例。授高祖中书监、都督扬州南徐州两州的军事、大司马、录尚书、骠骑大将军、扬州刺史等职，封为建安郡公，食邑万户，给班剑40人，黄钺、侍中、征讨军事等职权一并保留，依照晋武陵王遵承制的旧例。

十九日，高祖入屯阅武堂。

中兴二年（502年）二月初二日，接受任命为相国、梁公。三月初三日，接受任命为梁王。三月二十八日，齐帝将帝位让给梁王。

高祖上表推让，未获允准。于是齐百官豫章王元琳等八百819人，以及梁王府台侍中萧云等117人，共同上表劝高祖接受天命，高祖谦让不接受。当天，太史令蒋道秀列举天文符谶64条，事情都很明显；群臣再次上表恳求，高祖才接受禅让践帝位。

太清二年（548年）春正月初七日，魏攻陷涡阳。十二日，豫州刺史羊鸦仁、殷州刺史羊思达，均弃城逃走，魏进据之。二十三日，以大将军侯景为南豫州刺史，安北将军、南豫州刺史鄱阳王萧范为合州刺史。

秋八月初十日，侯景叛乱，接连攻打马头、木栅、荆山等地。十六日，安前将军、开府仪同三司邵陵王萧纶统帅众军讨伐侯景。特赦南豫州。

冬十月，侯景袭击谯州，执刺史萧泰。二十日，侯景进兵攻历阳，太守庄铁降于景。二十二日，侯景自横江渡至采石。二十四日，侯景军至京师，临贺王萧正德率众附从贼军。

十一月初四日，贼军攻陷东府城，杀南浦侯萧推、中军司马杨暾。二十三日，邵陵王萧纶率武州刺史萧弄璋、前谯州刺史赵伯超等入援京师，屯驻于钟山爱敬寺。二十八日，萧纶进军湖头，与贼军作战，兵败。二十九日，安北将军鄱阳王萧范遣嫡长子萧嗣、雄信将军裴之高等率众入援，驻扎于张公洲。

十二月三十日，司州刺史柳仲礼、前衡州刺史韦粲、高州刺史李迁仕、前司州刺史羊鸦仁等均率军入援，推举柳仲礼为大都督。

三年（549年）春正月初一日，柳仲礼率众分营据守南岸。同日，贼军于青塘渡兵，袭破韦粲军营，韦粲拒战身死。初四日，邵陵王萧纶、东扬州刺史临成公萧大连等率兵会集于南岸。十二日，高州刺史李迁仕、天门太守樊文皎进军青溪东，被贼击败，文皎战死。

二月二十一日，南兖州刺史南康王萧会理，前青冀二州刺史湘潭侯萧退率江州兵马屯驻于兰亭苑。二十四日，安北将军、合州刺史鄱阳王萧范于本号外加任开府仪同三司。

三月初三日，前司州刺史羊鸦仁等进军东府北，与贼军作战，大败。十二日，贼军攻陷宫城，纵兵大肆抢掠。十四日，贼矫诏遣石城公萧大款撤去外援军。十五日，侯景自任为都督中外诸军事、大丞相、录尚书。十六日，援军各自退却散去。

四月二十四日，高祖因所求食物得不到供应，忧愤成疾。同月，青冀二州刺史明少遐、东徐州刺史湛海珍、北青州刺史王奉伯各自以本州附从于魏。

五月初三日，高祖崩逝于净居殿，时年86岁。

高祖生来就懂得孝道。6岁时，献皇太后崩驾，高祖多日水米不进，哀哀哭泣，痛苦之状胜过成年人，内外亲属，都对他特别敬重。及至丁服文皇帝丧事，当时正为齐朝随王咨议，随府在荆州镇，隐约听得父丧消息，便急急上投自劾之文辞官而去，连夜奔走，不吃不睡，日夜兼程地赶路，不管风高浪险，一刻也不曾休歇。高祖本来强壮，待到还至京都，清瘦得皮包骨头，亲友难以识认。面对旧宅举丧号哭，声断气绝，好久不省人事，每当临哭便呕血数升。服丧期间不再有米粒粘牙，仅仅靠大麦度日，每天仅食两溢。祭扫陵墓，涕泪所洒之处，草木为之变色。待到身居帝位，便于钟山造大爱敬寺，于清溪边造智度寺，又于台内立至敬等殿。又建7庙堂，每月过访两次，陈设素斋。每当行跪拜之礼时，总是潸然泪下，悲哀之状令左右十分感动。加以才德圣明，所擅长之事能精研穷究，少时便潜心学问，精通儒玄二学。即使是日理万机、事务繁多之时，仍是手不释卷，燃烛点灯，常至五更。作《制旨孝经义》《周易讲疏》及六十四卦、二《系》《文言》《序卦》等义，《乐社义》《毛诗答问》《春秋答问》《尚书大义》《中庸讲疏》《孔子正言》《老子讲疏》，总计200余卷。且指正先儒迷惑不解之处，阐发先圣文句之大义。王侯朝臣均上表请求答疑，高祖逐一解释。整修装饰国学，增加生员，建立五馆，设置五经博士。加以忠实地信仰释迦正法，尤其长于佛典，作《涅盘》《大品》《净名》《三慧》诸经义记，又数百卷。听政之闲，便于重云殿及同泰寺讲说，名僧、博学之辈，比丘、比丘尼、优婆塞、优婆夷四部听众，每每万余人。又作《通史》，亲自作赞与序，共600卷。天性睿智聪明，下笔成文，即使是千篇赋百首诗，文不加点，一蹴而就，都是文质彬彬。从诏铭赞诔到箴颂笺奏，从在郡之日到登帝位之时，各种文集，又有120卷。礼乐书数射御六艺均十分娴熟，棋艺到了炉火纯青的地步，于阴阳、谶纬、预测之学、占卜之术，样样精通。又撰《金策》30卷。所作草书、隶书、尺牍，及骑马射箭之术，无不令人叫绝。勤于政事，孜孜不倦。每至冬日，四更刚完，便敕令使者举烛视事，执笔时遭遇寒气，手背因此而皲裂。惩治奸人，挖掘隐恶，洞察物理人情，每每哀怜流涕，然后准许上奏。每日只食一餐，膳食中没有鲜鱼肥肉，只有些豆羹粗食而已。各种政务繁多，如果日已过午，便漱漱口继续理政。身上穿着布衣，以木棉布做成黑色粗质帷帐，一顶帽子用3年，一床被子用两年。平常所行节俭之事，如上者举不胜举。50开外便断绝房事。后宫职司自贵妃以下，六宫除祭祀礼服之外，都是衣不曳地，衣袖也不用锦绮。不饮酒，不听音乐，只要不是宗庙祭祀、大宴宾客及各种法事，不曾奏乐。生性方正，虽居小殿暗室，也总是衣冠整齐。闲坐时也将腰挺得笔直，盛夏酷暑，从不曾袒胸敞怀。如果不是仪表整洁，从不与人相见；即使与宦人、小臣见面，也像对待贵宾一样。纵观历代君主，温良恭俭，庄严肃穆，博学多艺，极少有像梁高祖这样的。

唯物主义无神论者——范缜

范缜，字子真，自幼孤苦贫穷，侍母亲至孝。年龄接近20，听说沛国刘瓛聚众讲学，就前往跟他学习，出类拔萃而刻苦攻读，刘瓛对他十分器重，亲自替他举行加冠礼。在刘瓛门下多年，无论什么时候，总是穿草鞋布衣，步行于路。刘瓛门下乘车骑马的王公贵族很多，范缜在他的门下，毫无羞愧。已长大成人，博通经学，尤其精于《周礼》《仪礼》和《礼记》。为人正直，喜发高论和惊人之语，发表高论，得不到士友的赞同，只与表弟萧琛相互理解，萧琛称范缜叫"口辩"，十分佩服他具有很深的造诣。

范缜起先在齐朝官宁蛮主簿，经多次提升官至尚书殿中郎。齐武帝永明年间，与北魏和亲，每年互通聘问修好，特地挑选有才学之士作为使臣，范缜及堂弟范云、萧琛、琅邪颜幼明、河东裴昭明相继受命，都显名于邻国。当时竟陵王萧子良广招宾客，范缜也在其中。建武年间，升为领军长史。出任宜都太守，因母亲逝世而离职。回家在南州居住。义军到来，范缜穿着黑色丧服出迎。梁高祖萧衍曾与范缜同游萧子良的西邸且交情不错，见面之后很高兴。至平定建康城，委派范缜为晋安太守。在郡任职期间，十分清廉节俭，全凭俸禄维持生计。工作4年，调任尚书左丞。范缜无论离职复任，即使是亲戚都无所馈赠，唯独馈赠前尚书令王亮。范缜在齐朝做官时，与王亮同在尚书台为郎，素有交情，到这时王亮被摒弃在家。范缜亲自出迎梁高祖的军队，志在得到卿相的职位，后来愿望没有实现，便时常怏怏不乐，所以私下相互亲近结交，以使矫正时弊。后来终究因为王亮而获罪，被流放到广州。

最初，范缜在齐朝，曾侍奉竟陵王萧子良。萧子良诚心信佛，而范缜极力声言无佛。萧子良问道："您不相信因果报应，那么世间怎么会有富贵，怎么会有贫贱？"范缜回答说："人的出生好比一棵树上的花，同样在一枝树杈上发芽，一起在一个花蒂上绽开，随风飘落，有的擦过窗帘落在绣垫上，有的穿过篱笆掉进粪坑里。落在绣垫上的，正是殿下您；掉进粪坑里的，正是下官我。贵贱即使差别再大，因果报应究竟如何体现呢？"萧子良说服不了他，心中十分不快。范缜回去阐明其中的道理，著《神灭论》说：

有人问我："怎样知道精神灭亡呢？"答："精神即形体，形体即精神，因此形体存在精神就存在，形体死亡精神就灭亡。"

问："形体是对没有知觉的称谓，精神是对有知觉的命名，有知觉和没知觉，在认识事物时就明显不同，精神和形体，按理而言是不容混而为一的，把形体和精神说成是一回事，真是闻所未闻。"答："形体是精神的实体，精神是形体的作用，这就是形体指实体而言，精神指作用而言，形体和精神，不能相互分开。"

问："精神本来不是实体，形体本来不是作用，说不能把它们分开，其中的道理在哪里呢？"答："名称不同而实体只有一个。"

问："名称既然已经不同，实体怎能只是一个？"答："精神对于实体，好比锋利对于刀刃，形体对于作用，好比刀刃对于锋利，锋利这个名称不是指刀刃，刀刃这个名称不是指锋利，但是抛开锋利就没有刀刃，抛开刀刃就没有锋利，没听说没有刀刃而锋利还存在，怎能形体死亡而精神还存在呢？"

问："刀刃对于锋利，或许像刚才所说，形体对于精神，其中的道理并不如此。凭什么这样说呢？树木的实体是没有知觉的，人的实体是有知觉的，人既然有像树木一样的实体，却具有与树木不同的知觉，难道不是树木具有实体，人具有实体又具有知觉吗?"答:"奇怪呀,这种说法!人如果具有像树木那样有实体作为形体,又具有与树木不同的知觉作为精神,那么就可以像刚才论述的那样。如今人的实体,这种实体本身是具有知觉的,树木的实体,这种实体本身是不具有知觉的,人的实体不是树木的实体,树木的实体不是人的实体,哪里会有像树木的实体却又具有与树木不同的知觉呢!"

问:"人的实体所以不同于树木的实体,是因为人的实体具有知觉。人如果没有知觉,与树木有什么不同?"答:"人没有不具有知觉的实体,就好像树木没有具有知觉的形体一样。"

问:"死人的形骸,难道不是没有知觉的实体吗?"答:"死人的形骸是没有知觉的人实体。"

问:"如此说来,人果真具有像树木一样的实体,却具有与树木不同的知觉了。"答:"死人具有像树木那样的实体,却没有与树木不同的知觉;活人具有与树木不同的知觉,却没有像树木那样的实体。"

问:"死人的骨骸,不是活人的形骸吗?"答:"活人的形体不是死人的形体,死人的形体不是活人的形体,已经区别得十分清楚了,哪里会有活人的形骸,却具有死人的骨骸呢!"

问:"如果说活人的形骸不是死人的骨骸,既然不是死人的骨骸,那么不应从活人的形骸变成,不从活人的形骸变成,那么死人的骨骸是从哪里变成这个样子呢?"答:"这是从活人的形骸,变成了死者的骨骸啊。"

问:"活人的形骸变成了死人的骨骸,难道不是因为有生才有死吗?这就知道死人的形体和活人的形体没有两样。"答:"如果茂盛的树木变成了枯木,难道枯木的实体就是茂盛的树木的形体吗?"

问:"茂盛的形体变成了干枯的形体,干枯的形体就是茂盛的形体;蚕丝的形体变成了丝线的形体,丝线的形体就是蚕丝的形体,这里有什么区别呢?"答:"如果干枯就是茂盛,茂盛就是干枯,就应该茂盛的时候凋零,干枯的时候结果。又茂盛的树木不应变成干枯的树木,因为茂盛就是干枯,那便没有什么再变化的了。茂盛和干枯是一回事,为何不先干枯后茂盛呢?必定先茂盛后干枯,为什么呢?蚕丝和丝线的道理,也与这种剖析相同。"

问:"活人形体的消亡,就应该豁然都没有,为何刚成为死人的形体,还拖延很长时期没完了呢?"答:"这是因为有生有灭的形体,要有各自生灭的顺序的缘故。那些突然产生的东西必定会突然灭亡,逐渐产生的东西必定逐渐灭亡。突然产生的,暴风骤雨正是这种东西;逐渐产生的,动物、植物正是这种东西。有的突然生灭，有的逐渐生灭，这是万物自身的规律。"

问："形体就是精神，手之类也是精神吗？"答："都是精神的一部分。"

问："如果都是精神的一部分，精神既然能思虑，手之类也应该能够思虑。"答："手之类也应该有痛痒的感觉，但没有对是非的思虑。"

问："感觉和思虑，是一回事是两回事？"答："感觉就是思虑，程度浅是感觉，程度深是思虑。"

问："像这样，应该有两种思虑，思虑既然有两种，那么精神有两种吗？"答："人的形体只是一个，精神怎能有两个？"

问："如果不能有两个，怎能有痛痒的感觉，又有对是非的思虑？"答："像手和脚虽然不同，终究是一个人，对是非的思虑与对痛痒的感觉虽然仍有区别，也终究只是一个精神。"

问："对是非的思虑，与手足无关，应与什么地方相关？"答："对是非的思虑，是由心这种器官主宰的。"

问："心这种器官，是指五脏中的心，不是吗？"答："是的。"

问："五脏有什么区别，而唯独心具有对是非的思虑呢？"答："七窍还有什么区别，可是所起的作用却不一样。"

问："思虑没有固定的领域，怎么知道是由心这种器官主宰的呢？"答："五脏各有自己主管的事情，其他脏器没有能进行思虑的，因此知道心脏是进行思虑的主体。"

问："为何思虑不寄放在眼睛等身体的其他部分之中？"答："如果思虑可以寄放在眼睛部分，眼睛为何不寄放在耳朵部分呢？"

问："思虑自身没有本体，因而可以寄放在眼睛部分，眼睛自身有主体，不需要寄放在其他部分。"答："眼睛为何有本体而思虑没有本体，假若思虑没有本体在我的形体中，而且可以普遍寄放在别的地方，那么张甲的性情也可以寄放在王乙的身体中，李丙的性情也可以寄放在赵丁的身体中。是这样吗？不是这样的。"

问："圣人的形体和凡人的形体一样，却有凡人和圣人的区别，所以知道形体与精神根本不同。"答："不对。纯金能照，有杂质的不能照，具有能照特性的纯金，哪里会有不能照的杂质。又哪里有圣人的精神却寄托在凡人的器官中，也没有凡人的精神却寄托在圣人的身体里。因此眉八彩，眼重瞳，这是尧和舜的容貌，龙颜、马口，这是轩辕和皋陶的容貌，这都属于外表形态的奇异之处。比干的心，内分七窍，姜维的胆，大如拳头，这都属于心脏器官的特殊表现。由此可知圣人生就的特质，每每与常人大不一样，不仅是圣人的道德与众不同，就连形体也超越众生。将凡人与圣人的形体等同起来，这是无法接受的。"

问："您说圣人的形体一定与凡人不同，请问阳货与孔子相似，项籍与舜相似，舜、项籍、孔子、阳货的智慧有天渊之别，而形体却相同，这是什么缘故呢？"答："珉与玉类似却不是玉，鸡与凤凰类似却不是凤凰，万物中的确有这种现象，人本来也不例外。项籍、阳货的外貌相似而实质并不相似，心脏器官不一样，虽然外貌相似也毫无用处。"

问："凡人与圣人的差别，形体与器官不同，可以这样说；圣人十全十美，按理不应有差别，但孔子、周公的外貌不同，商汤、文王的形状两样，说明精神与形体并不相互依存，从这里表现得更加明显了。"答："圣人在心脏器官方面相同，形体不一定相同，就像马的毛色不一而同样善于奔跑，玉的色泽有别而全都十分美好。因此晋国的垂棘璧、楚国的和氏璧同样价值连城，骅骝宝马、骁骊良驹都能一日千里。"

问："形体与精神不能截然分开，已经听清楚了，形体死亡，精神也就灭亡，道理本该如此。请问经书上说'为死去的父母建立宗庙，用对待鬼神的礼节祭祀他们'，讲的是什么意思呢？"答："圣人的教化是这样的，目的在于安定孝子的心情，进而清除苟且不忠厚的想法，将死人神化，正是从这种考虑出发的。"

问："死去的伯在披着甲胄，谢世的鼓生化为大猪出现，典籍著录这些事情，难道是为了推行教化吗？"答："妖怪渺茫，有真有假，暴死的人很多，没有都变成鬼，为什么唯独鼓生、伯有能这样呢？突然出现的人和猪的形象，未必就是齐国的彭生、郑国的伯有啊！"

问："《周易》说：'圣人因此知道鬼神的情状。圣人与天地相类似，因而不违反天地之道。'又说：'一辆车装着鬼。'其中说的是什么意思？"答："有的是禽，有的是兽，区别在于会飞还是会跑；有的是人，有的是鬼，区别在于显见还是幽隐。人死会变成鬼，鬼亡会变成人，那就不知道了。"

问："知道这种精神消亡的道理，有什么用处呢？"答："浮屠危害政事，沙门败坏风俗，如风惊雾起，驰荡不休，我对由此产生的弊病深感悲痛，想拯救那些执迷不悟的人。为什么那些人收尽钱财去请和尚，倾家荡产去皈依佛门，却不怜恤亲戚，不怜悯穷人呢？实在是由于厚待自己的想法太多，帮助别人的考虑太少。因此薄礼赠予贫穷的友人，吝啬的表情就现在脸上；巨资送给富有的和尚，喜悦的心情便流露于容发。难道不是因为在和尚那里寄托着美好的期待，从亲友那里得不到丝毫的回报，进行施舍，一点儿不救济贫穷，积攒功德，全都是为了自己，加上被愚昧的话所迷惑，对地狱苦楚十分恐惧，受虚妄之辞的引诱，对天堂欢乐十分欣羡，因此抛弃儒家的服饰，穿起和尚的袈裟，取消传统的祭典，陈设释氏的器具，家家抛弃亲人，人人断绝后嗣，致使队伍缺兵，官府无吏，粮食被游手好闲的懒汉用光，财物被泥塑木雕的庙宇耗尽。所以坏人不受惩处，颂声仍旧盈年。正因为如此，它的影响无休无止，它的危害没边没际。万物的生成出于自然，万物的变化都来源于自身，顷刻存在，转瞬消逝，生不加阻碍，死不予追寻，顺应天理，全都安于自身的禀性，小人安于种植，君子安于寡欲，耕种而后饮食，食品不可穷尽，养蚕而后穿着，衣物不会缺少，下层的人生活有余用来供养上层的人，上层的人少私寡欲对下层不加干预，能够尽其天年，能够治好国家，能够称霸天下，凭借的就是自然无为之道。"

这种观点公开之后，朝野议论纷纷，竟陵王萧子良召集僧侣进行反驳，没有难倒范缜。

范缜流落南方多年，被召回京都建康。回京后被任命为中书郎、国子博士，死于任所。有文集10卷。

陈书

《陈书》概论

《陈书》是二十五史中在唐初撰成的8部官修史书之一，记载了南北朝时期封建割据政权——陈朝（557—589年）兴国、发展、覆亡的历史。

一

《陈书》成于姚思廉之手，实际上是姚察、姚思廉父子两代撰成。《陈书》的编撰，始于陈代，姚察即参与其事。姚察以史职参与，由于陈亡之故，《陈书》未成而辍。隋代，姚察又受命撰修梁、陈二史，未成而卒。唐兴，天下初定，令狐德棻倡议修前朝史，唐高祖遂于武德四年十一月诏修魏、周、隋、齐、梁、陈六朝史。当时，受命撰修陈史的有窦进、欧阳询、姚思廉。由于种种原因，数年而不就。至贞观三年（629年），唐太宗重诏修撰，姚思廉奉敕撰梁、陈二史。贞观九年，成《陈书》。

《陈书》虽成于姚氏父子，但前人之功不可没。刘知几《史通》云："陈史初有吴郡顾野王、北地付𫖮各为撰史学士，其武、文二帝纪即为顾、付所修。太建初（宣帝），中书郎陆琼续撰诸篇，事伤烦杂，姚察就加删改，粗有条贯，及江东不守，持以入关，隋文帝尝索梁、陈事迹，察具以所成，每编续奏，而依违荏苒，竟未绝笔。皇家贞观初，其子思廉为著作郎，奉诏撰成二史。于是赁藉旧稿，加以新录，弥历九载，方始毕功。"可见，《陈书》的修撰，除了姚氏父子付出了艰辛的劳动外，也有他人之功。

二

《陈书》共36卷，其中本纪6卷，分别记载高祖（陈霸先）、世祖（陈蒨）、废帝（陈伯宗）、宣帝（陈顼）、后主（陈叔宝）五皇史实；列传30卷，大致按皇后、武将、文臣、宗室、儒林、文学、孝行、侍臣、逆臣之类，较为全面地反映了陈朝的历史。然而，历代史家对它的评价并不高，认为非但不能与前四史相提并论，而且在唐八史中也算不得上乘。主要因为《陈书》自身的缺点所致。

首先，作者的唯心主义史观。在撰述王朝的盛衰和帝王将相的得失成败时，以宿命论的观点，强调"天意"和"历数"，认为王朝的兴衰，"大人物"的成败，都是神意的体现或某种神秘力量的既定安排。在记人记事时，承袭前代的阴阳五行、图谶灾异的陈腐思想，对奇异传说、鬼怪奇闻、相面望气、因果报应着力渲染。姚察是位佛教信徒，习佛法，读佛经，临终犹正坐诵佛。姚思廉虽不见有其父之佞佛行为，但对佛事也不加排斥。因此，在《陈书》中，对佛事的记载尤详。这虽然反映了当时的社会风尚，但姚氏的崇佛思想，使得他们对佛事的记载充满了感情色彩，并用佛教所宣扬的因果报应作为对历史人物的总结，则有失偏颇。

其次，体例有疵。《陈书》的体例，看似严谨，细加分析，其中欠妥之处仍不乏时见。在人物立传方面，凡陈氏子孙，不分贤愚，人人立传，使《陈书》成了变相的陈氏族谱。在人物的归类方面，颇有不当之处。

再次，多溢美、隐恶、讳过之笔。姚氏出身庶族，对此他特别忌讳。其父历仕梁、陈、隋三朝，功名显赫，隋代封为北绛郡公。在《姚察传》中，姚思廉洋洋洒洒用了3000余字来记述，详叙朝廷之优礼、名流之褒奖及察之逊谢等词，事极琐屑，极尽文饰之能事。而对其祖父的记述则简而又简，含糊地说："父上开府僧坦，知名梁武代，二宫礼遇优厚。"详略之间，出入极大。之所以如此，缘于其祖父只是梁时太医正，仅因医术精明而受梁武帝看重。在儒家思想占统治地位的封建时代，技艺为士林所不齿。姚思廉以士林标榜，而轻视祖父之业。

隐恶讳过之处，多处可见。如，《世祖本纪》及《衡阳王昌传》对世祖夺嫡、谋杀高祖子衡阳王陈昌一事的记载都极为简单，并隐瞒真相，说是侯安都请缨前去迎接衡阳王，衡阳王溺水而死。又如陈高祖篡梁一事，《南史》载为："刘师知为陈武害梁敬帝入宫，诱帝出，帝觉之，绕床而走曰：'师知卖我，陈霸先反，我本不须作天子，何意见杀。'师知执帝衣，行事者加刃焉。"而从《陈书·高祖本纪》中绝对看不出逼夺之迹，刘师知本传中也找不出一字涉及此事。如此隐恶讳过，有违事实，《陈书》得不到史家赞誉，自然是在情理之中。

尽管《陈书》的不当之处不少，但它仍在二十五史之列，足可说明《陈书》是瑕不掩瑜，至少是瑕玉互见的。《陈书》的价值之一在于，它成于姚氏父子之手，姚氏父子曾仕于陈，对陈朝之事亲身经历，虽成于唐，但可以说是当世人写当世事，是现存比较好的原始记载。其二，纪传中大段甚至全文保留诏令、奏疏，保留了陈代的不少作品，对于窥视陈代文风及典章制度，有较大参考价值。其三，《陈书》以及《梁书》的行文风格，是对六朝文风的变革。散文或古文的倡导与重振，以唐中叶和北宋时期为主，姚氏父子在陈末唐初已开其先河，在古代文学史上的地位不可忽视。

政　略

侯安都居功自傲

部下将帅多不遵法度，检问收摄，则奔归安都①。世祖性严察，深衔之。安都弗之改，日益骄横。每有表启，封讫，有事未尽，乃开封自书之，云又启某事。及侍宴酒酣，或箕踞②倾倚。尝陪乐游禊③饮，乃白帝曰："何如作临川王时？"帝不应。安都再三言之，帝曰："此虽天命，抑亦明公之力。"宴讫，又启便借供帐水饰④，将载妻妾于御堂欢会，世祖虽许其请，甚不怿。明日，安都坐于御坐，宾客居群臣位，称觞上寿。初，重云殿灾，安都率将士带甲入殿，帝甚恶之，自是阴为之备。

（《陈书》卷八，侯安都传）

【注释】

①安都：指侯安都，南朝陈始兴曲江（今广东韶关）人，建国元勋，曾官司空、侍中，食邑5000户，后被文帝赐死。②箕踞：坐时随意伸开两腿，像个簸箕，是种不合礼节的坐法。③禊（xì）：祓祭，古人消除不祥的一种祭祀，常在春秋两季时于水滨举行。④供帐：供设帷帐。水饰：供游玩用的船只上的装饰，代指船只。

【译文】

侯安都的部下将帅大多不遵守法规，在外胡作非为，有关人员要检查、盘问、收捕他们，他们就逃回侯安都处。世祖陈茜性严厉，对侯安都很是不满。侯安都不但不改正，反而日益骄横无礼。呈交皇上的文书封好之后，一旦想起还有什么没有说完的事情，就拆开文书，另行添加所谓还需陈述给皇上的事情。在宫廷宴会上酒兴正浓的时候，他就忘乎所以，甚至随意伸开两腿，像个簸箕，歪歪斜斜地靠在椅子上。有一次，举行祓祭，侯安都陪从陈文帝饮酒，大家玩得很痛快，侯安都问陈文帝："您现在做皇帝，与你做临川王时相比，怎么样？"陈文帝没有回答。侯安都执意要他回答，文帝就说："我能当皇帝，虽然是天命的安排，您也出力不少。"宴会之后，他又请求文帝立即借给他船只，他要把妻妾家人们接来宫廷欢聚，文帝虽然同意了他的请求，但很不高兴。第二天，侯安都坐在皇帝宝座上，宾客们坐在臣子的座位上，斟酒为他祝寿。当初，重云殿发生火灾，侯安都率领将士，带着武器上殿，文帝就很憎恨他。这次以后，陈文帝就暗中对他防备起来。

迁都之议①

时朝议迁都，朝士家在荆州者，皆不欲迁，惟弘正②与仆射王裒③言于元帝曰："若束修④以上诸士大夫微见古今者，知帝王所都本无定处，无所与疑。至如黔首万姓，若未见舆驾入建邺，谓是列国诸王，未名天子。今宜赴百姓之心，从四海之望。"时荆陕人士咸云王、周皆是东人，志愿东下，恐非良计。弘正面折之曰："若东人劝东，谓为非计，君等西人欲西，岂成良策？"元帝乃大笑之，竟不还都。

(《陈书》卷二十四，周弘正传)

【注释】

①侯景攻陷梁都城建康后，湘东王、荆州刺史萧绎派王僧辩与陈霸先一道平定侯景，在江陵即位称帝。围绕定都江陵还是迁都建康的问题，大臣之间产生了争议。②弘正：周弘正，汝南安城（在今河南东部）人。③王裒：琅邪临沂（今山东临沂）人。④束修：本指学生送给老师的礼物。古代人15岁入学，必用束修，因以束修指代受过低级教育的读书人。

【译文】

当时，梁元帝上朝议论迁都问题，那些家在荆州的大臣们不愿迁都，只有周弘正和尚书仆射王裒对元帝说："对于那些只要受过教育的、稍微懂得古今历史的士大夫们来说，他们知道帝王定都的地方原本不是固定不变的，这个道理是没有疑问的。至于对平民百姓来说，假如他们看不到您皇上的车马进入都城建业（今南京市），他们就会把您视为列国诸王之一，而不把您看作天子。现在，皇上应该顺应民心，遵从天下百姓的愿望。"当时，荆、陕大臣都说王裒、周弘正是东部人，因而愿意迁都东面的建康，这恐怕不是良策。周弘正当面驳斥他们说："如果说东部人劝说皇上迁都东面，因而不是良策，那么，你们西部人想定都西面,难道就是良策吗?"梁元帝听说大笑,但最终没有迁都建康。

不辱使命

太清二年,(徐陵)兼通直散骑常侍。使魏,魏人授馆宴宾。是日甚热,其主客魏收①嘲陵曰:"今日之热,当由徐常侍②来。"陵即答曰:"昔王肃③至此,为魏始置礼仪;今我来聘,使清复知寒署。"收大惭。

(《陈书》卷二十六,徐陵传)

【注释】

①魏收(506—572年):北朝北齐史学家,撰有《魏书》。②徐常侍:指徐陵,南朝陈文学家,今山东郯城人,陈时官尚书左仆射、中书监。③王肃:北魏大臣,原仕东晋,归北魏后,深受魏高祖礼遇,负责制定礼仪。

【译文】

太清二年(548年),徐陵兼任通直散骑常侍。他出使东魏,东魏替他安排馆舍,设宴招待。这一天,天气非常炎热,宴会主持人魏收嘲笑徐陵说:"今日天气炎热,该是由您徐常侍带来的。"徐陵立即回答说:"先前王肃到北魏后,替北魏最早制定了礼仪;现在,我来访问您们东魏,使您又知道了寒暑冷热。"魏收听后,感到很惭愧。

法 制

铁面无私

六年,(徐陵)除散骑常侍、御史中丞。时安成王顼为司空,以帝弟之尊,势倾朝野。直兵鲍僧睿假王威权,抑塞辞讼,大臣其敢言者。陵闻之,乃为奏弹,导从南台①官属,引奏案而入。世祖见陵服章严肃,若不可犯,为敛容正坐。陵进读奏版时,安成王殿上侍立,仰视世祖,流汗失色。陵遣殿中御史②引王下殿,遂劾免侍中、中书监。自此朝廷肃然。

(《陈书》卷二十六,徐陵传)

【注释】

①南台:指中央监察机构御史台。②殿中御史:御史台官职。

【译文】

天嘉六年(505年),徐陵被任命为散骑常侍、御史中丞。当时,陈世祖的弟弟安成王陈顼(即陈宣帝)为司空,他身份尊贵,势倾朝野。直兵(官名)鲍僧睿依仗安成王的权势,阻塞诉讼,大臣们没有敢对他提意见的。徐陵听说鲍僧睿的事情,就上奏弹劾,他率领御史台的官员,捧着奏文去朝见陈世祖,世祖见徐陵服饰、态度非常严肃,貌不可犯,就收敛起笑容,正襟危坐。徐陵上前宣读奏文时,安成王也在殿上侍立,抬头望着世祖,吓得流汗变色。徐陵叫殿中御史带安成王下殿去,终于罢免了他的侍中、中书监的职位。从此,朝廷风纪肃然。

姚察拒馈赠

察①自居显要,甚励清洁②,且廪锡③之外,一不交通④。尝有私门生⑤不敢厚饷⑥,止送南布一端⑦,花绁⑧一匹⑨。察谓之曰:"吾所衣著⑩,止是麻布蒲绁⑪,此物于我无用。既欲相歆接⑫,幸不烦尔。"

此人逊请，犹冀受纳，察历色驱出，因此伏事⑬莫敢馈遗⑭。

（《陈书》卷二十七，姚察传）

【注释】

①察：姚察，在南朝陈任吏部尚书，入隋撰梁、陈二史未成而逝，其子姚思廉成功其事。②清洁：清正廉洁。③廪（lín）锡：廪，官府供给的粮食。锡，赐给。④交通：交往，在交往中受礼。⑤私门生：南朝时期对贵族、官僚等的依附者。⑥饷：赠送。⑦止送南布一端：止，通"只"。南布，当指木棉布。端，古以六丈为一端。⑧花练：粗丝织的花布。⑨匹：古以4丈为一匹。⑩衣著：著（zhuó），同"着"。⑪麻布蒲练：粗陋之衣。⑫欵接：欵，通"款"，欵接意为交好。⑬伏事：服侍。⑭馈遗（wèi）：赠送。

【译文】

姚察身居要职以后，非常注意保持清廉，除了自公家所得的粮米和赏赐，不收受任何人的礼品。他曾经的一个门生，还不敢送太重的礼，只送了南布一端，花布一匹。姚察对他说："我所穿的衣服，只不过是麻布蒲练这样的粗品，这些东西对我来说是用处不大。既然想和我交好，也用不着费心。"这人仍然请求，希望他能接受，姚察生起气来，板着面孔把他赶了出去，因此想巴结他的人都不敢赠送东西给他。

军 事

虎将程文季

文季①临事谨急,御下严整,前后所克城垒,率皆迮②水为堰,土木之功,动逾数万。每置阵役人,文季必先诸将,夜则早起,迄暮不休,军中莫不服其勤干。每战恒为前锋,齐③军深惮之,谓为"程兽"④。

(《陈书》卷十,程文季传)

【注释】

①文季:程文季,南朝陈将领。②迮(zuò):狭窄,使变狭。此言堵截。③齐:此指北齐,曾一度与陈对峙。④程兽:应为"程虎",《陈书》作者姚思廉出于避讳的考虑,改为"程兽",《南史》则作"程彪"。

【译文】

程文季遇事严谨性急,督责部下十分严格,先后攻克的城垒,都截水为堰,土木用工,动不动就超过数万。每有战事,他早早起床,到天黑也还不休息,比将领们都要忙碌,全军上下都叹服他的勤奋干练。每次打仗,他常常当前锋,北齐人很怕他,把他称为"程兽"。

将军章昭达

昭达①性严刻,每奉命出征,必昼夜倍道;然有所克捷,必推功将帅,厨膳饮食,并同于群下,将士亦以此附之。每饮会,必盛设女伎杂乐②,备尽羌胡之声③,音律姿容,并一时之妙,虽临对敌寇,旗鼓相望,弗之废也。

(《陈书》卷十一,章昭达传)

【注释】

①昭达:章昭达,南朝陈将领。②女伎杂乐:女伎,指善于歌舞的女子。杂

乐，种类很多，除歌舞外，很可能还有一些军事体育活动。③羌胡之声：羌，我国古代西方少数民族。胡，古代对西、北方少数民族的通称。"羌胡之声"，慷慨激越，有利于鼓舞斗志。

【译文】

　　章昭达严厉刻急，每当出征，必定昼夜兼程，但打了胜仗，必定归功于他手下的将帅，他在饮食方面，也和部下一样，将士因此乐于追随他。每有饮宴之会，一定要盛设女伎和杂乐，表演羌胡之声，淋漓尽致，而那些女艺人的艺技和姿容也极绝佳，即使是面对敌寇，看得见敌军的旗帜，听得到敌人的鼓声，他还是照常不误。

仁者必有勇

　　及侯景寇郢州，申①随都督王僧辩据巴陵，每进筹策，皆见行用。僧辩叹曰："此生要鞬汗马②，或非所长，若使抚众守城，必有奇绩。"僧辩之讨陆纳也，申在军中，于时贼众奄至，左右披靡，申躬蔽僧辩，蒙楯③而前，会裴之横救至，贼乃退，僧辩顾申而笑曰："仁者必有勇，岂虚言哉！"除散骑侍郎。

（《陈书》卷二十九，司马申传）

【注释】

　　①申：指司马申，南朝陈河内温（今河南温县）人，官至右卫将军。②要鞬（jiān）汗马：比喻带兵打仗。鞬，系在马背上用来装箭的筒。要，约束。③楯：通"盾"，盾牌。

【译文】

　　等到侯景进犯郢州（治所在今武昌）时，司马申随从都督王僧辩据守在巴陵（今湖南岳阳），每次向王僧辩提出计谋，都被采纳并发挥了作用。王僧辩感叹说："如果要这个后生带兵打仗，或许不是他所擅长的；如果让他安抚民众，守卫城池，肯定会有奇迹。"后来，王僧辩讨伐农民起义首领陆纳的时候，司马申也在军队中，有一次，陆纳兵汹涌而来，王僧辩身边的人一个个地倒下，这时，司马申用身体掩护着王僧辩，用盾牌遮挡着身体向前冲，恰好裴之横救兵来到，陆纳兵因而退却，王僧辩回头看了看司马申，笑着说："有仁义的人必定有勇气，此话不假呀！"司马申被提拔为散骑侍郎。

理　财

吴明彻救济乡亲

起家梁东宫直后①。及侯景寇京师，天下大乱，明彻②有粟麦三千余斛，而邻里饥馁，乃白诸兄曰："当今草窃，人不图久，奈何有此而不与乡党共之？"于是计口平分，同其丰俭，群盗闻而避焉，赖以存者甚众。

（《陈书》卷九，吴明彻传）

【注释】

①东宫直后：太子属官。②明彻：指吴明彻，南朝陈秦郡（属今甘肃）人，陈朝开国功臣。曾官领军将军、侍中。

【译文】

吴明彻在梁朝开始做官东宫直后。侯景进犯都城建康（今南京市），天下大乱，出现大饥荒，吴明彻家有粟麦3000多斛（一斛为一石），他看到邻里乡亲挨饿，就与哥哥们商量说："当今世道战乱，盗贼横行，度日艰难，朝不保夕，我们家有这么多粮食，为什么不与乡亲们共享呢？"于是，按人口计算，把粮食分给乡亲们，与乡亲们同甘共苦。附近盗贼听说此事，都逃避了。这样，许多乡亲得以生存下去。

守财奴

众性希啬①，内治产业，财帛以亿计，无所分遗。其自奉养甚薄，每于朝会之中，衣裳破裂，或躬提冠屦。永定二年，兼起部尚书②，监起太极殿。恒服布袍芒屩，以麻绳为带，又携干鱼蔬菜饭独啖之，朝士共诮其所为。众性狷急③，于是忿恨，遂历诋公卿，非毁朝廷。高祖大怒，以众素有令望，不欲显诛之，后因其休假还武康，遂于吴中赐死，时年五十六。

(《陈书》卷十八，沈众传)

【注释】

①众性希啬：众，指沈众，南朝陈吴兴武康（今浙江德清县武康镇）人，梁尚书令沈约的孙子，官至中书令。希，同"吝"。②起部尚书：官名，主管营造宗庙、宫室。③狷急：性急不能受委屈。

【译文】

沈众生性吝啬，经营家业，财帛多达以亿计，但丝毫不分送给别人。他自己生活也非常俭朴，每次朝会中，穿着破烂衣裳，又亲自携带自己的帽子和鞋子。永定二年（558年）兼任起部尚书，负责监造太极殿。他总是穿着布袍、草鞋，以麻绳作腰带，又自带干鱼蔬菜饭，一个人吃，朝廷官员都讥笑他的行为。沈众生性脾气急躁，受不了委屈，由此心怀怨恨，于是诬陷公卿，诽谤朝廷。陈高祖大怒，只是考虑到沈众在家世、为政方面还素有声望，因而不想明目张胆地杀他，后来，趁他休假还乡武康途中，把他赐死在苏州城，当年56岁。

德　操

侠御将军

翙字子羽，少有志操。……永定元年，授贞毅将军、步兵校尉。迁骁骑将军，领朱衣直阁①。骁骑之职，旧领营兵，兼统宿卫。自梁代以来，其任逾重，出则羽仪②清道，入则与二卫通直，临轩则升殿侠侍。翙素有名望，每大事恒令侠侍左右，时人荣之，号曰"侠御将军"。

（《陈书》卷十八，韦载传附族弟翙传）

【注释】

①直阁：在台阁中当值②羽仪：仪仗中用鸟羽装饰的旌旗等。

【译文】

韦翙（huì）字子羽，从小就有志操。……永定元年（557年），陈高祖授予他贞毅将军、步兵校尉。后调任骁骑将军，身着红色制服，侍卫台阁。骁骑将军的职责，以前是统率骑兵营兵马，兼管夜晚警卫工作。从梁代以来，它的责任越来越重，皇帝外出时则簇拥着彩旗飘扬的仪仗队，负责警戒，入则与殿中二卫一道担任警卫，皇上临朝时则披甲执仗侍卫在旁。韦翙向来声望好，每每有什么大事，陈高祖总让他在身旁侍卫，当时的人以此为荣，称他叫"侠御将军"。

避利免祸

侯景攻陷台城，百僚奔散，允①独整衣冠坐于宫坊，景军人敬而弗之逼也。寻出居京口。时寇贼纵横，百姓波骇，衣冠士族，四出奔散，允独不行。人问其故，允答曰："夫性命之道，自有常分，岂可逃而获免乎？但患难之生，皆生于利，苟不求利，祸从何生？方今百姓争欲奋臂而论大功，一言而取卿相，亦何事于一书生哉？庄周所谓畏影避迹②，吾弗为也。"乃闭门静处，并日而食，卒免于患。

（《陈书》卷二十一，萧允传）

【注释】

①允：指萧允，南朝陈兰陵（今江苏常州）人，为人淡于名利，历官黄门侍郎、光禄大夫。②畏影避迹：出自《庄子·渔父》。本意是害怕自己的影子，逃避自己的脚迹，比喻不必要的顾忌。

【译文】

侯景攻陷梁宫城，百官逃散，只有萧允一个人衣帽整齐地静坐在太子官署，侯景军人深感敬畏，也不逼迫他。不久，他出居京口（今江苏镇江）。当时，侯景之兵到处烧杀抢掠，平民百姓惊慌，四出逃命，官绅士族也逃散各方，只有萧允不去逃命。有人问他为什么，他回答说："大概性命之道，自有它的本分，人难道可以逃脱命运的安排吗？大凡患难的产生，都是由于利益所致，如果不贪求利益，怎么会招致灾祸呢？当今天下大乱，人们竞相奋力求取功劳，希冀指日获得高官厚禄，这些同我一介书生有什么关系呢？庄子所谓畏影避迹，我是不会干这样没有必要的事情的。"于是，闭门静处，两日一餐，终于免遭祸患。

岁寒知松柏之后凋

祯明三年，隋军来伐，隋将贺若弼进烧宫城北掖门，宫卫皆散走，朝士稍各引去，惟宪①卫侍左右。后主谓宪曰："我从来侍卿不先余人，今日见卿，可谓岁寒知松柏后凋也。"后主遑遽将避匿，宪正色曰："北兵之入，必无所犯，大事如此，陛下安之。臣愿陛下端正衣冠，御前殿，依梁武见侯景故事。"后主不从，因下榻驰去，宪从后堂景阳殿入，后主投下井中，宪哭拜而出。

（《陈书》卷二十四，袁宪传）

【注释】

①宪：指袁宪，南朝陈陈郡阳夏（今河南太康）人，官至侍中、尚书仆射。

【译文】

祯明三年（589年），隋军南伐陈，隋将贺若弼进攻、焚烧陈宫城北掖门，宫中侍卫人员都逃散了，朝中官员也都陆续逃走，只有袁宪一人侍卫在陈后主身边。后主对袁宪说："我待您从来不比待其他人好，但从今日之事来看，可以说是岁寒而知松柏之后凋啊。"陈后主吓得慌慌张张地要逃避、藏匿起来，袁宪脸色严肃地说："北兵攻进来后，肯定不会冒犯皇上的，大事既然如此，陛下就不必惊慌了。希望陛下正衣帽，坐在前殿，依照梁武帝接见侯景的惯例接纳贺若粥。"后主不听，就下床跑着离开，袁宪从后堂景阳殿进去，只见陈后主投入井中，袁宪哭着叩拜后主后，就出去了。

富妻不嫌穷夫

梁末，侯景寇乱，京邑大饥，饿死者十八九。孝克①养母，饘粥不能给。妻东莞臧氏，领军将军臧盾之女也，甚有容色，孝克乃谓之曰："今饥荒如此，供养交阙，欲嫁卿与富人，望彼此俱济，于卿意如何？"臧氏弗之许也。时有孔景行者，为侯景将，富于财，孝克密因媒者陈意，景行多从左右，逼而迎之，臧涕泣而去，所得谷帛，悉以供养。孝克又剃发为沙门，改名法整，兼乞食以充给焉。臧氏亦深念旧恩，数私致馈饷，故不乏绝。后景行战死，臧伺孝克于途中，累日乃见，谓孝克曰："往日之事，非为相负，今既得脱，当归供养。"孝克默然无答。于是归俗，更为夫妻。

（《陈书》卷二十六，徐陵传附弟孝克传）

【注释】

①孝克：指徐孝克，很有孝行。

【译文】

梁朝末年，侯景作乱，都城建康一带大饥，饿死者达十分之八九。徐孝克奉养母亲，穷得连粥都喝不上。他的妻子臧氏是领军将军臧盾的女儿，长得很美，徐孝克就对她说："现在如此饥荒，大家生活都很困难，无法奉养母亲，我想把你出嫁给富人，这样，我们大家都可指望生存下去，你觉得怎样？"臧氏不同意。当时有个侯景的战将孔景行，他很富足，徐孝克就暗中叫个媒人给他说亲，孔景行随从大伙来到徐孝克家，强行迎娶臧氏，臧氏哭哭啼啼地去了。徐孝克从中得到的聘礼，都用来供养母亲。他自己削发当和尚，取名法整，同时，又乞讨食物来补充供给。臧氏也深念旧恩，经常私下里送来钱粮衣物，所以，徐孝克和母亲也还能够勉强度日。后来，孔景行战死，臧氏在路上等候孝克，几天后，终于相见，臧氏对孝克说："过去的事情实是万不得已，并不是哪个忘恩负义，现在既然事情已经过去，我们应当一起回家供养母亲。"徐孝克沉默不语，于是还俗，两人重新结为夫妻。

传世故事

鲁悉达终附陈高祖

王琳企图东下,由于鲁悉达控制着长江中游,王琳担心他会是自己的隐患,就频频派使者来招诱鲁悉达,鲁悉达始终不从,王琳不能东下,就联络北齐,互为表里,北齐派清河王高岳援助王琳。双方相持了一年多,碰巧鲁悉达副将梅天养等人由于犯错恐惧,就引导北齐军攻入城中。鲁悉达统率所属几千兵马,渡过长江,归附陈高祖。陈高祖见他终于来了,很高兴,说:"为何迟至今日才来?"鲁悉达回答说:"臣镇守陛下上流,愿为陛下屏障,陛下授臣官职,恩德无量,沈泰袭臣,对臣威胁也大啊,然而,臣之所以主动来归附陛下,是因为陛下豁达大度,如同汉高祖。"陈高祖感叹说:"爱卿说得对啊。"授予鲁悉达平南将军、散骑常侍、北江州刺史,封为彭泽县侯。

郑灼以瓜镇心读书

郑灼读书专心勤奋,特别精通《礼记》《仪礼》《周礼》。年轻时,曾梦见与皇侃相遇途中,皇侃对他说:"郑郎开口",皇侃吐痰郑灼口中,从此,郑灼对于经典义理更有长进。郑灼家贫,无钱买书,就夜以继日地抄书,笔毫抄掉了,又把笔毛削尖,继续使用。郑灼常常粗茶淡饭,很缺乏营养,讲授经书时经常感到心头发烧,如果是瓜果上市的季节,他就仰面躺下,用瓜果放在心口上,凉凉心,起来接着诵读,郑灼就是如此专心致志地读书的。

人物春秋

坎坷一生——陈后主叔宝

后主名叔宝，字元秀，乳名黄奴，高宗嫡长子。梁承圣二年（553年）十一月二十日生于江陵。次年，江陵陷落，高宗随迁关右，留后主于穰城。天嘉三年（562年）回京师，立陈叔宝为安成王世子。天康元年（566年）任命为宁远将军，设置佐史。光大二年（568年）为太子中庶子，不久迁官侍中，仍兼旧职。太建元年（569年）正月初四日立为皇太子。

太建十四年（582年）正月初十，高宗驾崩。十一日，始兴王陈叔陵作乱被杀。十三日，太子即皇帝位。至德四年夏五月初七日，立皇子陈庄为会稽王。秋九月十七日，皇帝驾临玄武湖，大陈船舰阅兵，宴饮群臣赋诗。

祯明二年（588年）十一月，隋派遣晋王杨广率众军攻伐，自巴、蜀、沔、汉顺流至广陵，数十路并进，沿江镇守官相继奏闻。这时新授湘州刺史施文庆、中书舍人沈客卿执掌机密大事，压下奏折不报，所以没有准备和防御。

三年（589年）春正月初一日，隋总管贺若弼从北路广陵渡京口，总管韩擒虎直趋横江，渡采石，从南路将与贺若弼军会合。初二日，采石守将徐子建飞书告变。初三日，皇上召公卿入议军事。初四日，城内外戒严，以骠骑将军萧摩诃、护军将军樊毅、中领军鲁广达同为都督，遣南豫州刺史樊猛率水师出白下，散骑常侍皋文奏统兵镇守南豫州。初六日，贺若弼攻陷南徐州。初七日，韩擒虎又攻陷南豫州，皋文奏败归。至此隋军南北路并进。后主遣骠骑大将军、司徒豫章王陈叔英屯驻朝堂，萧摩诃驻守乐游苑，樊毅守耆阇寺，鲁广达驻守白土冈，忠武将军孔范驻守定畤。镇东大将军任忠从吴兴赶来，仍驻朱雀门。十七日，若弼进据钟山，屯兵白土冈东南。二十日，后主遣众军合力与贺军作战，众军战败。贺若弼乘胜至乐游苑，鲁广达犹自率散兵力战，不能抵挡。若弼军进攻宫城，烧北掖门。此时韩擒虎率众自新林至于石子冈，任忠出降于韩，又引韩擒虎经朱雀航直趋宫城，从南掖门入。于是城内文武百官均出逃，只有尚书仆射袁宪在殿内。尚书令江总、吏部尚书姚察、度支尚书袁权、前度支尚书王瑗、侍中王宽居于省中。后主闻敌兵至，跟着10余宫人出后堂景阳殿，将自投于井，袁宪在旁，苦谏不从，后阁舍人夏侯公韵又以身遮井，后主与他争持很久，方才得入。到夜里，为隋军所擒。二十二日，晋王杨广进据京城。

三月初六日，后主与王公百官从建邺出发，进入长安。隋仁寿四年（604年）十一月二十日，逝世于洛阳，时年52岁。

才华横溢受君宠——张丽华

后主张贵妃名丽华，是研究军事的学者家的女儿。她的家里很穷，父兄靠编织草席为生。后主当太子时，被选中入宫，那时龚贵嫔任良娣（太子之妾），贵妃当时10岁，被龚贵嫔使唤，后主看见她很喜欢，于是她得到宠幸后，生下了太子深。后主即位，拜张丽华为贵妃。张贵妃性情聪明灵慧，很受后主宠爱。每逢后主带贵妃和宾客游玩饮宴，贵妃便推荐诸位宫女同去，后宫中的人都感激她，争着说贵妃的好话，于是她集后宫宠爱于一身。贵妃又喜好厌魅巫术，假借鬼神邪说来迷惑后主，在宫内设置不合礼制的祭祀，命众多妖邪巫师他们奏乐跳巫舞，同时打探宫外之事，社会上的一句话一件事，张贵妃必然会先知道，并以此告诉后主，于是后主愈加敬重贵妃，贵妃的内外宗族中人多被重用。等到隋军攻陷台城，张贵妃和后主一起躲入井中，被隋军抓获，晋王杨广命令将贵妃斩首，并在青溪中桥张贴布告公之于众。

史臣侍中郑国公魏徵考察通览史籍，参照补充元老旧臣的回忆，说后主初即位之时，遇到始兴王陈叔陵之乱，受伤在承香阁卧床休养，当时诸嫔妃均不准入内，只有张贵妃侍奉后主。当时柳太后还住在柏梁殿，也就是皇后的正殿。后主沈皇后始终不受宠爱，无权侍奉后主养病，另外住在求贤殿。至德二年，即在光照殿前建临春、结绮、望仙三阁，阁高达数丈，共有数十间，其窗户、壁带、悬楣、栏槛等均用檀香木制作，又用金玉装饰，其间嵌以珍珠翡翠，外面装有珠帘，里面有宝床、宝帐，其中服用和玩赏的物品一类，瑰奇珍丽，是古今所没有的。每逢微风，香气可传数里之外，清晨旭日初照，光芒映至后庭。楼阁下堆积奇石为山，引水作池塘，培植珍奇树木，杂种鲜花药草。后主自己住在临香阁，张贵妃住结绮阁，龚、孔两位贵嫔住居望仙阁，各阁间设并行的走廊，可以往来行走。还有王、李两位美人，张、薛两位淑媛，袁昭仪、何婕妤、江修容等7人，均受宠爱，交替到阁上游玩。又任宫女中通识文学的袁大舍等人为女学士。后主每逢召请宾客和贵妃等人游玩饮宴，便命诸位贵人以及女学士和游玩的客人共同吟赋新诗，互相赠给应答，选取最艳丽者作为歌词，配上新曲，从宫女中选长得漂亮的达千百人，命其学习而歌唱，分部依次进入，以此相乐。其中的曲子有《玉树后庭花》《临春乐》等，乐曲内容大意，全是赞美张贵妃、孔贵嫔娇容美色的。其大略说："璧月夜夜满，琼树朝朝新。"而张贵妃的头发有7尺长，秀发如漆，光洁照人。她特别聪明灵慧，富有神采，行动坐卧悠闲自然，容貌端庄艳丽。每逢顾盼斜视，眼里流露出光彩，照映周围的人。她常在阁上梳妆，靠近轩阁栏干，宫中的人远远望去，飘逸如神仙一般。她富有才华，能言善辩，记忆力强，善于观察皇帝的脸色。当时，后主疏于政事，各司上奏，全由宦官蔡脱儿、李善度入内请示，后主把张贵妃放在膝上共同决策。李、蔡两人记不住的事，贵妃均为其逐条讲述，没有遗漏的。于是后主更加宠爱敬佩贵妃，在后宫堪称第一。后宫嫔妃的家里，不遵守法度，有做了没理的事的，只要向贵妃求情，贵妃便命李、蔡二人先启奏他们的事，然后从容地为他们讲情。大臣中有不服从她的，也由此诋毁他，贵妃所说后主没有不听从的。于是张、孔二人的势力，在四方气焰逼人，大臣们执政，也随风而倒。宦官邪佞之人，内外勾结，辗转相互提携引进，贿赂官员，赏罚不合规矩，朝廷法度黑暗混乱了。

魏书

《魏书》概论

《魏书》是我国封建社会"历史"中第一部记述少数民族政权史事的著作,原编排本纪12卷、传92卷、志10卷,合为114卷。但因其有一卷再分为几卷的,故隋唐史志均作为130卷,现也一般通行130卷之说。《魏书》作者魏收,记述了道武帝拓拔珪于386年建立魏国开始,到东魏孝静帝元善见于550年灭亡止,共165年的历史。

一

魏收(506—572年),字伯起,小字佛助,下曲阳(今河北晋县西)人。自称是西汉初高良侯魏无知的后人。他自幼机警,勤奋苦读,学问与日俱增。25岁,魏收升任散骑侍郎,掌起居注兼修国史,不久兼中书侍郎,和温子升、邢邵齐名,被誉为北朝三才。

北魏末年,社会混乱,政治腐败,统治阶级内部矛盾错综复杂。魏收浮沉于宦海,经历了多次挫折。北魏分裂后,高欢把持东魏朝政,魏收被召赴晋阳(今山西太原),任中外府主簿,后来转为高欢丞相府属。这时尽管有位司马子如向高欢推荐魏收,说他是"一国大才",然而由于魏收曾为北魏孝武帝所信任,又得罪过高欢的亲信,因而不被重用。魏收感到单凭文才已难以通达,便转而请求修史。经过崔暹的推荐,高欢的长子高澄"乃启收兼散侍常侍,修国史"。

550年,高欢次子高萍以齐代魏,建元天保。由于魏收直接参与了这次政变,凡"神代诏册诸文",都由魏收一手策划,因此在事变当年,他就被高萍授予中书令兼著作郎的职务。551年,文宣帝高萍诏命魏收撰写魏史,这样才把魏史的撰写工作真正提到了日程上。高萍还鼓励魏收大胆直书许诺不诛史官,不废史官。这样,魏收在45岁时开始撰写《魏书》,用近4年的时间终于写出了反映北魏160多年的历史。历来史学家也不把《魏书》作为官修史书,而是当做魏收的个人著作。

魏收修订《魏书》后更加被重用。和他齐名的温子升、邢邵被皇帝疏远和处死后,北齐遇有大事和发诏命,以及军国文辞,都由魏收一人执笔。他升任尚书右仆射,并在玄州苑阁上画了魏收像,极受朝野尊崇。572年,魏收死去。魏收一生历经北魏、东魏、北齐3个皇朝,历事魏孝明帝到北齐后主9位君主,到北齐后主时,"掌诏诰,除尚书右仆射,总议监五礼事,位特进"。宦途达到了顶点。

魏收正式开始编修《魏书》是在天保二年,到天保五年完工奏上,前后经过不到4年时间。如从天保四年魏收专在阁修史算起,则仅有一年时间。因为魏收利用了当时许多关于北魏的史料,所以能迅速完成一部多达130卷的史书。

在二十五史中,《魏书》有一个很特殊的情况,就是完成全书后,又被迫做过多次修改,后来还有多人重撰魏史。

《魏书》一出,在统治集团内部就引起了轩然大波,众口沸腾,称其为"秽史",致使其书一直未能面世。为什么会出现这种情况呢?

魏收在北齐很得高氏父子的宠爱,从544年以后,国家大事、军国文辞,都是魏收所作。可是《魏书》成书后,竟由北齐皇帝一再下诏命令其修改,可见当时围绕《魏书》的斗争是十分激烈的。

从现存资料看,《魏书》一再修改,与编纂体例、篇目结构、史学思想等史书最根本的内容无关,而都是围绕着是否为某人立传及怎样记述进行的。那些指责《魏书》不实,要求更改的人也都是为了满足私人的要求。如卢斐上诉说:"臣父仕魏,位至仪同,功业显著,名闻天下,与收无亲,遂不立传。博陵崔绰,位至本郡功曹,更无事迹,是收外亲,乃为佳传"(《北史·魏收传》)。但查考史实,卢斐之父卢同党附元叉,多所诛戮,并非"功业显著,名闻天下"。而崔绰虽然官小职卑,却是"贤俊之曹,冠冕州郡",不是"更无事迹"可言。斐以官位高低作为是否立传的标准,显然是不足取的。

《魏书》一再修改,实际上与当时的社会风气有关。魏晋南北朝时期是门阀贵族居于统治地位的时代，北魏拓跋氏政权及后来的东魏、西魏、北齐、北周也都不例外。当时，不仅魏收撰《魏书》时罗列谱系，重视门阀，而且那些《魏书》所记历史人物的后裔也同样十分重视门阀。社会风气如此，所以门阀贵族对书中所记其先人传记不合自己心意的贵族，自然要大做文章，以求为其先人遮掩丑恶，增添光彩。达不到目的，则一再推波助澜，围攻魏收，死后多年，仍要掘其墓，抛其骨。

《魏书》被群起而攻之，与当时的政治背景和魏收本人的为人处事、性格品质极有关系。

北魏后期，随着世家士族的发展，统治阶级内部矛盾错综复杂，日益激化。北魏终于分裂为东魏和西魏之后，掌握实权的高氏和宇文氏，分别取代东魏和西魏，建立了北齐和北周。魏收属于东魏、北齐系统，所以《魏书》强烈地反映了以这个系统为中心的色彩，凡不属于这个系统的或关系不够密切的人，自然会认为这部书"抑扬失当，毁誉任情"，从而加以指责。

魏收本人性情轻薄，恃才傲物，有借史来酬恩报怨的行为，这是《魏书》被斥为"秽史"的重要原因。近人李正奋说："魏收之书，世称秽史，致谤之由，端在轻薄，尊己卑人，矜克性成；史才有余，史德不足，此固不能为收讳也。"由于他持此种态度，书中曲笔不少。曲笔首先表现在袒护北魏和北齐统治者。如北魏政权本始于道武帝拓拔珪，《魏书·序记》却上推27代，而内容十分空洞。对西魏事，摒而不书。总而言之，一切不利于自己意图者，都在曲笔之列。曲笔的另一表现，是利用修史的机会徇情营私。魏收参与国史的修撰，得到了阳休之的帮助，他便对阳休之说："无以谢德，当为卿作佳传。"阳休之的父亲阳固的为政北平（今河北卢龙），是一个有名的贪官，后被中尉李平弹劾免职，而魏收却记载："固为北平，甚有惠政，久之，坐公事免官。"甚至还说："李平深相敬重。"郦道元是北魏著名的地理学家和文学家，其《水经注》是我国第一部全面系统的水文地理名著，可是魏收却把他列入《酷吏列传》，文人相轻之意昭然。

除了以上原因，《魏书》被斥为"秽史"还有因人废书的因素。魏收德情浅薄，轻才傲物，尽管其与修史关系不直接，但弄坏了名声，也为攻击《魏书》的门阀贵族后代提供了口实。

不管怎么说,作为第一部记录我国少数民族历史的《魏书》是有其存在流传的合理性的。

二

《魏书》原编排本纪12卷,志10卷,合为114卷,后分为130卷。其具体篇目内容如下:

第一,帝纪14卷。是北魏帝王的编年大事记。其中包括:

《序纪》卷,记拓拔珪以前27人。

《道武帝纪》1卷 《明元帝纪》1卷

《太武帝纪》2卷 《文成帝纪》1卷

《献文帝纪》1卷 《孝文帝纪》2卷

《宣武帝纪》1卷 《孝明帝纪》1卷

《孝庄帝纪》1卷

《前废帝纪、后废帝纪、出帝纪》1卷

《孝静帝纪》1卷

第二,列传96卷,其中:

《皇后列传》1卷,记后妃28人。

《王子列传》12卷

《大臣列传》60卷

《外戚列传》2卷 《儒林列传》1卷

《文苑列传》1卷 《孝感列传》1卷

《节义列传》1卷 《良吏列传》1卷

《酷吏列传》1卷 《逸士列传》1卷

《术艺列传》1卷 《列女列传》1卷

《恩幸列传》1卷 《阉官列传》1卷

《匈奴》等列传9卷(包括十六国、东晋、宋、南齐、梁、高句丽、西域、蠕蠕等)

《序传》1卷(记魏收的家世、本人经历、修撰《魏书》的情况)

第三,《志》20卷:

《天象志》4卷,记载当时天文学成就和观测星象的各项记录;《地形志》4卷,记载北魏、东魏时期州、郡、县的建置,并附有地理沿革和户口数目;《律历志》2卷,记载当时通行的历法及修订的情况;《礼志》4卷,记载当时祭祀天地、祭祀宗庙和婚、丧、冠等礼节的仪式;《乐志》1卷,记载与当时祭祀等礼节仪式相配合的音律和乐章;《食货志》1卷,记载当时农业、工业、商业以及货币的发展情况;《刑罚志》1卷,记载当时刑法的制订和变异情况;《官氏志》2卷,记载各级文武官吏的设置状况和鲜卑贵族的姓氏变化;《灵征志》2卷,记载地震、大水等灾异和神龟、白雀之类的祥瑞;《释老志》一卷,记载当时佛教和道教的传播、发展及其与北魏统治者的关系。

三

《魏书》在编纂体例方面与前人史书不同的做法,有以下几个方面:

首先,设立《序纪》。《魏书》第一卷为《序纪》,记述北魏先世,远溯至道武帝拓拔珪以前27代一个名叫"毛"的人,拓拔珪称帝后追尊为成皇帝,下至拓拔什翼犍,追赠为昭成帝,共27人。这27人当时没有帝号,都是北魏建立后追赠的,因而与历史相距甚远。故而唐刘知几把那些人比喻为"沐猴""腐鼠",语虽尖刻,但称这些人徒有虚号、没有事迹的意见却是对的。但是这些人反映北魏的世系也是有价值的。

其次,列传注重谱系罗列。《魏书》的列传中,对于高门大姓的谱系姻亲,往往不论亲疏,详加罗列。而这些大量罗列的人物,有许多并无事迹可记。由于这种"家谱"式的传记,当时就有人提出批评。但是,魏收多叙谱系枝叶的笔法,也确为后人辨别北魏时汉人与鲜卑人家世源流提供了许多的方便。一般说来,《魏书》注重谱系,一般一人立传,子孙附后,但也不尽拘泥于此。对事迹特别突出、材料也很丰富的也单独立传。

第三,《外戚传》载后妃家族男子。魏收的《外戚传》不记后妃,而专载后妃家族男子,开一新体例。自此以后,唐修《晋书》《北齐书》《北史》《隋书》时也步其后尘,专立《外戚传》。二十五史中的《旧唐书》《新唐书》《宋史》《金史》《明史》也都有专记外戚的类传,可见其影响的深远。

第四,新创《官氏志》和《释老志》。就《官氏志》而言,前半部分讲官制,后增部分谈氏族。后半部分分别列举了拓跋部和所属各部落、氏族原来的姓氏及所改的汉姓,为研究拓跋氏部族的形成、发展、扩大和汉化提供了完整而重要的资料。像这样专讲姓氏变化的史志,在二十五史中仅此一篇。《释老志》也分为两部分,对北魏以前的佛教、道教状况作了具体记载。关于佛教,从西汉霍去病获金人,东汉蔡愔取佛经,洛阳建佛寺,魏晋后印度佛教东来,中国佛教徒西去,以及佛经的翻译、建造佛像、开凿石窟,佛教弥漫全国等情况,作了详细完备的叙述,宛如一篇中国佛教小史。关于道教的起源、发展,以及被北魏统治者利用的情况,也说得很有系统条理。《释老志》的创立,符合历史发展的必然要求,对史学的发展有着重要的贡献。

四

《魏书》具有较高的史料价值,具体说来有以下几个方面:

首先,记述了鲜卑拓跋部的早期历史及进入中原后封建化的过程。大致勾画出了鲜卑拓跋部由原始社会到阶级社会的发展轮廓。始祖力微以后,拓跋部迁到今内蒙古自治区南部,生产力得到发展,原始氏族社会逐渐瓦解,魏收的叙述也渐详尽起来。以后的封建化过程,孝文帝时的三长制、均田制,改鲜卑为汉姓,一系列的社会改革,都有详尽的记载。北魏王朝之所以成为我国历史上第一个由少数民族统治中原地区的政权,政治比较稳定,维持的时间也较长,《魏书》详尽地记录了鲜卑贵族与汉族联合统治的情况。

其次,反映了鲜卑贵族门阀化的情况。据《魏书》记载,孝文帝迁都洛阳之后,立即按照汉族门阀制度的模式,改变鲜卑贵族的姓氏,并规定其门第等级。魏收对"以贵承贵,以贱袭贱"的门阀进程有详细的记载。为研究南北朝时期门阀制度的状况,提供了大量的材料。

第三,描述了佛教、道教的情况及其与北魏统治后的关系和社会影响。除了前述之外，《释老志》还描述了佛教对北魏的社会影响。北魏统治者大多支持利用佛教。道武帝等各个皇帝都支持大修佛寺等佛事活动，尽管太武帝大规模地灭了一次佛，但总的说来，还是支持的，所以佛教在北魏得到了长足的发展，佛中人也为统治者提供各种统治帮助。《释老志》记载当时为佛寺服务的"僧祇户""佛图户"的状况，对于我们了解寺院经济和阶级关系无疑是很有用的。

第四，记述了北魏的经济制度及经济状况。《魏书》列有《食货志》。《食货志》详细记载了北魏均田制实行的时间。均田原则，各类人受田的数量、受田种类、调整规则均有记录。同时对与均田制有关的三长制和租调制也有详细的记述。这些内容为后人研究北魏的土地制度、赋役制度和基层政权组织制度，提供了系统的基本史料。对北魏货币使用情况的记录，也有助于我们从一个侧面了解北魏社会经济发展的情况。

第五，记载了我国国内少数民族的情况及北魏朝与国外经济文化的交流。《魏书》的记载不限于北魏、东魏王朝，还涉及北魏统治范围以外的国家、地区和民族。如卷一○○为高句丽、百济、勿吉、失韦、豆莫娄、地豆于、库莫奚、契丹、乌洛侯等当时9国的列传。另外还有卷一○一和卷一○二的记述，这些记载证明，在北魏时期，由于各民族人民错居杂处，共同进行生产交流，民族融合日益加深，对于认识我国历史是由多民族共同创造的这一事实，有重要价值。

第六，保存了文化史、科技史等多方面的资料。《魏书》对文化方面对北魏发展有建树的思想家、文学家、艺术家的事迹，都有记载。像《儒林传》中的梁越、卢丑、张伟、梁祚、平恒、陈亲、常爽、刘献之、张吾贵、刘兰、孙惠蔚、徐遵明、董徵、刁冲、卢景裕、李同轨、李兴业等17位儒者的事迹，都具体地反映了北魏儒学及教育状况。

总的说来，《魏书》在整个二十四史中，虽不算十分突出，但简单地把它斥为"秽史"也是站不住脚的。它编撰体例合理，文笔流畅生动，它能给后人提供有关北魏一朝的各种研究参考。

政　略

笔公古弼

　　上谷①民上书，言苑囿过度，民无田业，乞减太半，以赐贫人。弼②览见之，入欲陈奏，遇世祖③与给事中刘树碁④，志不听事。弼侍坐良久，不获申闻，乃起，于世祖前捽⑤树头，掣⑥下床，以手搏其耳，以拳殴其背曰："朝廷不治，实尔之罪！"世祖失容放碁曰："不听奏事，实在朕躬，树何罪？置之！"弼具状以闻。世祖奇弼公直，皆可其所奏，以丐⑦百姓。……

　　世祖大阅⑧，将校猎于河西。弼留守，诏以肥马给骑人，弼命给弱马。世祖大怒曰："尖头奴，敢裁量⑨朕也！朕还台⑩，先斩此奴。"弼头尖，世祖常名之曰"笔头"，是以时人呼为"笔公"。弼属官惶怖惧诛，弼告之曰："吾以为事君使畋猎不适盘游⑪，其罪小也。不备无虞⑫，使戎寇恣逸，其罪大也。今北狄孔炽，南虏未灭，狡焉之志，窥伺边境，是吾忧也。故选肥马备军实，为不虞之远虑。苟使国家有利，吾何避死乎？明主可以理干，此自吾罪，非卿等之咎。"世祖闻而叹曰："有臣如此，国之宝也！"赐衣一袭⑬、马二匹、鹿十头。后车驾⑭畋于山北，大获麋鹿数千头，诏尚书发车牛五百乘以运之。世祖寻谓从者曰："笔公必不与我，汝辈不如马运之速。"遂还。行百余里而弼表至，曰："今秋谷悬黄，麻菽布野，猪鹿窃食，鸟雁侵费，风波所耗，朝夕参⑮倍，乞赐矜缓，使得收载。"世祖谓左右曰："笔公果如朕所卜，可谓社稷之臣。"

（《魏书》卷二十八，古弼传）

【注释】

　　①上谷：郡名，辖境在今河北张家口，小五台山以东，赤城、北京市延庆县以西，及内长城和北京昌平区以北的地方。②弼：即古弼，北魏大臣，官至尚书

令、司徒,忠谨好学,善骑射,好直谏,后遭诬告被杀。③世祖:即太武帝拓跋焘。④綦:"棋"字的异体字。⑤捽(zuó):揪。⑥掣(chè):拉。⑦丐:给予。⑧大阅:对军队的大检阅。⑨裁量:这里是戏耍、戏弄的意思。⑩台:南北朝时期称朝廷禁省为台,称禁城为台城。⑪盘游:游乐。⑫无虞:意料不到的突发情况。⑬一袭:衣服一套为一袭。⑭车驾:用作帝王的代称。⑮参:同"叁"。

【译文】

　　上谷地区的老百姓上书太武帝,言说皇家花园苗圃占田过多,使得百姓无田可种,请求减半,以便赏赐给贫苦之家耕种。古弼看了奏章以后,入宫,准备奏明皇上,碰上世祖正在与刘树下棋,根本没有听奏章的意思。古弼在旁边坐等了好久,世祖也不问他有何事,于是古弼站起身来,当着世祖的面,揪住刘树的头发,将他从椅子上拉下来,然后一只手拽住刘树的耳朵,一只手攥成拳头殴打他的脊背,斥责刘树说:"皇上不理朝政,都是你这个佞臣的罪过。"世祖立刻变了脸色,放下手中的棋子,大声说:"没听你的奏章,这错全在我,刘树有什么罪呢?还不快松手?"古弼就把他听到的一五一十地告诉世祖。世祖对古弼的正直大为惊叹,并答应了他的奏请,把一半土地赐给贫贱之家耕种……

　　又一次,世祖检阅三军,然后大小将校准备会猎于黄河西部。当时古弼留守在家,世祖下诏古弼送一批健壮的马匹以供游猎之用,古弼却送去一些瘦劣之马。世祖非常生气,大怒道:"尖头奴才,竟敢对我的旨令不听话,等我回到宫中,一定要砍下你的狗头。"古弼脑袋尖削,世祖常喊他"笔头",所以当时人们便称他为"笔公"。古弼的下级僚属非常担心,害怕杀头。古弼对他们说:"我认为侍奉国君田猎而不能使他尽兴游乐,这一罪责不是太大。如果我们不提高警惕,防备不测,一旦敌人大举进攻,这才是最大的罪责啊!目前北方敌军气焰嚣张,南方也是强敌压境,敌人正虎视眈眈,暗中观望我方动静,等待下手的机会,这才是我所忧虑的啊。之所以挑选健壮的马匹留给军队,就是从以防不测这一角度来考虑的。只要对国家有利,我就不怕杀头。皇上英明睿智,是会理解我的良苦用心的。这是我的罪过,不是你们的过错。"世祖听后,深有感触地说:"有这样的忠直之臣,真是国家的宝啊。"便赐给古弼一套礼服、两匹马、10只鹿。后来又有一次世祖在山北打猎,捕获麋鹿几千只,世祖下诏尚书派牛车500辆来拖运。过了一会,世祖又对手下人说:"笔公一定不会给我派这些牛车,还不如早点用马将这些猎物运走。"说罢就回宫,刚走了100多来里便接到古弼的奏表说:"今年的谷穗已经下垂变黄,桑麻大豆也布满田野,山猪野鹿经常偷吃,飞鸟大雁也来啄食,再加上风吹雨打,损失很大。早收与晚收要相差3倍。请皇上恩准暂缓拉运麋鹿,以使车辆集中运输已收入的秋谷与杂粮。"世祖看完奏表后说:"果然像我说的那样,笔公真可谓是国家的栋梁啊。"

高允直谏

恭宗季年①,颇亲近左右,营立田园,以取其利。允谏曰:天地无私,故能覆载;王者无私,故能包养。昔之明王,以至公宰物,故藏金于山,藏珠于渊,示天下以无私,训天下以至俭。故美声盈溢,千载不衰。今殿下国之储贰②,四海属心③,言行举动,万方所则④,而营立私田,畜养鸡犬,乃至贩酤市廛⑤,与民争利,议声流布,不可追掩。天下者,殿下之天下,富有四海,何求而不获,何欲而不从,而与贩夫贩妇竞此尺寸。昔虢⑥之将亡,神乃下降,赐之土田,卒丧其国。汉之灵帝,不修人君之重,好与宫人列肆贩卖⑦,私立府藏⑧,以营小利,卒有颠覆倾乱之祸,前鉴若此,甚可畏惧。夫为人君者,必审于择人。……故愿殿下少察愚言,斥出佞邪,亲近忠良,所在田园,分给贫下,畜产贩卖,以时收散。如此则休⑨声日至,谤议可除。

……

给事中⑩郭善明,性多机巧,欲逞其能,劝高宗大起宫室。允谏曰:"臣闻太祖道武皇帝既定天下,始建都邑。其所营立,非因农隙,不有所兴。今建国已久,宫室已备,永安前殿足以朝会万国,西堂温室⑪足以安御圣躬,紫楼临望可以观望远近。若广修壮丽为异观者,宜渐致之,不可仓卒。计斫⑫材运土及诸杂役须二万人,丁夫充作,老小供饷,合四万人,半年可讫。古人有言:一夫不耕,或受其饥;一妇不织,或受其寒。况数万之众,其所损废,亦以多矣。推之于古,验之于今,必然之效也。诚圣主所宜思量。"高宗纳之。

(《魏书》卷四十八,高允传)

【注释】

①"恭宗"句:恭宗,北魏文成帝拓跋濬,太武帝拓跋焘的嫡孙。季年,末年。②储贰:皇位继承人。③属心:归心,心悦诚服地归附。④则:表率,效法。⑤市廛:集市。廛(chán),公家所建供商人存储货物的房舍。⑥虢(guō):

周代诸侯国名。⑦列肆贩卖：摆摊贩卖。⑧府藏：仓库。⑨休：美好。⑩给事中：官名，备顾问应对，讨论政事。⑪温室：汉之宫殿名，此指暖室。⑫斫（zhuō）：砍。

【译文】

　　恭宗晚年，一味亲近左右奸佞小人，广占田地，大兴园囿，从中获利。高允进谏说："天地之所以能承载万物是因他没有私心；帝王之所以能领有百姓也因没有私心。过去的圣君明主，以最公平的心主宰事物，所以把金子藏在山中，把宝珠藏在深渊，以此向天下人显示无私，用俭朴教训天下人。所以他们的美名流传，千年不衰。目今殿下是国家皇位继承人，四海归附，言行举动，被万方效法，而营建私田，畜养鸡犬，甚至在市场上卖酒，与百姓争利，人们议论纷纷，却与贩卖东西的争夺这些小利。过去虢国行将灭亡的时候，天神曾经降临人间，赐给它土地，可最后还是丧失了那个国家。东汉的灵帝，不尽做皇帝的责任，喜欢与宫人设店铺做买卖，私设仓库，以谋取小利，终于有颠覆丧难的祸患。过去的教训如此，非常值得畏惧。做君主的人，对选择人才必须谨慎。……所以希望殿下体察我的话，斥退奸佞小人，亲近忠良之士，把各地的田园，分给贫穷的人，畜产和贩卖的东西，及时收回散发出去。如果这样，颂扬之声就会一天天传来，非议之论也可以消除。"

　　……

　　给事中郭善明，生性机变乖巧，想炫耀自己的才能，劝高宗大兴宫室。高允劝谏说：我听说太祖拓跋珪平安天下以后，才开始修建都市，他建筑这些城邑，施工一定要利用农闲季节，否则不予动工。现在我们立国的时间已久，宫室已经齐备，永安前殿足够朝会万国，西堂暖室足够皇上宴请歇息，站在紫楼之上足可以登高远眺。如果要广修壮丽的宫室作为奇观，也应该逐渐进行，不可仓猝从事。预计砍伐木材、运输土方及各种杂活需得两万人，成年男子干活，老年儿童供给粮饷，合计起来共4万人，半年内才能完工。古人说过："一个男子不耕种，就有人受饥饿；一个女子不纺织，就有人受冻寒。何况动用几万民工，他们所损失和耗费的东西也太多了啊。考究古代，验证当今，这是必然的结果。这确实是圣明的帝王不得不思量的。"高宗听从了他的建议。

御 人

公孙轨先廉后贪

（公孙）轨，字元庆。少以文学知名……出从征讨，补诸军司马。世祖平赫连昌，引诸将帅入其府藏，各令任意取金玉。诸将取之盈怀，轨独不探把。世祖乃亲探金赐之，谓轨曰："卿可谓临财不苟得，朕所以增赐者，欲显廉于众人。"

……世祖将北征，发民驴以运粮，使轨部诣雍州。轨令驴主皆加绢一匹，乃与受之。百姓为之语曰："驴无强弱，辅脊自壮。"众共嗤之。……轨既死，世祖谓崔浩①曰："吾行过上党②，父老皆曰：'公孙轨为受货纵贼，使至今余贼不除，轨之咎也。其初来，单马执鞭；返去，从车百两③。'……轨幸而早死，至今在者，吾必族而诛之。"

（《魏书》卷三十三，公孙轨传）

【注释】

①崔浩：北魏清河东武城人，字伯渊。太宗初拜博士祭酒，累官至司徒，仕魏三世，军国大计，多所参赞。浩工书，并通经史，作《国书》30卷，为鲜卑大臣所忌，太平真君十一年遂以矫诬罪诛死灭族。②上党：地名。在今山西长治市。③两：同"辆"。

【译文】

公孙轨，字元庆，少年时就以文学闻名于世……跟随皇上出兵讨贼，补任诸军司马。世祖拓跋焘讨伐赫连昌时，带领众将帅进入皇家仓库，令他们随意取走里面的金银和宝玉。诸将恣意拿取，怀中都堆得满满的，只有公孙轨不取什么。世祖便亲手拿了一块金子赐给他，并对他说："你真可算得上是临财不取，我之所以要这样进行赏赐，就是要在众人面前找出那些清正廉洁之人。"

……世祖准备向北征讨，便征调老百姓的驴子搬运粮食，让公孙轨调雍州驴。公孙轨却令驴主每条驴增绢一匹，公孙轨与驴主共分其利。当时百姓中流传这样两句话："驴无强弱，辅绢自壮。"人们以此来讥笑公孙轨贪婪。……公孙轨死后，世祖对崔浩曰："我从上党地区经过，那里的父老乡亲都说：'公孙轨接受赃贿、放纵贼寇，致使余祸至今未除，这都是公孙轨的罪过。他初来上党时，单人匹马；离开上党时，运载货物的车子就达上百辆。'……公孙轨死得早，要不然的话，我一定要诛灭他的九族。"

卢昶有辱使命

卢昶，字叔达，小字师颜，学涉经史，早有时誉。太和初，为太子中舍人、兼员外散骑常侍①，使于萧昭业②。……及昶至彼，值萧鸾③僭立，于是高祖④南讨之，昶兄渊为别道将。而萧鸾以朝廷加兵，遂酷遇昶等。昶本非骨鲠⑤，闻南人云兄既作将，弟为使者，乃大为恐怖，泪汗交横。鸾以腐米臭鱼茝豆供之，而谒者⑥张思宁辞气謇谔⑦，曾不屈挠，遂以壮烈死于馆中。昶还，高祖责之曰："衔命之礼，有死无辱，虽流放海隅，犹宜抱节致殒。卿不能长缨羁首⑧，已是可恨。何乃俛眉饮啄，自同犬马。有生必死，修短几何。卿若杀身成名，贻之竹素⑨，何如甘彼刍荻⑩，以辱君父乎？纵不远惭苏武，宁不近愧思宁！"

（《魏书》卷四十七，卢玄传）

【注释】

①员外散骑常侍：官名，是皇帝侍从官之一，掌管机要。②萧昭业：南齐高帝萧道成的曾孙。③萧鸾：萧昭业侄子，南朝齐明帝。④高祖：即孝文帝元宏（467—499年）。⑤骨鲠（gěng）：耿直，正直。⑥谒者：官名，从八品。⑦謇（jiǎn）谔：正直敢言貌。⑧长缨羁（jī）首：自戕以殉国。⑨竹素：指史书。⑩刍（chú）荻：喂牲口的草料。

【译文】

卢昶，字叔达，小名师颜，学业涉经史之书，很早就博得时人的称赞。高祖太和初年，官拜太子中舍人，兼员外散骑常侍，受命出使到萧绍业营中。……卢昶到达萧昭业营中以后，恰逢萧鸾杀死萧昭业僭号自立，于是高祖发兵向南征讨他，卢昶的哥哥卢渊为别道将。萧鸾因朝廷派兵征讨，就残酷地虐待卢昶等人。卢昶本来不是一个正直之士，又听萧鸾营中的人说他的哥哥做北魏军将领，弟弟在这里做使者，非常担心害怕，吓得眼泪汗水直往下淌。萧鸾用烂米臭鱼像喂牲口一样给他们吃，而谒者张思宁严词斥敌，竟不屈不挠，于是在馆驿中壮烈而死。后来卢昶返魏，高祖谴责他说："奉命出使，纵使死在异邦，也不能有辱使命，即使被流放到海角天涯，仍应该保持节操，你未能自戕以殉国，已经就很令人愤慨。为何还要卑躬屈膝地吃喝敌人提供的饭食，把自己等同于犬马一般呢？人有生必有死，即使苟且多活一些时日又算得了什么呢。你如果身死成名，也可名垂于青史，为何要吃那种粗食以延残喘，而有辱君命呢？即使不有愧于汉代的苏武，难道不有愧于与你同时出使的张思宁吗？"

法　制

孝文帝大义灭亲

（元）恂①不好书学，休貌肥大，深忌河洛②暑热，意每追乐北方。中庶子③高道悦数苦言致谏，恂甚衔之。高祖幸嵩岳④，恂留守金墉⑤，于西掖门内与左右谋，欲召牧马轻骑奔代⑥，手刃道悦于禁中。领军⑦元俨勒门防遏，夜得宁静。厥明，尚书陆琇驰启高祖于南，高祖闻之骇惋，外寝⑧其事，仍至汴口而还。引恂数罪，与咸阳王禧等亲杖恂，又令禧等更代，百余下，扶曳出外，不起者月余。拘于城西别馆。引见群臣于清徽堂，议废之。司空、太子太傅穆亮，尚书仆射、少保李冲，并免冠稽首而谢。高祖曰："卿所谢者私也，我所议者国也。古人有言，大义灭亲。……此小儿今日不灭，乃是国家之大祸，脱待我无后，恐有永嘉之乱⑨。"乃废为庶人，置之河阳⑩，以兵守之，服食所供，粗免饥寒而已。……

……中尉李彪承间密表，告恂复与左右谋逆。高祖在长安，使中书侍郎邢峦与咸阳王禧，奉诏赍椒酒⑪诣河阳，赐恂死，时年十五。

（《魏书》卷二十二，废太子传）

【注释】

①恂：即元恂，字元道。北魏孝文帝长子，太和十七年（公元493年）七月立为皇太子，后废。②河洛：指黄河洛水两条河流之间的地区。③中庶子：官名，太子属官。④嵩岳：即嵩山，在河南登封市。⑤金墉：古城名，即金墉城，是当时洛阳城（今河南洛阳市东）西北角上一小城。⑥代：即北魏王朝的发祥之地，包括今山西代县在内的部分地区。⑦领军：官名，与中护军同掌中央军队，是重要军事长官之一。⑧寝：（消息等）扣住不发。⑨永嘉之乱：永兴元年（304年）匈奴贵族刘渊利用东晋"八王之乱"和各族人民起义的时机，起兵离石，国号汉，次年其子刘聪歼灭晋军10余万人，并在同年遣刘曜率兵破洛阳，俘怀帝，纵兵烧掠，杀王公士民3万余人，史称这一时期为"永嘉之乱"。⑩河阳：古县名，在今

河南孟州市。⑪椒酒：用椒实浸制的酒。

【译文】

元恂不爱读书学习，身体肥胖，惧怕洛阳地区暑热的天气，心里常常思念南迁洛阳之前北方的快乐情景。中庶子高道悦多次苦言劝谏，元恂因此对他十分不满。高祖驾幸嵩山，留元恂镇守金墉城。元恂就在西掖门与心腹谋议，准备轻快的马匹驰回到南迁之前的代国所在地，便在皇宫内亲手杀掉高道悦。领军元俨严守宫门，预防哗变，当天夜里才没出什么意外，和先前一样宁静。第二天天一亮，尚书陆琇骑着快马向南奏明高祖，高祖闻报后惊骇不已，但并未向外透露此事，仍然到汴口巡游一番才返回洛阳。回来后列举元恂几条罪状，与咸阳王元禧等人一起亲自杖罚元恂，并不时令元禧等人代他杖罚，打了100多下，被人搀扶着拖了出去，一个多月不能起床。接着又将元恂拘禁在城西客馆中。太祖在清徽堂召见群臣，商议废黜太子一事。司空、太子太傅穆亮，尚书仆射、少保李冲都摘下乌纱帽为元恂谢罪求情。高祖说："你们谢罪求情只是出于个人利益，而我提议废掉太子却事关社稷命运，古人说过大义灭亲这句话……今日如果不废黜他，便为我元魏江山留下一个大祸根，等到我死之后，永嘉之乱的惨剧恐怕会再度重演。"于是废元恂为庶人，把他安置在河阳，派兵防守，所供应的饭食衣服，也只是刚够免除饥寒而已。

……后来中尉李彪密呈奏表，告发元恂与手下人意欲谋反。高祖当时正在长安，便派中书侍郎邢峦与咸阳王元禧，奉诏携带椒酒赴河阳，诏赐元恂自尽，当时年仅15岁。

司马悦辨真凶

世宗初，悦①除镇远将军、豫州刺史。时有汝南②上蔡董毛奴者，赍钱五千，死在道路。郡县疑民张堤为劫，又于堤家得钱五千。堤惧拷掠③，自诬言杀。狱既至州，悦观色察言，疑其不实。引见④毛奴兄灵之，谓曰："杀人取钱，当时狼狈⑤，应有所遗，此贼竟遗何物？"灵之云："唯得一刀鞘而已。"悦取鞘视之，曰："此非里巷所为也。"乃召州城刀匠示之，有郭门者前曰："此刀鞘门手所作，去岁卖与郭民董及祖。"悦收及祖，诘之曰："汝何故杀人取钱而遗刀鞘？"及祖款引⑥，灵之又于及祖身上得毛奴所著皂襦⑦，及祖伏法。

(《魏书》卷三十七，司马悦传)

【注释】

①悦：即司马悦，字庆宗，曾官北魏立节将军、建兴太守、宁朔将军、司州别驾，永平元年（508年）被杀。②汝南：郡名，治所在上蔡（今河南上蔡西南），辖境相当于今河南颍河、淮河之间，以及安徽茨河、淮河以北的地区。③拷掠：鞭打，这里指用刑。④引见：接见。⑤狼狈：此为慌张的意思。⑥款引：对所犯罪行供认不讳。⑦皂襦：黑色的短袄。

【译文】

世宗即位初年，司马悦擢升为镇远将军、豫州刺史。当时汝南郡上蔡县有个叫董毛奴的人携带了5000钱，被人杀死在大路上。郡县两级都怀疑是村民张堤杀人后抢劫，并且在张堤家中搜出5000钱。张堤怕受刑，只好屈招是自己杀人。此案送到州里，司马悦通过观察罪犯的语言和脸色，怀疑其中有问题。便接见了董毛奴的哥哥董灵之，问他说："杀人抢钱，当时慌乱紧张，一定丢下了什么东西，这个罪犯究竟丢下什么东西没有？"董灵之说："只是拾到一把刀鞘。"司马悦拿过刀鞘仔细观察，说："这把刀不是乡下制造的。"便召集州城里的刀匠都来看这把刀鞘，有一个叫郭门的人走上来说："这把刀鞘是我打制的，去年卖给城外的百姓董及祖。"司马悦便拘禁了董及祖，责问他说："你为何杀人抢钱而丢下刀鞘呢？"董及祖此时对所犯罪行供认不讳，董灵之又在董及祖身上搜出了董毛奴所穿的黑色短袄，董及祖被处死。

理 财

贪人败类

后幸左藏①，王公、嫔、主以下从者百余人，皆令任力②负布绢，即以赐之，多者过二百匹，少者百余匹。唯长乐公主手持绢二十匹而去……世称其廉。仪同、陈留公李崇，章武王融③并以所负过多，颠仆④于地，崇乃伤腰，融至损脚。时人为之语曰："陈留、章武，伤腰折股，贪人败类，秽我明主"。

（《魏书》卷十三，皇后列传）

【注释】

①左藏：魏都洛阳城左的国库。藏，储存东西的地方。②任力：有多大力出多大力。③融：即元融，北魏皇族，封章武王。④颠仆：因负载过重而跌倒。

【译文】

灵皇后驾幸洛阳城左的国库，王公、妃嫔及随从100多人。灵皇后下令跟随的人可在国库中尽力扛负布匹，然后就将这些布匹赐给他们，扛得多的竟一次扛了200匹，少的也不下百匹。而长乐公主手里只拿了20匹……当时的人们称赞长乐公主很廉洁，不贪财。仪同官陈留公李崇和章武王元融都因为扛得太多，跌倒在地，李崇扭伤了腰，元融扭伤了脚。当时的人作了这样两句顺口溜："陈留、章武，伤腰折股。贪人败类，秽我明主。"

杨氏不羡荣华

姚氏妇杨氏者，阉人苻承祖姨也。家贫无产业①。及承祖为文明太后所宠贵，亲姻皆求利润②，唯杨独不欲。常谓其姊曰："姊虽有一时之荣，不若妹有无忧之乐。"姊每遗其衣服，多不受，强与之，则云："我夫家世贫，好衣美服，则使人不安。"与之奴婢，则云："我家无食,不能供给。"终不肯受。常著③破衣,自执劳事。时受其衣服,多不著,密埋之,设④有著者,污之而后服。承祖每见其寒悴,深恨⑤其母,谓不供给之。乃启其母曰:"今承祖一身何所乏少,而使姨如是?"母具以语之。承祖乃遣人乘车往迎之,则历志不起,遣人强舁⑥于车上,则大哭,言:"尔欲杀我也!"由是苻家内外皆号为痴姨。

(《魏书》卷九十二,列女传)

【注释】

①产业:家产。②利润:分沾利益。③著:同"着"。④设:如果,即使。⑤恨:埋怨。⑥舁(yú):抬。

【译文】

有位姚姓的妻子杨氏,是宦官苻承祖的姨母。家贫没有家产。及至苻承祖为文明太后宠幸以后,他的亲戚便都来投靠他,以便分沾利益,只有杨氏不这样做。她时常对他姐姐说:"姐姐虽然有一时的荣华富贵,但不如我有无忧无虑的欢乐。"她姐姐常送她一些衣服,大都没有接受,如若强行塞给她,她就说:"我夫家世代贫穷,这些华丽的衣服,穿在身上反而令人不安。"姐姐便说送给她丫鬟,她就说:"我家缺衣少食,养不起丫鬟。"不肯接受。常常穿得破衣烂衫,内内外外,亲手操持。有时偶尔接受几件衣服,也都没有穿,而是偷偷地把它埋藏起来,即使有穿在身上的,也要先把它弄脏然后再穿。苻承祖每每见到她穷困潦倒、面容憔悴,心里便怨恨他母亲,认为母亲没有周济她,就开口对他母亲说:"现在我们倒是要什么有什么,啥也不缺乏,却让姨母这样贫寒。"母亲便把这前前后后的经过全告诉儿子。于是苻承祖便派人乘车去迎接杨氏,杨氏却死活也不肯起身,又派人强行把杨氏抬到车上,她便大哭不止,并说:"你不如要我的命吧!"从此,苻家内外都称她为"痴姨"。

德 操

李洪之贪赃丧命

　　李洪之，本名文通……少为沙门，晚乃还俗。真君①中，为狄道护军……会永昌王仁随世祖南征，得元后姊妹二人。洪之以宗人潜相饷遗，结为兄弟，遂便如亲。颇得元后在南兄弟名字，乃改名洪之。……元后临崩，昭太后问其亲，固言洪之为兄。……以外戚为河内太守，进爵任城侯……

　　洪之素非廉洁，每多受纳。时高祖始建禄制，法禁严峻，司察所闻，无不穷纠。遂锁洪之赴京。高祖临太华，庭集群官，有司奏洪之受赃狼藉……高祖亲临数之，以其大臣，听②在家自裁。……及临自尽，沐浴换衣。防卒扶持，将出却入，遍绕家庭，如是再三，泣叹良久，乃卧而引药。

（《魏书》卷八十九，酷吏传）

【注释】

①真君：北魏太武帝拓跋焘的年号，共12年（440—451年）。②听：判决。

【译文】

　　李洪之，本名文通……幼时曾做过和尚，后来还俗。北魏真君年间，为狄道郡护军。……正值永昌王拓跋仁随世祖南征，得到元后姐妹2人。李洪之便以同宗的身份暗中相遗赠，并结为兄妹，从此便如同亲兄妹一般。又打听到了元后在南方的兄弟的名字，就改名洪之。……元后临死前，昭太后问她有什么亲人，元后便说李洪之是自己的哥哥。……

　　李洪之以外戚的身份被任命为河内太守，封爵任城侯。……

　　李洪之向来不太廉洁，常常接受别人的贿赂。当时高祖刚刚建立官吏俸禄制度，法律严苛，司法监察部门一发现犯罪行为，就会追查到底。这样李洪之便被脚镣手铐押往京都。高祖亲临太华殿，召集群臣，执法官奏陈李洪之贪赃枉法的种种罪行……高祖看了罪状后很愤怒，亲自历数其罪，因为他是朝中大臣，赐他在家自尽。……自尽那天，李洪之沐浴更衣。士卒一直扶持着他，将出门时，又转身回去，绕着屋子走了几圈，哭泣叹息了好长一段时间，便躺在床上仰起脖子服药自尽了。

传世故事

鲜卑主误杀其子

拓跋力微是鲜卑索头部的大人,也就是后来史称的魏始祖神元皇帝。他雄武,颇富谋略,所率索头部在鲜卑诸部中势力最为强盛,有骑兵号称20余万,诸部大人都尊他为首。他迁居定襄的盛乐后,认为以前匈奴蹋顿之徒所采取的劫掠边民以谋财利的行径既伤及自身又易树仇敌,不足为法,就采取了与曹魏睦邻友好的政策。

曹魏景元二年(261年),拓跋力微派遣其子拓跋沙漠汗前往曹魏。沙漠汗留居曹魏时,与人相处得很融洽,得到了不少馈赠的财物。西晋取代了曹魏后,拓跋力微继续保持与中原的友好关系,沙漠汗仍然留在西晋,6年后,他才以父亲年迈为由辞晋北归。

晋咸宁元年(275年),沙漠汗再次奉父命前往西晋。是年的冬天,他离开晋都北归,晋武帝赠给他许多物品,以致随归的牛车达百辆之多。沙漠汗一行抵达并州时,晋征北将军卫瓘密奏武帝,请求扣留他们。武帝难以失信于人,没有答应。卫瓘又上书武帝,请求以金钱锦缎贿赂鲜卑诸部的大人,用离间计使他们彼此怀疑,相互仇杀。武帝这次同意了卫瓘的意见,让他照计行事,并且扣留了沙漠汗。

咸宁三年(277年),晋武帝准予沙漠汗返乡,拓跋力微闻知大喜,派遣诸部大人前往阴馆迎接沙漠汗。沙漠汗在阴馆与他们一起饮酒时,仰见天上有鸟飞翔,便对他们说道:"我给你们射一只下来。"说完拿过弹弓弹射,弦声响后,鸟儿随即从空中掉在了地上。那时,鲜卑没有弹弓这种武器,诸部大人只听见弓弦响,未见箭射出,却看到鸟儿被击落,都不禁惊得面面相觑。他们在背后商议道:"沙漠汗的风度服装已经同于中原,而且还学会了此等绝世的奇术,如果他回来继承首领的位置,实行改革,我们这些人肯定会不得志。不如让拓跋力微身边的几个儿子当接班人。"再加上先前晋人已对他们施用了离间计,因此他们一拍即合,开始策划除掉沙漠汗。他们首先抢在前头赶了回去,拓跋力微见他们归来,问道:"我儿子已经游历了中原,现在有什么长进啊?"诸部大人都回答道:

"令郎才能技艺十分高超,用一只空弓就能射落飞鸟。他学到手的好像是晋人的旁门左道,这可是乱国害民的不祥之兆哇!愿您三思。"拓跋力微因沙漠汗先后去中原多年,日渐宠幸起身边的几个儿子,而且他已届垂暮之年,头脑已不如往日明晰。这次一听诸部大人如是说,心中起了疑心,就说道:"不能容他回来,就该趁早除掉他!"诸部大人要的便是这句话,于是派人前去杀死了沙漠汗。

拓跋力微诛除了儿子后有些悔之无及,一窝火,人也病倒在床。乌桓王库贤时为拓跋力微宠信,手中握有实权,加上又接受了卫瓘的重礼,于是便想利用拓跋力微卧病之机制造混乱。他故意当着诸部大人的面在庭院中磨砺大斧,诸部大人很奇怪,问他磨斧干什么,他回答说:"主上恼恨你们进谗言,夺去了沙漠汗的性命。现在要把你们的大儿子都抓起来处死。"诸部大人听后信以为真,各自散去。其后不久,拓跋力微一命归阴,鲜卑诸部内乱频仍,拓跋氏的势力因此走向了衰落。

魏太宗善用贤士

魏泰常八年(423年),魏太宗明元帝拓跋嗣死,其子拓跋焘即位,是为世祖太武帝。世祖明智过人,勇武善断,在位的近30年间,"扫统万,平秦陇,翦辽海,荡河源,南夷荷担,北蠕削迹。廓定四表,混一戎华,其为功也大矣!遂使有魏之业,光迈百王"。他建立丰功伟业的经验之一,是举贤任能,"拔士于卒伍之中,惟其才效所长,不论本末"。

神䴥(jiā)四年(431年),世祖曾下诏书,表明了求贤若渴之心。他听到有关官员盛称"范阳卢玄、博陵崔绰、赵郡李灵、河间邢颖、勃海高允、广平游雅、太原张伟等,皆贤俊之胄,冠冕州邦",便在诏书中急不可耐地指示各地方官,以礼征召卢玄这类"隐迹衡门,不耀名誉者"。诏书下达后,州群官员闻风而动,一下子给他送来了数百人。世祖非常高兴,按照各人的特长全部录用了他们。然而,有些地方官员为了执行诏命,举荐贤才时也不管人家是否志愿出山,一律以催逼的手段,把人家打发到了京师。世祖知道以后很生气,就在第二年下诏明令禁止。他在诏书中说道:"我多年来致力于扫平伪逆、征讨凶顽的大业,极想得到助我治国安邦的英才贤士,故而诏命各州郡发现隐逸,荐举人才。古时的君子修身养性于衡门之下,奇才大略为世所用,但他们都不是被逼着出山的。或者雍容雅静,不慌不忙,像陶潜一样三命而后至;或者绕绕惶惶,急于立业,像伊尹一样负鼎而自到。他们出山的缓急虽然不一样,但济时匡世却是相同的。各地召人纳士均应晓喻以礼,由其进退自如,为何要逼迫他们呢?这样做纯属地方官员有失我的旨意。哪里是发扬光大我的思想?分明是在显示我的德行不到家。从今以后，各地选人荐士时务必要宣传我虚心求贤之心，人到以后就应根据各自的文才武艺，授以政事。"

世祖如此求贤若渴，召人有道，果然使一大批忠臣良将聚集于他的身边，而且"人思效命，所向无前"。此外，世祖还善于调动群臣为他效力的积极性。自古以来，都是人臣为天子歌功颂德，而世祖却反其道而行之，"命歌工历颂群臣"，亦即让乐工歌手专门演唱各位大臣的某一突出的长处，以这种特殊的文艺形式褒扬人臣。如官至上党王的长孙道生，为人特别廉洁。他身居高位，却"衣不华饰，食不兼味"。一副骑马用的熊皮障泥用了数十年仍不肯丢掉换新的。他出镇在外，家中的子弟翻造了新屋，他回家后叹道："昔霍去病以匈奴未灭、无以家为，今强寇尚游魂漠北，吾岂可安坐华美也。"在狠狠教训了子弟后，命人拆毁了新屋。抚军大将军、左光禄大夫崔浩"才艺通博，究览天人，政事筹策，时莫之二"，多谋善断有如汉初的张子房。世祖看重长孙道生的清廉、崔浩的智谋，因此吩咐歌工演唱他们时，有"智如崔浩，廉如道生"之语。其他诸臣，歌中亦各有所佳。群臣见世祖这般称扬自己，受宠若惊，更加竭力效劳了。

孝静帝用臣反为臣用

北朝北魏末年，高欢拥兵专权，杀死节闵帝，立元修为傀儡皇帝，即孝武帝。后孝武帝元修逃奔关中宇文泰，为西魏；高欢又在东方立元善为帝，即孝静帝，迁都邺（今河北临漳县西南），是为东魏。东魏建立之后，政权一直掌握在高欢、高澄父子手中。

孝静帝元善喜好文学，美仪轩然，力气很大，能挟石狮子翻墙，射箭无不中的。每次嘉会喜宴，爱让群臣赋诗，文武皆备，有北魏初年孝文帝遗风。当时，齐文襄王高澄掌握大权，对孝静帝极为忌恨，就派自己将军府中的中兵参军崔季舒去皇帝身边做中书黄门侍郎（侍从皇帝，传达诏命的高级官吏），专门窥察皇帝动静，事无大小都要向高澄密报。

崔季舒字叔正，生性敏捷，少年时就涉猎经史，擅长撰文作书，在当时就很才名。在高澄将军府做中兵参军时就深受重爱，所以拼死效忠。高澄当时做中书监，把门下省的事权也揽归己，崔季舒善晓音乐，故而方伎类的官也隶属中书。方伎属中书，就是从崔季舒开始的。高澄每次进奏文表，有的文辞繁杂不通，崔季舒就取出专门加以修饰润色，再向皇帝规劝。孝静帝每次向高澄作答，都要与崔季舒商量，称崔中书是自己的奶母。崔季舒虽身在魏帝朝中，但心却在高澄专权的霸府中，他们每次密谋大计，他都要参加。

高澄经常问崔季舒："那傻瓜又怎么样了？那傻样子稍有变化否？"孝静帝曾

经与高澄一起在邺城东打猎，皇帝驰逐如飞。监卫都督乌那罗、受工伐从后面呼喊孝静帝道："天子别跑了，大将军要发火了。"高澄曾经与皇帝一起饮酒，高澄举杯劝酒说："臣澄劝陛下饮酒。"孝静帝不高兴，说："自古没有不亡的国家，朕为什么要这样活着"！高澄大怒道："朕！朕！狗屁朕"！高澄当即让崔季舒打了皇帝三拳，拂袖而去。第二天，高澄又派崔季舒向皇帝表示致歉，孝静帝也向他致谢。皇帝又赐给崔季舒绢，季舒不敢接受，去请示了高澄，高澄让他只接受一段，皇帝把100绢给他，说："这也是一段！"

崔氏以身作则　　不孝子回心转意

崔氏，不知其名，北魏时人。她生性严明而高尚，且教子有方，并能以身作则教人以孝道，因而在史籍中留下了事迹。

崔氏嫁清河（今山东临清市东北）房爱亲为妻，丈夫早逝，崔氏与儿子们相依为命。她熟读经史，贤惠知礼，丈夫死后，便担起教子读书重任，亲自教授《诗经》《礼记》等典籍。儿子们在其悉心教育下，不仅学到了知识，更主要的是懂得了立身处世的道理。崔氏的两个儿子房景伯及房景先，都成了当时的名士。因崔氏家中生活贫困，懂事的房景伯很早就开始替人代写文书等，赚钱养家。弟弟房景先见哥哥辛苦，刚刚12岁，就要求以劳动贴补家用。崔氏见他还小，不肯答应。房景先再三请求，终于得到母亲允许，白天砍柴，晚上诵读经史，不仅减轻了家中的生活压力，学问也大为长进。在崔氏的教育下，她的一家成了一个和睦亲爱、尊老爱幼的美好家庭。

房景伯、房景先后来都立朝为官。房景伯任清河太守时，只要碰到疑难案子，觉得难以决断，便总要向母亲请教。崔氏常为他出谋划策、排难解疑。有一次，有个百姓的儿子十分不孝，房景伯的属下都主张干脆把他抓进官府，治他的罪。房景伯于心有所不忍，但也深为其不孝而伤感，便照例回来请教母亲崔氏。崔氏对房景伯说："人常言，耳闻不如目见。这个老百姓生长山野，没有见过礼教是什么样子，所以不懂得孝敬长辈。何必要责罚他呢？你去把他的母亲接来，跟我一起住，叫他的儿子跟在你身边，让他看看你平时的作为，他也许会自己改掉错误。"

房景伯依从母亲的教诲，将这百姓母子两人接来同住。崔氏和百姓的母亲两人一道进食时，房景伯恭恭敬敬地伺候两位老人家，而不孝顺的儿子则站在旁边，亲眼看着房景伯怎么侍奉长辈。就这样，还没有到第十天，百姓之子就觉得自己太不应该了，主动悔过，要求和他母亲一道回家去。崔氏对房景伯说："虽然他表面上看来已经自己感到惭愧，但还不知道他的内心究竟有没有真正悔悟，就暂时不要让他回家，再留些日子看看吧！"

就这样，百姓母子俩在房景伯家中一住住了20多天。这时候，不孝顺的儿子真正从内心里悔悟了，他主动叩头谢罪，直至头上都叩得鲜血直流。百姓的母亲也大受感动，痛哭失声，请求放他们母子俩回家去。崔氏见不孝子已经真正悔过，便让母子两人回家去了。这位不孝子彻底改正了自己的错误，不仅如此，而且其孝顺后来竟远近出了名。

崔氏就这样以自己的家庭为榜样，使一位不孝子变成了有名的孝子。

柳崇巧审疑案

北魏柳崇，河东解县人，为人端方雅致，颇有气量，也颇有学行。他初出仕时，任太尉主簿、尚书右外兵郎中，不久就在官场中崭露了头角，引起了上层统治者的重视。

当时，河东、河北二郡为了辖境问题长期发生争执。由于有争议的地区有富饶的盐池，又有一条十分重要的有名通道——虞阪。因此，两郡的官吏和百姓，都不愿意将那块地区割让出去。在相当长的一个时间里，郡与郡之间、百姓与百姓之间，纷纷攘攘，争讼不休，一直闹到京城的御史台以及其他有关部门。魏孝文帝久闻柳崇善于处理此类复杂事务，便派他去审理这一专案。他通过仔细考察争议地区的历史归属和现实情况，妥善做好两郡官民的疏导工作，平稳地处理了双方多年的纷争。两郡的官民上下，都表示愿意停止诉讼。这桩麻烦案件的办妥，更加提高了柳崇的声誉。

后来，他升迁为河北太守。他刚到河北郡上任，就发生了一起郡民张明丢失马匹的案件。县令费了好大力量，也没有查出盗贼，却抓了10多个形迹可疑的嫌疑犯。但究竟谁是盗马贼，仍然难以断清。案子就这样送到了郡里。柳崇也觉得漫无头绪，难以审理。想来想去，他考虑好了一个可以试试的办法。

柳太守把那10多个嫌疑犯逐一叫上堂来，先是一个个从头到足仔细观察，然后开始同他们逐个谈话。可是，他一个字也不提张明丢马、捉贼破案的事。他和颜悦色地向他们问长问短，问他们家住哪里，家里有几口人，父母还在不，有兄弟几个，子女几个，又问他们在家以何为生，今年农村收成怎样，交纳多少赋税，家里的日子过得如何，等等。嫌疑犯们一开始都十分紧张，经过同太守一番平静、和缓的对话，心里没有鬼的人，言谈不再拘束，情态也逐渐自然、放松起来。多数人随问随答，侃侃而谈，看不出有什么心理负担。但柳太守也发现有两三个人神情诡秘，故作矜持，说话吞吞吐吐，生编硬造，显然是为了掩盖自己身上的某种不肯让人知道的东西。

经过对嫌疑犯们的辞色的细微观察，柳崇的心里已经明白大半。然后，他才开始转入审案正题。他集中力量对那几个表现极不正常的人进行严厉审问。在他的凌厉而有力的追问下有两个人的精神防线终于崩溃，再也无法抵赖，只得承认是他们合伙盗走了张明的马，为首的贼人叫吕穆，尽管他奸猾狡黠，到底还是暴露了真正面目，受到了国法的惩处。柳崇的智谋干练，使得郡内匪人畏服，社会秩序帖然安定。

魏高祖褒忠求贤

魏高祖孝大皇帝拓跋宏是个有雄才大略的君主。他"爱奇好士，视下如伤"。对忠心耿耿的臣子，不仅在其生前给以高官显位，而且在其死后还树碑立传，想因此引起忠义效应。

太原晋阳人王睿（ruì），字洛诚，因精通天文卜筮之学，而且容貌伟丽，早在魏高宗文成皇帝拓跋浚（jùn）朝即被任为要职。承明元年（476年），文明太后临朝听政，王睿特别受宠，累官至吏部尚书，封太原公，得以参与机密政事，满朝文武都怕其三分。

太和二年（478），高祖拓跋宏与文明太后率领百官群僚来到虎圈观赏老虎时，发生了意外。一只老虎突然蹿出了圈外，直扑高祖和文明太后所坐的地方。左右侍从一时吓得心惊胆丧，作鸟兽散。只有王睿镇定自如，他从别人手中夺过一支戟，一边挥舞着吓唬老虎，一边紧紧护卫着高祖和文明太后。老虎被赶跑后，惊魂落定的高祖和文明太后特别感激王睿这个舍身相救的忠臣，从此对他更加另眼相待。王睿的官职不断上升，一直做到了中山王、镇东大将军。高祖和文明太后赏给他的珍宝绫罗数以万计。因为每次赏赐，都是由宦官押着有帷幕遮盖的车子，于夜间开进他的府第，因此他人不知其详。至于赏赐给他的田园、奴婢、牛马等等，也都是好上加好的。

王睿对政事提出的一些意见，高祖也往往听得进去。如沙门法秀的谋逆事件，曾株连到许多人。王睿为避免打击面过宽，曾劝谏高祖道："与其误杀了无辜之人，倒不如宁可放过了有罪之人。应以严惩首恶，余皆不问为宜。"高祖采纳了他的谏言，结果使1000多人免受了牵连。后来，他患病时，高祖、文明太后曾几次亲自去探视他。他身当垂危之际，还向天子上奏了最后一道奏疏，言辞恳切地写道："臣闻为治之要，其略有五：一者慎刑罚，二者任贤能，三者亲忠信，四者远谗佞，五者行黜陟。夫刑罚明，则奸宄息；贤能用，则功绩著；亲忠信，则视听审；远谗佞，则疑间绝；黜陟行，则贪叨改。"

王睿死时，高祖和文明太后非常哀痛。他们亲自到灵前吊唁，并赐给隆重的葬仪，赠以卫大将军、太宰、并州牧，谥以"宣王"称号。下葬那一天，高祖登上城楼目送王睿的灵车；并且诏命于京城南20里的大道右侧为其修建祠庙，树碑一座，铭刻他的业绩，设置5户人家于庙旁，专门负责祭祀。高祖还命人画了几张王睿御虎护驾的画图，悬挂在诸殿之中，命文臣高允配上赞语。当时，京城中的仕女也抢着谱写新曲，歌唱王睿，名之为《中山王乐》。高祖得知后，吩咐采进乐府，命乐工加以合乐演奏。高祖拓跋宏以种种形式褒扬王睿的忠义，自然期待着有更多的王睿出现。

赵修小人得志　　暴富暴亡

我们常用"小人得志"这句话来形容某些暴发户那不可一世的样子。北魏世祖时代的赵修就是一个这样的得志小人。

赵修是赵郡房子（在今河北省高邑县南）人。他的父亲是县里的一个小官吏。他年轻时，只是在太子东宫当一个小吏，侍候太子元（拓跋）恪。他力气很大，很讨元恪的欢心。

高祖元宏死后，元恪当上了皇上，史称世宗。元恪便让赵修跟着进宫，当了一名侍者，继续伺候世祖元恪。由于他有长期服侍元恪的经验，会邀众取宠，所以一天比一天受宠。世宗登基后，赵修的官位在短短几个月就连续攀升几次。先后被任命的官职就有：员外通直、散骑常侍、镇东将军、光禄卿等等，每次升官，他都要设宴庆贺，世宗亲自到他的家里参加宴会。皇帝带了头，诸王公、卿士、百僚便都跟着世宗参加。世宗还亲自接见他的母亲。赵修能喝酒，每次宴会，连那些王公们也经常被灌得支持不住。

皇帝每次到郊庙去举行祭祀活动，赵修都要陪着皇帝来来去去，骑着高头大马，出入于只允许皇帝和内眷们出入的地方。足见世宗对他的信任和宠幸了。

咸阳王元禧被诛以后，那大量的家财，大部分赏赐给了赵修和另一个宠臣高肇，不用说平常的俸禄、贿赂和掠夺，仅这一次的赏赐，就足以让他成为大富翁了。

其实赵修并非聪敏，他不爱读书，不通文墨。但就是这样的人，越是会做那些荒淫无耻的事情。

赵修发迹了，他的父亲也沾了光，被赠为威烈将军和本郡的太守。可惜不久他就死了。百官从王公以下都来吊唁，祭祀用的牛和其他用具堵塞了大门和大街。给他做的石碑、石兽、石柱，都要征用百姓的车给拉送到他的家乡，而费用都是公家给出。发丧用的车上百辆，一路上所需的费用也是公家给出。同时，世宗还宣布，追赠赵修的父亲为龙骧将军。

出殡本是件悲伤的事情。可是，赵修一路上毫无悲戚之容。他和宾客们一路上抢掠妇女，或者扒光了她们的衣服调戏，或者奸污。那些歹徒们鼓噪笑骂，毫无节制。

这一年，世宗又给赵修扩建宅邸，他邻居的房屋很多都被他兼并了。而邻居中那些"自愿"把房屋捐献给赵修的，就会受到破格的提拔。有姓侯的两兄弟，就因为把房基捐献给了赵修，竟被提为一个大郡的长史。

赵修的房舍高大气派，耀眼夺目，标准等同于王公贵族的宅邸。赵修出身低贱，一夜暴富，真是小人得志。尤其是他在葬父过程中的表现，更加令人发指。有一个叫王显的人，原来依附在赵修的门下，后来他也不满赵修的胡作非为，便暗中把他的所作所为记录下来，并向世宗揭发出来。还有几个与赵修一起为非作歹的人，怕受他的牵连，见有人揭发赵修，也争着揭发他的罪恶。

世宗见揭发他的人很多，知道再护着他是很不得人心的，便下诏指责赵修"不识人伦之体，不悟深浅之方""居京造宅，残虐徒旅"等多条罪状，并下令抽他100鞭子。由于赵修的民愤很大，执行笞刑的长官挑了5名强壮的兵士，轮着抽他的屁股。说是100，实际上抽了300多下。一般的人受了这种刑罚，肯定当场一命呜呼，可赵修竟没有被当场打死，拉他的车把他拉出去80里以后，他才断气。

折箭教子一场空

北魏时，我国西北部有个少数民族部落，叫做吐谷浑。大约在405年前后，阿豺被立为吐谷浑的国主。

阿豺是个有才能的国君，他自号骠骑将军，又因境内有沙洲数百里，更自号沙洲刺史。在位期间，阿豺兼并羌氏数千里疆域，一时号称强国。后来，阿豺又主动派遣使者到南朝刘宋朝廷，表示愿意依附刘义隆。424年冬天，刘义隆还没有来得及接受他的依附，阿豺便忽然得了重病。

阿豺卧病在床，自知性命难保，便准备料理后事。他一共有20个儿子，阿豺将他们全都叫到自己床边，嘱咐儿子们，他死以后，应当奉叔父慕璝为国主，儿子们均答应了。阿豺深知，自己死后，20个儿子如果能团结一致，一定可保国泰民安，但如20个儿子互相你争我斗，那部落就难免会走向衰亡。于是，想要趁自己尚在人间，教育儿子们一番。略略思考后，阿豺对儿子们说："你们各自都拿出一支箭来，将它折断。"儿子们遵照父命，各自拿出一支箭，不费吹灰之力便将它一折两段，丢弃一旁。这时候，阿豺又叫在他旁边侍候他的弟弟慕利延拿出20支箭来，对弟弟说："你也拿一支箭，将它折断。"慕利延轻而易举地照办了。阿豺再对慕利延说:"你将其余的19支箭放在一起,一道折断。"这一次,慕利延使出浑身的力气,累得脸红脖子粗,却再也无法将手中的这把箭一齐折断了。阿豺这才对他的弟弟和儿子们说:"你们刚才都看见了,单独一支箭很容易折断,但当所有的箭都束集在一起时,却再也折不断了。这充分说明了一个道理:你们20个人如果能像20支箭合在一起那样,协力同心,紧紧集结在一起,我们的部落才能够稳固安定。希望你们同心同德,团结一致!"刚说完这些话,阿豺便去世了。

  阿豺死后,慕璝继位为国主。他稍有才略,收服了众多流民,部落得以强盛。待慕璝死后,阿豺的弟弟慕利延继立为国主。十分遗憾的是,慕利延和阿豺的20个儿子并没有将阿豺临死前对他们的谆谆教诲放在心上。这时候,阿豺诸子和慕利延逐渐产生了矛盾,慕利延杀了阿豺的长子纬代等多人,最后,终于搞得国势不可收拾。阿豺如地下有知,当痛其弟弟及诸子的不遵教诲。

人物春秋

心境悠然　政治宽松——拓跋宏

　　高祖孝文皇帝，名宏，显祖献文皇帝拓跋弘的长子，母亲是李夫人。皇兴元年（467年）八月二十九日，生于平城紫宫。孝文帝生时皮肤洁白如玉，并有奇异之姿。在襁褓之中就显示出一种不同凡响的姿态。成人后，深沉，气度从容，仁厚孝顺，充分显露出君临天下者的风范。显祖惊喜万分，对他也就格外宠爱。皇兴三年夏，六月初三日，孝文帝被立为皇太子。

　　皇兴五年秋，八月二十日，元宏在太华前殿即皇帝位，大赦天下，改元延兴元年。

　　太和十年（486年）春，正月初一日，孝文帝首次穿戴衮龙袍、冕旒冠，在朝廷上大摆筵席，接受万国使臣的朝贺。

　　太和二十三年（499年）春，正月初一日，孝文帝召见群臣，群臣向孝文帝祝寿大病痊愈，于是在澄鸾殿大宴文武百官。五日，孝文帝参观西门豹祠，从漳水乘舟返回。南齐皇帝萧宝卷派太尉陈显达率军进犯荆州。六日，孝文帝命前将军元英率军迎击。八日，孝文帝从邺城出发，二十一日，孝文帝从邺城返回洛阳。二月二十七日，齐将陈显达攻陷马圈戍。三月四日，孝文帝率军南征。八日，因顺阳被南齐军围攻，情况危急，孝文帝命令振武将军慕容平城，率5000骑兵增援顺阳。十日，孝文帝患病，司徒、彭城王元勰留在行宫中照料病情，主持军国事务。二十一日，孝文帝抵达马圈。

　　三月二十四日，孝文帝病重，北返洛阳，停留于谷塘原。二十八日，孝文帝下诏，赐皇后冯润自尽。命司徒元勰前往洛阳，请皇太子元恪到鲁阳登基即位。

　　夏，四月一日，孝文帝在谷塘原的行宫逝世。终年33岁。辅政大臣们封锁孝文帝逝世的消息，到达鲁阳后，才为孝文帝发丧，护送孝文帝的灵柩返回洛阳。给孝文帝元宏加上"孝文皇帝"的谥号，祭庙的名号称为"高祖"。五月二十一日，将孝文帝元宏安葬于长陵。

　　孝文帝生性纯厚，4岁时，父亲献文帝拓跋弘身上生疮，孝文帝亲口为父亲吸脓。5岁，父亲把皇位传给他，他悲伤得痛哭流涕，无法自制。献文帝问他为什么哭泣，孝文帝回答说："接替父亲的皇位，内心过于悲痛。"献文帝听后，感慨万分,冯太后因为孝文帝聪慧英明,害怕他长大以后会对冯氏家族不利,阴谋废掉孝文帝。在寒冬腊月,将身穿单衣的孝文帝关在一所空房子里,3天不给食物,召来咸阳王元禧,想立他为帝,元丕、穆泰、李冲坚决劝阻,冯太后才打消了这一邪念。虽然如此,孝文帝对冯太后却从来都没有怨恨之意,只是对元丕等人深怀感激。孝文帝对他的弟弟们,十分关怀和爱护,自始至终都没有一点矛盾,且与亲戚族人和睦相处,礼尚往来。虽然对大臣们要求严格,执行法纪从不宽容,然而秉性宽厚仁慈,常常原谅别人的无心之过。某次上菜的人用热汤烫伤了他的手,又一次他在食物中吃到了虫子之类的脏东西,他都一笑置之,给予原谅。有个宦官曾在冯太后面前陷害他,太后大怒,命人用棍子打了他几十下,孝文帝默默忍受,并不为自己辩解。冯太后死后,孝文帝对此事并不介意,没有加以追究、报复。

  孝文帝处理政事时,能广泛听取意见,从善如流。同情、怜悯百姓,始终想为百姓多做些有益的事。凡举行天地、四季、祖庙的祭祀典礼,孝文帝必定亲自参加,从不因天气的严寒、炎热而有所停滞。尚书省的奏章、提案,孝文帝多亲自审阅处理。文武百官无论官职高低,孝文帝都对他们的情况加以留心,以求尽可能地发挥他们的才干、作用。常常说:"作为君主,怕的是不公平,为人处事不能推心置腹以诚相待;如能处事公平、以诚相待,北方的胡人与南方的越人就可以亲如兄弟了。"孝文帝曾经心平气和地对史官说:"对于当时发生的事,应该真实地记载下来,不要对丑恶、可耻的事情加以隐瞒。君主作威作福,没有人能阻止他,如果史书都不记载他的所作所为,他还有什么可怕的呢!"孝文帝南征北巡时,有关部门奏请修整道路,孝文帝却说:"只要整修桥梁,能让车马通过就可以了,不必铲去杂草平整路面。"凡是修建各种设施,都是不得已而为之,从不兴建那些不是急需的工程项目,以免浪费民力。孝文帝南下淮南时,如同在北方国内一样,遇有因军事上的需要而必须砍伐百姓的树木时,必定留下绢布作为赔偿,从不践踏毁坏百姓的庄稼。所有风俗习惯、祭祀活动,只要是古代典籍上未加记载的,一律废除。

  孝文帝非常喜欢读书,甚至到了手不释卷的地步。《五经》中的道理,读过一遍《五经》后便能加以讲解,虽然未经老师专门传授,他却能探寻出其中的精髓与奥妙。诸子百家,史书传记,无不广泛涉猎。喜欢谈论《庄子》《老子》,尤其精通佛理。孝文帝很有才气,喜欢文学创作,诗赋铭颂,兴之所至,随意挥洒。有时就在马上口授军国文告,写成后,不需要改动一个字。自从太和十年以后,所有的诏书、文告,都出自孝文帝的手笔。其他类型的文章,有100多篇。思贤若渴,礼贤下士,喜欢结交奇人异士。对待贤能之士,按才能的大小,常与他们不同程度地结成布衣之交。心境悠然淡远,不为现实的各种事务所困扰。

孝文帝自幼箭法高超,膂力过人。10多岁的时候,就能用手指弹碎羊的肩胛骨。猎射飞禽走兽,箭无虚发。到15岁时,便不再杀生,停止了狩猎活动。孝文帝生性节俭,生活朴素,常常穿洗了又洗的衣服。马鞍、马勒只用铁、木制成。孝文帝的闲闻逸事,都是这一类的。

奇才忠贞思报国 历侍王朝五十载——高允

高允,字伯恭,自幼就是孤儿,因此有些早熟,有着非凡的气度,清河人崔玄伯见他后极为惊异,赞叹说:"高子内心德行高尚美好,神情文雅明朗,如镜子外照一般,将来必能成大器,而为一代人杰,只可惜我不能亲眼看到了。"在高允10多岁时,祖父去世,他为奔丧回到家乡,把家产交给两个兄弟管理,自己出家做了僧徒,释名法净。不久又还俗。高允生性喜爱文史典籍,身背书籍,不远千里拜师求学。他知识广博,对历史和儒家的经典,以及天文、历法、占卜等学问都很精通,尤其喜爱《春秋公羊传》一书。曾被郡守征聘为功曹。

北魏神麚三年,世祖太武帝的舅舅阳平王杜超临时代行征南大将军,镇守邺城,任高允为从事中郎,这时他已40多岁了。当时正值春天,但很多州郡中的囚徒还不能处置,杜超于是命高允与中郎吕熙等人分别前往这些州郡,评议刑罚事务。吕熙等人贪污受贿,尽皆获罪,只有高允一人为官清廉,获得了奖赏。卸官后他回到家乡,以教书为生,学生有千余人。神麚四年,高允与卢玄等人一起被朝廷征聘,封为中书博士。后来升任为侍郎,与太原人张伟一起以侍郎兼领卫大将军及乐安王拓跋范的从事中郎。世祖太武帝的弟弟拓跋范备受宠爱,他在陇西镇守长安时,曾得到高允多方面的扶持和帮助,大受裨益,深得秦地人民的拥戴。不久,高允被征召回朝。高允曾作过一首《塞上翁诗》,诗中饱含辛酸苦辣,抒发了他以往得意与失落之情。骠骑大将军、乐平王拓跋丕西征上邦时,高允又以侍郎的身份参议拓跋丕军中的作战事务。有关的事迹收在《乐平王丕传》中。魏军平定凉州后,高允因参议谋划有功,被赐汶阳子的爵位,兼领建武将军。

此后,魏帝颁诏令高允与司徒崔浩共同著述国史,写成《国记》,兼任著作郎。当时,崔浩召集了很多通晓天文历法的人,考证校定自汉代建国以来日食月食和金木水火土五星的运动行度,并检查旧史中的失谬,另外制定了魏国的历法,然后拿给高允看。高允说:"天文历法不能作毫无证据的空谈,要想将距今很远时代的天象推算准确,必须首先检验对距今较近的时代的天象的推算结果。况且汉代元年仲冬十月,金、木、水、火、土五星汇聚在东井宿的说法,实际是对历法的浅薄不识之论。今天我们讥笑汉代的史官,却察觉这种说法的错误,恐怕将来我们的后人会像我们现在讥笑古人一样地讥笑我们了。"崔浩说:"你所说的谬误指的是什么？"高允道："考查《星传》，金、水二星常常在距太阳很近的地方运行。仲冬十月的凌晨，太阳运行到尾宿和箕宿附近，黄昏时从西南方落下，而东井宿此时正从东北方升起。有什么理由说金、水二星会跑到正对着太阳的最远的地方运行呢？这是因为史官想神化，所以不再依据天象运动的规律来推算的结果。"崔浩说："想要改变天象并没什么不可以，您难道不怀疑木、火、土三星能汇聚在一起吗？为什么只对金、水二星的往来运行感到奇怪呢？"高允道："这些事不可以作没有根据的争论，最好还是深入地研究一下为好。"当时在座的人都感到奇怪，只有东宫少傅游雅说："高君擅长历法，他的说法应当是有根据的。"过了一年多，崔浩对高允说："过去我们争论的问题，我并没有认真地思考，后来经过进一步的考证研究，确实像你说的一样，五星应提前3个月汇聚在东井宿，而不是在十月。"他又对游雅说："高允的学问如此精深，我却不知道，就像钟阳元不知魏舒的箭法高明一样。"于是大家对高允的才识尽皆臣服。高允虽然精通历法，但最初并不做推算，而且对于自己的这种谨慎做法很有说辞。只是游雅屡次向他请教有关灾害和奇异天象的问题。高允说："古人说过，真正了解一件事并不容易，已经了解了又怕了解得不全面，因此还不如不了解。天下玄妙的道理极多，怎么能问这些事呢？"游雅不再提问。

　　不久，高允在做本官的同时兼做了秦王拓跋翰的老师。其后，世祖让他教授恭宗学习儒家经典，受到了很高的礼遇。同时又令高允与侍郎公孙质、李虚、胡方回共同议定法令条文。世祖推荐高允参与讨论刑罚和治国之策，他的见解非常符合世祖的主张。于是世祖向他征询道："国家政务繁多，应最先处理什么事呢？"当时全国的土地多遭封禁，而且京城中不靠务农而吃饭的人非常多。因此高允说："臣自幼穷苦，只懂得种地，请允许我谈论农业的事情吧。古人说：一平方里的土地可开垦良田3顷70亩，100平方里的土地则可开垦良田37000顷。如果辛勤地耕耘，每亩就可以增产3斗粟米，如果懒惰则会减少3斗。这样一来，100平方里的良田，增产或减产粟米的总数就可以达到322万斛，况且天下的良田如此广大，增产或减少的粟米又该有多少呢？如果官府和农户都有积蓄的粮食，那么即使遇上饥荒的年景，又有什么可担忧的呢？"世祖认为这个想法非常好。于是解除对土地的封禁，把良田都授给了农民。

　　曾经，崔浩举荐提拔了冀、定、相、幽、并5州的数十人，初次为官就当了郡守。恭宗对崔浩说："在他们之前已经征聘了很多人，也是从各个州郡中选拔的，这些人在职的时间长，勤勤恳恳地工作，但未能得到任何报答。现在可以先把过去征聘的人补充到其他郡县任职，然后以新征聘的人代行郎吏一级的官职。而且郡守县令要管理民众，所以最好任用那些经历丰富的人。"崔浩与太子恭宗争辩，并派遣了他自己选拔的那些人。高允听说此事后，对东宫博士管恬说：

"崔公不能幸免了！如果他非要以他的这种错误做法来和殿下较量，并要争个胜负，怎么还能平安度日呢？"

辽东公翟黑子深受世祖的恩宠，他奉公出使并州时，竟收受上千匹布的贿赂，事情很快败露。于是黑子来向高允请教对策，他说："如果圣上向我问及此事，我是自首服罪呢，还是避而不答？"高允道："公是朝廷中的宠臣，回答圣上的提问时最好说实话。并且要告诉圣上你对朝廷的忠诚，这样你的罪就不会太大了。"而中书侍郎崔览和公孙质等人却不这样认为，他们都说，一旦自首从实招认，获罪大小实在无法测度，因此最好是回避不说。黑子认为崔览等人更关心自己，反而愤怒地对高允说："按您说的去做，简直就是引诱我去送死，如果真是这样，为什么不直说呢！"于是就这样与高允绝交了。后来，黑子在回复世祖的提问时没能说实话，终于被世祖疏远，最后获罪而遭杀戮。

当时，著作令史闵湛和郗缮因性格奸佞，巧言奉迎，深为崔浩所信任。他们看到崔浩注的《诗经》《论语》《尚书》和《易经》后，立即上书魏帝，声称马融、郑玄、王肃和贾逵等人，虽然都注释讲述过《六经》，但都存在疏漏和错误，不如崔浩的注解精辟。建议广泛搜集国内的各种书籍，藏入官府。然后颁行崔浩对儒家经典的注解，让天下人学习。并请求魏帝降旨，让崔浩注解《礼传》，使后人能够了解正确的经义。崔浩也上表推荐闵湛，称他有著述才能。而后，闵湛又劝崔浩把他所撰写的国史刊刻上石，以便流传万世，他的目的是想使崔浩撰写国史时秉笔直书，使拓跋部的事迹记录得既详备又不雅观的情况得到更充分的表现。高允听说此事后，对著作郎宗钦说："闵湛所做的一切，分寸之间，恐怕就会导致崔家遭受百年不遇的大难。我的门徒中可没有这种人。"不久，大祸降临了。

当初，崔浩被拘捕后，高允则在中书省内值班。恭宗派东宫侍郎吴延去叫高允，并把他留在宫内暂住一夜。第二天，恭宗要入朝拜见世祖，让高允同往。走到宫门前，恭宗对高允说："入朝后，当见到圣上的时候，我自然会引导你的。倘若圣上有事问你，你只管依着我的话说。"高允问恭宗："为了什么这样做呢？"恭宗说："进去自然就知道了。"入朝后见到了魏帝，恭宗说："中书侍郎高允自在臣的宫中以来，已共同相处了多年，他做事小心谨慎而且周密，臣非常了解他。虽然他与崔浩同做一事，然而高允低微，都是听从崔浩的主张。请饶恕他的性命吧。"世祖把高允叫到面前，对他说："《国书》是否都是由崔浩撰写的呢？"高允答道："《太祖记》是前著作郎邓渊所撰。《先帝记》和《今记》是臣与崔浩共同撰写的。然而崔浩多做综合的工作，只是统筹裁定而已。至于史中注解疏证的部分，臣做的比崔浩多。"世祖听后勃然大怒，说道："这个罪比崔浩还重，怎么能留他活路！"恭宗急忙说："高允是小臣，见到圣上威严庄重的样子，就语无伦次了。臣曾经详细地问过高允，他每次都说是崔浩写的。"世祖问高允："果然如太子所说的吗？"高允答道："臣才质平庸，著述写作时谬误百出，冒犯了天威，此罪理应灭族，如今臣已甘愿受死，所以不敢不说实话。殿下因为臣长期为他讲习授课，所以可怜臣，为臣祈求活命。其实他并没有问过臣，臣也没有说过那些话。臣回答圣上的都是实话，不敢心神无主。"世祖对恭宗说道："正直啊！对一个人来说，这已经是很难做到的了，而且能够至死不移，不就更难了吗！而且他说的话都是实话，真是忠臣啊。就为他的这些话，我宁愿不追究他的罪，最好还是宽恕了他吧。"高允终于被赦免了。世祖于是把崔浩叫到面前，让人诘问他。崔浩非常慌恐，不能答对。而高允却对每件事情都能郑重说明，有条有理。所以当时世祖更加生气了，命高允撰写诏书，自崔浩以下，僮仆及小吏以上，共128人，均夷灭五族。高允迟疑着没有动笔，世祖则频频下令急切地催促。高允祈求再次拜见圣上，然后再动笔撰写诏书，于是世祖把他叫到跟前，高允说道："崔浩所犯的罪，如果还有除著述国史之外的其他什么原因的话，那不是臣胆敢知道的。倘若只因国史一事，那么，秉笔直书，坦率写作虽然对朝廷有所触犯，但也还不至于处死呀。"世祖勃然大怒，命武士将高允拘捕起来。恭宗赶快为高允请罪。世祖说："如果没有这个人对我表示愤然不满，早就有几千人被斩了。"崔浩最后终于被杀，而且灭了五族，其他人也都惨遭杀戮。宗钦在临死之前，曾感叹说："高允或许是个圣人吧！"

事过之后，恭宗责备高允说："人应当能够把握时机，审时度势，不能审时度势，书读得再多又有什么用呢？那时候，我一开始就引导卿回复圣上的提问，为什么不顺着我的话说，以至于把圣上气成那个样子。每当想起此事，就让人心惊肉跳。"高允说："臣是出生于东方荒野中的凡夫俗子，本来并没打算做官。恰遇上太平盛世，在朝廷征聘贤士的时候，也就应选了。于是脱去布衣，穿上官服，在中书省任职，而且还经常在麒麟阁参与校勘典籍。那些白拿着朝廷的俸禄而又不做事的官员都很荣耀，而真正有才干的人却被压制不能任用，这种局面已经太久了。史书乃是帝王行为的真实记录，是为后代留下的一个明确鉴戒，这样才能使今人可以了解古人，而后人也可以了解今天。正因为言行举止都要详细记载，所以帝王的行为才要格外谨慎。然而崔浩一家虽世代都蒙受朝廷特殊的礼遇，在当时是非常显赫的大族，但他辜负了圣上对他的恩宠，自取灭亡。但即使对崔浩的这些做法，在当时也还是有值得讨论的余地的。崔浩才智疏弱，却担负着栋梁般的国家重任，在朝中他没有正直的节操，在家中难与亲人和睦相处，个人的贪欲早已使他忘记了廉洁之本，个人的爱憎早已取代了正直与真理，这些都是崔浩的责任。但是，至于记录朝廷日常生活的种种事迹，谈论国家事务的正确与失误，这些却也都是史书中的要点，与事实不可违背太多。然而，臣与崔浩实际上共同参与此事，不论生死荣辱，按理说两人本不应该有什么不同，实在是由于蒙受了殿下的极大关怀，才违心地苟且幸免，这并非臣的本意。"恭宗听后非常感动，赞叹一番。高允后来对人说，我没有接受太子的引导，是唯恐辜负了翟黑子，因为当初我就是这样教导他的，所以现在我自己也应该这样做。

恭宗临去世的几年前，对自己身边的人非常亲近，私自营造田园，获取财利。高允规劝他说："天地没有私欲，所以天能够覆盖着大地，而大地能够生长万物；帝王没有私欲，所以能够包养天下。过去贤明的君主，都以极公正的态度从政治民，所以把金银留藏在山中而不去开采它，把珍珠留藏在深水中而不去捕捞它，用这些事实将自己的无私昭示天下，用自己的节俭教诲天下人。所以赞美之声四起，万代传颂。今天，殿下作为国君的继承者，四海归心，您的言行举止，将成为天下人效法的榜样，而您却营造私人田园，畜养鸡犬，甚至在市集上贩酒，还与市民讨价还价，以至于到处流布着各种议论。天下乃是殿下的天下，您富有得享有了四海之内的一切，还有什么想要而得不到的呢，有什么欲望不能满足呢，反而去和那些男女商贾争夺蝇头小利。从前虢国将亡之时，神从天上降临了，赐给他们土地田园，最后竟丧失了国家。汉灵帝不学习君主的庄重威严，而喜欢与宫中的人摆摊贩卖，自己建立了府库，经营小利，最后使国家发生了颠覆混乱的灾难。前车之鉴，非常可怕呀。一个做君主的人，在选择用人时必须慎重，仔细观察。所以人们把知人善任叫做哲，这一点对于帝王来说是困难的。《商书》说：'不要接近小人'，孔子也说过，你亲近了小人，他就会对你无礼，你疏远了小人，他就会怨恨你。武王亲近周公、邵公、姜太公和毕公，所以能称王天下。殷纣王亲近飞廉、恶来，因而灭亡了国家。纵观古今的社稷存亡之际，没有不是由于亲近小人所致。现在殿下总发自内心地感叹缺少人才，实际上贤达之人并不少。近来在您身边侍奉您的那些人，恐怕都不是治国安邦的材料。所以希望殿下能够稍微倾听一下臣的话，远小人近贤臣，把归自己所有的田园分给贫苦的人，找准时机把畜养和贩卖之事也结束了。只有这样，听到赞美之声的那一天才会到来，而指责之声也就可以平息了。"恭宗并没有接受高允的劝告。

恭宗死后，高允很久都没有入宫进见圣上。后来世祖召见他，高允入宫时，一上台阶就抽泣，悲痛不已。世祖见此情景，也跟着哭了，并命高允出使，离开京城。朝臣们都不知因为什么缘故，彼此说道："高允没遇到什么值得悲泣的事呀，让圣上如此哀伤，究竟为什么呢？"世祖听到后，把他们招呼过来说："你们不知道高允的悲痛吗？"朝臣们说："臣等看到高允不说话，只是哭泣，而陛下为这事很悲伤，所以偷偷地说几句。"世祖说："崔浩被杀时，高允也应当一同处死，由于太子苦谏，才得以幸免。今天太子不在人世了，高允看到我因此很悲痛。"

高允后来上表说:"前些年圣上下诏,命臣汇集各种天文及灾异现象,并与人间的各种事情相互联系,既要精练又要值得一看。臣听说箕子陈述治国的方略而写成《洪范》,孔子讲述鲁国的历史而著成《春秋》,这些都是宣扬各种治国安民的法规、恭敬地观测天象的例子。所以,根据人们行善还是作恶,天马上就会做出反应而出现灾难或奇异的天象,随着人们的成功或失败,天马上也会应验而降临灾祸或福禄。天与人其实相距很远,但所得到的报应,却像回声一样快,真是太可怕了。古往今来,历代帝王之中,没有一位不尊崇这个天人感应的规律,并以这个法度作为考核的标准来整饬国家,修德行善的。在此之后,史官都要把那些事情记录在案,以便作为行动的借鉴。汉成帝时,光禄大夫刘向见国家的命运将有危难,权力旁落外戚手中,所以屡次上表陈述出现了妖异天象,但都未被采纳。于是以《洪范》和《春秋》两书中有关上天已对人间的恶迹有所报应而出现了灾异天象的内容加以解释,希望以此使君主有所触动而醒悟,但皇帝终究还是没有对现状进行治理查问,最后终于灭亡了国家。这难道不是很悲哀的吗!尊敬的陛下,您的神威与武功效法皇天,英明而远见卓识,并以非常恭敬的态度来考查古代,一切都按照传统的规矩行事,对古代的言论行为,无不深入地鉴别品评,这些都是先帝所不及的。臣才疏学浅,孤陋寡闻,恐怕没有能力为圣上开阔见闻,使您有所裨益,并且恭敬地实现您英明的意旨。今天臣郑重地依照《洪范传》《天文志》,将其中有关事实的要点摘出,并加以汇集,省略掉那些修饰性的言辞,一共录成八篇。"世祖阅后认为很好,说道:"高允对灾异现象的精通程度,难道不如崔浩吗?"到高宗即位以后,高允辅佐新君,表现出很高的谋略。当时,司徒陆丽等人都受到了重赏,而高允却没有受到什么奖励,对于此事,他至死都没有一句怨言。这些事情表现了他对朝廷的忠诚,为人谦逊而不好夸耀的品行。

给事中郭善明,生性机智乖巧,想在皇帝面前显示一下自己的才能,劝高宗大兴土木,营建宫殿。高允劝阻道:"臣听说太祖道武皇帝在平定天下之后,才开始营建都城,但所有的工程,不等到农闲的时候绝不动工兴建。现在国家已经建立很久了,各种宫室都已建造齐备,永安前殿足可以让君主接受万国宾客的朝见,西厢温暖的房间也足可以安置侍奉圣体,登上紫色的楼阁临望,远近可一览无余。如果大范围地修建雄伟华丽的宫殿,目的只是为了奇异好看,那最好还是慢慢地建,不可仓促行事。统计起来,修建这些宫殿,斫制石木材,运送上方,以及各种杂劳役,总共需要两万人,壮年男子承担这些劳役,老人小孩送水送饭,总计则达4万人,而且需要半年时间才能完成。古人说过:一个男人不耕种,就会有人挨饿;一个妇女不织布,就会有人受冻。何况数万人之多,所造成的损失和浪费就太大了。回首想想古代的事实,再来检验今天,必然会得到同样的结果。圣上确实应该再考虑考虑为好。"高宗采纳了这些建议。

高宗继承了太平事业，但依旧沿袭着鲜卑的风俗习惯，婚丧嫁娶都不遵循中原的传统仪式，于是高允规劝道：

先帝在世之时，多次颁发圣明的诏令，婚姻嫁娶之时不得演奏音乐，送殡埋葬之日也不得唱歌、击鼓跳舞、杀牲和焚烧祭品，这一切都要禁止。虽然这些规定已颁布了很久，但风俗仍然没有改变。而且由于身居高官的人不能改悔，平民百姓也渐渐习惯而成为风俗，对人民教育的荒废，竟到了今天这般地步。过去周文王在百里大小的诸侯国中，不论整饬德政民风，还是颁布政令，首先从自己和妻子做起，而后再要求他的兄弟，最后才到天下的百姓，终于占有了三分之二的天下。这表明统治者无论做什么事，都要首先从自己和亲人做起。《诗经》说："教育你的亲属行善无恶，天下人就都会效仿了。"所以，君主的一举一动不可不谨慎啊。

《礼记》说：有女儿出嫁的人家，三日燃烛不灭；迎亲娶妻的人家，三日不能奏乐。今天各王纳室娶亲，都由乐部供给艺伎，以供嬉戏玩耍，却反而单对平民百姓横加禁止，不许奏乐，这是第一件怪事。

古代婚娶，都选择有道德节义的人家，细心挑选贞洁贤淑的女子，先要请人说媒，接着再下聘礼，对邀集的幕僚和朋友要注重他们身份的区别，亲近那些乘车的客人，崇尚他们端庄肃穆的仪态，婚姻大事，就是这么难。可是在今天，诸位宗王年仅15岁就赐给了妻室，离家单独居住了。然而配给妻子的宗王们，长幼不分，胡作非为，而与宗王婚配的人，尽是些嫔妃宫女。自古以来，没有比这更过分的违礼之事了。近几年来，频频有人揭发和检举这种违礼之事。如果真是诸位宗王因饮酒无度而受到责难，事情的缘起，也都是由于他们的妻子因年老色衰而遭到抛弃，从而造成了这种纷乱的局面。如今皇子所娶的妻室，多出自嫔妃宫女之中，但却反要天下的平民百姓必须依照礼制的规定婚嫁，这是第二件怪事。

万物生长，最终皆亡，古代贤明的先王制定了礼制，用来养生送死，这是符合人情道理的。如果毁灭生命而自寻死路，那就是圣人禁止的了。然而，埋葬的意思就是藏匿，死去的人不可能再出现了，所以要把他们深深地藏匿起来。过去帝尧被葬在谷林，农民并没有因此而迁徙到别的土地上去耕种；帝舜被葬在苍梧，商人也没有被迫到别的地方去做生意。秦始皇倒是营建了地下冥城，把它的基础牢牢地固定于三泉之上，所用的金玉珍宝不可计数，但他刚死不久，尸体就被焚烧了，墓穴就被盗掘了。可见，尧舜的俭朴，秦始皇的奢侈，谁是谁非一目了然。现在国家营建陵墓，花费上亿的银钱，一旦烧了，不也同样成为一片灰烬。如果奢侈浪费对死者有益，为什么单单古人不这样做呢。如今圣上不停地营造茔域，却坚决禁止平民百姓有所兴建，这是第三件怪事。

"古代丧礼祭礼，为代替死者受祭，必须立尸，用来辨别左昭右穆的次序，使死者有所依凭，致行献食之礼。如今死者被埋葬之后，人们干脆直截寻找一位与死者相貌相似的人，死者是父母，就像对待父母一样地侍奉他，死者是配偶，则与他像夫妻一样相互恩爱。伤风败俗，亵渎人伦，混乱礼制，没有比这更厉害的了。朝廷不加禁止，百姓也不改易杜绝，这是第四件怪事。

"宴飨之礼可以规定礼制仪式，教诲臣民，所以圣贤的帝王都重视它。礼制之严甚至到了酒杯满了就不能喝，饭菜不新鲜就不能吃，音乐不是合乎规范的高雅之声就不能演奏，食物不是纯正的货色就不能摆上宴席。而如今在大宴宾客的时候，宫廷内外的人都混杂在一起，因醉酒而喧闹不休，毫无礼仪可言。同时让滑稽小丑做粗俗表演，玷污人们的视听。朝廷长期形成了这种坏习惯，反倒以其为美，而斥责纯洁素朴的风尚，这是第五件怪事。

"今天，陛下作为历代帝王中最后的一位，因袭了晋代动乱而遗留的弊端，反而不加以矫正厘定，鞭挞陋俗，臣只怕天下的百姓，永远也见不到传统的礼仪和道德了。"

高允不止一次地这样劝谏高宗，而高宗也都能从容静听，有时因直言过激而有所冒犯，高宗实在不入耳，就让身边的人将他搀扶出去。只要在不便当众劝谏的情况下，高允就要求到内宫拜见高宗，高宗深知高允的心意，总是预先在屏风旁迎接他。高允得到很高的礼遇和尊敬，早来晚走，有时接连几天都住在宫里，大臣们都不知道他们在议论些什么。

一次有人上书，历陈朝廷的得失，高宗将表章翻看了一遍，然后对群臣说："一国之君就是一家之父，父亲有了错误，做儿子的为什么不写成表章，在人群之中当众劝谏他，让大家都知道他的坏处，而是躲在家里私下处理呢。这难道不是对父亲的爱戴，而恐怕家丑外扬吗？如今国家有了善举或恶行，作为臣子不能当面陈述，却要上表在大庭广众之下劝谏一番，这难道不是宣扬君主的缺点，而标榜他自己是多么正确吗？像高允那样的人，才是真正的忠臣。朕有了错误，他常常以正直之言当面辩论，说到朕所不爱听的时候，仍然能侃侃而谈，毫不回避迁就。朕认识到了自己的过错，而天下的人却不知道朕曾受过规谏，这难道不是忠诚吗！你们这些人常在朕的左右，朕却从来没有听到过你们当面对朕说过一句正直的话，只是趁朕高兴的时候祈求官职。你们这些人手持弓箭和刀斧，侍奉在朕的身边，只有白白站立的苦劳，却全都做了王公贵族。而高允手持一支笔，纠正国家的偏失，却只不过是个小小的著作郎。你们难道不感到羞愧吗？"于是，高宗封高允为中书令，同时还让他像过去一样著述校勘。司徒陆丽说："高允虽然得圣上恩宠，但他家境贫寒，衣着俭朴，妻子儿女身份都很寒微。"高宗气愤地说:"怎么不早告诉我!今天朕要重用他了,才说出他家境贫寒。"当天,高宗亲自来到高允的家,看到只有草房若干间,房间里是粗布做的被子和乱麻做成的袍子,厨房中也只有咸菜而已。高宗感叹地说:"古人的生活难道比得上这样清苦吗!"当即赐给高允丝帛500匹、粟米千斛,封高允的长子高忱为绥远将军、长乐太守。高允再三表示坚决辞让,高宗没有同意。当初与高允一起被征聘的游雅等人,多已拜官封侯,甚至高允手下的百十名小吏,也都做到了刺史郡守一级的职位,而高允却做了27年的著作郎,没有升官。当时朝廷中的官吏没有俸禄,高允就经常让他的几个孩子砍柴伐木,维持生计。

当初,尚书窦瑾因获罪而遭诛杀,他的儿子窦遵为避难逃亡到了山泽之中,窦遵的母亲焦氏也因此而被囚禁在县府。后来,焦氏虽因年老而得到赦免,但窦家的亲友之中竟没有一个人愿意赡养她。高允便把她留在自己家里保护赡养。6年之后,窦遵得到赦免后才将老母接走。高允的行为就是这样敦厚。后来,高允转做了太常卿,同时还继续担任中书令。他上奏《代都赋》,用以规劝讽谏,此文也属于汉代张衡《东京赋》和《西京赋》之类的作品,但内容多没有保存下来。当时,中书博士索敞与侍郎傅默、梁祚讨论人的名与字的尊卑贵贱,著述议论纷纭杂乱,于是高允撰写了《名字论》,为人们解惑释疑,他引经据典,论证翔实。后来他又在任中书令的同时兼领秘书监,解除了太常卿一职,并晋封爵位梁城侯,加官左将军。

以前,高允与游雅及太原张伟同是同学而成了朋友,游雅曾评价高允说:"爱发怒的人,一生中就不可能不发怒。而过去的史书中记载的卓公心胸宽阔,文饶大度海量,心地狭窄的人或许不相信有这种人。我与高子相交40年了,却从来没有见过他为事情的对或错而面露喜怒之色,不也就相信了。高子内心文德辉耀,外表柔弱,说起话来迟迟不能出口,我常叫他'文子'。崔公曾对我说:'高生博学多才,为一代佳士,只是缺少点勇武的风度气节'当时我也这么看。可后来发生的事却并非如此。司徒的国史罪,只不过因一点小事所引起,但到圣上降诏责罚的时候,崔公竟声音也嘶哑了,腿也发抖了,连话都说不出来,宗钦和比他职位低的官员都吓得趴在地上,大汗直流,个个面无人色。而高子却详细地叙述事理,申明是非,言辞清晰明辨,声音高亢洪亮。圣上被他的行为所感动,在场的人也没有不称赞他的。他以仁厚之心对待同僚和朋友,保佑他们大吉,过去一向所说的勇武,比高允的行为又怎么样呢?宗爱依仗着权势,肆无忌惮,名声威振四海。他曾在大臣议政之处召见百官,宗王公侯及各级官员,只要看见他的殿庭就全都下拜,只有高子直到走上台阶后才长揖见礼。由此可见,汉代的汲长孺能躺在床上接待卫青,又有什么有悖于礼仪的呢!过去一向所说的风度气节,难道不就是说的这些吗?了解一个人本来就很难,被别人了解就更难了。我仅了解高允的外表,却不了解他的内心,而崔公竟连他的外表也不了解。钟子期遇见了俞伯牙,从此不再听琴,管仲一看到鲍叔牙,眼睛都亮了,确实是有原因的啊。"高允就是这样为世人所推崇。

  高宗很尊重高允,常常不叫他的名字,而一直称呼他"令公"。于是"令公"之名传布得很广。高宗死后,显祖住在守丧的地方,乙浑趁机独揽朝政,密谋策反,威胁着国家的命运。文明太后杀了他,召高允到宫中,参议决定国家的大政方针。又下诏对高允说:"近来,学校长期得不到修建,市肆衰落,学业荒废,青年们的叹息之声,在今天又重新出现了。朕已继承管理了这个伟大的事业,天下安宁,根据过去的制度,想要在郡国设立学校,使学习这项事业能够得以继续传授。卿是儒学宗师,开国元老,以您现在的名望和多年的德行,最适合与中书省和秘书省的官员参议此事,以便传布。"高允表奏道:"臣听说像筹划治国大事这样的重要事业,必须首先对人民进行教育和培养;所有的秩序以及九类大法,也都是由于以礼德教化进行统治而形成的。所以,辟雍照耀着周代的《诗经》,而泮宫则是《鲁颂》中显要的内容。自永嘉之乱以后,已有的典章制度都被破坏了。乡间之间再也听不到吟诵《雅》《颂》的声音,京城都邑再也看不到释奠拜师的礼节。道德沦丧,事业衰落,已经有 150 年了。每当尊敬的先王想要效法过去的典章制度之时,都要治理和提倡纯朴的风尚,只要制定的方案切实理想,很快就能够使局面恢复。陛下恭敬地处理政务并注意节约,明察是非,建立了丰功伟业,天下安宁,百官都能服从领导。为使祖宗的遗志得以发扬,已绝迹的周代礼制得以复兴,于是大发仁德之声,思考着创立新的礼乐法度及文章教化。不论达官显贵还是庶民百姓,都会为此而感到异常欣慰。臣承蒙圣上降旨命令,将中书、秘书两省的官员召集到一起,披阅览读历史典籍,详细研究典章制度和法度准则,随时随地督促儒者们努力从事他们的事业,重视学问而专心于他们的学说。这个圣明的诏令,综合汇集了古代的理义。遵照圣旨,注重建立学校,以便重振风俗教化。这样就能使先王业绩的光辉照耀未来,盛美之音流传天下。臣请求建立这样一种制度,大型的郡设立博士两名,博士的助手 4 名,学生 100 名;次大的郡设立博士两名,助手两名,学生 80 名;中型的郡设立博士 1 名,助手 1 名,学生 60 名;小型的郡设立博士 1 名,助手 1 名,学生 40 名。博士要选拔录用那些广泛涉猎儒家经典,一生的经历忠诚清白,能够为人师表的人,年龄要在 40 岁以上。选拔录用助手的标准与博士相同,年龄在 30 岁以上。如果道德修养高尚又大器早成,他的才华足以使他担任教书授业的工作,那么则不限于年龄。学生则挑选那些家世清白,受人敬重,行为美好谨慎,能够遵循礼教的人。首先将富贵人家的子弟全部录取,然后再录取通过考试的人。"显祖听从了高允的建议。自此开始,郡国之内开始设立了学校。

后来，高允因为年老有病，多次请求辞官，皇帝没有同意。于是他写了《告老诗》。又因为昔日一同被征聘的同僚故旧，如今多已故去，他感叹时光的流逝，怀念故人，于是作了《征士颂》，颂文中只写了那些应聘在朝廷做官的人，其余未能入聘者则没被录入。对这批贤达之士，也只是简单列举了他们的生平事迹。现将颂文抄录于后：

中书侍郎、固安伯范阳人卢玄，字子真

郡功曹史博陵人崔绰，字茂祖

河内太守、下乐侯广宁人燕崇，字玄略

上党太守、高邑侯广宁人常陟，字公山

征南大将军从事中郎勃海人高毗，字子翼

征南大将军从事中郎勃海人李钦，字道赐

河西太守、饶阳子博陵人许堪，字祖根

中书郎、新丰侯京兆人杜铨，字士衡

征西大将军从事中郎京兆人韦阆，字友规

京兆太守赵郡人李诜，字令孙

太常博士、钜鹿公赵郡人李灵，字虎符

中书郎、即丘子赵郡人李遐，字仲熙

营州刺史、建安公太原人张伟，字仲业

辅国大将军从事中郎范阳人祖迈

征东大将军从事中郎范阳人祖侃，字士伦

东郡太守、蒲县子中山人刘策

濮阳太守、真定子常山人许琛

行司隶校尉、中都侯西河人宋宣，字道茂

中书郎燕郡人刘遐，字彦鉴

中书郎、武恒子河间人邢颖，字宗敬

沧水太守、浮阳侯勃海人高济，字叔民

太平太守、平原子雁门人李熙，字士元

秘书监、梁郡公广平人游雅，字伯度

廷尉正、安平子博陵人崔建，字兴祖

广平太守、列人侯西河人宋愔

州主簿长乐人潘天符

郡功曹长乐人杜熙

征东大将军从事中郎中山人张纲

中书郎上谷人张诞，字叔术

秘书郎雁门人王道雅

秘书郎雁门人闵弼

卫大将军从事中郎中山人郎苗

大司马从事中郎上谷人侯辩

陈留郡太守、高邑子赵郡人吕季才

历代帝王治理百官，无不积蓄网罗各种有才能的人，以便使统治之术更加高明有效。周文王因为任用了众多的贤达之士才能使天下安宁，汉武帝因为得到了贤者的辅佐才开创了盛世这些事迹都被记载于史籍之中，也都是自古至今最普通的道理。魏朝自神䴥年间以来，国内太平安定，诛灭了享有几代非法统治的赫连氏，扫清了在极其荒僻遥远的地方肆意妄为的贼寇，向南攻破了江南的楚地，向西荡涤了凉州之地，域外不同地方的民众，都仰慕魏朝的盛德大义，纷纷前来归顺。自此，国家偃戈息鼓，停战罢兵，重建礼教，创立学校，广罗俊才异秀之士，用他们应接咨询国家政事。真是日夜梦想着贤达睿哲之人，恨不得马上就能见到他们，四处寻访，只是为了能够求得才智超群的人。当时，大家都异口同声地称赞范阳人卢玄等42人，他们全是官宦的后代，在地方上都享有盛名，有辅佐之才。陛下亲自颁发圣旨，征聘卢玄等人，留着官位等待他们去做，空着爵位等着封给他们，他们之中的35人入朝做了官，其余的人虽依照规定而没有被州郡聘用，但其才干也同样不可估量。那时，满朝英杰俊士，人才济济，一派美好兴盛景象。昔日臣与他们一同承蒙朝廷的举荐步入仕途，要么从容出入于朝廷议论政事，要么随意集聚到家中尽情娱乐，大家都以为，千载难逢的机会就从那时开始了。但时间流逝，吉凶相迭，共同被征聘的人中，由于年老或丧亡，如今差不多都已去世。今日尚健在的虽还有几位，但也天各一方，终难相见。往日的欢乐，今天却变成了悲伤。张仲业东行到了营州，多么希望他能回来一起倾心畅叙，在垂殁之年整装相聚，在桑榆之际感怀情谊。但仲业也不幸去世了。如今，朝中的百官都是晚辈，左邻右舍也都是陌生的面孔，进入宫廷没有寄托自己心意的场所，里里外外也没有让人解颜欢笑的地方。顾盼着自己的这副躯壳，所以只好永远叹息不止了。一篇颂辞可以赞美品德高尚的人的形象，也可以畅所欲言，寄托自己的情怀。我已有20年没有写文章了，但事情急切，总挂念在我心上，怎么能沉默不语呢？于是为他们作了颂辞，颂辞说：

祥瑞紫气冲九天，群雄并起乱华夏，君王恭谨往征伐，屡驾战车飞跃马。扫荡流寇草莽贼，剪除邪恶与妖霸，四海之内合风俗，八方之中兴教化。刑罚教化量无际，天下安宁且同一，偃戈藏兵息战事，唯建礼教勤思虑。圣帝广求旷世杰，询访荐举能与贤，投竿垂钓山隐士，奇异才人同出现。

勤勉不倦卢子真，器量宏大心地纯，钻研学问德为准，研习六艺依据仁。旌旗弓矢应征选，换上官服除布裙，手提衣襟走上朝，良谋佳策日日陈。自东至南勤出使，跃马扬鞭独驰骋，北燕冯弘来归顺，南朝刘宋和如亲。

茕单影孤崔茂祖，年幼丧亲遭不幸，严于律己多努力，重整旗鼓家道兴。专心勤勉习《六经》，遨游文藻辞章明，高官厚禄终辞谢，平静自保一清心。

燕崇常陟重诚信，言行高尚靡有失，不求苟且升官爵，任其自然去留职。淡泊谦和又节俭，与世无争善推辞，思念贤哲乐于古，如饥似渴求知识。宁静致远高子翼，悟性高好李道赐，以礼相约结为友，和谐共处如抚琴。并肩参议万机事，清官为民施善行，悠闲自得度日月，聊以寄托两颗心。

审时度势许祖根，谋深智富逞才能，上仗皇恩功名就，下靠德友情谊重。功勋建树虽然晚，福禄享受实先行，同辈旧臣与故友，位居群后是此人。孤身独立杜士衡，扪心自问无愧疚，不尚华丽言和语，结交新知不弃旧。计其财产虽贫弱，讲经论道富五斗，所说同僚此一人，实是国家真英秀。

超凡出众韦友规，人品正直心善良，他人长处勤汲取，自己小节善弃扬。禀性有序喜静默，南征北战漂泊郎，虽然屈居王侯下，念念不忘大志向。

赵国故土好地方，代不绝出多奇士，山岳聚集才人众，杰秀贤能推三李。神采飘逸似清风，言语和悦行谦恭，初九日圣贤行隐没，仰慕君王赴京城。李诜拜官治长安，李灵授爵作皇传，垂训皇宫教后辈，肩负处理万机务。李熙早夭寿虽短，官已拜至侍郎署，所存风尚值效取，光明显赫贯终生。

学识渊博张仲业，性情清雅心高洁，礼仪容止仿古式，典谟诰旨理殷切。身处艰险心不改，节操如一贯始终。结朋交友重仁德，训教后辈尽孝道，教化覆盖及龙川，人民归附从其教。

祖迈杰出且贤能，祖侃授官也适选，闻名家邦受称赞，名声行为同丕显。兼济天下唯其志，独善其身非己愿，冲破束缚无规矩，功勋业绩终未展。刘策许琛忠职守，鞠躬尽瘁竭力行，出使四方能游说，入见皇帝献其功。驾乘轻车走天下，燕地降服崇屈从，名声彰著映当代，社稷大业更昌盛。

大器早成宋道茂，人小年少远播名，真诚相待结知己，行为处事守信用。怡怡和睦诸兄弟，穆穆温暖一家庭，影响广大且深远，声名高振入云空。常在宫中尽臣责，兼掌天下京都城，量刑罚罪中为准，民风和谐百事平。

壮哉美哉刘彦鉴，艺文礼乐无不善，任其自然为禀性，本领才能自修炼。高官厚禄不崇尚，地位寒微不辱慢，谢绝朱门辞官去，回归山林大自然。四俊之一邢宗敬，美名赞誉远播扬，辞章华丽似行云，文名洋溢早流芳。道遇路人疾病苦，诗赋相赠了慰问，真挚情感显于辞，人伦事理出于韵。

爽朗豁达高叔民，默识渊通论古今，领新悟异出奇想，发自心胸睿思明，气质堪比和氏璧，文采辉炳善辞章，仕途蹉跎坐京城，衣锦还乡归旧邦。先知先觉李士元，性格耿直不迷惑，抖擞精神入殿阁，为臣尽忠效王国。行端履正榜样好，严循法度守绳墨，心地善良一君子，言行举止无差错。

孔子称许游和夏，汉人赞美渊与云，脱凡逾众游伯度，出类拔萃更超群。校勘经史入秘阁，总领州郡出河汾，移风易俗施教化，梳理疑乱解争纷。怡然理顺通难义，涣然冰释解疑文，精心研析儒家术，分别九流易辨清。

崔建宋愔二贤人，生性奇伟又英杰，颖脱而出自民间，休名美德漫宫阙。謇謇仪态殊正直，邈邈风节且高亮，贤达卓异不自负，白手起家终辉煌。潘符高尚为典范，杜熙随和性友善，洁身自好不逐流，一尘不染有主见。名望高绝世罕有，只为小吏淡做官，不计得失反逾多，不尚名利反逾显。

张纲温和人谦逊，叔术端正性刚直，道雅洽闻且强记，闵弼博学又多识。隐者之中拔其萃，渐成栋梁展鸿志，发奋进取忘餐饮，雄心岂能足斗食。遵循礼仪行仁义，榜样规范自不失，挫折不悲心坦荡，得志不喜意平实。

郎苗初来入仕途，各种方法受考核，智足谋深超乎众，言论足可安邦国。性与时尚相融洽，勤勉理政不妄说，合乎今日新标准，无异古代之准则。人求物利性贪婪，惑意乱神沉于酒，洁身自好属侯辩，唯富德义至笃厚。日日饮酒虽放纵，逾受敬重逾温柔，无道身躯藏私室，仿佛跻彼众公侯。

若论季才之性格，执着竞争又文静，长行远抵南秦地，申明皇威施政令。公平诱导权利弊，矫正是非依准绳，帝王事业得发扬，边疆昌盛且安宁。

群贤毕至会一世，声名显赫扬魏国，竭志效忠安天下，各展其能尽臣责。身披体袭红衣裳，腰系双佩扎玉带，荣耀辉煌在当时，风节高尚传千载。君臣相聚难相伴，古今常理异莫觉，昔日遵奉朝廷合，征举之士能和谐。撩起衣襟独畅想，解带宽衣自舒怀，此时忻乐如昨日，生死存亡忽两乖，沉思默想念故旧，内心翻腾久不平，挥毫赞美诸公德，更增我心悲与哀。

北魏皇兴年间，献文帝下诏命高允兼任太常，并去兖州拜祭孔子庙，献文帝对高允说："这件事只有人品宽厚、德行高尚的人才有资格前往，你就不推辞了。"其后，高允跟随显祖献文帝出征北伐，大胜而归，行至武川镇时，高允上奏《北伐颂》，颂辞说："昊广皇天真伟大，降赐鉴戒唯仁德，眷恋有魏负重任，居高临下照万国。礼仪教化大和谐，君王满腹多谋略，平息乱事依皇威，严守法则万民协。劫掠旧隶属北疆，承政发令在番邦，往昔只因常起事，驾车北去顾逃亡。世袭旧制不遵循，背离忠义违诚信，网罗亡徒聚强盗，丑寇败类真不少。竟敢率领众羊犬，图谋放纵更猖獗，圣帝降旨告上下，兴师挥戈去北伐。跃马扬鞭裹干粮，星驰电掣进军忙，扑伐征讨劫杀勇，横扫千军斧钺扬。斧钺所至人头落，执馘获俘灭敌旅，尸横遍野填沟谷，血流成河可漂杵。元凶敌首狐奔逃，假借陋室暂歇脚，手下爪牙已遭剐，身边心腹也被杀。周人和亲敬老笃，忠厚仁德及草木，英明圣皇世绝伦，古今美德汇一身。恩泽被覆京观下，仁德宏旨又垂临，瘗埋尸骨放俘虏，仁爱施予生死魂。生灵死魂蒙仁爱，天地庇护人且喜，人伦纵贯幽冥界，皇泽圣恩播异上。物归其诚安天下，敬神行祭献其福，远近内外得安抚，率土之滨皆臣服。古代所称善用兵，三月克敌属神异，如今圣上也兴师，告捷不足十二日。大军上下同心战，千邦万国共和协，道义光耀垂万载，功勋劳绩铭玉牒，颂扬之声久不灭，流传播布至未来。"显祖阅后非常喜欢。

还有一事。当时，显祖献文帝常常闷闷不乐，因为高祖拓跋宏年纪尚幼，所以献文帝想立京兆王拓跋子推为太子，于是，他召集诸位大臣，依次征询他们的意见。这时高允上前跪倒在地，哭泣说道："臣不敢多言，只怕烦劳圣听，愿陛下以祖宗托付的事业为重，再回头想想周公辅成王的古事。"显祖于是把帝位传给了高祖，并赏赐高允丝帛千匹，以表彰他的忠诚亮节。高允后又被升任为中书监，兼领散骑常侍。他虽长期掌管著史校史的工作，然而却不能专心勤勉地从事此事，当时，他与校书郎刘模收集了一些资料，大略地对崔浩过去的工作做了续补，以《春秋》的体例为标准，而对崔著时有勘误匡正。自高宗到显祖的事迹以及军事、国政、书志、檄文，多为高允所撰。到了晚年，高允才推荐高闾接替自己。因他评议朝政有功，又被晋封爵位咸阳公，兼领镇东将军。

不久，高允又被任命为使持节、散骑常侍、征西将军和怀州刺史。一年秋季，高允巡行疆界，他关怀百姓的疾苦，所至之处，问寒问暖，当行至邵县的时候，高允见邵公庙塌毁，便对人说："邵公的德操，毁伤它而不尊敬它，那么积德行善的人还能敬仰什么呢。"于是上奏魏帝，要求对邵公庙重加修葺。当时高允已年近90岁了，仍然劝导百姓学习问业，使得这种风气蔚然成风。相反，当时的很多儒者却悠闲自得四处游历，而不去过问国家政事。多年以后，在北魏正光年间，中散大夫、中书舍人河内人常景追思怀念高允，亲率郡中的故旧老人，在野王以南为高允修立祠堂，树立碑石，记述他的丰德。

北魏孝文帝太和二年，高允又以年老为由，请求解甲归田，他先后上呈了10余份奏章，但孝文帝最后还是没有同意，于是高允以有病在身为由，请假回乡。当年，孝文帝就下诏征聘高允，命州郡负责用可以坐乘的安车将他送到京都。来到京城后，封他为镇军大将军，兼领中书监。高允表示坚辞，不予接受。孝文帝又搀扶着他走入内宫，修改议定《皇诰》。高允当时上奏了《酒训》，奏章说：

"圣上曾命臣对于历代因贪杯饮酒而带来的种种弊端、败坏道德的事情加以汇集议论，写成《酒训》。臣愚朽年迈，按照常理都是该被抛弃的人了，而圣上却仍然施予臣异常隆重的恩典，在臣将死之年还录用臣，在臣心志衰丧的时候还勉励臣。臣接受皇命，诚惶诚恐，喜忧交加，不知怎样用行动来报答圣上的关心。尊敬的陛下英明睿智，远见卓识，身居高位安抚万国；太皇太后圣明贤达，仁德广大，救治养育万邦黎民。普天之下，无不称颂。尽管到了晚年还依旧忧虑而操劳不止，各种设想和希望总是接连不断，而且喜欢回首往事，总结一生行为的警示和戒鉴。这种至诚至厚的心怀能够感悟百神，更何况百官和庶民了。臣不胜欣喜，郑重地把臣的所见所闻全部写出来，作《酒训》一篇。但是臣愚笨无知，见识短浅，加上习文弄墨荒废多年，所以文辞拙劣，意义鄙陋，不值得阅读采纳。尊敬的圣上慈悲为怀，能够体恤臣的一片赤诚之情，宽恕臣悖理不明的主张。《训》辞是：

"自古及今，圣贤的帝王都要举行宴飨的礼仪以供奉鬼神，由于上古时代还没有酒，当时都是用水来进行祭礼活动，所以帝王在举行飨礼的时候，要将水制的斋酒放置在厅堂上，而把祭礼用的齐酒放在它的下面，这正是崇尚根本，尊重渊源，而将祭品的滋味看得更次要的表现。如果做到这些，那么，尽管是带着酒杯旅行，走到哪儿喝到哪儿，也不至于混乱。所以，一个人若能在彰明礼制之后饮酒，人们对他的恭敬仰慕之情就不会降低，若能在处理完事务之后饮酒，一切仪式也就不会出现差错。不遵循这项原则的做法，则是违背正道的。如果这样，又将怎么能作为时代的楷模和处事的典范而永世长存呢？综观古今历代兴衰成败的经验教训，其吉凶祸福皆在于人，而不在于天。商纣王帝辛沉湎于酒，殷商王朝因此而灭亡；周公姬旦作《酒诰》，用它来训诫康叔，周朝因此而得以昌盛。春秋时楚国的公子侧（字子反）非常糊涂，纵情饮酒，终致命丧，而汉代的穆生滴酒不沾，却留下一代美名。有些人长期以来一直作为人们行动的戒鉴，而另一些人则被世人万代传颂。酒这种东西能够改变和惑乱人的性情，虽说是哲人，但又有谁能控制得住自己呢。为官者会因酒而懒散地处理国家政务，庶民也会因酒而对政令怠慢不执行，聪明贤达之士会因酒而失去理智，温恭柔顺之人会因酒而使他们发生争斗，而长期狂饮无度又不知悔改，容易得疾。又岂只是病，简直就是减少寿命。有句谚语也说过：饮酒所带来的好处像毫毛一样小，而它对人的损害则像刀切一样快利。这里所说的好处，只是酒的滋味甜美，不也很少吗。这里所说的伤害，则是幼年时代即使你心志迷乱，幼年乱志这种损害，不也很多吗？万勿因饮酒无度而使自己沉沦，千万不要因饮酒争胜而丧失伦常之道。如果做不到这些，就会使国家发生混乱，迷失方向，使人民漂泊流浪。不学习传统，不遵守法规，违背了这些原则还能继承什么呢。《诗经》不是说过，'对待事情要像制造骨器和玉器一样，精心地用刀去切割它，用锉去锉平它，用刀去雕琢它，用物去磨平它。'这就是朋友之间应遵循的原则。做官的人要对君主的错误有所劝谏，为君者要对屡次谋划建功的人有所限制，这是君臣之间应恪守的法则。如果一个人所说的话是善良而有益的，就要反复地斟酌审察，并牢牢地记住它，如果一个人所说的话是恶意而无益的，就要哀怜它，宽恕它。这就是先王采纳规劝时所抱的态度。在昔日司马晋的时代，士大夫多丧失了法度，肆意地放荡不羁，以为这样才是不受约束的表现，纵情地举杯豪饮，以为这样才有高尚豁达的气度，吟唱着关于酒的颂歌，互相炫耀。他们声称尧和舜都有千杯万盏的酒量，宣扬诋毁法度的言论，拿伟大的圣贤为例，来表明他们的行为是在效法上天，难道真是如此吗？子思说过，孔子饮酒，喝不了一升。由此推断，尧舜能饮千杯万盏的说法都是荒谬不合理的。

"今天，伟大的魏国应受河图而统治天下，如日月的光辉普照大地，教化所及之处无不归心臣服，仁德之风日盛，遍播于四海。太皇太后以至仁至德教诲万民，不知厌倦，所付出的忧虑和劳苦比皇亲之情还要殷勤周到，政令和教诲广行天下，超越疆界。所以能够使国运与天地和谐，使功绩堪比天地万物。圣上将仁德恩泽降施百姓，于是天下尽皆遵守法度，普天之下，率土之滨，无处不蒙受着恩利。在朝中供职的群臣，都是些有志之士，他们最好要约束自己，从善而行，行为端正，忠直守一。节制饮酒以便形成法度，顺随德政以便建立标准。使人明白狂饮无度的危害，它会让人明知有害而无法自制，使人知道恭敬谨慎乃是极荣耀的美德。遵守孝道以赡养老人，光宗耀祖而使名声远扬。重蹈孔子的学生闵子和曾子的足迹，把仁德之风传给后人。这样才能向上以报答苍天的赐予，向下以保护所取得的成就。怎么能不努力啊！怎么能不努力啊！"

高祖看后非常高兴，常把它放在自己身边。

高祖孝文帝后来下诏，允许高允乘车入殿，大臣朝拜时也可不必行礼。第二年，孝文帝下令让高允议定法令条文。虽然他的年纪已经很大，但意志和观察力仍没有一丝衰减，犹如当年身为校书郎，披览考定史籍时一样。其后，孝文帝又降诏说："高允的年纪已经到了危险的阶段，但他家境贫寒，因而保养也很不够。可以让乐部派出10名弹奏丝竹乐器的人员，每隔5日到高允的家里去演奏，以便使他的心志能得到娱乐。"同时还特别赐给他一头蜀地的牛，一辆蜀地制造的四面开窗的四驾马车，一件素面的几案，一件素面的手杖和一口蜀地制造的刀。又赐给他珍奇异味，每当春季和秋季的时候，就经常送给他。不久，孝文帝再降诏令，命早晚为高允送饭，每逢朔日初一和望日十五还要致送牛肉和美酒，至于衣服绵绢，每月都要奉送。高允把这些东西都分赠给了亲朋故友。当时，凡地位显赫的大臣家里，都有很多亲属在朝廷内充任高官，而高允的子弟中却没有一人身兼官爵。他就是这样的清廉谦逊。后来，高允又被升任为尚书、散骑常侍，孝文帝常常邀请他入朝，备好几案手杖，向他征询治国安邦的大政方针。至太和十年，高允兼领光禄大夫，并被授予系有紫色丝带的金印。朝廷中的重大事务，都要征求询问他的意见。

北魏王朝刚刚建国的时候，法令严明，朝廷中的官吏很多都受过杖刑的责罚。高允前后侍奉了5位皇帝，在尚书省、中书省和门下省3省供职，历时50余年，却一点过错也没有。当初，在太武帝太平真君年间，因为狱讼刑罚之事停顿日久，积案很多，于是世祖令高允开始在中书省，根据儒家经典的宏旨审断处理多种悬而未决的事情。高允依据法令评定刑罚，历时30多年，朝廷内外交口称赞他断事公平。高允深知，刑罚之事关系到人民的性命，他常常感叹道："古代的皋陶虽具有极高尚的德行，但他的后代英国和蓼国却也很早就灭亡了，刘邦与项羽争夺天下之际，英布虽曾因犯罪而受过黥刑，但也称了王。尽管已经历了很长的时代，但仍然还遗留有刑罚的痕迹。圣贤尚且如此，何况凡夫俗子，哪能没有错误呢？"

太和十年四月，群臣京城西郊商议国事，孝文帝下诏，令人用自己的马车迎接高允赴西郊的住所板殿观瞻察视。行至途中，马忽然受惊而狂奔起来，车翻了，高允的额眉处受了3处伤。高祖孝文帝和文明太后派医送药，护理治疗，慰问探望。驾车的车夫将要因此事而受到重罚，高允得知后，赶忙上朝，陈奏自己安然无恙，请求免去车夫的罪过。在此之前，也曾发生过一件类似的事情，魏帝让中黄门苏兴寿搀扶高允行走，一次曾在风雪中遇犬受惊而跌倒，苏兴寿为此非常害怕。高允却安慰鼓励他，不许人把这事张扬出去。苏兴寿说，我替高允办事，与他共同相处了3年，从来没有见他发过脾气。他对人循循善诱，诲人不倦。昼夜手不释卷，吟诵阅读。他对亲人的感情极其深厚，对故旧朋友念念不忘。他谦虚谨慎，善于汲取别人的长处。尽管身居高职，地位显赫，但志向却同无官阶无财产的庶民一样。他喜爱音乐，每当乐伎们弹琴唱歌，击鼓跳舞的时候，他总是在一旁敲着节拍称好。他还非常信仰佛教与道教，经常设斋讲习，对生养之事非常喜好，对杀戮之事则极为憎恶。他性格又很简易通达，不随便与人交往游历。当年，显祖献文帝平定青州，收复齐国故地的时候，曾将当地的名门望族迁徙到了代地。当时，众多的士宦人物辗转迁移，长途跋涉，都已饥寒交迫。在迁徙的人群之中，有很多是高允的亲属，他们都徒步而行，一直走到了目的地。高允把自己的财物全部分发给徙民，用来帮助救济他们的生活，并且慰问周到，关怀入微。人们无不为他仁厚的心怀所感动。他招收徙民中有才能的人，然后上表奏请魏帝，请求任用。当时人们议论纷纷，人们都对这些新选用的人员存有疑虑，高允却说，选取人才，任用能人，不宜于压制身份低微的人。在此之前，高允曾被征召在方山写作颂文，其心气和志向仍与当年相差无几，谈论往事，记忆犹新，不曾遗忘。太和十一年正月，高允去世，享年98岁。

当初，高允常常对人说："我过去在中书省任职时曾积有阴德，赈济民众，拯救生灵。如果在阳间的报答不出差错的话，我应享有百年的寿命。"在他去世前10多天的时候，身体稍感不适。但他仍然没有入寝就卧，请医服药，而是像往常一样出入随意，行动自如，咏诗诵文不断。高祖孝文帝和文明太后得知高允不适后，即派医生李修前往把脉诊病，李修审视完，告诉高允身体平安无恙。而后李修入朝，秘密地向孝文帝报告说，高允的身体机能与血气循环都出现了异常，恐怕不久于人世了。于是，孝文帝派遣使者送去赏赐给高允的御膳珍馐，自酒米到盐醋，共100多种，包括当时所有的美食佳味，而且还有床帐、衣服、茵被、几案和手杖，东西摆满了整个庭院。侯王官员们来来往往，纷纷前来慰问嘱咐，高允抑制不住自己兴奋的心情，面带喜色地对人说："因为我太老了，上天降恩于我，馈赠了这么多佳品，这回可有东西招待客人了。"然后只是上表感谢了一番而已，并没有多想什么。就这样又过了几天，高允在深夜悄然离开了人世，平静得连家人都没有察觉。高允死后，孝文帝下诏赠绢1000匹、布2000匹、丝绵500斤、锦50匹、各色各样的彩色丝织物百匹、谷米千斛，用来供丧葬时使用。自北魏初年到现在，无论生者还是死者，还没有人蒙受过这样丰厚的赏赐，朝廷给了高允很高的荣誉。将要入葬之时，孝文帝赐赠高允侍中、司空公和冀州刺史等官，他生前担任的将军、公等官爵依然如故，谥号为文，并赐命服一套。高允撰写的诗、赋、诔、颂、箴、论、表、赞，加上他所著的《左氏释》《公羊释》《毛诗拾遗》《论杂解》《议何郑膏肓事》等，共百余篇，都分门别类编纂成集，流行于世。高允还通晓算法，著有算术方面的著作3卷。高允死后，他的儿子高忱继承了他的事业。

北齐书

《北齐书》概论

《北齐书》是唐李百药所撰，共为50卷。

一

李百药（565—648年），唐初史学家，字重规，定州安平（今河北深州市）人。隋开皇初年，李百药仕于隋，为东宫通事舍人，不久升为太子舍人，兼东宫学士，由于遭受毁谤，以病辞去。至开皇十九年（599年）隋文帝又令他袭其父德林的安平公爵位，出仕为礼部员外郎。皇太子杨勇又将他召为东宫学士。文帝下诏令他撰修五礼，制定律令，撰写《阴阳书》。在朝中深得隋文帝信用。

唐太宗即位后，重其才名，起用李百药为中书舍人，赐爵安平县男，受诏参加制定《五礼》及律令。贞观二年（628年）即为礼部侍郎。十二月，唐太宗要大臣就是否行"封建"进行辩论。以尚书右仆射萧瑀为首的一批人，力主"分封"，李百药坚决反对，写了一篇《封建论》奏上，揭露分封制的弊害，认为郡县制不能变更。唐太宗赞成李百药等人的意见，"竟从其议"。

贞观三年（629年），唐太宗下诏修前朝史书，李百药奉敕修《齐史》，贞观十年（636年），李百药完成《齐史》。

贞观十年，加封为散骑常使，赐彩物400段。十一年（637年）因撰成《五礼》及律令，晋爵为子，这时，他已73岁，于是，以年老体衰，请求退休，退出了政治舞台。

二

《齐志》"长于叙事""多记当时鄙言"，即口语，能秉笔直书。《史通》对王劭称评如此，然《齐志》竟不传世，很为可惜。

李百药在修《齐书》时，吸收了前人修史的成果，特别是其父李德林的《齐史》。李德林历经北齐、北周、隋三朝，15岁时已为魏收所赏识，在各朝一直担任诏令和其他重要文件的起草工作。齐武平三年（572年），除中书侍郎，参加了国史即齐史的编写，撰有纪传24卷。隋开皇初年，奉诏续撰，增至38卷，可以说北齐史已粗具规模，但全书未成而卒。李百药承其家学，在其父《齐史》的基础上参考他书，至贞观十年（636年）写成《齐史》。宋代以后，为区别于萧子显的《南齐书》，于是称《北齐书》。

《北齐书》的编写体例，大致模仿《后汉书》，卷末各加论、赞。体例上没有创新，列传名目全同前史，无表、志。但与同时修的《梁书》《陈书》《周书》等诸书比较，在叙述前王之失的方面，则又要深刻得多，体现了借鉴于一代之失的思想。

李百药本人既做过隋朝的官吏，又曾有过参加农民起义的一段历史。他的阅历，使他对农民起义和隋的灭亡，都有较深的认识。因此，在修《北齐书》时，以"前王"败事为后来统治者戒，就比较明确，叙述前代兴亡的史实就很自然。《北齐书》对当时封建统治者残暴荒淫的卑鄙肮脏的丑事记载较多。李百药在这方面的记载是有用意的，要借鉴于北齐政权之失，就必须着力披露统治者的过失，对昏君和暴政必须有较多的暴露。李百药在纪、传中对高齐政权暴政的叙述和史论中的评论，起到了远鉴前王败事，借鉴于一代之失的作用。

当然，由于时代和阶级的局限，《北齐书》与当时修撰的其他各史书基本一样，为统治者隐讳文饰，其中掩盖鲜卑旧俗一点，就是显著一例。另外，对于统治者常常记载一些捏造的神奇事迹，以示其异于平常的人。如《高祖神武皇帝本纪》称，高欢未生之时，其居处即"数有赤光紫色之异。"这都是很明显的虚妄之文。

尽管如此，本书仍不失为这一段历史时期集中而系统的记载，文笔也比较简洁，故本书一出，其他北齐史逐渐淹湮无闻，因而在旧史中本书有它一定的地位。

政 略

高欢劝政

（兴和）四年五月辛巳，神武朝邺①，请令百官每月面敷②政事，明扬侧陋③，纳谏屏邪，亲理狱讼，褒黜④勤怠；牧守有愆⑤，节级相坐；椒掖⑥之内，进御以序；后园鹰犬悉皆弃之。

（《北齐书》卷二，神武纪下）

【注释】

①"神武"句：神武，即高欢（？—547 年），东魏权臣，执政东魏达 16 年，死后，其子高洋代魏称齐帝，是为北齐，高欢被追为神武帝。邺，地名，今河北临漳县西。②敷：陈述，奏进。③侧陋：有德才但地位低下的人。④黜（chù）：贬斥，废除。⑤愆（qiān）：过失，错误。⑥椒掖：指后宫。

【译文】

兴和四年五月辛巳日，高欢前往邺城朝见东魏孝静帝，请孝静帝下令各级官员每月面向皇帝奏进政事，推举和选拔那些地位低下又有才能的人。作为皇帝，应接受纳谏，屏除奸佞之徒，亲自处理案件，褒奖勤者而罢免懒怠的人。地方州郡牧守有了错误，就应逐级处罚；后宫嫔妃进用，应讲究顺序；后宫花园内所供玩赏的鸟畜也应全部放走。

赵彦深其人其事

赵彦深，自云南阳宛人……彦深幼孤贫，事母甚孝。年十岁，曾侯司徒崔光。光谓宾客曰："古人观眸子以知人，此人当必远至。"性聪敏，善书计，安闲乐道，不杂交游，为雅论所归服。昧爽①，辄自扫门外，不使人见，率以为常。

初为尚书令司马子如贱客，供写书。子如善其无误，欲将入观省舍。……神武在晋阳，索二史，子如举彦深。……子如言于神武，征补大丞相功曹参军，专掌机密，文翰多出其手，称为敏给。神武曾与对坐，遣造军令，以手抚②其额曰："若天假卿年，必大有所至。"每谓司徒孙腾曰："彦深小心恭慎，旷古绝伦。"

及神武崩，秘丧事，文襄③虑河南有变，仍自巡抚，乃委彦深后事，转大行台都官郎中。临发，握手泣曰："以母弟相托，幸得此心。"既而内外宁静，彦深之力。及还发丧，深加褒美，乃披④郡县簿为选封安国县伯。从征颍川，时引水灌城，城雉⑤将没，西魏将王思政犹欲死战。文襄令彦深单身入城告喻，即日降之，便手牵思政出城。先是，文襄谓彦深曰："吾昨夜梦猎，遇一群豕，吾射尽获之，独一大豕不可得。卿言当为吾取，须臾获豕而进。"至是，文襄笑曰："梦验矣。"即解思政佩刀与彦深曰："使卿常获此利。"

文宣⑥嗣位，仍典机密，进爵为侯。天保⑦初，累迁秘书监，以为忠谨，每郊庙，必令兼太仆卿，执御陪乘。转大司农。帝或巡幸，即辅赞太子，知后事。……文宣玺书劳勉，征为侍中，仍掌机密。河清元年，进爵安乐公，累迁尚书左仆射、齐州大中正、监国史，迁尚书令，为特进，封宜阳王。武平二年拜司空，为祖珽所间，出为西兖州刺史。四年，征为司空，转司徒。……七年六月暴疾薨，时年七十。

彦深历事累朝，常参机近，温柔谨慎，喜怒不形于色。自皇建⑧以还，礼遇稍重，每有引见，或升御榻，常呼官号而不名也。凡诸选举，先令铨定，提奖人物，皆行业为先，轻薄之徒，弗之齿也。孝昭⑨既执朝权，群臣密多劝进，彦深独不致言。孝昭尝谓王晞云："若言众心皆谓天下有归，何不见彦深有语。"晞以告，彦深不获已，陈请，其为时重如此。常逊言恭己，未尝以骄矜待物，所以或出或处，去而复还。母傅氏，雅有操识。彦深三岁，傅便孀居，家人欲以改适，自誓以死。彦深五岁，傅谓之曰："家贫儿小，何以能济？"彦深泣而言曰："若天哀矜，儿大当仰报。"傅感其意，对之流涕。及彦深拜太常卿，还，不脱朝服，先入见母，跪陈幼小孤露，蒙训得至于此。母子相泣久之，然后改服。……齐朝宰相，善始令终唯彦深一人。

（《北齐书》卷三十八，赵彦深传）

【注释】

①昧爽：黎明，拂晓。②扪（mén）：摸。③文襄：即高欢长子高澄，高洋称帝后追尊其为文襄帝。④披：翻阅。⑤城雉：城墙。⑥文宣：即高洋（公元529—559年），北齐建立者，公元550—559年在位。⑦天保：北齐文宣帝高洋年号（550—559年）。⑧皇建：北齐孝昭帝高演年号（560—561年）。⑨孝昭：北齐帝高演年号（560—561年在位）。

【译文】

赵彦深，自称是南阳宛人。……他自幼丧父，家境贫寒，对母亲十分孝顺。10岁时，曾经探望司徒崔光，崔光对宾客们说："古代人看眼睛就能知晓一个人，这个孩子将来前程一定远大。"赵彦深天性聪明敏捷，善于书写和计算，安闲乐道，不乱交朋友，向来为人们所叹服。每天拂晓时，他就起来打扫门外，不让别人看见，已经成为一个习惯。

刚开始时，赵彦深是尚书令司马子如的一个地位低微的宾客，替他干些书写之事。司马子如非常欣赏他书写能做到无误，想推荐他入观省舍。……神武帝高欢在晋阳时，索求二史之职，司马子如推举赵彦深。……司马子如在高欢面前替赵彦深说了话，赵彦深就被征补为大丞相功曹参军，专门掌管国家机密大事。文章词句大多出自他的笔下，人们常称他聪明伶俐。高欢曾经和他对坐，命令他起草军令，用手触摸他的额头说："如果苍天能让你长寿，你必定能干大事。"高欢每次对司徒孙腾说："赵彦深小心恭敬、谨慎，万古之人很难和他相比。"

等到高欢死时，秘不发丧。高澄担心河南有变，要自己亲自去巡抚，于是就把宫中的事委托给赵彦深，转迁为大行台都官郎中。临出发时，高澄握着赵彦深的手，哭泣着说："母弟族的事情都托付给你，很幸运有像你这样的人。"后来，宫廷内外一片宁静，靠的全是赵彦深的力量。等到高澄从河南返回发丧，对赵彦深大加褒扬和赞美，于是，翻开郡县簿籍，晋封赵彦深为安国县伯。从征颍川，引水攻城，城墙即将被水淹没，而西魏大将王思政仍想死战。高澄命令赵彦深一人入城劝降王思政，当天颍川城就投降，赵彦深拉着王思政的手走出城门。在此之前，高澄对他说："我昨晚梦见打猎，遇到一群猪，我用箭射，结果全被抓获，唯独只有一头大猪逮不住。你说你替我去抓取，片刻便猎取而归。"说到此，高澄便大笑着说："我的梦应验了。"于是，就解下王思政的佩刀交给赵彦深说："让你常常能获得这样的好处。"

文宣帝高洋即位，赵彦深仍掌管国家机密，并晋爵为侯。天保初年，屡升至秘书监。因为忠诚和谨慎，文宣帝每次到郊外祭庙时，都令赵彦深兼任太仆卿，骑马陪着皇帝。转升大司农。文宣帝有时外出巡游,赵彦深就辅佐太子,对后宫之事了解很深。……文宣帝下诏慰劳和劝勉他,拜他为侍中,仍典掌机密。河清元年,晋爵为安乐公,屡次升迁至尚书左仆射、齐州大中正、监国史,又升尚书令,作为特殊的升迁,被封为宜阳王。武平二年,拜为司空,因祖珽的离间,出任为兖州刺史。四年,征为司空,转升司徒。……武平七年六月,因暴病而死,享年70岁。

赵彦深经历几个帝王,经常参与国家重大决策。他温柔谨慎,喜怒不形于色。从皇建以来,帝王对他的礼节日益隆重,每次召见,就坐在皇帝的床上,皇帝常称他的官号而不直叫其名。凡是各种选举,他总要先加铨选,然后确定,提拔和奖励人物,都是以在事业上有所作为的人为先,行为轻薄之人,提都别想提。孝昭帝高演已经执掌朝政,群臣多次劝他即位,而只有赵彦深不进言。孝昭帝曾经对王晞说:"如果说许多人都称天下有归,为什么不见赵彦深有话。"王晞把这话告诉了赵彦深,他迫不得已,向高演陈请了自己的意见。赵彦深在当时就是如此地被看重。他常常说话谦逊,内心恭敬,接人待物从没有骄傲过,因而有时在京或外调,离开后又返回。他的母亲傅氏,素有操节和见识,赵彦深3岁时,她便守寡,家里的人想让她改嫁,她发誓至死也不从。赵彦深5岁时,她对他说:"家庭贫困,而孩子又小,怎样才能生活呢?"赵彦深哭泣着说:"如果老天同情我们,我长大后一定报答。"傅氏被赵彦深的诚意所感动,母子二人抱头而哭。等赵彦深官至太常卿,从朝上回来,不脱朝服就入堂拜见母亲,跪在地上陈述幼小的孤苦,正是母亲的教诲而到今天这样。母子二人相互哭了很久,赵彦深才换去朝服。……北齐的宰相,能善始善终的,只有赵彦深一个人。

御 人

孙搴之事

会高祖①西讨，登风陵，命中外府司马李义深、相府城局李士略共作檄文②，二人皆辞，请以（孙）搴自代。高祖引搴入帐，自为吹火③，催促之。搴援笔④立成，其文甚美。高祖大悦，即署⑤相府主簿，专典⑥文笔。又能通鲜卑语，兼宣传号令，当烦剧之任，大见赏重。赐妻韦氏，既士人子女，又兼色貌，时人荣之。寻除⑦左光禄大夫，常领主簿。

世宗初欲之邺⑧，总知朝政，高祖以其年少，未许。搴为致言⑨，乃果行。恃此自乞特进，世宗但加散骑常侍。时又大括⑩燕、恒、云、朔、显、蔚、二夏州、高平、平凉之民以为军士，逃隐者身及主人、三长、守令罪以大辟⑪，没入其家。于是所获甚众，搴之计也。

搴学浅而行薄，邢邵尝谓之曰："更须读书。"搴曰："我精骑三千，足敌君赢卒⑫数万。"尝服棘刺丸，李谐等调之曰："卿棘刺应自足，何假外求。"坐者皆笑。司马子如与高季式召搴饮酒，醉甚而卒，时年五十二。高祖亲临之。子如叩头请罪。高祖曰："折我右臂，仰觅⑬好替还我。"子如举魏收、季式举陈元康，以继搴焉。

（《北齐书》卷二十四，孙搴传）

【注释】

①高祖：即高欢（？—547年），魏权臣。先后归杜洛周、葛荣起义军，后叛降尔朱荣。荣死后，称大丞相，逼北魏孝武帝西奔长安投宇文泰，立孝静帝，魏分为二。执东魏权柄达16年。死后，其子高洋代魏称帝，追尊其为高祖神武帝。②檄文：古代官府用以征召、晓谕或声讨用的文书。③吹火：点火。④援笔：执笔。⑤署：代理，暂任。⑥典：主管，主事。⑦除：升迁。⑧"世宗"句：世宗，即高澄，高欢长子。高洋称帝后，追尊他为世宗文襄皇帝。邺，地名，今河北临

漳西南。⑨致言：向皇帝进以言语，即替世宗在高祖面前讲情。⑩大括：大肆搜寻。⑪大辟：即处以砍头的死刑。⑫羸（léi）卒：瘦弱的士卒。⑬仰觅：希望好好地查找。仰，旧时公文用语，下行文中表示命令，有"切望"的意思。

【译文】

正值高祖高欢率军向西讨伐，登上风陵，命令中外府司马李义深、相府城局李士略一同为他起草征讨檄文，二人都推辞，并推荐孙搴来代替他们。高祖把孙搴带进军营中，亲自为他点火，催促他赶快动笔。孙搴提起笔，一气呵成，檄文行文优美。高祖十分高兴，当即命孙搴代理相府主簿，专门负责管理文书之类的事情。孙搴又能通晓鲜卑语，还兼管宣传和发布命令的事情，身兼大小事务，很被高祖看重。高欢还把韦氏之女赐给孙搴为妻，她出身于士族之家，且长得如花似玉，当时的人们都把这当成一种荣幸的事情。不久，孙搴又升为光禄大夫，常领主簿。

世宗高澄一开始想到邺城，以了解朝政之事。高祖认为他年纪尚轻，就没有允许。孙搴替世宗在高祖面前求情，世宗终于如愿以偿到邺城。孙搴以此为资本，要求世宗对他进行超迁，而世宗仅仅给他加了个散骑常侍。那时，国家大肆搜求燕、恒、云、朔、显蔚、二夏州、高平、平凉等地的老百姓为士兵，逃亡和隐藏者本人和主人、三长、守令等处以死刑，他的全家被收为奴婢。因此，召集了众多的士兵，这也是孙搴所献的计策。

孙搴学识浅薄而行为轻浮，邢邵曾对他说："你还需要多看些书。"孙搴回答说："我3000精锐的骑兵，足够应付你数万名瘦弱的士卒。"曾经口服棘刺丸，李谐等调笑他说："你自己的棘刺应该够多了，没必要再从外面求购。"在座的人都大笑。司马子如与高季式邀请孙搴喝酒，结果孙搴大醉而死。这年，他52岁。高欢亲临察看，司马子如下跪，磕头谢罪。高祖说："折断我的右臂，希望你们能寻找一个更好的还给我。"于是，司马子如推荐了魏收，高季式推举了陈元康来取代孙搴。

法 制

口手俱足 余无所需

（厍狄士文）寻拜贝州刺史①。性清苦，不受公料，家无余财。其子尝啖官厨饼，士文枷之于狱累日，杖之二百，步送还京。僮隶无敢出门。所买盐菜，必于外境。凡有出入，皆封署其门，亲故绝迹，庆吊不通。法令严肃，吏人贴服，道不拾遗。凡有细过，士文必陷害之。尝入朝，遇上赐公卿入左藏②，任取多少。人皆极重，士文独口衔绢一匹，两手各持一匹。上③问其故，士文曰："臣口手俱足，余无所须"。上异之，别赍遗④之。

（《北齐书》卷十五，厍狄士文传）

【注释】

①"厍狄"句：厍（shē）狄士文，人名。寻，不久。拜，授官，任命。②左藏：国家藏钱财的府库。③上：隋文帝杨坚。④赍（jī）遗（wèi）：以财物相送。

【译文】

厍狄士文被任命为贝州刺史。厍狄士文清廉艰苦，从不接受国家的财物，家中钱财也不多余。他的儿子曾经吃了官厨的饼，厍狄士文就把他戴上枷锁，送进监狱，关了许多天才被放出来，还用棍子打了200棍，然后，步行把他送回到京师。他的仆人们都不敢出门，需要买的盐、菜等必需品，都必须到外地购买，多余的部分，都封存起来。亲朋故友都断绝了和他家的交往，连庆贺喜事和吊唁丧事这类的事情，都不来往。他任职时，法令严明，大小官吏和人民都极为顺从。辖治范围内路不拾遗。凡是有人犯了一点小错误，厍狄士文一定严惩不贷。曾有一次进朝廷，正遇上皇帝把国库里的东西赏赐给王公大臣，每个人可任取所需，没有数量上的限制。大臣们都拿最贵重的物品，而厍狄士文只用嘴衔着一匹绢，双手也只是各拿一匹。皇帝问他这样做的原因，厍狄士文说："我的嘴和手都已经满足了，其余的什么也不需要了。"皇帝惊异，就又送给了厍狄士文一批钱物。

苏琼执法严明

苏琼，字珍之，武强①人也。……尝谒东荆州刺史曹芝。芝戏问曰："卿欲官不？"对曰："设官求人，非人求官。"芝异其对，署为府长流参军。……并州尝有强盗。长流参军推其事，所疑贼并已拷伏，失物家并识认，唯不获盗赃。文襄②付琼更令穷审，乃别推得元融等十余人，并获赃验。文襄大笑，语前妄引贼曰："尔辈若不遇我好参军，几致枉死。"

除南清河太守，其郡多盗，及琼至，民吏肃然，奸盗止息。或外境奸非，辄从界中行过者，无不捉送。零县民魏双成失牛，疑其村人魏子宾，送至郡，一经穷问，知宾非盗者，即便放之。双成诉云："府君放贼去，百姓牛何处可得？"琼不理，密走私访，别获盗者。从此畜牧不收，多放散，云："但付府君。"有邻郡富豪将财物寄置界内以避盗，为贼攻急，告曰："我物已寄苏公矣。"贼遂去。平原郡有妖贼刘黑狗，构结徒侣，通于沧海。琼所部人连接村居，无相染累。邻邑于此伏③其德。郡中旧贼一百余人，悉充左右，人间善恶，及长吏饮人一杯酒，无不即知。琼性清真，不发私书。道人道研为济州沙门统④，资产巨富，在郡多有出息，常得郡县为征。及欲求谒，琼知其意，每见则谈问玄理，应对肃敬，研虽为债数来，无由启口。其弟子问其故，研曰："每见府君，径将我入青云间，何由得论地上事。"郡民赵颍曾为乐陵太守，八十致事归。五月初，得新瓜一双自来送。颍恃年老，苦请，遂便为留，仍致于厅事⑤梁上，竟不剖。人遂竞贡新果，至门间，知颍瓜犹在，相顾而去。有百姓乙普明兄弟争田，积年不断，各相援引，乃至百人。琼召普明兄弟对众人谕之曰："天下难得者兄弟，易求者田也，假令得地失兄弟心如何？"因而下泪，众人莫不洒泣。普明兄弟叩头乞外更思，分异十年，遂还同住。每年春，总集大儒卫凯隆、田元凤等讲于郡学，朝吏文案之暇，悉令受书，时人指吏曹为学生屋。禁断淫祠⑥，婚姻丧葬皆教令俭而中礼。……当时州郡无不遣人至境，访求政术。天保中，郡界大水，人灾，绝食者千余家。琼普集部中有粟家，自从贷粟以给付饥者。州计户征租，复欲推⑦其贷粟。纲纪⑧谓琼曰："虽矜饥馁⑨，恐罪累府君。"

琼曰："一身获罪，且活千室，何所恐乎？"遂上表陈状，使检皆免，人户保安。此等相抚儿子，咸言府君生汝。在郡六年，人庶怀之……前后四表，列为尤最。

（《北齐书》卷四十六，苏琼传）

【注释】

①武强：地名，今河北武强县。②文襄：即高欢长子高澄。其弟高洋建北齐后尊称其为文襄帝。③伏：同"服"，佩服。④沙门统：佛教寺院的主管。沙门，佛教名词。一译"桑门"，表示勤修善法、息灭恶法之意。原为古印度各教派出家修道者的通称，后佛教专指依照戒律出家修道的人。统，主管。⑤厅事：厅堂，官吏办公场所。⑥淫祠：滥设的祠庙。⑦摧：除，去。⑧纲纪：管家仆。⑨馁（něi）：同"馁"，饥饿。

【译文】

苏琼，字珍之，是武强人。……曾经拜访东荆州刺史曹芝。曹芝戏谑地问他说："你想不想当官？"苏琼回答说："应是官求人，而不是人求官。"曹芝惊讶于他的回答，就任命他为府长流参军。……并州曾有强盗，长流参军推论这事，对怀疑是贼的人加以拷打，被偷盗的人家也来认出他们是贼，可就是找不到赃物。高澄把这件事交给苏琼重新进行审理，于是苏琼再加推究而抓获元融等10多人，并有赃物为证。高澄大笑，走到被误认为是贼的人面前说："你们这些人，如果不是遇到了我的好参军，差一点就冤枉而死。"

升为南清河太守，南清河境内盗贼很多，等苏琼来后，民吏十分恭敬，奸盗停止而不再发生。有时，外郡的奸贼从境内经过都被抓获。零县有个名叫魏双成的人丢失了一头牛，怀疑其本村名叫魏子宾的人偷去，就把魏子宾送到郡府，经过一再查问，苏琼知道魏子宾不是偷牛的人，于是，就放他回去。魏双成问苏琼说："府君把贼放走，我的牛到哪里去找？"苏琼不加理睬，多次暗中查访，终于抓获了盗贼。自此以后，南清河境内的牲畜在外放养而不赶收回家，说："只是把它们托付给了府君。"邻郡有一个富豪把自己的财产寄托在南清河郡，以防止强盗抢劫，被强盗攻打的很急，他告诉强盗们说："我的财物已经托付给苏公了。"于是，盗贼便离去。平原郡刘黑狗，勾结和聚集了许多同伴，通达大海。苏琼在南清河境内将许多村子联合起来，共同对付，妖贼对他们没有丝毫的染指。邻近的城邑在这一点上都很佩服苏琼的才德。南清河境内以前为贼的100多人，全都充当了苏琼的左右人员，世间的好坏，以至长吏喝了百姓的一杯酒，苏琼都会很快就知道。苏琼的品性清纯正直，不擅自给人写私信。道人道研是济州的沙门统领，资产颇多，在郡内放贷生息，常常被郡县征收赋税。道研想求见苏琼，苏琼知道道研的意图，每次见面苏琼则谈论和问及玄学的问题，应对相当虔诚，道研虽为索债而来，但没机会开口。道研的弟子问他原因，道研说："每次见到府君，就把我带到青天白云里去，怎么能够谈论地上的事情。"南清河有个名为赵颖的郡民，曾是乐陵太守，80岁时离任而归乡。五月初，他得到两个新鲜瓜，亲自将瓜送给苏琼。赵颖依仗自己年纪大，苦苦请求苏琼把瓜收下，苏琼就把瓜留下，却把它放置在厅堂的梁上，最终也不肯剖瓜而食。于是，人们就竞相向苏琼呈进新鲜果品，到了厅门看到赵颖的瓜还在，就只好相望离去。百姓乙普明兄弟俩争田夺地，多年得不到解决，各自相互引例为证者达100多人。苏琼召集普明兄弟俩而当着众人开导他们说："天下最难得的是兄弟，容易求得的是田地，如果为得到田地而失去兄弟间的亲情，又怎么样呢？"苏琼流下了眼泪，众人也是无不洒泪而哭。普明兄弟叩头称谢而请求到外想一想，兄弟俩在分开已达十年后，又重新生活在一起。每年春天，苏琼汇集大儒者卫凯隆、田元凤等在郡讲学，官吏在办政事之余，命他们全去听讲，那时的人们把吏曹当做学生屋。禁止并拆除过多的祠庙，婚丧嫁聚都要从俭而又符合礼节。……当时，各州郡都派人到南清河来询问治理之术。天保年间，郡内发大水而人民受到灾难，无饭可吃的有1000多家。苏琼把有粮食的家庭召集起来，要他们把家中粮食贷赈给饥饿的人。州郡挨家征收，然后又想除去他们贷出的粮食。家仆对苏琼说："虽然你同情那些饥饿的人，恐怕将来你要被连累遭罪的。"苏琼说："我一个人获罪，而使千家活了下来，这还有什么可怕的呢？"于是，就上表朝廷，陈请事情，让一切查验都取消，人民平安。这些人抚摸着自己的孩子，都说是苏琼使他们获得了生命。在南清河6年，人人都怀念他……朝廷前后4次表彰，他都名列第一。

理　财

主幼政荒

　　帝幼而令善①，及长，颇学缀文②，置文林馆，引诸文士焉。而言语涩呐③，无志度，不喜见朝士。自非宠私昵狎④，未尝交语。性懦不堪，人视者，即有忿责。其奏事者，虽三公令录莫得仰视，皆略陈大旨，惊走而出。每灾异寇盗水旱，亦不贬损，唯诸处设斋，以此为修德。雅信巫觋⑤，解祷无方。……

　　宫掖⑥婢皆封郡君，宫女宝衣玉食者五百余人，一裙直⑦万匹，镜台直千金，竞为变巧，朝衣夕弊。承武成⑧之奢丽，以为帝王当然。乃更增益宫苑，造偃武修文台，其嫔嫱诸宫中起镜殿、宝殿、玳瑁殿，丹青雕刻，妙极当时。又于晋阳起十二院，壮丽逾于邺下。所爱不恒，数毁而又复。夜则以火照作，寒则以汤为泥，百工困穷，无时休息。凿晋阳西山为大佛像，一夜然⑨油万盆，光照宫内。又为胡昭仪起大慈寺，未成，改为穆皇后大宝林寺，穷极工巧，运石填泉，劳费亿计，人牛死者不可胜纪。御马则藉以毡罽⑩，食物有十余种，将合牝牡⑪，则设青庐⑫，具牢馔⑬而亲观之。狗则饲以粱肉。马及鹰犬乃有仪同、郡君之号，故有赤彪仪同、逍遥郡君、凌霄郡君，高思好书所谓"驳龙逍遥"者也。犬于马上设褥以抱之，斗鸡亦号开府，犬马鸡鹰多食县干⑭。鹰之入养者，稍割犬肉以饲之，至数日乃死。

　　又于华林园立贫穷村舍，帝自弊衣为乞食儿。又为穷儿之市，躬自交易。写筑⑮西鄙诸城，使人衣黑衣为羌兵，鼓噪⑯凌之，亲率内参临拒，或实弯弓射人。自晋阳东巡，单马驰鹜⑰，衣解发散而归。

　　又好不急之务，曾一夜索蝎，及旦得三升。特爱非时之物，取求火急，皆须朝征夕办，当势者因之，贷一而责十焉。赋敛日重，徭役日繁，人力既殚，帑藏⑱空竭。乃赐诸佞幸卖官，或得郡两三，或得县六七,各分州郡……于是州县职司多出富商大贾,竞为贪纵,人不聊生。爰⑲自邺都及诸州郡,所在征税,百端俱起。凡此诸役,皆渐于武成,至帝而增广焉。然未尝有帷薄⑳淫秽,唯此事颇优于武成云。

(《北齐书》卷八,幼主帝纪)

【注释】

①"帝幼"句:帝,指北齐幼主高恒,后主高纬之子,即位时年仅八岁。令,善,美。②缀文:作文。③涩呐(nè):说话困难而少说话。涩,语言艰难。呐,语言迟钝,不善讲话。④昵(nì)狎(xiá):亲近。⑤巫觋(xí):诬术。男巫称觋,女巫称巫。此指巫术。⑥宫掖:宫中。⑦直:通"值"。⑧武成:北齐帝高湛的庙号(561—565 年在位)。⑨然:同"燃"。⑩毡罽:毛毯。罽,疑应为"罽"(jì),一种毛织品。⑪牝(pìn)牡:公母禽畜。牝、牡分别为母、公禽畜。⑫青庐:房屋。⑬牢馔(zhuàn):精美的食品。牢,官府发给的粮食。馔,食物,多指精美食物。⑭县干:食干是北齐的制度。⑮写(xiè)筑:拆除建筑物。写,同"卸",即拆除。⑯鼓噪:擂鼓助威。⑰驰鹜(wù):像野鸭子那样快飞。鹜,野鸭。⑱帑(tǎng)藏:钱财的收藏。帑,府库的钱财。⑲爰:句首语气词,无意义。⑳帷薄:指宫内。

【译文】

幼主高恒从小是十分善良的,等到长大,喜欢写文章,设置文林馆,常带些文人雅士去那里。而他说话结巴,不善言谈,没有大的志向和气度,不喜欢召见文武大臣。不是自己个人所宠爱和亲近的人,他从不和他们说话。性格懦弱,谁看他,就会遭到责骂,向他上奏政事的人,虽然是王公大臣,也不能抬头看他,都草草陈报大意之后,惊慌逃出。每当灾异寇盗水旱发生时,他也不自我反省,只是在各处设置斋戒,用这一手段来表示自己在修德。特别是信仰巫术,却对祭神祝告祈福去进行胡乱的解释。……

宫廷侍女都被封为郡君,宫女中穿着宝衣、吃玉食的人有 500 多,所穿的裤子值万匹,所用的镜台也值千金,相互攀比,早晨穿的新衣服,晚上就算是旧的而不用了。承袭武成帝的奢侈和华丽,认为帝王本应如此。更新和增添宫廷和苑林,修建偃武修文台,在他的嫔妃宫中建造镜殿、宝殿和玳瑁殿,用彩色的颜料雕刻,在当时是极为美妙的。又在晋阳建十二院,其壮观和美丽的程度超过了当时都城邺城。他所喜欢的东西是不断变化的。众多物品被毁多次之后而又要修复。夜间用火来照明,冷时用热水来取暖,手工业者困苦而贫穷,不能有丝毫的休息。雕琢晋阳西山成为一座大佛像，一夜之间就燃用了万盆油，以致远处的火光遍照宫廷。又替胡昭仪修建大慈寺，没有竣工，又改修穆皇后大宝林寺，穷尽一切技巧，从很远的地方搬运石头填塞泉水，所耗费的钱财不计其数，人和牛相继死去的不可计数。骑马所用的垫子是用毛织成的毯子，马吃的食物有10多种。把公母禽畜关在一起，并给它们盖上好屋室，用精美的食品去喂养，而且自己常去观看。狗用上等的肉食饲养，马和鹰狗都有如仪同、郡君的称号，所以有赤彪仪同、逍遥郡君、凌云郡君等名称，高思好书写的所谓"骇龙逍遥"就是这一类的。幼主还骑在马上，用褥子把狗包裹起来而抱在怀里，斗鸡也称开府，狗马鸡鹰都按县干的标准去喂养。鹰所吃的食物，则是从狗身上一点点割下的新鲜肉，狗被割肉而亡。

又在华林园设立贫穷的村庄，幼主自己穿着破烂的衣服去当小乞。又充贫困的孩子到街上去，亲自从事买卖。拆去国家西边的许多城镇，让人穿上黑色的衣服扮演羌族的士兵，擂鼓呐喊去攻打所扮的羌兵，并亲自率领军队去参战，有时用真的弓箭去射杀扮演者。从晋阳到东方巡游，自己单身匹马，脱衣散发，像野鸭似地飞速返回晋阳城。

而且他喜欢干一些不重要的事情，曾经有一天夜里到处搜索蝎子，到天明时，所找的蝎子竟有3升。对于一些在一定季节难以找到的东西，他特别喜欢，需求甚急，常常是早晨要的，晚上一定要办好。一些有权势的人利用这个机会大肆放贷，以一还十。赋税极重，徭役与日俱增，人民筋疲力竭，国家府库所收藏的钱财也耗费一空。于是，就赐给一些所宠幸的人以官职，让他们出卖，有的得到两三个郡，有的得到六七个县，每个人都分有州郡。……因此，一些富商大贾控制了一些州县的职权，竞相贪污，人民无法生存。从邺城到各个州郡，都在征收重税，万事齐起。所有这些赋税徭役，都在武成帝时开始，到幼主时，税收的范围更加扩大。然而，幼主在宫内却不荒淫污秽，只有这一点比武成帝要好些。

北齐之亡

抑又闻之：皇天无亲，唯德是辅；天时不如地利，地利不如人和。齐自河清①之后，逮于武平②之末，土木之动不息，嫔嫱之选无已，征税尽，人力殚，物产无以给其求，江海不能赡其欲。所谓火既炽矣，更负薪以足之，数既穷矣，又为恶以促之，欲求大厦不燔③，延期过历④，不亦难乎！由是言之，齐氏之败亡，盖亦由人，匪唯天道也。

(《北齐书》卷八，幼主帝纪)

【注释】

①河清：北齐武成帝高湛的年号（562—565年）。②武平：北齐后主高纬的年号（570—576年）。③燔（fán）：焚烧。④过历：超过时限。

【译文】

听说："皇天无亲，唯德是辅""天时不如地利，地利不如人和"。北齐自河清年间以后，到武平末年，大兴土木，挑选宫女，从未间断；税收被征尽了，人力也用完了，本国所产的物品已不能满足他们的需求，大江大海也填塞不了他们的贪欲。这正是：火已经烧得够旺盛的了，还要背着柴草往上加，使它更加旺盛；气数已经尽了，还要作恶多端来加速他的灭亡。这样做还想要大厦不被烧掉，延长自己的统治期限，这是再难不过了！因此可以说，北齐的败亡，主要是由人造成的，而不仅仅是天道的原因。

德　操

魏收作史　多撼于人

（天保）二年①，诏（魏收②）撰魏史。……初（文宣）帝令群臣各言尔志，收曰："臣愿得直笔东观③，早成《魏书》。"故帝使收专其任。又诏平原王高隆之总监之，署名而已。帝敕收曰："好直笔，我终不作魏太武诛史官。"始魏初邓彦海撰《代记》十余卷，其后崔浩典史……李琰之徒世修其业。浩为编年体，（李）彪始分作纪、表、志、传，书犹未出。宣武④时，命邢峦追撰《孝文起居注》，书至太和十四年⑤，又命崔鸿、王遵业补续焉。下讫孝明⑥，事甚委悉。济阴王晖业撰《辨宗室录》三十卷。收于是部通直常侍房延佑、司空司马辛元植、国子博士刁柔、裴昂之、尚书郎高孝干专总斟酌，以成《魏书》。辨定名称，随条甄举，又搜采亡遗，缀续后事，备一代史籍，表而上闻之。……

……修史诸人祖宗姻戚多被书录，饰以美言。收性颇急，不甚能平，夙有怨者，多没其善。每言："何物小子，敢共魏收作色，举之则使上天，按之当使入地。"初收在神武时为太常少卿修国史，得阳休之助，因谢休曰："无以谢德，当为卿作佳传。"休之父固，魏世为北平太守，以贪虐为中尉李平所弹获罪，载在《魏起居注》。收书云："固为北平，甚有惠政，坐公事免官。"又曰："李平深相敬重。"

时论既言收著史不平，文宣⑦诏收于尚书省与诸家子孙共加讨论，前后投诉百有余人，云"遗其家世职位"，或云"其家不见记录"，或云"妄有非毁"。收皆随状答之。范阳卢斐父同附出族祖玄《传》下，顿丘李庶家《传》称其本是梁国蒙人，斐、庶讥议云："史书不直。"收性急，不胜其愤，启诬其欲加屠害。帝大怒，亲自诘责。裴曰："臣父仕魏，位至仪同⑧，功业显著，名闻天下，与收无亲，遂不立传。博陵崔绰，位止本郡功曹，更无事迹，是收外亲，乃为《传》

首。"收曰:"绰虽无位,名义可嘉,所以合传。"帝曰:"卿何由知其好人?"收曰:"高允曾为绰赞,称有道德。"帝曰:"司空才士,为人作赞,正应称扬。亦如卿为人作文章,道其好者岂能皆实?"收无以对,战栗而已。但帝先重收才,不欲加罪。时太原王松年亦谤史,及斐、庶并获罪,各被鞭配甲坊,或因以致死,卢思道亦抵罪。然犹以群口沸腾,敕魏史且勿施行,令群官博议。听有家事者入署,不实者陈牒。于是众口喧然,号为"秽史",投牒者相次,收无以抗之。时左仆射杨愔、右仆射高德政二人势倾朝野,与收皆亲,收遂为其家并作传。二人不欲言史不实,抑塞诉辞,终文宣世更不重论。又尚书陆操尝谓愔曰:"魏收《魏书》可谓博物宏才,有大功于魏室。"愔谓收曰:"此谓不刊之书⑨,传之万古。但恨论及诸家枝叶亲姻,过分繁碎,与旧史体例不同耳。"收曰:"往因中原丧乱,人士谱牒,遗逸略尽,是以具书其支流。望公观过知仁,以免尤责。"……

（孝昭）帝⑩以魏史未行,诏收更加研审。收奉诏,颇有改正。及诏行魏史,收以为直置秘阁,外人无由得见。于是命送一本付并省,一本付邺下⑪,任人写之。

其后群臣多言魏史不实,武成⑫复敕更审,收又回换。遂为卢同立传,崔绰返更附出。杨愔家《传》,本云"有魏以来一门而已",至是改此八字;又先云"弘农华阴人"乃改"自云弘农",以配王慧能自云太原人。此其失也。

（《北齐书》卷三十七,魏收传）

【注释】

①天保二年:即551年。天保,北齐文宣帝高洋的年号。②魏收:生于506年,卒于572年。北朝北齐史学家。下曲阳（今河北晋州市）人,善诗文。北魏时,编修国史;北齐时,奉诏编撰《魏书》。身为北齐大臣,所撰《魏书》多为北齐回护,尽毁北魏所修史书,被称为"秽史"。③东观:汉代宫中藏书处。④宣武:北魏帝元恪的庙号。⑤太和十四年:即490年。太和,北魏孝文帝年号。⑥孝明:北魏皇帝元诩庙号。⑦文宣:即北齐帝高洋。⑧仪同:官名,"仪同三司"的简称。⑨不刊之书:不能改动或不可磨灭的书。刊,代指削除刻错了的字,不刊,即言不可更改。⑩孝昭帝:即北齐高演的庙号。⑪邺下:今河北临漳县西南。⑫武成:北齐帝高湛的庙号。

【译文】

　　天保二年，下诏让魏收编撰魏史。……当初，文宣帝命令群臣各自说出自己的志向，魏收说："我乐意在东观秉笔直书著史，早日写成《魏书》。"因此，文宣帝让魏收专门负责编写《魏书》工作，又令平原王高隆之为总监，只负责署名罢了。文宣帝高洋还告诫魏收说："好一个直笔修史，我不会像魏太武帝拓跋焘那样诛杀史官崔浩。"开始，魏初邓彦海编撰《代记》10多卷，后来崔浩领导修史……李琰等人连年编修，崔浩写成编年体，李彪开始分别作纪、表、志、传，史书还没有问世。宣武帝元恪时，又命令邢峦追记《孝文起居注》，一直写到太和十四年，又命令崔鸿、王遵业续写，下限时间一直延续至孝明帝元诩，历史记载十分详细。济阴王元晖业撰写《辨宗室录》30卷。魏收因此指挥通直常侍房延佑、司空司马辛元植、国子博士刁柔与裴昂之、尚书郎高孝干专门负责总的安排综合，写成了《魏书》。他们辨别、确定名称，对每一条记载进行鉴定，又收集散失的遗文，补续后面的事，终于完成了一朝史书，于是向皇帝上表报告。……

　　……参加修史人员的祖宗亲戚大多被写进《魏书》，并以美言相饰。魏收性情十分急躁，不能公平待人，对以前他所怨恨的人隐没他的优点。他常说："哪个小子敢和魏收作对，稍加抬举他可以上天，按压他可使他进入地狱。"开始，魏收在北齐神武帝高欢时任太常少卿；编修国史，得到过阳休之的帮助，所以，他感激阳休之说："对于您的帮助，我没有别的感谢，我一定在《魏书》里替您写一篇好的传。"阳休之的父亲阳固，魏时是北平太守，由于贪污和残暴被中尉李平弹劾而获罪，在《魏起居注》里有所记载。而魏收写道："阳固在北平，非常廉政，因公事获罪而免官。"又说："李平对他深为敬重。"

　　当时，人们纷纷议论魏收著史不公平，文宣帝高洋命令魏收到尚书省与许多被收入《魏书》的人的子孙进行辩论，先后对魏收投诉的人有100多人，或说："遗漏我家世职位。"有的说"我的家世不被记录"，或说"妄自非议和毁灭"。魏收都能根据各人的具体情况而作出答复。范阳卢斐父亲卢同被附在其同族祖先卢玄《传》下，顿丘李庶家《传》中称李本来是梁国蒙人，卢斐、李庶讥嘲魏收说："史书不公正。"魏收性情急躁，忍不了这么大的愤怒，陈述并控告卢、李二人想对他加以谋害。文宣帝大为恼怒，亲自加以盘问。卢斐说："我的父亲在魏国任职，位至仪同三公，功绩相当显著，名闻天下，与魏收没有亲戚关系，就没有被立传。博陵人崔绰，官职仅仅是本郡的一个功曹，更没有其他事迹，因为是魏收的远亲，于是就把他放在《传》的开端。"魏收说："崔绰尽管没有显赫的官职，但他的名声很好，所以把他写入合传。"文宣帝高洋说："你怎么知道他是个好人？"魏收说："高允曾经为崔绰写过赞，称赞他有道德。"文宣帝高洋说："司空高允是个有才之士，为他人作赞，应当赞扬。也同你替他人写文章一样，称他好的难道都是事实吗？"魏收无言以对，只是因害怕而不停地颤抖。但文宣帝最看重的是魏收的才华，因此不对他加罪。当时，太原王松年也诽谤魏史，和卢斐、李庶一同获罪，各自遭到笞刑后而被发配到甲坊，有的因此而死亡，卢思道也获罪。然而，由于大家对魏史仍议论不止，文宣帝下诏魏史暂不推行，命百官广泛地加以议论。听任那些家事关魏史的人到衙署上来，让认为魏史不实的人投书陈述。因此，众口哗然，称魏史为"秽史"，投书陈述的人相次以进，魏收再也抵挡不住了。当时，左仆射杨愔、右仆射高德正两人权倾朝政，与魏收都很亲近，魏收就为他们的家族作传。两人不论说《魏书》史事不实，抑制控诉，在文宣帝时，人们就不敢再议论这件事了。再加上尚书陆操曾对杨愔说："魏收的《魏书》，可以算得上博物宏才，对魏朝是一大功绩。"杨愔对魏收说："这就叫做不刊之书，流传万代。令人感到惋惜的只是各家无关紧要的亲戚的传，过多而繁碎，与旧史的体例不同。"魏收说："以前因为中原动乱，士人的家谱和牒传丧失殆尽，因而具体写他们的分支。但愿您看见过失而知晓仁义，以免追究责任。"……

孝昭帝高演因为魏史没有刊行，下诏令魏收再加以研究和审查。魏收接受诏书后，对原《魏书》作了较大的改正。等到下诏魏史刊印，魏收认为它应放在秘阁，外人不得看阅。于是，命人送一本到晋阳，一本放在邺下，任人议论……

以后，群臣都说魏史不符合事实，武成帝高湛又下诏再次审查，魏收又回头更改。于是就为卢同立传，崔绰反而从传中取出。杨愔家《传》，本说"有魏以来一门而已"，这次改更这8个字，又先说"弘农华阴人"，改为"自云弘农"，以与王慧龙自己说是太原人相一致。这是魏收作《魏书》的过失。

传世故事

称兄道弟　志在谋权

　　北齐高祖神武帝高欢，字贺六浑，渤海蓨（tiáo）人。先仕后魏朝为臣。魏孝庄帝时，朝政大权执掌在尔朱荣手中，高欢战功不错被授为第三镇人酋长。尔朱荣很赏识高欢的才干，一次曾问帐下诸将："万一我不在，谁可统领军队。"诸将都回答说其侄尔朱兆可当重任，而尔朱荣却道："尔朱兆只能统率3000人马，能够代替我统领全军的唯有贺六浑哪！"他又苦心告诫尔朱兆道："你不是他的对手，早晚有一天会听命于他。"于是，任命高欢为晋州刺史。

　　魏永安三年（530年），魏孝庄帝诛杀了权臣尔朱荣。尔朱兆一怒之下，兴兵进攻洛阳。行前，派人召高欢相助。高欢见他以下犯上，不敢贸然相助，但又怕得罪了他，便借口蜀中未平，不便撤军，待平蜀后与他隔河成掎角之势云云，派长史孙腾婉言拒绝了他。尔朱兆攻破洛阳，囚禁并杀害了孝庄帝，又与尔朱世隆等立魏长广王元晔为帝，高欢被封为平阳郡公。很快，河西人纥豆陵步藩起兵进攻尔朱兆的后路，尔朱兆征调高欢迎击，高欢却拖延时间，等尔朱兆军被纥豆陵步藩击败后，才挥军进击，帮助尔朱兆杀掉了纥豆陵步藩。尔朱兆非常感激，与他立誓结为兄弟。

　　然而，高欢却在一直暗中寻找机会诛除尔朱兆这个把兄弟。当时，魏国政局混乱，反乱此起彼伏，尔朱兆不遑镇压，大为头痛。高欢乘机进言道："六镇反叛作乱者，你不可能把他们斩尽杀绝。大王不如选派一位心腹，统领六镇兵众。如有叛乱，大王问罪他一个就可以了。"在座的贺拔允即插话道："可以委高欢以重任。"高欢装作勃然大怒的样子，一拳打掉了贺拔允的一颗牙齿，骂他道："天柱大将军尔朱荣在时，你不过是个听候驱使的鹰犬。如今天下，全由大王安排，你小子竟敢胡乱插嘴，信口开河！"已有醉意的尔朱兆见高欢如此尊重和忠实自己，当即委派他去统领六镇之兵。高欢恐怕尔朱兆酒醒后心生怀疑，便立即出去宣布自己受命执掌统军大权。

　　高欢兵权在手后，又以粮食紧张为由，要求移军山东。尔朱兆的长史慕容绍宗劝阻尔朱兆不要答应："不能让高欢率军赴山东。如今天下骚乱，人心各怀异志，高欢又有雄才大略，手握重兵。如让他去山东，无异于放虎归山，将来无法收拾。"尔朱兆却不以为然地说："他是我拜把子的兄弟，没有什么值得担心的。"慕容绍宗说道："亲兄弟都靠不住，更何况拜把子了。"尔朱兆的左右早就收了高欢的贿赂，都说慕容绍宗想公报私仇，尔朱兆便囚禁了慕容绍宗，催促高欢立即移军山东。

途中，高欢遇上了尔朱荣妻北乡长公主的300匹马，就命人全部夺为己有。尔朱兆闻讯后，放出慕容绍宗，请教如何采取对策，慕容绍宗劝他立即追回高欢。他追到襄垣时正碰到漳水暴涨，冲断了桥梁，大军一时无法过河。高欢隔河向尔朱兆拜道："我借公主的马匹，是为了防备山东盗贼。大王听信公主的话，亲自追我，您渡过河，我虽死不辞，然而这些兵众恐怕会哗变啊。"尔朱兆生怕大军倒戈，忙说并非想捉拿他，又单人匹马渡过漳水，向高欢表示歉意。尔朱兆还把刀送向高欢，说不相信他就请他砍下自己的脑袋。高欢大哭道："天柱大将军死后，我唯愿大家千秋万代戮力同心，如今小人挑拨离间，您何苦口出此言！"尔朱兆于是把刀扔在地上，杀掉一匹白马，与高欢歃血为盟，誓为生死与共的兄弟。是夜，尔朱兆就留宿在高欢的军营内，高欢手下的尉景埋伏下壮士，准备逮捕尔朱兆，高欢劝阻道："要是现在杀掉他，他的党羽必定跑回去集合人马。我方兵饥马瘦，无法对付。而且万一有野心家乘乱崛起，就更不好收拾。不如先留着他，他是骁勇凶恶，但缺谋少断，抓不抓他，无足轻重。"

第二天一早，尔朱兆过河回营，又召高欢前去。高欢上马欲行，长史孙腾拉着他的衣服，不让他过河，对岸的尔朱兆看到后，破口大骂了孙腾一顿，便无可奈何地率军返回了晋阳。

高欢移军山东，养精蓄锐了一段时间后，于魏晋泰元年（531年）六月，正式树起了征讨尔朱氏的大旗。永熙二年（533年），尔朱兆终于被把兄弟高欢追得无路可走，自缢而死。

高欢试子

高欢因祖父犯法，徙居怀朔镇（今内蒙古固阳西南）。高欢以功劳任北魏大丞相，控制着朝政，后逼走孝武帝，另立孝静帝，迁都邺城（今河北磁县南），称东魏，一直控制着朝政。

高欢儿子众多，长子名高澄，次子名高洋，此外还有高演、高湛等（高湛是其第九子）。据《北齐书》记载，次子高洋生后，显出种种异相。有一个看似半疯半傻的和尚为高欢的儿子逐一看相，评说不一。待看到高洋，和尚却举起手来，再三地向上指着天，一句话也没有说。这意思，显然是影射高洋后来能做到皇帝。这些记载难以凭信。事实上，高洋虽然很有才华，外貌却很不出众，他的哥哥高澄常讥笑说："他如果也能富贵，我看世上的种种相法也就不足凭信了！"但父亲高欢却很赏识高洋的才能，对人说道："这孩子的聪明超过我小时候。"高洋拜范阳卢景裕为师，卢景裕也认为高洋识见过人，深奥难测。

为看看儿子们的见识才能，在他们小的时候，高欢拿出一大把乱麻丝，要儿子们把它理好。别的儿子全都手忙脚乱，大理特理，而始终一筹莫展，无法理清。独有高洋不假思索，抽出刀来，将乱麻一刀斩断，说道："乱麻就要这样干干脆脆用快刀斩断。"高欢对高洋十分赏识。

为了试试儿子们的胆识和军事才能，后来，高欢特意为儿子们各自配备了一些兵马，让他们出去，又指派彭乐带领兵马假装进攻他们。高洋的哥哥高澄和其他诸子都吓坏了，一时不知所措，高洋丝毫不怕，指挥手下兵马与带兵佯攻的彭乐开战。因为并非当真，所以彭乐脱下战服休战，向高洋说明情况。高洋却十分认真，不肯当做儿戏，硬是将彭乐擒住，献给父亲高欢，才算作罢。高欢从这种种事情中，充分知道了高洋的才能。

547年，高欢病死，高澄继承父亲职位执掌朝政。没过多久，其厨子兰京因受其杖责，怀恨在心，便与其党徒6人密谋谋刺高澄作乱。高澄全然没有警惕，兰京藏刀于盘中，假装送食物给高澄，终于将高澄杀死。朝廷内外听到这突然事变，都很惊慌，高洋十分镇定，指挥部众将谋反的兰京等6人全部杀死，以漆漆其首级。为了不致引起混乱，便镇定地对外宣布道："几个奴才想要造反，大将军受了伤。不过还好，也没有什么大不了的伤处。"

高洋在种种事情上，表现出了他的非凡才能。高澄死后，他继承父兄遗志，控制了东魏朝政。到550年，高洋废东魏孝静帝自立，建立了北齐朝。在位时，他努力推行汉化政策，使北齐统治一度巩固，又下令改定律令，简化政令，实行了不少改革。还屡次出击突厥、柔然，南伐梁朝等，也算是一个有所作为的皇帝。

宠子为害子之祸根

北齐武成帝高湛立长子高纬为太子，而第三子高俨年尚幼，被封为东平王，并给以不少官职。高俨是胡皇后所生，因从小聪明伶俐，所以深得高湛和胡皇后宠爱。高湛常称赞他道："这孩子很有点小聪明，将来恐怕会有点出息。"因觉得高纬才能不好，曾一度想废高纬而立高俨为太子。

由于娇宠，高俨变得骄横跋扈。北魏朝廷旧制，凡御史中丞出行，以仪仗清道，无论王公大臣，都要勒住车马避让一旁。要不然，中丞随从便用红棍责打之。但这种旧制自东魏以来，便早已废弃不用。此时已是北齐时代，高俨以京畿大都督、领军大将军兼御史中丞，却仍然要按照以前的旧制度，出行时仪仗林立，大耍威风。文武百官不论其官职大小，只要不及避让，便声称奉皇帝圣旨，用红棍狠打，打得马翻人跌。武成帝和胡皇后知道了，不仅不加阻止，反而哈哈大笑，认为儿子能干。

平时的衣服器物以至于玩物之类，一切待遇，高俨都要与太子高纬一样。这一些，全都由朝廷供给。有一次，下面的官员献新冰和早李子，高俨没有得到，便大发雷霆，大骂："我皇兄都有了，为什么我就没有？"自此以后，只要太子高纬得到一样新奇的东西，手下的官员和负责制造此物的工匠就一定会倒霉，被高俨找个茬子治罪。尽管高俨和太子高纬生活待遇一样，没有什么差别，胡皇后却并不感到满足，仍觉得亏待了这个宝贝儿子。由于其父母亲的娇宠，高俨刚刚10岁，便已变得十分奢侈任性。他喉咙常有毛病，医生用针给他治疗，高俨毫不惧怕，为此，他十分自负，对父亲高湛说："像我哥哥那么懦弱，哪里能统率文武朝臣！"可见其狼子野心。

武成帝死后，高纬即位，称后主，高俨被改封为琅琊王。由于高湛和胡皇后的一再放纵，高俨养成了骄横跋扈、不可一世的性格。父亲一死，他的胆子就更大了。高俨和宰相和士开逐渐产生了矛盾，到北齐武平二年（571年）四月，高俨除了太保和中丞之职以外，其余官职均被解除。高俨认为是和士开从中说了坏话，便想要除去和士开。于是与部下冯子琮等想了一个办法，假传圣旨，竟擅自将当朝宰相和士开杀掉了。高纬见高俨如此胆大妄为，便与朝臣密议，派刘桃枝将高俨诱杀了。被杀的时候，高俨才刚刚14岁。为了安慰胡皇后，高俨死后，高纬还赐以谥号，称楚恭哀帝。

子不教，父之过。而高俨的失教，还包括其母亲胡皇后的过失在内。高俨短暂的一生，深刻说明了有子不教的害处，这是一个极为典型的反面事例。北齐颜之推撰《颜氏家训》，特意将此事写进书中，其用意也是为了让其子孙从中吸取深刻的教训。

人物春秋

神武皇帝——高欢

　　齐高祖神武皇帝，姓高名欢，字贺六浑，渤海蓨地人氏。高欢的父亲树，性格旷达坦率，不理家业。居住在白道的南侧，这里曾多次出现过赤光紫气，邻近的人们认为是灾祸作怪，劝他搬家避害，可他却说："这难道不是吉兆？"依然住在此地未动。高欢生后，其母韩氏死了，父亲便把他寄养在姐夫镇狱队尉景的家里。

　　神武帝高欢世代定居在北方边地，所以习惯了当地的风俗，成了地道的鲜卑人。年岁稍长，深沉稳重，豁达大度，轻财重友，被豪侠们所尊崇。两眼炯炯有神，长脖子高颧骨，齿白如玉石，具备罕有的俊杰伟人风度。家境贫寒，到与武明皇后举行订婚礼时，才开始有马，当兵入镇做了队主。镇将、辽西人段长时常惊叹神武帝的容貌，对他说："君有济世安民之才，不会虚度一生的。"并且将子孙托付给他照顾。当神武大富大贵之时，追赠段长为司空，提拔他的儿子宁做了官。神武帝从队主升任函使。一次乘驿马经过建兴，这里顿时云遮雾障，随之雷风尘升腾。又曾经梦见自己穿着很多星辰做成的鞋在赶路，醒来时暗自高兴。做了6年的函使，每次到洛阳，都被令史麻祥驱使。祥曾经让神武吃肉，神武没有站着吃的习惯，便坐下来吃了。祥认为神武坐着吃是大不恭敬，用鞭子狠狠地将他抽打了40多下。从洛阳回来后，神武倾尽所有来网罗人才，亲戚朋友无法理解这种行为，就向他打听。神武回答说："我到洛阳，看到宿卫、羽林的兵士接连放火焚烧领军张彝的住宅，朝廷害怕兵变不敢惩办凶手，像这样执掌国政，其结果就可想而知了。钱财物品难道能永远归一人所有吗？"自此，便有了澄清天下的志向。同怀朔镇省事云中人司马子如、秀容人刘贵、中山人贾显智成了奔走之友，怀朔镇户曹史孙腾、外兵史侯景也成了神武的好朋友。刘贵搞到了一只白猎鹰，和神武以及尉景、蔡俊、子如、贾显智等一块到沃野打猎。看见一只赤兔，纵鹰追赶，兔子却逃跑了，他们循着兔子跑的方向，追到了深泽之中，深泽里有座茅屋，兔、鹰正想跑进去的时候，有条狗突然从屋里冲了出来，咬死了赤兔白鹰。神武见此大怒，用响箭射死了狗。见狗被杀，屋内一下子跳出两个人，抓着神武的衣领，扭着不放。这两个人的母亲双目失明，拖着拐杖呵斥道："为何触犯大家？"令二子取出瓮中好酒，杀猪宰羊，盛情款待神武一行。又自称会相面，把他们一一抚摸，结论都是大贵之相，不过，均得由神武统领节制。还说:"司马子如居官显赫,贾显智却不能善终。"饭毕出门,行了几里地后再返原地时,屋舍人烟皆无,原来那老妇是个神灵仙人。因此,朋友们越发尊崇神武。

孝昌元年(525年),柔玄镇人杜洛周在上谷扯旗造反,神武便和志同道合者参加了他的队伍。由于瞧不起杜洛周的行事,私自与尉景、段荣、蔡俊等谋划,试图杀死杜洛周,没有成功,却遭杜氏的骑兵追捕,文襄帝及永熙皇后两人年纪都小,武明皇后坐在牛背上抱着这两个孩子。文襄多次从牛背上滑落下来,神武准备射死这个儿子好快些逃走。武明皇后恳求段荣救助,幸得段荣夺下神武手中的弓箭,文襄才幸免于死。神武投奔葛荣,又逃亡到秀容,归附尔朱荣。早些时候,刘贵服事尔朱荣,极力赞誉神武之美,此时才得见面,由于疲劳憔悴,没有引起尔朱荣的惊奇。刘贵便帮神武更衣换鞋,又一次见了面。继而跟着尔朱荣进了马厩,厩中关着匹烈马,尔朱荣命令神武缚起他来。神武未用马络头就捆绑住了,而且马一直是服服帖帖的。完事后,站起身来说:"制服恶人就像降服这匹马一样。"尔朱荣便请神武坐在椅子上,屏除左右向他请教时事。神武说:"听说您在12座山谷里喂养着马匹,以马的颜色划分为群,如此做有何用意?"尔朱荣说:"你尽管谈你的高见吧。"神武说:"当今天子愚笨懦弱,太后淫乱,小人专权,朝政混乱,凭您的雄才武略,乘此良机作为一番,讨伐郑俨、徐纥,清除帝侧,成就霸王之业不过是举手之劳。这便是我贺六浑的看法。"尔朱荣喜不自禁,从中午一直谈到深夜,神武才告辞离去。从此之后多次参与机密。后随尔朱荣移据并州,入阳邑人庞苍鹰宅,住在圆形草屋中。每次从外边回来,即使他还在很远的地方行走,屋主人都能听到十分响亮的脚步声。苍鹰的母亲多次看到草屋顶上赤气冲天。有次苍鹰打算潜入神武的草屋,却被一执刀的青衣人拦住,叱问道:"为何触犯大王?"说完,便没了身影。苍鹰开始惊异,曾秘密地窥视,只见一条赤蛇蟠卧在床上,因而更加惊讶。于是宰牛割肉,以厚礼相待。苍鹰之母请求神武做自己的义子。到神武得志,将苍鹰的住屋作为寝宫,称为"南宅"。宽门大户,屋室高敞,他曾经居住过的茅草屋,其墙则用石灰涂抹,给以认真保护,到文宣帝时便成了宫殿。不久,尔朱荣便任命神武做了亲信的都督。

此时,北魏孝明帝不满郑俨、徐纥等人逼迫灵太后的行为,但却不敢制裁,就偷偷下令尔朱荣举兵围攻都城。尔朱荣指派神武为前锋。军队抵达上党,明帝密诏停止前进。到明帝突然驾崩时,尔朱荣才举兵进入洛阳,准备趁机篡政。神武进谏,怕他不听,就请铸铜像卜其吉凶,铜像没有铸成,因此尔朱荣也就停止了篡权活动。魏孝庄帝即位,由于定策的功劳,封神武为铜鞮伯。尔朱荣攻打葛荣,命令神武开导晓谕7个称王的盗贼归服。后同行台于晖在泰山打垮了羊侃,又很快在济南与元天穆一块大败邢杲。升官为第三镇人酋长,时常出入于尔朱荣的军帐。尔朱荣曾向左右打听说:"假如哪天我没了,谁可顶替我统帅军队?"众人都推尔朱兆。尔朱荣说:"这正好可以让他带领3000骑兵返归,能够代我主大事的只有贺六浑这个人。"并告诫尔朱兆："你不是他的对手，最终你会被人家制服的。"就任命神武做了晋州刺史。神武为刺史后大力集聚钱粮，安排刘贵贿赂收买尔朱荣手下的重要人物，目标接连实现。这时州中仓库的屋角无缘无故地发出声响，神武惊异，不多时日，孝庄帝诛杀了尔朱荣。

尔朱兆率兵从晋阳赶赴洛阳，征召神武。神武打发长史孙腾借口绛蜀、汾湖诸地将要反叛，情况危急而予以推辞，尔朱兆就怀恨在心了。孙腾回来向神武做了报告。神武说："尔朱兆领兵犯上，是最大的盗贼，我不能长期事奉他。"自此便有了图谋尔朱兆的打算。尔朱兆一进入洛阳，押解着孝庄帝往北而去，听到这个消息，神武大吃一惊。又派孙腾假装成祝贺尔朱兆的使者，趁机秘密打听孝庄帝的囚拘之所，准备偷抢出来，以举大事，却没有成功。于是写信向尔朱兆晓以大义，说不应拘押天子而让天下人唾骂。尔朱兆不予理会，杀了孝庄帝，同尔朱世隆等人立长广王晔为帝，改年号为建明。封神武为平阳郡公。当费也头纥豆陵步藩侵占秀容，紧逼晋阳时，尔朱兆召唤神武。神武准备前往，贺拔焉乌儿请求不要赴命，以使尔朱兆陷入疲困。神武就故意延滞逗留，还借口河上无桥没法渡过。步藩兵强马壮，尔朱兆大败逃跑。当初，孝庄帝处死尔朱荣，预料到他的党徒一定会有反叛之心，就秘密诏令步藩偷袭他的后部。步藩打败尔朱兆后，军队人数增多，力量更大，尔朱兆又向神武求救，神武暗地里想谋取尔朱兆，又考虑到步藩在后部的祸患难以消除，于是就同他配合，竭尽全力打败了步藩。步藩死，尔朱兆十分地感恩戴德，两人便结拜成了兄弟。这时世隆、度律、彦伯共同执掌朝政。天光占据关右，尔朱兆盘踞并州，仲远领有东都，各自拥兵为暴，却害苦了老百姓。

葛荣部众流亡入并、肆两地者达20多万，却遭契胡凌辱残害，无法生活，举行了大小26次反叛，受屠戮者过半，但他们依然处于无休止的被掠夺之中。尔朱兆因而担忧，就向神武请教处置的办法。神武说："六镇造反留下来的人，不能全部杀掉，应该挑选您的心腹之人悄悄地统领起来。如再造反，只向其头目问罪，那么想造反的人就减少了。"尔朱兆说："是呀，谁可担当此项任务？"当时坐在旁边的贺拔允听说后，马上为神武请求这个差事。神武向其猛击几拳，打掉了他的一颗牙齿，数落说："天柱在世时，我辈老老实实，像鹰犬一样地听使唤。那么今天的安排全在大王。你阿鞠泥胆敢诬下欺上，我请求大王杀了你！"尔朱兆以为神武忠诚，就委以这项重任。神武感觉到尔朱兆喝醉了，担心他酒醒后起疑心生悔，马上出门，向人们宣布自己受尔朱兆之托统领本州镇兵，可以聚集汾东待命。接着在阳曲川建立军旗，布置战阵。有个叩击军门的男子，头裹红巾身穿红袍，自称是梗杨驿站的人，愿意服侍左右。神武问他有何特长，答曰力大无比，常在并州城里殴打那些杀人凶手，因此留他做了亲信。兵士们一向讨厌尔朱兆而喜欢神武，在这个时候纷纷前来投靠。不久，神武再次派遣刘贵向尔朱兆提出请求,以并、肆等地连年天灾,迫使降户挖掘黄鼠作为充饥之食,所以人人面有菜色,白白玷污了人家的土地,希望让这批人前往山东谋生,等待温饱之后再作安置。尔朱兆接受了神武的建议。可是尔朱兆的长史慕容绍宗不同意,进谏说:"这样不妥吧?如今天下大乱,人人都有野心,何况高公雄才大略,又手握重兵,您将无法驾驭。"尔朱兆说:"我们是结拜兄弟,没有什么担忧的。"绍宗说:"亲兄亲弟都会互相猜疑,结拜兄弟就更加难免了。"此时尔朱兆的左右都接受过神武的贿赂,便乘机攻击绍宗与神武早有矛盾,这样尔朱兆就拘捕了绍宗,并催神武赶快上路。神武从晋阳动身出了滏口。途中碰到了尔朱荣寡妻乡郡长公主,长公主从洛阳带了300匹马来,神武全部夺归己有。尔朱兆听到这个消息,马上释放绍宗,并向他请教对付神武的办法。绍宗说:"他还是大王的掌中之物。"尔朱兆亲自追赶神武,抵达襄垣,恰逢漳水暴涨,桥被冲坏。神武在漳河对岸解释说:"我借用长公主的马匹,没有别的企图,只是为了防备山东的盗贼而已。大王您听了公主的话,亲自追我,眼下不渡过河来狠狠给以训斥的话,兵众便生叛离之心。"尔朱兆自称没有这种想法,便骑着马渡过河来,与神武一同坐于军帐之下,道歉后,拔出刀还伸过头来,请求神武砍杀。神武号哭着说:"自从天柱遇难后,我贺六浑再也没有靠山了。我祝愿大王您千岁万岁,好让我永远为您服务。如今有人这样挑拨离间,大王您为什么还要讲出这样的话来?"尔朱兆掷刀于地。于是杀白马结盟,再为兄弟。神武留尔朱兆住下,还设宴款待。尉景事前埋伏兵健试图将其生擒。神武咬破胳膊制止说:"如现在把他处死,他的部众一定要跑回去聚集兵马报复的。我们的士兵饥饿,战马羸弱,不可抗衡,倘若此时英雄豪杰振臂一呼,那么祸害就会更加厉害。不如姑且让他多活几天。尔朱兆虽然力大敏捷,凶残却无谋略,不是我们的对手。"第二天,尔朱兆返回军营后,又召请神武,神武准备骑马前往,孙腾拉了拉他的衣服,神武就没有上道。尔朱兆隔着漳水大声谩骂,之后跑回了晋阳。尔朱兆的心腹念贤带领降户人家分别组成营伍,神武假装亲近,借口观看他的佩刀,顺势杀掉了他和几个随从,其余的侍卫吓得赶快逃走。士兵们都十分地喜悦,更加希望跟从神武——当初,魏真君的侍从文人上书,说上党有天子气,位居壶关大王山。太武帝南巡抵制压迫这种天子气,垒积石块成为三堆,截断北侧的凤凰山,破坏了它的形体。后来定居于晋阳的上党人,称自己的住地叫"上党坊",事实上,神武就住在这里——行进到大王山,驻扎了60多天才开拔。快出滏口时,更是注意约束部众,力争丝毫不犯。从麦地边走过,神武则步行牵马。远近的民众都称赞高仪同治兵严整,更加心悦诚服地加以归顺。继续前进,屯驻邺地,向相州刺史刘诞借粮,诞不给,神武就将车营租米夺了过来。

魏普泰元年(531年)二月,神武率军驻扎信都,高乾、封隆之大开城门等候着,很快就占领了冀州。同月,尔朱度律废元晔立节闵为皇帝,想羁縻住神武，三月，请求节闵封神武为渤海王，征召使其入朝觐见。神武推辞未去。四月癸巳日，又加授神武东道大行台、第一镇人酋长。庞苍鹰从太原跑来投奔，神武任命他做行台郎，不久升任安州刺史。神武率众挺进山东，养育兵士，修理武器，禁止侵掠，更赢得了百姓的归附。神武伪造书信，说尔朱兆拟将六镇人分配给契胡为部曲，因此使这些人十分的愁苦怨恨。又制成并州符节，征兵讨伐步落稽。发动万人，准备派遣出去，孙腾、尉景假意请求延缓5天动身，这样反复了几次。神武亲自送到郊外，流着泪向六镇人道别，人们都十分悲痛，哭声震天。神武开导说："我和你们一样，同是流离失所之人，正因为如此，我们就是一家人，想不到大王突然有此征召。一直向西吧，按法令规定该杀，延迟军期吧，也是被杀，分配给契胡人吧，还是死，怎么办啦？"六镇人说："只有反了。"神武说："造反是最好的办法，但应推举一人主持。"众人都愿意听从神武指挥。神武又说："我们乡下人难以约束，葛荣的下场大家看到过吧？虽拥众百万，无条令法律，结果便是自取灭亡。眼下大家推我为主，应当与以前有所区别，即不得欺侮汉人，不得触犯军令，死生均听任我安排才行，否则，就会被天下人耻笑。"众皆诺诺，死生听命。神武佯装无可奈何。次日，杀牛犒劳士卒，宣布攻讨尔朱兆的用意。封隆之进言说："真是千载一时的好机会，天下所有人的大幸。"神武回答说："讨伐盗贼，大顺民心；拯救时局，大功伟业。我虽不武，以死继之，那敢推辞呢。"

六月庚子日，在信都举起义旗，但还没有公开背叛尔朱氏。到李元忠与高乾平定殷州，斩尔朱羽生头颅前来拜谒，神武搥胸道："今天反定了！"于是便委元忠为殷州刺史。此时，军力猛增，乃上书揭发尔朱氏罪行，但世隆等人扣压上书没有向节闵帝禀告。八月，尔朱兆攻克殷州，李元忠逃到了神武驻地。孙腾认为朝廷隔绝，不临时立一天子，那么众望就无所归依。十月六日，奉章武王融之子渤海太守朗为皇帝，年号中兴，这便是魏朝的废帝。时度律、仲远军队驻扎在阳平，尔朱兆与他们见了面。神武采用窦泰的计策，实行反间，度律、仲远不战而返，神武便在广阿打败了尔朱兆。十一月，进攻邺城，相州刺史刘诞闭城固守，神武命令兵士堆起土山，挖掘地道，并到处立起大木柱，之后一齐点火焚烧这些柱子，城陷到了地下。这时麻祥为汤阴县令，神武喊他"麻都"，麻祥羞愧，逃走了。永熙元年（532年）正月十七日，攻克邺城，并占领了它。废帝晋升神武为大丞相、柱国大将军、太子太师。与此同时，在青州树起义旗的大都督崔灵珍、大都督耿翔一齐派遣使者请求归附，行汾州刺史事刘贵弃城并来投降。闰三月，尔朱天光从长安，尔朱兆由并州，度律从洛阳，仲远由东都出发会集邺城，号称兵众20万，依洹水布置战阵，节闵帝委派长孙承业为大行台总督其事。神武命令封隆之固守邺城，自己率兵离邺屯驻紫陌。此时神武拥有的战马不足2000，步兵不满3万，众寡悬殊。神武在韩陵布置圆的军阵，连结牛驴阻塞了归路，使得将士都有了决一死战的斗志，四面八方攻打敌人。尔朱兆谴责神武叛逆。神武称："戮力同心，为的是共同辅佐王室，如今皇帝在哪？"尔朱兆答："永安皇帝冤杀天柱，我只不过是替他报仇罢了。"神武道："我往昔亲耳聆听了天柱的大计，当时你就站在门前，难道能讲不反的话吗？再说君杀臣，有何仇可报？今天我们就断绝关系吧。"言毕，双方交战，神武大胜。尔朱兆对着慕容绍宗拍打着胸脯说："我不听您的话，终于得到了如此下场。"说着就想轻装逃跑。绍宗将前军旗帜移后，吹响鼓角，收聚残兵，组成军队的阵势向西撤去。高季式率7骑追击，翻过野马岗，碰到了尔朱兆。高昂在很高的地方都看不到季式，哭泣着说："我失掉了亲弟弟啦！"夜很深了，季式才回来，血流满衣。斛斯椿反道而行先占据了河桥。当初，即晋泰元年（531年）十月，岁星、荧惑、镇星、太白相聚于觜，亮惨惨的。太史占卜后说："王者兴起之兆。"此时神武从信都起军，此时已打败了尔朱兆等部。四月，斛斯椿捉住天光、度律解送到了神武那里。长孙承业派遣都督贾显智、张欢入洛阳，活捉了世隆、彦伯，并开刀问斩。尔朱兆逃到并州。仲远跑往梁州，不久就死在了这里。是时凶暴已除，朝廷喜悦。当初战事未起的前一个月，章武人张绍半夜里突然被几位骑士挟持翻过城墙，来到一大将军面前。大将军命令张绍做向导，领兵往邺，为的是辅佐朝廷除去残贼。张绍回过头来看时，士卒极多，但却异常整肃没有丝毫声响。快到邺城了，才放他回家。到交战这天，尔朱氏军人见军阵外神武的骑兵步卒四面逼近，大概是得到了天神的帮助。

紧接着神武就进入了洛阳，废掉节闵帝和中兴主而立孝武。孝武即位，授神武大丞相、天柱大将军、太子太师、世袭定州刺史，增加封地连前累计15万户。神武不接受天柱大将军之职，并请求减少5万封户。还邺，魏帝在乾脯山摆设告别宴席，同神武手拉手相互道别。七月壬寅日，神武率部北伐尔朱兆。封隆之说："侍中斛斯椿、贺拔胜、贾显智等人以前服侍尔朱氏，都是忘恩负义之徒，现在住在京城，受宠遇，一定会制造事端的。"神武很是赞同这一看法，押解天光、度律来京师后，予以处死。于是神武从滏口进入。尔朱兆大肆抢掠晋阳，北保秀容。平定并州。神武认为晋阳四周阻塞，就将大丞相府安置到了这里。尔朱兆已经到了秀容，分兵把守险要之处，时常派兵骚扰。神武宣言讨伐，却是干打雷不下雨，因此尔朱兆放松警惕。神武估摸到新年时尔朱兆要宴会，就派遣窦泰率领最精锐的骑兵急奔秀容，一天一夜跑了300多里，接着神武又派出主力紧随其后。二年正月，窦泰悄悄地进到了尔朱兆的庭院之中。尔朱氏的兵士十分地慵懒，猛然看到窦泰的骑兵，都惊慌而逃，追赶到赤洪岭，打垮了他们。尔朱兆上吊自杀，神武亲临丧场，用厚礼安葬。慕容绍宗带着尔朱荣的妻、子和剩余的部众固守乌突城，投降后，神武认为他有义，待其十分的厚重。

神武占据洛阳后，尔朱仲远部下都督桥宁、张子期从滑台赶来归附，神武认为他们助桀为虐，而且反复无常，就杀掉了他们。斛斯椿因此内心恐惧，就与南阳王宝炬及武卫将军元毗、魏光、王思政在魏帝面前诬陷神武。舍人元士弼又奏报神武接受诏书时极不恭敬。先前魏帝对贺拔岳有疑心。孝明帝时，洛阳城中两拨互相搏击，谣言说："铜钹打铁钹，元家世将败亡。"好事者附会二钹为拓跋、贺跋，讲的是这两家都即将衰败的征兆。此时司空高乾密函告知神武，称魏帝贰心，神武就将此密信上呈。魏帝就杀了高乾，又遣东徐州刺史潘绍业密令长安太守庞苍鹰杀掉高乾的弟弟昂，昂早就听到兄遇害的消息，用长矛刺柱，在路旁埋伏壮士活捉了潘绍业，并从其身上搜到了魏帝敕书之后，前来投奔神武。神武抱着高乾的头颅，哭着说："天子冤杀了的司空！"马上让人用白武幡安慰其家属。这时高乾的另一个弟弟高慎在光州，为政严猛，又纵容部下巧取豪夺，魏帝撤了他的职。高慎听到消息，打算逃亡梁州。其部将劝慰道："您有大功于国，不一定受株连。"高慎就穿着破衣推着小车回到渤海。路上遇到使者，就跟着投奔了神武。从此魏帝与神武有了隔阂。

　　阿至罗人正光以前常向魏称臣，自从朝廷多事，都叛变了。神武派遣使者招纳，他们就归顺了。先前，魏帝诏令平定贼寇后，罢除行台。到那个时候，异族纷纷归附，又授神武大行台，给予相机处分的权力。神武送给异族人粮食衣服，旁人认为这是浪费，得不到益处，神武不听，一如既往地进行安抚。酋帅吐陈等人感恩不尽，都愿意听从指挥，救曹泥，取万俟受洛干，起了极大作用。河西费也头人纥豆陵伊利盘踞河池，拥众恃险，神武虽多次派遣使者招附，但他却不顺从。

　　天平元年（534年）正月初九日，神武率军前往河西，征讨费也头人纥豆陵伊利，取胜后，将其部众迁往河西。

　　魏帝心中有异，时侍中封隆之私底下对孙腾说，隆之妻亡，魏帝想把妹妹嫁给他。孙腾不信，但内心生起嫉妒，就把这件事偷偷地告诉了斛斯椿。斛斯椿向魏帝做了报告。另外孙腾带兵器进禁省，擅自杀了御史。两人同时逃走，投奔神武而来，向神武诉说魏帝在自己面前殴打舍人梁续，光禄少卿元子干捋袖伸臂跑来帮忙，并对孙腾说："告诉你的高王，元家儿拳就这个样子。"领军娄昭托病回到晋阳。魏帝就让斛斯椿兼任领军，分别安排诸将以及河南、关西等地刺史。华山王鸷在徐州，神武派邸珍夺走了他的钥匙。建州刺史韩贤、济州刺史蔡俊协同神武举义，魏帝对他们极其仇视。因此裁撤建州剥夺韩贤的要职，命令御史中尉綦俊侦察蔡俊的犯罪事实，派开府贾显智做济州刺史，蔡俊不服，魏帝愈加恼怒。

　　五月，魏帝下诏，称要征讨勾吴，调集河南各州兵士，增加皇宫宿卫，派人守护河桥。六月初六日，魏帝秘密诏令神武："宇文黑獭自从平定秦、陇之后，多有非分之求，倘有变动欺诈，务请策划处理。不过，宇文氏的表、启之中还没有暴露出彻底的反叛之心，攻讨之事不可匆匆决定，因此召集大臣，商议是否可行。都说以南伐为名，内外戒严，一来防备黑獭突然起事，二来可以威逼吴、楚。"此时魏帝准备攻打神武，正在调兵遣将，担心神武怀疑，所以下诏解释。神武则上书说："荆州同蛮地相接，距畿服较近，关陇依仗边远，欲有逆谋。臣现在悄悄领兵3万，拟从河东渡过黄河；又命令桓州刺史库狄干、瀛州刺史郭琼、汾州刺史斛律金、前武卫将军彭乐统兵4万，从来违律渡河；派遣领军将军娄昭、相州刺史窦泰、前瀛州刺史尧雄、并州刺史高隆之率兵5万，攻打荆州；调集冀州刺史尉景、原冀州刺史高敖曹、济州刺史蔡俊、前侍中封隆之带兵7万、突骑5万，进军江左。都必须严格约束部众，认真听从指挥。"魏帝感觉有异，就拿出神武的上表，命令百官评议，希望能制止神武各路兵马行动。神武也马上召集在州郡的僚佐，请他们广泛发表意见，再以表的形式上奏魏帝。依然用真诚的誓言表白自己的忠心："臣遭小人离间，陛下万一怀疑，其桀骜不驯之罪，就会像尔朱氏那样受到诛讨。臣如果不尽诚竭节，胆敢辜负陛下的话，那么就使身受天祸，断子绝孙。陛下如果相信臣的赤心，不兴干戈，就该将一二佞臣逐出朝廷。"二十日，魏帝选录在京文武大臣的议论再次回答神武，让舍人温子升起草诏令，子升迟疑不决未敢动笔。帝坐在胡床上，变了脸色，拔出长剑威胁。子升这才拿起笔来。

当初，神武从京师出发拟将北行，认为洛阳久经战乱，王气已尽，即便有山河之险，但土地狭窄，赶不上邺地，因此请求迁都。魏帝道："高祖定鼎河洛，为永久的基地，规划营建，一直到世宗朝才告结束。王既然有功于国，就应该遵从太和旧典。"神武听从了诏令，到此时，又旧事重提。调遣3000骑兵镇守建兴，增益河东及济州的军队，规定以白沟为界，所有船只不准入洛，各州和籴粮食全部运送邺城。魏帝又诏令神武："王若顺从民心，杜绝议论，唯有撤退河东之兵，罢除建兴之戍，送归相州之粟，追还济州之军，命令蔡俊辞职，打发邸珍离徐，止戈散马，各治家业，所须粮食，另请转送。那么小人就会闭口，怀疑也就不会产生了。王在太原高枕无忧，朕在京洛无为而治，永不举足渡河，互不再动干戈。王若挥军南进，问鼎轻重，朕虽不武，欲止不能，一定要为社稷宗庙考虑，筹划出最好的计策。决策由王，非朕所能定夺，造山止篑，实在可惜。"此时魏帝让任祥兼任尚书左仆射，加开府仪同三司，任祥弃官逃到河北，占据地盘等候神武。魏帝于是下令凡是北方的文武官员去留听便，下诏公布神武罪行，为北伐筹划营谋。神武也停马宣言，说："今尔朱氏专权，我等举起义旗，辅佐皇上，义贯幽明，反被斛斯椿诬陷，把忠诚说成了叛逆。古代赵鞅兴晋阳之兵，诛杀君侧的恶人。今日南进，只不过是声讨斛斯椿而已。"委任高昂为前锋，说："如果听了司空的话，那会有今日的举措！"司马子如回答说："原本打算立一弱小者为帝，今天的行动就是为了这个目的。"魏帝向关右征兵，召请贺拔胜赶往行在，派遣大行台长孙承业、大都督颍川王斌之、斛斯椿一同镇守武牢，汝阳王暹守石济，行台长孙子彦率领前恒农太守元洪略镇陕，贾显智带豫州刺史斛斯元寿讨伐蔡俊。神武指派窦泰和左厢大都督莫多娄贷文抗击显智，韩贤抵挡汝阳王暹。斛斯元寿部投降。窦泰、贷文在长寿津与贾显智相遇，显智秘密谈妥了投降事宜，就率众撤走。军司元玄发觉后，赶回行在，请求增兵。魏帝调遣大都督侯几绍奔赴前线，两军便在滑台东侧大战，显智带领兵士投降，侯几绍阵亡。

七月，魏帝亲自带领大众屯驻河桥。神武在距河北10余里的地方，再次派人表明诚意，魏帝不睬。神武就率军渡过黄河。魏帝向群臣问计，有的说往南投奔贺拔胜，有的说往西占据关中，有的说固守洛口决一死战。何去何从，无法决定。元斌之与斛斯椿因争权夺利，关系不洽，斌之留下斛斯椿抄小路跑回，蒙骗魏帝说："神武的兵来了！"当天，魏帝逃往长安。己酉日，神武进洛阳，暂居永宁寺。

神武认为不能错过大好失机，便同百官商议，任命清河王发为大司马，居尚书下舍而秉承意旨来决断大事。王出入称警跸，神武讨厌。不久，神武抵达恒农，于是向西攻下了潼关，活捉了毛洪宾。进军长城，龙门都督薛崇礼投降。神武率部后退，驻扎河东，命令行台尚书长史薛瑜守潼关，大都督库狄温守封陵。筑城蒲津西岸以守华州，便命令薛绍宗做刺史。高昂行豫州刺史事。神武从晋阳出发，到此时为止已向魏帝致函40余通，但都没有得到答复。九月初十日，神武返回洛阳，又打发僧人道荣奉表入送关中，仍无答复。于是聚集百官、沙门、耆老，议论立谁为帝。神武认为从孝昌丧乱开始，国脉中断，神主无依，昭穆失序，永安帝以孝文帝为伯考，永熙帝迁孝明帝神主于夹室，功业丧失福佑短浅，根源就在这里。因此决定立清河王长子元善见。大家意见一致，便向清河王报告。王说："天子无父，若立我儿，我会毫不悯惜自己的生命。"元善见即位，这就是东魏史上的孝静帝。从这时起，魏一分为二了。神武考虑到魏帝跑到了关中，担心他进逼崤、陕，洛阳又在黄河之外，接近梁境，如若进攻晋阳，两边不能很好衔接，就动议迁都于邺，护军祖莹赞同。诏书下达三日，车驾出发，户口40万也狼狈上路。神武留在洛阳处理事务，事情办完后就回到了晋阳。从此开始，军国大事，全归相府处理。

天平二年（535年）正月二十二日，魏帝下诏褒奖，任命神武为相国，授黄金装饰的斧子，佩剑着鞋进宫殿，朝见不快步地走。神武坚辞不受。

三年（536年）正月二十二日，神武统领库狄干等万余骑兵偷袭西魏的夏州，不吃熟食，4天就赶到了。捆绑长矛做成云梯，深夜攻进城里，活捉了刺史费也头斛拔弥俄突，仍然委任他做刺史。留都督张琼镇守夏州，将其部落5000多户迁往东魏。十二月二十五日，神武从晋阳出发进行西征，命令兼仆射行台汝阳王暹、司徒高昂等人急赴上洛，大都督窦泰从潼关进发赶往此地。

四年（537年）正月十七日，窦泰军败自杀。神武宿营蒲津，因冰薄不能渡河无法支援，便班师回归。高昂攻克上洛。十月十八日，神武西讨，从蒲津渡河，有众20万。周文在沙苑布阵。因地形险峻，神武率部稍作退却，西魏军呐喊着发起冲锋，东魏军大败，丢弃武器盔甲18万余件，神武骑着骆驼逃跑，又坐船回到了黄河东岸。

元象元年（538年）三月初二日，神武坚决要求解除丞相之职，魏帝表示同意。七月二十五日，行台侯景、司徒高昂在金墉围住了西魏大将独孤信，西魏帝以及周文都跑来救助。大都督库狄干率领诸将作为前锋，神武统众紧随其后。八月初四日，战于河阴，东魏大败西魏军，俘虏数万。司徒高昂、大都督李猛、宋显阵亡。西魏军失败，独孤信率先跑入关内，周文命令都督长孙子彦守卫金墉，烧燃军营后就逃走了。神武派人追赶到崤，没有追上，只得返回。早些时候，神武估计西魏军会来侵犯，率众从晋阳出发，抵孟津，还没有渡过黄河，交战的双方互有胜负。不久，神武过河，长孙子彦弃城逃走，因此神武毁掉了金墉城。

兴和元年（539年）七月二十六日，魏帝进神武为相国、录尚书事，坚辞。四年初九日，神武西征。十月初六日，在玉壁城包围了西魏仪同三司王思政，接连挑战，西师不出。十一月二十一日，天下大雪，士卒多冻死，神武才下令撤退。

武定元年（543年）二月十二日，北豫州刺史高慎占据武牢投奔西魏。三月二日，周文率众援助高慎，包围了河桥南城。十八日，神武在芒山打败了周文，擒获西魏督将以下400余人，俘虏斩杀6万多人。这时有一个偷杀驴的军士，依军令罪当处死，神武没有杀他，准备带回并州处理。第二天交战，这个军士逃到西魏军那里，报告了神武的所在。西魏军集中了全部的精锐发动猛攻，打垮了东魏军，神武的坐骑丢失，赫连阳顺把自己的战马送给了神武，和苍头冯文洛将神武扶上马后一块逃跑，跟随的步骑只有六七人。敌人的追兵迫近，神武的亲信都督尉兴庆叫道："王快跑，兴庆身上有箭百支，可以射杀百个敌人。"神武鼓励他说："事成之后，让你做怀州刺史，如果你死了，就用你的儿子。"兴庆回答说："儿子还小，就给我的兄弟吧。"神武答应了。兴庆与敌搏斗，箭尽而亡。西魏太师贺拔胜带13骑追赶神武，河州刺史刘洪徽射死了其中的两个。贺拔胜的长矛即将刺中神武，段孝先从旁边射倒了贺拔胜的坐骑，遂免于难。平定豫、洛二州。神武派遣刘丰追击敌人，将领土一直扩展到弘农才返回。七月，神武写信给周文，谴责他杀死了孝武帝。八月十四日，魏帝诏令神武为相国、录尚书事、大行台，其余官爵依旧，坚决推辞才止。

四年八月二十三日，神武拟将西伐，率兵从邺来到晋阳集中。殿中将军曹魏祖进谏说："不行啦，本年八月是西方王，以死气迎生气，对客人不吉利，对主人还可以。真有行动的话会伤大将军。"神武不理。九月，神武围困玉壁向西魏军挑战，西师不敢应。西魏晋州刺史韦孝宽守玉壁，从城中放出蒙着铁面的人来，神武命令元溢射击，射中了铁面人的眼睛。采纳术士李业兴的"孤虚法"，将士兵聚集到玉壁城的北边。北边，为天险。于是堆起土山，挖掘10条地道，同时又在东边开挖了21条地道作为攻城的手段。玉壁城内无水，须于汾河取水，神武截断汾河，不让流入城中，一夜功夫就做成了。韦孝宽将神武兵卒堆造的土山夺了过去。围城50多天，没能攻下，却死亡7万多人，神武下令将死者集中埋在一个大冢中。神武重病。十一月初一日，神武抱病乘车返归。十一日，调遣太原公高洋镇守邺城。十二日，召世子高澄回晋阳。这时，西魏都说神武围玉壁时被箭射伤，神武听到报告后，就强打精神与诸贵人相见，还让斛律金高唱《敕勒歌》，神武在一旁和唱，唱得泪流满襟。

　　侯景一向小看世子，曾对司马子如说："王在，我不敢有非分之举；王无，我不能与鲜卑小孩共事。"子如赶紧捂住了他的口。此时，太子代神武修书征召侯景。侯景先前与神武有约，得信函，若信函背面有小黑点，才来看望。信到，无约定的记号，侯景未来，又听说神武病重，便拥兵自守。神武对太子说："我虽然病重，可是你的脸上却有更多的忧虑之色，为什么？"太子没有回答。神武又问："难道不是担忧侯景反叛？"答："是的。"神武说："侯景专制河南14年，常怀飞扬跋扈之志，只有我能调养，他岂能让你驾驭！如今天下未定，千万不要匆匆发布我死的消息。库狄干是鲜卑老人，斛律金为敕勒老人，两人性格耿直，是不会背弃你的。可朱浑道元、刘丰生从远道来投奔我，无疑没有异心。贺拔焉过儿朴实而且很少有过失。潘相乐原本是作道人，心地善良而且宽厚，你们弟兄会得他的帮助。韩轨少戆，应该宽容。彭相乐难得真心实意，应该提防着他。稍微能与侯景抗衡的只有慕容绍宗，因此我不让他富贵，留下给你，你必须殊礼相待，委以重任。"

　　五年（547年）正月初一日，日蚀，神武说："日蚀是为了我哟，死也无憾了。"八日，向魏帝呈送书启。是日，崩于晋阳，时年52岁。天保初年，追封为献武帝，庙号太祖。天统元年（565年），改谥号神武皇帝，庙号高祖。

屡建战功　名显一时——斛律金

　　斛律金，字阿六敦，朔州人，高车族。高祖倍侯利因威武勇敢而驰名塞外。北魏道武帝时他率领部落内迁，归附鲜卑拓跋部，被赐爵为孟都公。孝静帝天平年间，斛律金贵盛时，被赠官司空公。

　　斛律金性格敦厚直率，善于骑马射箭，行军打仗则用匈奴战法，看尘土能推知马跑的路程多少，从地上听马步声音可知军队的远近。开初被任为军主，与北魏怀朔镇将相钧护送柔然族首领阿那环回北方。阿那环见斛律金射猎，为他的深厚所叹服。后来阿那环入侵高陆，斛律金击败了他。孝明帝正光末年，破六韩拔陵谋反，斛律金带领部众投奔他。破六韩拔陵授予他王的称号。斛律金预料破六韩拔陵最终必败，就统率所部一万户到云州向北魏政府投降，北魏授予他第二领民酋长。不久引兵南出黄瓜堆，被杜洛周打败，部众分散，斛律金与其兄斛律平两人单身投归尔朱荣，尔朱荣上表请任斛律金为别将，后逐步升为都督。孝庄帝即位后，赐封爵为阜城县男，加号宁朔将军、屯骑校尉。随从官军击败葛荣、元颢，屡有战功，加号镇南大将军。

尔朱荣叛逆作乱，高欢有夺取天下的志向，斛律金与娄昭、库狄干等都赞成高欢的大计谋，于是跟着他树起义旗。高欢南攻邺城，留斛律金守信都，兼任恒、云、燕、朔、显、蔚六州大都督，委托他处理后方事宜。斛律金另外又讨伐李修，大胜而回，加官右光禄大夫。适逢高欢到了邺，于是斛律金随从他平定晋阳，追击消灭了尔朱兆。孝武帝太昌初年，朝廷任命斛律金为汾州刺史、当州大都督，晋封为侯爵，跟从高欢在河西打败纥豆陵伊利。东魏孝静帝天平初年，迁都于邺，朝廷命斛律金领步骑3万镇守凤陵以防备西魏进攻，完成任务后，回到了晋阳。他又随从高欢与西魏在沙苑大战，失利后回师，由此东雍州诸城重新被西魏军所占据，后高欢派斛律金与尉景、库狄干等人讨伐收复了它。孝静帝元象年间，宇文泰重新向河阳大举进攻，高欢率部队讨伐抵抗，他派斛律金直往太州，成夹击之势。斛律金到晋州，因军队退兵不再前行，就与行台薛修义共同包围乔山的敌人。不久高欢到达，于是共同把它讨平。接着随从高欢攻下南绛、邵郡等数城。孝静帝武定初年，北豫州刺史高仲密据城叛入西魏，宇文泰进攻洛阳，高欢派斛律金统率刘丰，步大汗萨等共有数万步兵、骑兵守卫河阳城抗拒他。高欢到后，斛律金与他一同大败高仲密。回军后，授官做大司马，改封石城郡公，食邑1000户，转为第一领民酋长。武定三年，高欢出兵袭击山胡，分为两道，以斛律金为南道军司，由黄栌岭出击；高欢自己从北道出击，度赤绛岭，与斛律金会合于乌突戍，联合击败了它。军队归来后，出任为冀州刺史。武定四年，下诏命斛律金率领部队从乌苏道与高欢在晋州会合，接着一起进攻玉壁。军队归来时，高欢让斛律金总督全军，一起回到了晋阳。

世宗高澄继承高欢的皇位后，侯景占据颍川向西魏投降，朝廷下诏书派斛律金统领潘乐、薛孤延等固守河阳来防备。西魏指使大都督李景和、若干宝率数万骑兵和步兵打算从新城出发援助侯景。斛律金率领部队停顿在广武等待袭击它，李景和等听到消息后退走。回军后，斛律金被任命为肆州刺史，仍然率领自己的部队在宜阳修筑杨志、百家、呼延三个戍点，安置了守备而回。侯景走向南豫州，西魏仪同三司王思政进入和占据了颍川。高澄派高岳、慕容绍宗、刘丰等率领部队包围它，再次命斛律金统领彭乐、可朱浑元等军屯兵到河阳，用以切断他逃走和来救援的道路。又诏命他率领部队会攻颍川。此事平定后，再命斛律金率领部队从崿坂送米到宜阳，西魏九曲戍将马绍隆占据险要进行阻击，斛律金打败了他，因功另封安平县男。

显祖文宣帝高洋即帝位，封斛律金为咸阳郡王，刺史照旧不变。是年冬，到晋阳宫上朝。斛律金病，皇帝亲往看望，赐给医药，宫中使者常来不断。病愈后回到肆州。文宣帝天保三年，授任为太师。高洋征伐奚贼，斛律金随从。回军后，高洋到肆州，与斛律金聚宴练习射箭后回去。天保四年，斛律金被解除徐州刺史，以太师身份回到晋阳。皇帝高洋再次亲临他家，六宫和诸王也随着去，在那里置酒作乐，直到深夜才结束。高洋十分高兴，诏命斛律金次子斛律丰乐为武卫大将军，接着对斛律金说："您老是开国元勋和佐命大臣，父子都对王室忠诚，朕当与你家结为婚姻，使你家永远成为藩卫。"于是诏命斛律金的孙子斛律武都娶义宁公主。在婚礼的日子里，皇帝跟随皇太后亲临斛律金家，皇后、太子及诸王等都跟随而去，斛律金就是这样被皇帝所亲近看重。

后来由于柔然被突厥打败，部落分散，高洋怕柔然侵犯边塞，掳掠百姓，就诏命斛律金率两万骑兵驻屯在白道来防备。而柔然首领豆婆吐久备统领3000余户打算秘密向西通过，侦察骑兵回来报告，斛律金就统率部众追击，全部俘虏敌军。柔然首领但钵将要带领其全国上下向西迁徙，斛律金获得他们的侦察兵，送到了朝廷，并上表陈述对柔然可以击获的形势。高洋就率领部队与斛律金一起出讨至吐赖，俘获茹茹两万余户而归。斛律金进位右丞相，食齐州干禄，后又升为左丞相。

肃宗高演即位，把斛律金的孙女作为皇太子的后妃。又诏命斛律金在上朝时，可以坐步挽车到台阶，世祖高湛即位，对斛律金更是礼重，又把他的孙女作为太子的后妃。斛律金的长子斛律光任大将军，次子斛律羡和孙子斛律武都官开府仪同三司，出镇到地方上，其余子孙都封侯显达。斛律金一门有一个皇后，两个太子妃，3个公主，他受的恩宠，当时没有人可以相比。斛律金曾对斛律光说："我虽然不读书，但听说从古以来外戚梁冀等没有一个不最后倾覆灭门。女儿如果受到皇帝宠爱，其他贵妃就会妒忌；女儿如果失宠，皇帝就讨嫌她。我们家族一直以功勋和尽忠来得到富贵，岂可以依靠女儿呢？"他的话没有得到重视，因此常常为此担忧。后主天统三年死，时年80岁。世祖武成帝在西堂举哀。后主又在晋阳宫举哀。赠官假黄钺、使持节、都督朔定冀并瀛青齐沧幽肆晋汾十二州诸军事、相国、太尉公、录尚书、朔州刺史、酋长，王不变，赠赐丧葬钱百万，谥号为"武"。儿子斛律光继承爵位。

周书

《周书》概论

　　《周书》，唐令狐德棻撰，共50卷，包括本纪8卷，列传42卷，记录了北魏大统元年（535年），东西魏分裂至隋开皇元年（581年）隋代北周间的48年史事，其中西魏23年，北周25年。作者仿《尚书》文体写成，语虽典雅，却难免失实，所载有关均田制、府兵制的史料较为重要。原书残缺，今本多取《北史》补入。

一

　　令狐德棻是唐初第一个向最高统治者提出修撰前朝诸史的史学家。武德四年（621年）十一月，令狐德棻在向唐高祖的上书中，从历史角度，提出了修撰近代"正史"的重要性，从政治的角度，提出了修撰近代诸史的可能性。他的建议，有理有据，因此，唐高祖采纳了令狐德棻的建议，并在武德五年（622年）十二月特地下达了《命萧瑀等修六代史诏》。诏书指出了史职的重要和修史的目的，提出了修撰前代历史的内容和要求，对修撰前代各史的作者做了任命，令狐德棻与侍中陈叔达、太史令庾俭修周史。但是，这次修史工作，经过几年的时间，竟不就而罢。

　　唐太宗继位后，于贞观三年（629年）复下诏撰述北魏、北齐、北周、隋、梁、陈"六代史"。史臣商量后，认为北魏史已有北齐魏收所撰《魏书》和隋代魏澹所撰《魏书》，史事详备，不必再修。唐太宗表示同意，并派令狐德棻修北周史，李百药修北齐史，姚思廉修梁、陈史，魏徵修隋史，由令狐德棻具体指导和协调诸史的撰述工作。贞观六年（632年）令狐德棻迁任礼部侍郎，兼修国史。4年后，五史俱成，令狐德棻以修周史而受到皇帝奖励。

贞观二十年（646年）唐太宗下诏重修《晋书》后，64岁的令狐德棻在房玄龄的推荐下，再次发挥他的史学才能。在修撰《晋书》工作中，令狐德棻所发挥的作用是很关键的。参加修撰的18个人，共推他为首，对于制定《晋书》的体制和类例，他负有主要责任。两年以后，《晋书》修成，令狐德棻因此而被任命为秘书少监。

令狐德棻是一位有漫长的著作生涯的历史学家，他对唐初史学的杰出贡献，不仅表现在他的思想远见和史学才能方面，而且还突出表现在他的大量的著述工作方面。他一生致力于皇家撰述工作（主要是历史撰述工作），凡40余年，可以这样说，凡唐初的重大历史著述活动，都饱含着令狐德棻的心血。另外，尤其难能可贵的是，他曾热情地支持和具体地帮助了李延寿个人撰著《南史》《北史》的工作，书成之后，令狐德棻予以检阅、详正和推荐，使李大师、延寿父子的愿望和心血才没有付之东流。《南史》《北史》的修成并成为封建社会"正史"而流传至今，是有令狐德棻的一份功劳的。

二

令狐德棻主编《周书》，经历了两次才得以完成。一次是在武德五年（622年），与陈叔达、庾俭共修，未成。贞观三年（629年）唐太宗又命令狐德棻和岑文本同修周史，令狐德棻又上奏请求崔仁师为助手，贞观十年（636年）成书，共50卷，帝纪8卷，列传42卷。

《周书》很值得注意的一个问题是断限。唐初，关于叙述北朝史事的著作，已有北齐魏收的《魏书》、隋魏澹的《魏书》，前者以东魏为正统、西魏为僭伪，后者则相反。令狐德棻考虑到魏澹的《魏书》记西魏事不尽满意，而北周上承于西魏、隋上承于北周、唐又上承于隋，有必要强调这个"正统"关系，因而在《周书·文帝纪》里，详细地记述了西魏时期的政治、军事大事。所以，从《周书》断限来看，它实际是包揽了西魏、北周两朝史事。这在当时，特别是魏澹《魏书》还存在的情况下，似乎没有什么特别重要意义。但到北宋，魏澹《魏书》已佚，只剩帝纪一卷。这样，《周书》所述西魏史事就成为后人了解西魏一朝历史的第一手材料了。

《周书》在民族史和民族关系史上的价值是尤其值得重视的。北魏、西魏、东魏是鲜卑族拓跋部建立的政权,北周是鲜卑族宇文部建立的政权,北齐则是鲜卑化的汉人建立的政权。《魏书》《周书》《北齐书》比较集中地记述了这5个皇朝的兴衰史。如果我们把《魏书》《周书》《北齐书》中记述的鲜卑族在政治、经济、文化、习俗等方面的种种变化,跟《三国志》、《后汉书》里所记鲜卑族史事加以比较的话,我们就会看到:在这二三百年中,鲜卑族的历史取得了何等伟大的进步! 其实,这又不只是鲜卑族的进步。自东汉末年以后,匈奴、鲜卑、羯、氐、羌等族同汉族不断走向融合,不断加深了封建化。《周书》正是这个历史过程的真实记录之一。

唐初,与周史有关联的不少史籍都完整存在,可资依据的直接史料较为丰富,"而令狐德棻了不兼采,以广其书",只主要以牛氏(指牛弘)书为蓝本,遂使《周书》"文而不实,雅而无检,真迹甚寡,客气尤烦"。牛弘《周纪》"弥尚儒雅",令狐氏撰写"唯凭本书,重加润色,遂使周氏一代之史,多非实录者焉"。宋人也说《周书》"多非实录"。赵翼推崇"繁简得宜,文笔亦极简劲",还说《周书》本纪写得得体,完全是就文字立论。从史料学角度来说,《周书》的资料是较贫乏的。

《周书》虚文较多,但不是说《周书》一无是处,因北周距唐初时代较近,一些重要史实因它保存下来。在纪、传中记有魏、周的府兵制资料,在不少列传中记载"乡兵"资料,在苏绰、薛善等人列传中所记屯田供军的成绩,在宇文盛、李迁哲等传中,出现了我国史书上最早的"庄田"记载,在于宴、杨绍、侯植等传和武帝纪中,可以看到奴婢、部曲和杂户的社会地位。在关于阶级斗争方面,卷二十五《李贤传》记载了万俟道洛、达符显、豆卢狼、莫折后炽等在原州先后领导的起义,卷二十九《伊娄穆传》记载了伍城郡赵雄杰与梓潼郡王令公、邓悙等起义。卷三十三《赵昶传》记载了凤州仇周贡、魏兴等起义。当时,有些重大史事,其他南、北诸史不载,而《周书》则详述之。如侯景之乱后,梁朝宗室岳阳王萧詧脱离梁政权,于江陵建立后梁政权(555—587年),成为西魏和北周的附庸,共历3帝,统治33年,后灭于隋。《梁书》不载此事,而《周书·萧詧传》不仅为萧詧立了专传,而且为其再传萧岿和三传萧琮以及有关王子大臣26人立了附传，大体上反映了后梁统治的概况，对于后梁一朝可谓留下了价值无比珍贵的资料。另外，《周书》还保留了当时政治、经济、文化等方面一些极为重要的文献。如《苏绰传》的"六条诏书"和《大诰》《卢辩传》中的官品命数、《庾信传》的《哀江南赋》等等。认真爬梳，《周书》中仍可收集一些重要史料。因此，其书在旧史书中的地位，仍是应该肯定的。

令狐德棻修史的目的不仅是要阐明唐王朝统治的正统性，而且还要给诸多大族功臣的先辈树碑立传，因此，《周书》难免在写法上存在回护、阙书、蛇足等不足之处。后人指其内容多脱离实际是不过分的。

三

北周的历史很短（557—581年），仅25年，加上它的前身西魏（535—556年），也只有48年，相对而言，在中国历史上的地位也不十分重要。一般的读者对之并不十分了解，有必要根据《周书》的纪传尤其是本纪加以介绍。

《周书》本纪7卷，其中《文帝纪》上下两卷，《明帝纪》一卷，《武帝纪》上下两卷，《宣帝纪》一卷，《静帝纪》一卷，共记录了宇文氏五传的历史情况。

北周的实际创建者是文帝宇文泰，在西魏时虽终以臣位，没有禅代建国，但他把握西魏朝政的实权，为后周的建立打下了坚实的基础，所以《周书》以文帝纪作首卷开篇，而且基于时间长、政事多、内容量大而分为上下两卷。宇文泰是鲜卑人，出身武川镇兵，曾随父参加六镇起义，葛荣失败后他投奔了尔朱荣，高欢灭尔朱氏后，他据有长安与高欢对抗。他的力量不如高欢强大，为了与高欢竞争，他的政策比较开明。在政治上，他重用庶族地主，对门阀予以限制，他还重新颁布了均田制，因此，土地兼并不如东魏、北齐那样剧烈，促进了关中地区的经济发展。

军事上，宇文泰实行了鲜卑部落兵制与中原征兵制相结合的"府兵制"。府兵有严格的训练，战斗力较强，大大提高了周的军事力量，为周灭齐与隋统一全国打下了军事基础。

在宇文泰奠定的基础上，其子宇文觉废西魏恭帝，改国号为周，史称北周（557—581年），都长安。当时政权掌握在宇文护手中。557年，宇文护先废宇文觉改立宇文毓，后又杀毓改立宇文邕。572年，宇文邕杀掉宇文护，自己亲政，他就是有名的周武帝。武帝是北周历史上一位很有作为的君主，在位18年，生活俭朴，勤于政事，进一步完善了宇文觉时的各种制度，对后周的经济发展和力量壮大起到了承前启后的历史作用。

周武帝首先改革了府兵制，加强皇帝对军队的控制。其次是毁佛。北魏时期北方佛教盛行，到北周时，在其统治区内就有寺院万余，僧侣约百万，严重地影响了政府收入。574年，宇文邕下诏毁佛，销毁一切经像，没收寺院土地及其全部资产，百万僧侣被迫还俗为均田户。这在很大程度上减轻了人民的负担，政府的经济实力也得到加强，给灭齐做了重要的物质准备。在灭齐后，宇文邕又将毁佛推行于东方齐境。

575年，宇文邕开始伐齐，两年后，陷邺城，灭北齐，北方复归一统。而后，宇文邕又向南进攻，夺取了淮南地，基本上据有了长江以北占全国四分之三的土地。正当他准备统一全国时，不料于578年病故，统一愿望虽未实现，但他却为统一全国打下了良好的基础。

武帝本纪亦分上下两卷，记事起武成二年（560年）正月至宣政元年（578年）六月武帝崩，保存了有关周武帝在政治、经济、军事上的重大举措以及各王朝间交兵的资料。

宇文邕死后，子宇文赟立（宣帝）。宣帝荒淫，不理朝政，是历史上有名的昏君，即位不久即传位给子宇文阐（静帝），自为太上皇。外戚杨坚逐渐总揽朝政。581年，他终于废周帝，自称皇帝，改国号为隋。杨坚废静帝后不久，又弑之，时年9岁，宣帝纪一卷，记周宣帝宣政元年（578）至静帝大象二年（580）近两年的历史。该纪事实上反映的是杨坚及一些朝臣在周末的政治活动，是研究隋初历史尤需参考的文献。

《周书》列传42卷，所记人物近300人之多，基本上网罗了当时政治、文化等方面的主要人物。

通过阅读这些列传，我们可以更全面地了解到北周（包括西魏）的政治、经济、军事文学情况，从而对北周社会有一个大体印象。

政　略

因时制宜政之上务

五等之制，行于商周之前；郡县之设，始于秦汉之后。……是知因时制宜者，为政之上务也；观民立教者，经国之长策也。且夫列封疆，建侯伯，择贤能，置牧守，循名虽曰异轨，责实抑亦同归。……由此言之，建侯置守，乃古今之异术；兵权势位，盖安危之所阶①乎。

（《周书》卷十三，文闵明武宣诸子传）

【注释】

①阶：凭借。

【译文】

公、侯、伯、子、男五等爵位的制度，盛行于商周之前；郡县的设立，开始于秦汉之后。……可知依据时代的不同而制定与之相适宜的制度，是为政的最主要的任务；观察民众的情况而设立教化，是治理国家的长远谋略。而且分封土地，设置诸侯，选择贤能，设置牧守，名义上虽然说不一样，实际上还是相同。……由此可以说，建立诸侯，设置牧守，是古今不同的统治术，掌握兵权和势力地位，大概是安危的凭借了。

国君乃百姓之表

凡人君之身者，乃百姓之表，一国之的也。表不正，不可求直影；的不明，不可责射中。今君身不能自治，而望治百姓，是犹曲表而求直影也；君行不能自修，而欲百姓修行者，是犹无的而责射中也。故为人君者，必心如清水，形如白玉。躬行仁义，躬行孝悌，躬行忠信，躬行礼让，躬行廉平，躬行俭约，然后继之以无倦，加之以明察。行此八者，以训其民。是以其人畏而爱之，则而象之，不待家教日见而自兴行矣。

(《周书》卷二十三，苏绰传)

【译文】

　　大凡国君的形象，乃是老百姓的标杆，一个国家的目标。标杆不正，不可以要求影子直，目标不明，不可以责备射不中。现在国君不能管好自己，而企望管理好百姓，这就好像弯曲的标志，而要求得笔直的影子一样；国君自己没有修养，而想让百姓修身实践，就好像没有靶子而责备射不中一样，所以作为国君，一定心如清水，形如白玉，亲自实践仁义，亲自实践孝悌，亲自实践忠信，亲自实践礼让，亲自实践廉洁公平，亲自实践节俭，然后不倦地工作，并加之以敏锐的观察，就可以使人们都敬而畏之，才会以君主为榜样，不须等待天天在家里受教育而自动进行实践了。

清浊之由在于官之烦省

　　然善官人者必先省其官。官省，则善人易充，善人易充，则事无不理；官烦，则必杂不善之人，杂不善之人，则政必有得失。故语曰："官省则事省，事省则民清；官烦则事烦，事烦则民浊。"清浊之由，在于官之烦省。

(《周书》卷二十三，苏绰传)

【译文】

　　善于授人官职的人必须先减省官吏，减省官吏，则善良的人容易充任，好人做官，则事情没有不被管理好的。官吏繁多，一定会掺杂不善良的人，坏人任官必然会把吏治搞坏，故有句话说："官省则事情少，事少会使百姓清静，官吏繁杂则事情多，事多会使百姓混乱。"吏治清浊的根本原因，在于官吏的繁多还是减省。

法　制

柳庆断案二三例

　　广陵王元欣，魏之懿亲①。其甥孟氏，屡为凶横。或有告其盗牛。庆②捕推得实，趣③令就禁。孟氏殊无惧容，乃谓庆曰："今若加以桎梏④，后复何以脱之？"欣亦遣使辨其无罪。孟氏由此益骄。庆于是大集僚吏，盛言孟氏依倚权戚，侵虐之状。言毕，便令笞杀之。此后贵戚敛手，不敢侵暴。

　　有贾人持金二十斤，诣京师交易⑤，寄人停止⑥。每欲出行，常自执管钥⑦。无何，缄闭不异而失之。谓主人所窃，郡县讯问，主人遂自诬服。庆闻而叹之，乃召问贾人曰："卿钥恒置何处？"对曰："恒自带之。"庆曰："颇与人同宿乎？"曰："无。""与人同饮乎？"曰："日者曾与一沙门⑧再度酣宴，醉而昼寝。"庆曰："主人特以痛自诬，非盗也。彼沙门乃真盗耳。"即遣吏逮捕沙门，乃怀金逃匿。后捕得，尽获所失之金。……

　　有胡家被劫，郡县按察⑨，莫知贼所，邻近被囚系者甚多。庆以贼徒既众，似是乌合⑩，既非旧交，必相疑阻⑪，可以诈求之。乃作匿名书多榜⑫官门曰："我等共劫胡家，徒侣混杂，终恐泄露。今欲首，惧不免诛。若听⑬先首免罪，便欲来告。"庆乃复施免罪之榜。居二日，广陵王欣家奴面缚⑭自告榜下，因此推穷，尽获党与。……

　　太祖⑮尝怒安定国臣王茂，将杀之，而非其罪。朝臣咸知，而莫敢谏。庆乃进曰："王茂无罪，奈何杀之？"太祖愈怒，声色甚厉，谓庆曰："王茂当死，卿若明其无罪，亦须坐之。"乃执庆于前。庆辞气不挠，抗声曰："窃闻君有不达者为不明，臣有不争⑯者为不忠。庆谨竭愚诚，实不敢爱死，但惧公为不明之君耳。愿深察之。"太祖乃悟而赦茂，已不及矣。太祖默然。明日，谓庆曰："吾不用卿言，遂令王茂冤死。可赐茂家钱帛，以旌吾过。"

(《周书》卷二十二，柳庆传)

【注释】

①懿亲：至亲，古时特指皇室的宗亲。②庆：即柳庆，字更兴，历仕元魏和北周，为官清廉，政声颇佳，天和元年（556年）十二月卒。③趣：急，速。④桎梏：刑具，指脚镣手铐。⑤交易：做生意，做买卖。⑥停止：停留止歇。⑦管钥：钥匙。⑧沙门：即和尚。⑨按察：立案侦查。⑩乌合：像乌鸦一样聚集。这里指临时拼凑起来的抢劫团伙。⑪疑阻：相互猜忌。⑫牓：同"榜"，张贴告示。⑬听：判决。⑭面缚：即指两手反绑。⑮太祖：即北周太祖文皇帝宇文泰（507—556年），字黑獭，北朝西魏大臣，总揽西魏朝政。他死后，子宇文觉代西魏，国号周，追尊为文皇帝，庙号曰太祖。⑯争：同"诤"，诤谏。

【译文】

广陵王元欣，是元魏皇室宗亲。他的外甥孟某。多次行凶专横，恃势妄为。有人状告他偷盗耕牛。柳庆便将他逮捕审讯，获取证据，马上下令打入监牢。孟某却全无惧怕，反而对柳庆说："你今天如果把我拷起来的话，日后我看你又怎样替我打开？"元欣也派人前来申辩。孟某更加不可一世。柳庆于是将所属官吏全部召集起来，义正词严地列举孟某依恃权贵、侵扰滋事的不法行为。说完之后，便令人用乱棍将孟某打死。自此权贵的亲属和亲戚大为收敛，不敢侵扰滋事了。

有位商人携带20斤黄金，准备到京城去做生意，寄住在一户人家里，歇息好有个落脚点。每次要出门，总是把钥匙带在身上。可是过了没多久，装钱的匣子尽管没有打开，可里面的黄金却不知去向。商人便说是主人偷了他的钱，郡县便捉拿这家主人审问，这家主人不堪毒打违心招认。柳庆听后为之叹息，便召来商人，问他说："你的钥匙经常放在什么地方？"商人说："经常放在自己身上。"柳庆又问："可曾与人同宿？"商人回答说："没有。""可曾与人一同饮酒？"商人回答说："曾与一个和尚两次饮酒，醉了后便在当天白天睡着了。"柳庆说："主人只是因为打得身上疼痛难忍才谎称是他偷了你的金子，他并不是盗贼，那个和尚才是真正的盗贼。"当即派遣衙役将和尚捉拿归案，和尚却拿着金子逃走躲藏起来了。后来捉住了这个和尚，偷去的金子全部缴获。……

一胡姓之家被人抢劫，郡县都已立案侦查，但谁也不知贼人在哪里，受牵连而被囚禁的邻居很多。柳庆认为劫贼既然很多，似应是临时拼凑起来的抢劫团伙；既然以往又不很熟，彼此之间必然相互猜忌，可以用诳骗的办法来破此案。于是写了多封匿名信贴在官府门口，上面说："我们几人一同抢劫胡家，同伙成分混杂，始终担心有人泄露此事。现在想自首，又担心不能免罪而被诛杀。如果判决最先自首的人可以免罪的话，便前来官府自首。"于是柳庆又发布免罪的榜文。过了两天，广陵王元欣的家奴两手反绑着来到榜文处自首。柳庆便升堂审问，将其他党羽一网打尽。……

太祖曾对安定国臣子王茂很为不满，准备将他杀掉，而王茂并没有罪。朝中大臣们也都知道王茂是清白的，但没有一人敢上前劝谏太祖。柳庆却走上前说："王茂既然无罪，为什么还要杀他呢？"太祖更加气恼，声色俱厉，对柳庆说："王茂该死，你如果知道他没有罪的话，也得陪他一起死。"便叫卫士上前捉住柳庆。柳庆疾言厉色，毫不屈服，大声说："我听说不能通达事理的国君是不明之君，不能直言极谏的臣子是不忠之臣。我柳庆尽心竭力以效愚忠，本不是贪生怕死之辈，只是担心陛下成为不明之君啊。希望陛下好好考虑考虑我这一番话。"太祖幡然醒悟，下令赦免王茂，可已经来不及了。太祖沉默不语。第二天，对柳庆说："我没听从你的劝谏，致使王茂冤屈而死。我已下令赐给王茂家钱币和布帛，以表明我的过失。"

军　事

沙苑之战

冬十月壬辰,至沙苑,距齐神武军六十余里。齐神武闻太祖至,引军来会。癸巳旦,候骑告齐神武军且至。太祖召诸将谋之。李弼曰:"彼众我寡,不可平地置阵。此东十里有渭曲①,可先据以待之。"遂进军至渭曲,背水东西为阵。李弼为右拒,赵贵为左拒。命将士皆偃戈于葭芦②中,闻鼓声而起。申时,齐神武至,望太祖军少,竞驰而进,不为行列,总萃于左军。兵将交,太祖鸣鼓,士皆奋起。于谨等六军与之合战,李弼等率铁骑横击之,绝其军为二队,大破之,斩六千余级,临阵降者二万余人。齐神武夜遁,追至河上,复大克获。前后虏其卒七万。留其甲士二万,余悉纵归。收其辎重兵甲,献俘③长安。

(《周书》卷二,文帝纪下)

【注释】

①渭曲:渭水的弯曲处。②葭芦:芦苇。③献俘:古时军礼之一,打仗凯旋则献俘太庙以告成功。

【译文】

(537年)冬十月壬辰日,西魏军队到达沙苑(今陕西大荔),距东魏高欢的军队60多里,高欢听说宇文泰到达,便率领军队前来迎战。癸巳日早晨,侦察骑兵向宇文泰报告高欢的军队就要到了。宇文泰召集诸将商量对策。李弼说:"彼众我寡,不能在平地布置战阵,距此地东10里有渭水的弯曲处,可以先去占领,在那里等待他们。"于是进军到渭曲,背靠渭水,排成东西战阵。李弼在右方抵御,赵贵在左方抵御,命令将士全部隐藏在芦苇中,听到鼓声便发起冲击。申时,高欢的军队到达,看到宇文泰的军队少,便争相飞驰进军,已不成队列了,都聚集在左军。战斗一触即发。宇文泰鸣起了鼓,战士们勇敢地发起冲锋,于谨等6支军队与他们一起作战，李弼率领铁骑从横向攻击，将高欢的军队分割为两部分，大败高欢军队。6000多人被斩首，两万多人在战场上投降。高欢趁夜逃走，被追到黄河边，又获大胜。沙苑之战共俘虏东魏军队7万人，将其中的两万甲士扣留，其余的全部放回。还收缴了东魏的军事物资，献俘于长安。

西魏创建府兵制

初，魏孝庄帝以尔朱荣①有翊戴之功，拜荣柱国大将军，位在丞相上。荣败后，此官遂废。大统三年，魏文帝复以太祖建中兴之业，始命为之。其后功参佐命②，望实俱重者，亦居此职。自大统十六年以前，任者凡有八人。太祖位总百揆，督中外军。魏广陵王欣，元氏懿戚，从容禁闱而已。此外六人，各督二大将军，分掌禁旅，当爪牙御侮之寄。当时荣盛，莫与为比，故今之称门阀者，咸推八柱国家云。今并十二大将军录之于左。……右十二大将军，又各统开府二人。每一开府领一军兵，是为二十四军。

(《周书》卷十六，侯莫陈崇传)

【注释】

①尔朱荣：北魏执政大臣。武泰元年（528年），他乘孝明帝被胡太后毒死之机，举兵入洛阳，并拥立孝庄帝，掌握了朝政大权。因骄暴自恣，永安三年（503年），为孝庄帝所杀。②佐命：古代帝王建立王朝，自谓承天受命，故称辅佐之臣为佐命。

【译文】

起初，魏孝庄帝因为尔朱荣有辅佐、拥戴的功劳，授他为柱国大将军，地位在丞相之上。尔朱荣失败后，这个官职便取消了，大统三年（537年），魏文帝元宝炬让宇文泰创建中兴之业，又命令他担任此职。后来因功参与辅佐帝王、有名望而且大有功勋的人，也担任这个职务。自大统十六年（550年）以前，任此职的共有8人，宇文泰的职位是总管百官，监督内外军队。魏广陵王元欣，是元氏的至亲，只在宫内悠容闲在而已。另外6人，每人督管两位大将军，分别掌管禁军，充当党羽武臣的寄托。当时荣华盛贵，没有人能与之相比。所以现在称为门阀的，都推八柱国的家族。现在将12位大将军记录在左边。……右边12位大将军，每人又各统领两个开府，每个开府统领一军的士兵，共24个军。

理 财

苏绰论尽地力

人生天地之间，以衣食为命。食不足则饥，衣不足则寒。饥寒切体，而欲使民兴行礼让者，此犹逆坂走丸，势不可得也。是以古之圣王，知其若此，故先足其衣食，然后教化随之。夫衣食所以足者，在于地利尽。地利所以尽者，由于劝课有方。……夫百亩之田，必春耕之，夏种之，秋收之，然后冬食之。此三时者，农之要也。若失其一时，则谷不可得而食。故先王之戒曰："一夫不耕，天下必有受其饥者；一妇不织，天下必有受其寒者。"若此三时不务省事①，而令民废农者，是则绝民之命，驱以就死然。单劣之户，及无牛之家，劝令有无相通，使得兼济。三农之隙，及阴雨之暇，又当教民种桑、植果，艺其菜蔬，修其园圃，畜育鸡豚，以备生生之资，以供养老之具。

（《周书》卷二十三，苏绰传）

【注释】

①省：处理政务。

【译文】

人生于天地之间，用衣食维持生命。食不足则饥，衣不足则寒。饥寒逼迫身体，还想让民众实践礼让，这就像逆着山坡滚球一样，必定是不可能的。所以古代的圣王都知道这个道理，因此，首先使民众的衣食充足，然后再施行教化。衣食所以能够充足，在于地利充分发挥出来。地利所以充分发挥，在于鼓励耕作有办法。……百亩之田，必须春天耕地，夏天播种，秋天收获，冬天食用。春、夏、秋这3个季节，是农业的重要时间，如果失去了一个季节，便造成粮食不能得利和食用，所以先王告诫说："一夫不耕，天下必然有受饥饿的人；一妇不织，天下必有受冻的人。"如果这3个季节不以全力处理政务，而使农民放弃耕作，这就是断绝农民的活路，驱赶他们去死。孤单、家境不好的农户和无牛的家庭，应规劝他们有无相通，使得他们互相救济。三个季节的间隙及阴雨闲暇之时，还应当教农民种植桑树、果树、菜蔬，修整他们的园圃，饲养鸡和猪，用做繁衍不息资财的准备，和供给养老的用品。

治民当先治心

太祖方欲革易时政，务弘强国富民之道，故绰得尽其智能，赞成其事。……为六条诏书，奏施行之。其一，先治心，曰："……凡治民之体，先当治心。心者，一身之主，百行之本。心不清净，则思虑妄生。思虑妄生，则见理不明。见理不明，则是非谬乱。是非谬乱，则一身不能自治，安能治民也！是以治民之要，在清心而已。夫所谓清心者，非不贪货财之谓也，乃欲使心气清和，志意端静。心和志静，则邪僻①之虑，无因而作。邪僻不作，则凡所思念，无不皆得至公之理。率至公之理以临其民，则彼下民孰不从化。是以称治民之本，先在治心。"

（《周书》卷二十三，苏绰传）

【注释】

①邪僻：不正当。

【译文】

宇文泰将要想改革时政，尽力弘扬强国富民之道。所以苏绰得以用尽他的智能，帮助宇文泰完成这件事。……他为宇文泰制定了6条诏书，上奏施行，其一，先治心，曰："……大凡治理民众的根本，首先应当治心。心是一身之主，是各方面品行的根本。心不清净，则思虑就胡乱产生，思虑妄生，就是看见道理也不明白，见理不明就会是非错乱，是非错乱，则自己都不能管理自己，怎么能够管理民众呢！所以治民的重要之处，在于清心。所谓清心，并非是不贪财货的意思，而是要使心气清和，意志端正平静。心和志静，则不正当的思想就没有产生的凭借。邪僻的念头不能产生，就会使所思所想的没有不是最公正的道理。带着至公之理去管理民众，那些下层的民众还有谁不顺从教化呢！所以看管理民众的根本，在于先治心。"

德 操

周武帝克己励精

帝沉毅有智谋。……及诛护之后,始亲万机。克己励精,听览不怠。用法严整,多所罪杀。号令恳恻,唯属意于政。群下畏服,莫不肃然。……身衣布袍,寝布被,无金宝之饰,诸宫殿华绮者,皆撤毁之,改为土阶数尺,不施栌栱①。其雕文刻镂②,锦绣纂组③,一皆禁断。后宫嫔御,不过十余人。劳谦接下,自强不息。以海内未康,锐情教习。至于校兵阅武,步行山谷,履涉勤苦,皆人所不堪。平齐之役,见军士有跣行者,帝亲脱靴以赐之。每宴会将士,必自执杯劝酒,或手付赐物。至于征伐之处,躬在行阵。性又果决,能断大事。故能得士卒死力,以弱制强。破齐之后,遂欲穷兵极武,平突厥,定江南,一二年间,必使天下一统,此其志也。

(《周书》卷六,武帝下)

【注释】

①栌栱:斗拱。②雕文刻镂:雕刻彩饰。③纂组:赤色绶带。这里指豪华的衣物。

【译文】

周武帝深沉刚毅而有智谋。……等到专朝政的宇文护被杀以后,他开始亲理万机。周武帝克制自己,振奋精神,观察处理政务毫不懈怠。他执法严明,罪人大多要杀死,政令诚恳痛切,把唯一的心愿放在政事上。大臣们对他都敬畏佩服,没有不恭敬的。……周武帝身穿布袍,盖布被,没有金银珠宝之类的装饰,各宫殿中豪华的丝织品,全部撤掉并销毁,还把一些台阶改为土阶,房屋简陋,不设斗拱。那些雕刻彩饰,锦绣纂组,一律停止使用。后宫的嫔妃采女,不过10余人。他辛勤谦和地对待下级,奋发图强。周武帝认为国内还没有安定,而专心一意训练军队,到演兵习武、检阅军队时,他亲自在山谷中行走,体察勤苦，都是一般人所不能忍耐的。在打败北齐的战斗中，见到士兵中有赤脚的，周武帝便脱下自己的靴子给他。每次与将士们举行宴会时，必定亲自手执酒杯劝酒，或亲手赠给他们物品。到打仗的地方，他亲自在战阵中，果敢坚决，能决断大事，所以能够得到士卒拼死出力，以弱胜强。周武帝打败北齐之后，便想发动新的战争，平突厥，定江南，一二年间，必定使天下统一，这是他的志向。

得其人则治

史臣曰：仲尼有言："可与适道，未可与权"①。夫道者，率礼之谓也；权者，反经之谓也。率礼由乎正理，易以成佐世之功；反经系乎非常，难以定匡时之业。故得其人则治，伊尹放太甲，周旦相孺子是也；不得其人则乱，新都迁汉鼎，晋氏倾魏族是也。

（《周书》卷十一，晋荡公护传）

【注释】

①语出自《论语·子罕》。

【译文】

史臣说：孔子说过："可以同他一道取得某种成就的人，未必可以同他一道通权达变。"所谓道，是统领礼的称谓；所谓权，是不合于常法的称谓。统领礼于是使理公正，容易成就佐世之功；不合常法联系着异乎寻常，难以遵循礼法从而匡正义理。所以，得到有德之人则天下大治，伊尹流放太甲，周公旦辅佐周成王是这样；得不到有德之人则天下大乱，王莽建立新朝代汉，司马氏颠覆曹魏是这样。

传世故事

周武帝禁佛道二教

574年，周武帝召集群臣以及和尚、道士等，登上高座，和他们辨明三教的先后顺序，以儒教第一，道教为次，佛教最后。

575年，开始禁止佛道二教。经书、造像都给毁掉，罢免和尚、道士，让他们一同恢复平民身份。另外，还禁止各种繁杂的祭祀，礼仪典籍中没有记载的，全部废除。

周武帝释放奴婢

周武帝下诏命令，从534年起，到576年冬，东魏、北齐的民众被掠夺为周国奴婢的，攻克江陵后，良人被没收为奴婢的，都应释放，免除奴婢身份。原来的依附人口，免为平民。如果原来的主人还需要和他们居住在一起，可以留下来作为部曲和客女。

苏绰论教化

化，贵在能够用淳朴敦厚的风气引导百姓，用温和的处世法则浸润百姓，用道德修养影响百姓，用朴素的行为示范百姓。这样使百姓兢兢业业，内心变得善良，邪恶、虚伪的念头，贪婪的本性，不知不觉地减少、被感化，而百姓自己却不知为什么，就叫化（感化）。然后以忠孝节悌教育百姓，使他们慈爱；以仁义温顺教育百姓，使他们和睦，以礼义教育百姓，使他们敬让。慈爱就不会遗弃亲人，和睦就不会与人结怨，敬让就不会竞逐物利。具备这3点，王道就形成了。这就是教（教育）。

门资与刀笔论

长期以来，州郡大吏的任命，只凭门第，不考虑是否贤良；下等小吏的使用，只试他的文笔，并不问他的品行。门第，是先辈的爵禄，并不能防止子孙愚钝；文笔，是身外的末技，不能排除本性的奸伪。如果在门第高的当中得到贤良，那就像鞭策骏马而致千里；如果在门第高的当中得到愚钝，那就是土牛木马，形状相似而用起来不一样，不能用以行路。如果文笔好的当中有高尚的品行，那就是金表玉质，内外俱美，实在是宝贵的人才；如果好的当中本性奸伪，那就像在朽木上作画装饰，只能悦目一时，不能用它作梁椽之材。当今的选举，应当不限于门第，唯在得到贤能的人。

名医姚僧垣

姚僧垣，字法卫，吴兴郡武康（今浙江德清县）人。24岁，开始学习家传医术。

大将军、乐平公窦集突然患中风，精神烦乱，没有知觉。先到的医生，都说没救了。姚僧垣是后到的，诊断结束说："昏迷归昏迷，终究还是有救。可以专门祭祀，配合药物治疗。"乐平公家里人都很高兴，请来了术士。姚僧垣给他服了合汤散，没过多长时间病就痊愈了。大将军、永世公叱伏列椿久患痢疾，但他仍然不停止上朝。燕公谨有次问姚僧垣："乐平公、永世公都身患难治的疾病，依我的诊断，永世公的病较轻。"僧垣回答说："病患有深有浅，时重时轻。乐平公虽然昏迷，最后还能够保全性命。永世公的病表面上轻，但不能免死。"燕公谨又问："您说他不能免死，那会在什么时候？"僧垣说："不会超过4个月。"结果和他说的完全一样。燕公谨对其医术大为惊叹。

人物春秋

逞武扬威荡齐国——高祖武皇帝

高祖武皇帝名邕，字祢罗突，是太祖第四子。母亲是叱奴太后。大统九年（543年），武皇帝生于同州，当时有神光照耀室内。武皇帝自幼懂得孝敬，聪明机敏，表现出才识和天赋。太祖常感到惊异，说："能完成我志向的，必定是这个孩子。"12岁时，被封为辅城郡公。孝闵帝登基后，拜为大将军，出镇同州。世宗即位，升柱国，授蒲州诸军事、蒲州刺史。武成元年（559年），入都为大司空、治御正，进封鲁国公，兼任宗师。世宗对他很亲近，凡有大事，多同他商议，武皇帝性格深沉，识见宏远，不是因为世宗垂问，他始终不轻易发表意见。世宗常叹说："此人不言，言必有中。"

武成二年夏四月，世宗驾崩，遗诏将帝位传给高祖。高祖一再谦让，百官劝进，不得已于二十一日，高祖即皇帝位，大赦天下罪犯。冬十二月，改建露门、应门。同年，齐常山王高演废去高殷而自立，这是孝昭皇帝。

保定元年（561年）正月初一日，下诏说："寒来暑往，岁末将至，改元命始，国之典章。朕只承宝器，宜遵故例。可改武成三年为保定元年。嘉号既新，惠泽宜布，文武百官，各增四级。"以大冢宰、晋国公宇文护为都督中外诸军事，令五府听命于天官。三日，在圆丘祭天。五日，在方丘祭地。七日，在南郊祭祀天帝。次日，祭祀太社。十三日，突厥派使臣贡献土产。二十日，下诏道："登基之始，朕膺天子；代朕成事，唯望臣卿。故周文公以上圣之智，辅佐周朝，乃作六典，延续700余年。自此以后，余绪渐失，使巍巍之教化，历千年而不传；郁郁之风习，终百王而永坠。我太祖文皇帝禀纯和之气质，更仗上天所赋之杰出才智，德配上天，功侔造化，故能弃末世之弊风，步盛周之典范，百官遵制，人才汇集。所谓天地改而重构，岂但《洪范》所言之天人感应？朕承继皇位，欲扬盛美。今可布行此礼于太祖庙庭。"二十一日，祭祀太庙，颁布太祖所述六官。二十五日，吐谷浑、高昌皆派使臣贡献土产。二十六日，诏令凡经历过战争的军官，年龄60岁以上者，以及百姓70岁以上者，均按等级授予官职。二十七日，亲耕藉田。二十八日在正武殿举行典礼，依次赏赐百官。

二月三日，派遣使臣巡察全国。在洮阳设置洮州。十八日，在东郊祭日。

十九日，突厥、宕昌皆派来使臣贡献土产。三十日，省去车辇，不观百戏。弘农郡上奏，说发现九尾狐。

三月二十日，改八丁兵为十二丁兵，每个民丁每年轮流服役一个月。

夏四月初一日，出现日蚀。十五日，封少傅、吴公尉迟纲为大司空。二十二日，白兰遣使臣贡献犀甲、铁铠。

五月初一日，封孝闵皇帝之子宇文康为纪国公，封皇子宇文贽为鲁国公。晋公宇文护献上玉斗。二十三日，突厥、龟兹同时朝贡特产。

六月十一日，遣治御正殷不害等人出使陈国。

秋七月初四日，下诏说："大旱已久，禾苗枯萎。难道是牢狱不治、刑罚失当所致吗？所有在押犯人：凡死罪以下，一年徒刑以上者，各降本罪一等；凡笞百鞭以下者，全部赦免。"又铸新钱，钱币的正面铸有"布泉"二字，以一当五，与五铢钱并行。五日，追封皇伯父宇文颢为邵国公，以晋公之子江陵公宇文会为其后嗣；封二伯父宇文连为杞国公，以章武孝公之子永昌公宇文亮为其后嗣；封三伯父宇文洛生为莒国公，以晋公之子崇业公宇文至为其后嗣；又追封武邑公宇文震为宋国公，以世宗之子宇文实为其后嗣：均袭领封地。二十五日，火星进入舆鬼星座，触犯其积尸星团。

九月初一日，南宁州遣使者贡献滇马及蜀地铠甲。初二日，翼宿星座有新星发现。

冬十月初二日，出现日蚀。初六日，火星侵入太微垣的上将星座，与之重合。

十一月初三日，任大将军、卫国公宇文直为雍州牧。陈国遣使来访。晋封柱国、广武公窦炽为邓国公。同月，齐孝昭帝驾崩，其弟长广王高湛继位，为武成帝。

同年，追封皇族祖宇文仲为虞国公。

保定二年春正月初一日，在蒲州开凿黄河水渠，在同州开凿龙首渠，以扩大灌溉面积。二十六日，以陈主之弟陈顼为柱国，送其返回江南。

闰正月十九日，诏令柱国以下，帅都督以上的官员，其母亲、妻子依次授予太夫人、夫人、郡君、县君诸衔。二十三日，金星进入昴宿星座。二十九日，柱国、大司马、凉国公贺兰祥逝世。洛州百姓周共妖言惑众，分封将相，被处以死刑。

二月二日，火星侵入太微垣上相星座。十三日，因久旱无雨，下令宽免罪人，京城30里以内禁止饮酒。梁主萧缵驾崩。任命大将军，蔡国公宇文广为秦州总管。

三月二十五日，火星侵入太微垣的左执法星座。

夏四月初六日，天旱，禁止屠宰。十九日，南阳贡献三足乌鸦。湖州上奏，声称有人看见两只白鹿跟着一只三角兽行进。二十一日，在伏流城设置和州。二十七日，下诏说："近来因为外敌犹在，灾祸未除，九州之大，未能据其一，文武官员立功者，虽然赏赐有王侯封地，但未能有租赋之利。各位柱国功高德隆，宜有丰厚崇高的待遇，准许他们另立制度，其受封爵者之邑户听任寄食他县。"

五月初一日，华山之南众多祥瑞同时出现，大赦天下囚犯，所有官员及军人，普遍晋升两级。南阳宛县为三足乌鸦聚集之地，免除今年徭役和一半租赋。二十三日，任命柱国随国公杨忠为大司空，吴国公尉迟纲为陕州总管。

六月初一日，任命柱国、蜀国公尉迟迥为大司马，邵国公宇文会为蒲州总管。划出华山之南的荆州、安州、襄州、江陵为四川总管。

秋七月初一日，封开府贺拔纬为霍国公。七日，金星侵入太微垣的舆鬼星座。

九月初一日，日蚀现出。陈国派使臣来访。

冬十月初二日，下诏说："树立元首，主宰天下，本意是要宣明教化，养育百姓；岂能只关心自己身份的尊隆华贵、地位的奢侈豪富？因此唐尧服粗葛之衣，进粗糙之食，尚且临汾阳而长叹，登姑射山而联想。何况本不具备圣人的品德而欲望过多，又怎么能满足众人之心？处于尊位，朕十分惭愧。如今大敌未平，军费开支庞大，百姓家境贫虚，谁能生活富足？凡是供奉朕之衣服饮食，以及四时所需者，均从宫内调遣，朕今日亲自削减。即使还不能立刻推行古人之道，也不能说没有一点儿相似吧？你们各级官府，怎么能不思俭省节约，助朕唯恐不及呢？"十五日，皇帝亲自在大武殿举行射礼，文武百官全都参加。二十二日，在少陵原讲习武学。从南宁州中划置恭州。

十一月初一日，任命大将军卫国公宇文直、大将军赵国公宇文招为柱国。又任命宇文招为益州总管。十六日，火星在危宿星座以南侵犯木星位置。

十二月，益州贡献赤色乌鸦。

保定三年春，正月初六日，改光迁国为迁州。二十日，赐太保、梁国公侯莫陈崇自尽。二十七日，在乞银城设置银州。

二月初六日，颁布新的法律。初七日，诏令凡是在魏大统九年（543年）以前，以都督以上身份身亡，而其子孙未能以次受职者，均按等级授予官职。渭州贡献三足乌鸦。二十七日，下诏说："天地开辟，天象明显；天、地、人三才已备，岁时节气次第彰明。所以《尚书》说帝王敬受天命，《易经》中的《序卦》制定历法，以明天时。这是先代一定的典制，百王不易的要务。伏念世祖文皇帝，敬顺上天，忧劳国事，按历法分序六家，以阴、阳二家为首。传至我这小子，未能遵循执行，为此感到不安，心存戒慎，若有危险。自朕登基以来，事情多出于仓促，背离谐和，错乱时节，于先帝志向多有举措失当之处。以致风雨失时，疫病灾祸屡次发生，谷物无法生长，万物不得昌盛，朕为此事十分伤心。自今日起，凡举办大事，推行政令，只要不是军机急迫，都应当依照时令，以顺应上天之心。"

三月初一日，出现日蚀。十二日，宕昌派使臣贡献活猛兽两只，诏令放于南山。二十一日，益州贡献三足乌鸦。

夏四月初二日，任命柱国、郑国公达奚武为太保，大将军韩果为柱国。初六日，帝在正武殿亲自讯视记录囚徒的罪状。十日，举行求雨之祭。二十日，有牛足生于背上。二十五日，视察太学，以太傅、燕国公于谨为三老，向他求教。下令禁止国人报仇，违犯者以杀人论处。二十九日，诏令百官及百姓上密封章奏，放言政事得失。

五月初一日，由于天旱，避开常居治事之所，不接受百官朝拜。十一日，下雨。

秋七月初六日，巡视原州。初八日，陈国派使臣来访。十五日，巡视津门，垂问一生之事，赏赐钱帛，又赏赐老人官职不等，凡死罪皆降一等。

八月十五日，改建露寝。

九月初三日，从原州登上陇山。火星侵入太微垣上将星座。二十五日，巡幸同州。二十七日，诏令柱国杨忠率骑兵一万联合突厥进攻齐国。二十八日，蒲州贡献一茎多穗的禾稻，不同田地所产谷穗相同。下令世袭州郡县者改为五等爵，袭州者封伯爵，袭郡者封子爵，袭县者封男爵。

冬十月初一日，火星侵犯太微垣的左执法星座。十四日，任命开府、杞国公宇文亮为梁州总管。十九日，陈国派使臣来访。

十二月初一日，从同州返回长安。派遣太保、郑国公达奚武率骑兵3万从平阳出击，以策应杨忠。同月，有人生一男孩，下阴在背后，犹如尾巴，两足指如兽爪。有犬生崽，从腰以后分为两个身子，有两条尾巴、6条腿。

保定四年春正月初一日，杨忠攻破齐国长城，至晋阳而回。

二月初一日，出现日蚀。五日，火星侵犯房右骖。

三月初一日，火星又犯房右骖。二十二日，下令百官执笏。

夏四月初四日，任命柱国、邓公窦炽为大宗伯。

五月初五日，封世宗长子宇文贤为毕国公。十日，突厥派使臣贡献土产。十六日，任命大将军、安武公李穆为柱国。三十日，改礼部为司宗，改大司礼为礼部，改大司乐为乐部。

六月初三日，改御伯为纳言。

秋七月初二日，粟特派使者贡献土产。二十二日，焉耆派使者贡献名马。

八月初一日，出现日蚀。诏令柱国杨忠率军联合突厥东征，至北河而归。初二日，任命柱国、齐国公宇文宪为雍州牧，许国公宇文贵为大司徒。

九月初二日,任命柱国、卫国公宇文直为大司空,封开府李昞为唐国公,若干凤为徐国公。陈派使臣来访。同月,皇世母阎氏自齐国来长安,天下大赦。

闰九月初四日,任命大将军韦孝宽、大将军长孙俭同为柱国。

冬十月初九日,任命大将军陆通、大将军宇文盛、蔡国公宇文广同为柱国。十日,诏令大将军、大冢宰、晋国公宇文护率军讨伐齐国,武帝在太庙庭授以斧钺。于是宇文护统率大军出潼关,大将军权景宣率华山以南各路军队出豫州,少师杨㯹出轵关。十三日,武帝至沙苑犒劳大军。十九日,武帝还宫。

十一月初十日,柱国、蜀国公尉迟迥率大军进围洛阳,柱国、齐国公宇文宪驻扎军队于邙山,晋国公宇文护驻扎陕州。

十二月,权景宣进攻齐国豫州,刺史王士良率领全州投降。初八日,齐军渡黄河,抵达洛阳,诸军惊恐溃散。尉迟迥率部下数十骑抵抗,进而击退敌军,到夜里撤回。柱国、庸国公王雄力战阵亡。于是撤军。杨㯹在轵关阵亡。权景宣也放弃豫州,撤军而归。

保定五年春正月一日,由于庸国公王雄为王事捐躯,取消早朝。初八日,白虹遮蔽日光。十七日,下令荆州、安州、江陵等地总管俱隶属于襄州总管府,任命柱国、大司空、卫国公宇文直为襄州总管。二十一日,太白、荧惑、岁星会合于娄宿星座。二十二日,吐谷浑派使臣贡献土产。任命庸国公王雄长子开府王谦为柱国。

二月初八日,诏令陈国公宇文纯、柱国许国公宇文贵、神武公窦毅、南安公杨荐等,赴突厥迎接可汗之女。十一日,鄀州捕获绿毛龟。十三日,任命柱国、安武公李穆为大司空,绥德公陆通为大司寇。十九日,巡视岐州。

三月初六日,柱国、楚国公豆卢宁逝世。

夏四月,齐武成帝将皇位禅让给皇太子高纬,自称太上皇。

五月初五日,任命皇族父宇文兴为大将军,袭领虞国公封爵。十八日,诏令左右武伯各置中大夫一人。

六月初九日,彗星出现于三台,入文昌星座,侵犯上将星座,后经紫宫西垣入危宿,渐渐长达一丈有余,指向室宿、壁宿。百余日后,渐短,长二尺五寸,在虚宿、危宿区域消失。二十日,下诏说:"江陵人中凡是年龄在六65岁以上而没入官府为奴婢者,已经下令放免。无论公私奴婢,凡年龄超过70者,均由所在官府赎为平民。"

秋七月初一日,出现日蚀。初十日,巡视秦州。减轻死罪以下囚徒刑罚。二十一日,派遣大使巡察全国。

八月二十六日,从秦州返长安。

九月二十六日,益州贡献三足乌鸦。

冬十月初二日,改函谷关城为通洛防。

十一月初二日，岐州奏称发现独角之兽。十六日，吐谷浑派使者贡献土产。二十九日，陈国派使者来访。

天和元年（566年）春，正月初一日，出现日蚀。初三日，露寝落成，帝亲临之。令文武百官赋古诗，京都有名望的老人也都请来参加，按等级颁发赏赐。初五日，大赦天下，更改年号，百官晋升四级。二十九日，在宕昌设置宕州。任命柱国、昌宁公长孙俭为陕州总管。遣《礼记》经师杜杲出使陈国。

二月初一日，任命开府、中山公宇文训为蒲州总管。二十一日，诏令三公以下各级官员推举人才。二十三日，日晕，日光微弱，乌鸦出现于太阳之中。

三月二十九日，祭祀于南郊。

夏四月初三日，益州贡献三足乌鸦。初五日，举行求雨之祭。十八日，太阳出现交晕，被白虹遮蔽。同月，陈文帝驾崩，他的儿子伯宗继位。

五月初四日，帝在正武殿集会群臣，亲自讲解《礼记》。吐谷浑龙涸王莫昌率部落向周国归附，以其地设置扶州。十八日，下诏说："道德沦丧，礼义遂兴。地位虽高而不骄奢，所处充盈而不过度，富贵才能长守，国家才能太平无事。承顺天道，四海安宁，人民祥和，敬奉鬼神，其神明如日月之光，其规律如四时之序。朕虽平庸愚昧，仍有志于远古之盛世。殷纣于甲子自焚，夏桀于乙卯被逐，所以《礼记》说：'当此忌日，不应奏乐。'自从世道丧乱，礼节仪式紊乱毁弃，这一典则模糊不清，已经衰落。此日，应当减少铺张，停止奏乐。只有这样，也许能体会到当君王不容易，当臣子也不容易。要把这一典则传给后代，不要忘记殷纣亡国的教训。"

六月初一日，任命大将军、枹罕公辛威为柱国。

秋七月初三日，修筑武功、郿、斜谷、武都、留谷、津坑等城，用来驻扎军队。初七日，下诏说："凡王室及贵族长子入太学，只需向教师致送酬金，不必再行置爵祭神之礼。置爵祭神之礼应放在学业完成之后，从今往后这项规定不再予以变更改变。"

八月十五日，下诏说："凡是服丧3年，或者负土成坟，或者睡于草席而消瘦不堪，其志向行为中稍有可称扬者，令所辖官府随时上报。对此应当表示慰问勉励，以抵制浇薄的习气。"

九月初一日，信州蛮族冉令贤、向五子王等反叛，诏令开府陆腾将其讨平。

冬十月十二日，太白星在白天出现，穿过天空。二十一日，创制《山云舞》，用来丰富黄帝、唐、虞、夏、殷、周等六代的音乐。

十一月十三日，巡视武功等新城。十二月十八日，返回皇宫。

天和二年春，正月初一日，出现日蚀。二十七日，亲自耕作籍田。

三月初二日，改武游园为道会苑。十六日，制定帝王在郊外祭祀的制度。

夏四月初四日，归并东南诸州：把颍州、归州、溳州、均州划归唐州，油州划归纯州，鸿州划归淮州，洞州划归湖州，睢州划归襄州，宪州划归昌州。任命大将军、陈国公宇文纯为柱国。

五月初二日，突厥、吐谷浑、安息都派使臣贡献土产。初七日，晋封柱国、安武公李穆为申国公。十九日，岁星与荧惑在井宿会合。

六月十初一日，尊生母叱奴氏为皇太后。二十四日，月亮进入毕宿星座。

闰六月初一日，地震。初九日，陈国湘州刺史华皎率部众归附，派襄州总管、卫国公宇文直率领柱国绥德公陆通，大将军四弘、权景宣、元定等人领兵支援，乘机南征。二十三日，任命大将军、谯国公宇文俭为柱国。二十八日，岁星、太白会合于柳宿。二十四日，襄州报告有五色云出现。

秋七月初二日，梁州报告凤凰栖于枫树，群鸟列队侍护，多达万数。十五日，设立露门学，有学生72人。二十一日，太白星侵犯轩辕。二十三日，任命太傅、燕国公于谨为雍州牧。

九月，卫国公宇文直等与陈将淳于量、吴明彻战于沌口，周军失利。元定率数千步骑兵先期渡江，在江南全军覆没。

冬十月初四日，日升日落时，太阳中出现一团如杯口大小的黑气。初七日，又增加一团黑气。6天后才消失。

十一月初一日，出现日蚀。十六日，太保、许国公宇文贵逝世。

天和三年春，正月初五日，在南郊祭祀。

二月初二日，驾临武功。二十二日，返回皇宫。

三月初八日，皇后阿史那氏从突厥至。初九日，大赦天下囚犯，所有失去官职爵位者，一律恢复旧职。十二日，在路寝盛宴招待文武百官及四方宾客，依次赏赐衣马钱帛。十九日，任命柱国、陈国公宇文纯为秦州总管，蔡国公宇文广为陕州总管。二十三日，太傅、柱国、燕国公于谨逝世。二十四日，太白星侵犯井宿北轩第一星。

夏四月十六日，任命太保、郑国公达奚武为太傅，大司马、蜀国公尉迟迥为太保，柱国、齐国公宇文宪为大司马。太白星进入舆鬼星座，触犯积尸星团。

五月十六日，祭祠太庙。二十六日，驾临醴泉宫。

六月初十日，有彗星出现于井宿之东，向北运行一月之久，以舆鬼星宿才消失。

秋七月初九日，柱国、隋国公杨忠逝世。二十五日，从醴泉宫返回。二十六日，有新星出现于房宿，渐渐东行入天市，侵犯营室，直到奎宿，经40余日才消失。

八月初二日，韩国公元罗逝世。齐国请求和亲，派使臣来访，诏令军司马陆逞、兵部尹公正回访。十日，帝驾临大德殿，集合百官及和尚、道士等，亲自讲解《礼记》。

九月十八日，太白与镇星于角宿会合。

冬十月初一日，祭祀太庙。二十四日，太白星进入氐宿。二十五日，帝亲率六军在城南讲习武学，京师去观看的人极多，车马绵延数十里，各国使节也都在场。

十一月初一日，出现日蚀。十三日，巡视岐阳。二十一日，派开府崔彦穆、小宾部元晖出使齐国。二十三日，陈国安成王陈顼废黜其主伯宗，自立为宣帝。

十二月十六日，从岐阳返回长安。同月，齐国武成帝驾崩。

天和四年春，正月初一日，因为齐国武成帝驾崩，停止早期。派遣司会、河阳公李纶等人到齐国参加葬礼，并赠送财物，以示吊唁。

二月初三日，任命柱国、昌宁公长孙俭为夏州总管。初八日，帝亲临大德殿，集合百官、道士、和尚等讨论佛教、道家的教义。岁星反向而行，遮掩太微垣的上将星座。初十日，有一颗斗大流星，出于左摄提星，两移至银河，消失后，有雷鸣之声。

夏四月初十日，齐国派使臣来访。

五月初一日，帝制成《象经》，集合百官讲解。封魏国广平公之子元谦为韩国公，以承继魏国后嗣。二十二日，驾临醴泉宫。二十九日，柱国、吴国公尉迟纲逝世。

六月，修筑原州和泾州东城。

秋七月二十四日，从醴泉宫返回。三十日，突厥派使臣贡献马匹。

八月二十三日，强盗杀害孔城防主，并该地于齐国。

九月初四日，派遣柱国、齐国公宇文宪率领部众在宜阳修筑崇德等城。

冬十一月二十五日，柱国、昌宁公长孙俭逝世。

十二月二十七日，取消陇州。

天和五年春，二月十五日，邵惠公宇文颢之孙宇文胄从齐国归来。改邵国公宇文会为谭国公，封宇文胄为邵国公。

三月初七日，进封柱国韦孝宽为郧国公。二十日，命令宿卫官凡住在函谷关或潼关以东者，须将全家迁入京师，不从者，解除其宿卫官职务。

夏四月初一日，任命柱国宇文盛为大宗伯。驾临醴泉宫。取消帅都督官。十三日，派遣使臣巡视全国。任命陈国公宇文纯为陕州总管。

六月初十日，封开府梁睿为蒋国公。十八日，由于皇女诞生，下令宽免罪人，并免去欠租和预支。

七月，盐州贡献白兔。初四日，从醴泉宫返回。三十日，任命柱国、谯国公宇文俭为益州总管。

九月初二十九日，太白、岁星会合于亢宿。

冬十月初一日，出现日蚀。初六日，太白、镇星会合于氐宿。十七日，太傅、郑国公达奚武逝世。

十一月十六日,追封章武孝公宇文导为豳国公,以蔡国并入豳国。十八日,柱国、豳国公宇文广逝世。

十二月十四日,大将军郑恪率军讨平越嶲,设置西宁州。

当年冬天,齐将斛律明月侵犯边界,在汾水北岸,从华谷至龙门修筑新城。天和六年春,正月初一日,因露门尚未建成,取消早朝。诏令柱国、齐国公宇文宪率军抵御斛律明月。十九日,封大将军张掖公王杰、谭国公宇文会、雁门公田弘、魏国公李晖等人为柱国。

二月十一日夜,天空出现宽约3尺的青黑色云气,从戌时直到辰时。

三月初一日,齐国公宇文宪从龙门渡过黄河,斛律明月退守华谷,宇文宪攻克其新筑的5座城池。

夏四月初一日,出现日蚀。初二日,荧惑侵犯舆鬼星座。十四日,信州蛮族首领冉祖喜、冉龙骧起兵反叛,派大将军赵䜣将其讨平。十七日,任命柱国、燕国公于寔为凉州总管。大将军、杞国公宇文亮为秦州总管。二十三日,任命大将军、荥阳公司马消难为柱国。陈国公宇文纯、雁门公田弘率军攻占齐国宜阳等9座城池。任命大将军武安公侯莫陈琼、太安公阎庆、神武公窦毅、南阳公叱罗协、平高公侯伏侯龙恩等人为柱国。封开府斛斯征为岐国公,封右宫伯长孙览为薛国公。

五月十六日,派纳言郑诩出使陈国。十九日,任命大将军唐国公李柄、中山公宇文训、杞国公宇文亮、上庸公陆腾、安义公宇文丘、北平公寇绍、许国公宇文善、犍为公高琳、郑国公达奚震、陇东公杨纂、常山公于翼等人为柱国。

六月十九日,任命大将军、太原公王柬为柱国。同月,齐国将领段孝先攻陷汾州。

秋七月二十九日,任命大将军、赵国公宇文盛为柱国。

八月初八日,镇星、岁星、太白会合于氐宿。

九月十五日,月亮在娄宿,出现日全蚀,阳光消失。二十八日,削减宫廷旁舍的四夷乐队和后宫的罗绮工人,共500余人。

冬十月初八日,冀国公宇文通逝世。二十一日,派右武伯谷会琨、御正蔡斌出使齐国。二十八日,帝亲自率领六军在城南讲解武学。

十一月初八日,任命大将军侯莫陈芮、大将军李意为柱国。十二日,齐国派使者来访。十三日,巡视散关。十二月初六日,返回皇宫。

当年冬天,牛瘟流行,有十之六七死去。

建德元年(572年)春,正月十六日,帝驾临玄都观,亲登法座讲说,公卿道俗等人辩论驳难,事情结束后回宫。下令凡死囚及流放犯人均减罪一等,赦免5年徒刑以下者。

二月初一日，派大将军、昌城公宇文深出使突厥，司宗李际、小宾部贺遂礼出使齐国。十三日，柱国、安义公宇文丘逝世。

三月初一日，出现日蚀。十四日，处死大冢宰晋国公宇文护，以及宇文护之子柱国谭国公宇文会、宇文会之弟大将军莒国公宇文至、崇业公宇文静，并处死柱国侯龙恩、龙恩之弟大将军万寿、大将军刘勇等人。大赦天下囚犯，改年号为建德。二十一日，任命太傅、蜀国公尉迟迥为太师，柱国、邓国公窦炽为太傅，大司空、申国公李穆为太保，齐国公宇文宪为大冢宰，卫国公宇文直为大司徒，赵国公宇文招为大司空，柱国、续牢公辛威为大司寇，绥德公陆通为大司马。下诏说："如果百姓过于劳累，星象会出现异常；做事不依时令，会出现石人之言。所以要使政事平静，首先要做到不骚扰百姓；要使政治安定，首先要停止徭役。过去大兴土木，没有节制，征发百姓，无休无止，加上年年兴兵打仗，农田荒废。去年秋天发生蝗灾，收成不好，有的百姓逃亡，家中亦无女子。朕每天严肃约束自己，常怀戒慎之心。从现在起，除了法令规定的赋役之外，不许妄自征发。这样做，也许可以达到国家昌盛，人民富足，符合朕的意愿。"

夏四月初二日，任命代国公宇文达、滕国公宇文逌为柱国。诏令荆州、安州、江陵等地总管不再隶属于襄州。初七日，任命柱国张掖公王杰为泾州总管，魏国公李晖为梁州总管。诏令公卿以下官员各自举荐人才。派工部代公宇文达、小礼部辛彦之出使齐国。十四日，诏令百官军民上密封章奏，可放言指陈政事得失。十五日，下诏取消全国各地的特别贡献。十八日，追尊略阳公为孝闵皇帝。二十一日，立鲁国公宇文赟为皇太子。大赦天下囚犯，百官各加封号或晋级。

五月，封卫国公宇文直长子宇文宾为莒国公，承继莒庄公洛生后嗣。二十一日，因为大旱，帝在朝廷召集百官，对他们颁布诏令道："正当农忙之际，大旱不雨，节序失调，大概还不仅如此。难道是因为朕德望不高，赏罚不公吗？所用文武大臣不当吗？各位应尽情直言，不得有所隐瞒。"公卿各自引咎自责。当夜有雨降下。

六月二十九日，另选派宿卫官员。

秋七月初一日，陈国派使臣来访。初五日，辰星、太白会合于东井。初八日，月亮侵入心宿中星。

九月初一日，出现日蚀。二十一日，扶风贡献挖地所得玉杯。

冬十月初一日，诏令江陵所获俘虏凡没入官府服役者，全部赦免为平民。初二日，派小匠师杨勰、齐驭、唐则出使陈国。柱国、大司马、绥德公陆通逝世。

十一月初八日，帝亲率六军在城南讲解武学。十二日，驾临羌桥，召集京城以东各军的都督以上官员，按等级颁发赏赐。十七日，返回皇宫。二十四日，任命大司空、赵国公宇文招为大司马。乙未日，月亮侵入心宿中星。

十二月初四日，巡视斜谷，召集京城以西地区各军的都督以上官员，按等级颁发赏赐。十八日，返回皇宫。二十一日，帝驾临正武殿，亲自讯视记录囚徒的罪状，到夜里才结束。二十二日，驾临道会苑，由于上善殿过于华丽，下令将其焚毁。

建德二年春，正月初四日，在南郊祭祀。初八日，任命柱国、雁门公田弘为大司空，任命大将军、徐国公若干凤为柱国。十三日，重新设置帅都督官。十八日，祭祀太庙。

闰正月初二日，陈国派使臣来访。

二月十五日，白虹遮蔽太阳。十八日，诏令皇太子宇文赟巡视慰问西部。二十三日，派司会侯莫陈凯、太子宫尹郑译出使齐国。荧惑侵犯舆鬼星座，进入积尸星团。撤销雍州所属8个郡，分别并入京兆、冯翊、扶风、咸阳等郡。

三月十三日，皇太子贡献在岐州猎获的两只白鹿。下诏答道："治理天下，在于德政，而不在于祥瑞。"二十七日，裁减六府诸司中大夫以下官员，府设置四司，以下大夫为官长，上士任副职。

夏四月初四日，祭祀太庙。二十四日，增加改派东宫官员。

五月初二日，荧惑侵犯右执法星座。十二日，任命柱国周昌公侯莫陈琼为大宗伯，荥阳公司马消难为大司寇，上庸公陆腾为大司空。

六月初六日，裁减六府员外诸官，都改为丞。初十日，月亮侵犯心宿中星。十八日，皇孙宇文衍诞生，文武官员普遍晋升一级。选拔诸军将帅。二十二日，帝亲临路寝，召集诸军将领，以武事相勉励。二十六日，诏令在各军旌旗上都绘制猛兽、猛禽的图像。

秋七月初五日，祭祀太庙。从春末直到七月不曾下雨。初八日，在大德殿召集百官，帝自陈过失，垂询政事得失。二十四日，下雨。

八月十二日，改三夫人为三妃。关内蝗灾严重。

九月初二日，陈国派使臣来访。初十日，太白侵犯右执法星座。十五日，任命柱国、郑国公达奚震为金州总管。下诏说："为政在于节约，守礼唯有俭省。可是近来婚嫁竟为奢华，往往耗尽资财，远远背离了典则先训。官府应当加以制止，使百姓都能够遵守礼制。"十九日，皇太子纳杨氏为妃。

冬十月初十日，齐国派臣来访。二十一日，制成六代乐，帝驾临崇信殿，召集百官观看表演。

十一月十九日，帝亲自率领六军在城东讲习军事。二十二日，帝召集各军都督以上官员50人，在道会苑举行射礼，帝亲临射宫，军容整盛。

十二月初一日，召集群臣以及和尚、道士等人，帝居上座，辩论三教次序先后，以儒教为先，道教为次，佛教为后。任命大将军、乐川公赫连达为柱国。二十六日，在正武殿听理诉讼，从天明直到入夜，燃烛继续办公。

建德三年春，正月初一日，在露门接受群臣朝拜。册封柱国齐国公宇文宪、卫国公宇文直、赵国公宇文招、谯国公宇文俭、陈国公宇文纯、越国公宇文盛、代国公宇文达、滕国公宇文道续等人，晋爵为王。初八日，祭祀太庙。初九日，突厥派使臣贡献马匹。十二日，下诏说："从今以后凡是男子年龄在15岁以上，女子年龄在13岁以上，以及鳏夫寡妇，军民百姓，均应按时嫁娶，务事节俭，不可因为财物聘礼的原因而拖延。"十七日，亲自耕种籍田。十八日，开始穿短衣，宴请二十四军督将以下军官，以军中之法行酒，尽情酣饮。下诏说：由于去年歉收，不少百姓口粮无继，无论官府私人，还是寺院道观和一般民众，凡有贮积粮食者，除准许留足口粮外，其余的全部出售。

二月初一日，出现日蚀。初六日，纪国公宇文康、毕国公宇文贤、酆国公宇文贞、宋国公宇文实、汉国公宇文赞、秦国公宇文贽、曹国公宇文允等人均晋爵为王。十五日，令六府各自举荐贤良正直之士。二十二日，柱国、许国公宇文善触犯刑律，赦免。二十四日，驾临云阳宫。二十七日，皇太后患病。

三月初一日，从云阳宫返回。十三日，皇太后逝世。帝住在草庐之中，每天只进食一溢米。群臣上表伏望皇帝保重，帝于10多天后才恢复正常生活。诏令皇太子宇文赟总理政事。

夏四月二十五日，齐国派使臣参加皇太后葬礼，并赠致财物，以示吊唁。二十七日，有彗星出现在紫宫垣的东北部，长7尺。

五月初一日，在永固陵安葬文宣皇后，帝袒露左臂，赤脚到陵园。初二日，下诏说："3年守丧之制，天子也不能例外，这是古今不变的准则，而为帝王所常行。"于是遂申明守丧3年之制，凡五服之内的人，也令其依礼制行事。开始设置太子谏议员4人，文学10人；皇弟、皇子友员各2人，学士6人。初八日，荆州贡献白色乌鸦。初九日，诏令对已死的晋国公宇文护及其诸子恢复生前封爵，并将他们改葬，追加谥号。十七日，禁止佛、道二教，毁掉全部经、像，取消和尚、道士，令其还俗。并禁止各种不合礼制的祭祀，凡礼典所不载者，全部予以废除。

六月十八日，召集诸军将领，教授作战布阵之法。二十三日，铸造五行大布钱，以一当十，与布泉钱同时流通。

秋七月初二日，驾临云阳宫。二十七日，卫王宇文直在京师举兵反叛，想攻入肃章门。司武尉迟运等坚守。宇文直兵败，率百余骑逃走。京师原已连续下雨一个月，当日雨止。三十日，帝从云阳宫返回。

八月初三日，在荆州活捉宇文直，罢免一切职位，降为平民。初七日，诏令凡在建德元年八月以前犯法而未被推究，但于以后败露而失去官职爵位者，可准其恢复官爵。八日，驾临云阳宫。

九月初三日，巡视同州。十一日，任命柱国、大宗伯、周昌公侯莫陈琼为秦州总管。

冬十月初九日，御正杨尚希、礼部卢恺出使陈国。十一日，雍州贡献苍乌。十三日，诏令蒲州饥民向郿城以西及荆州辖区找饭吃。二十七日，巡视蒲州。二十八日，因特殊情况而赦免蒲州死刑以下的囚犯。二十九日，巡视同州。始州民王鞅聚众造反，被大将军郑恪讨平。

十一月初一日，任命柱国、大司空、上庸公陆腾为泾州总管。于阗派使臣贡献名马。十二日，在城东对军队进行大检阅。十七日，从同州返回。

十二月初二日，接见大批卫官及军人，按等级赏赐钱帛。初五日，月亮遮蔽太白星。诏令荆、襄、安、延、夏五州总管，凡其辖区内有能募民参军者，视成绩授以官职。其中的贫困人家，给予免除3年赋税劳役的优待。十一日，改诸军军士为侍官。十二日，利州报告发现驺虞。十八日，在临皋泽集合各军讲解军事。凉州连年地震，城郭毁坏，地面裂开，泉水涌出。

建德四年（575）春，正月十二日，任命柱国、枹罕王辛威为宁州总管，任命太原公王康为襄州总管。设置营军器监。十七日，巡视同州。

二月初一日，出现日蚀。初六日，改派宿卫官员。十二日，柱国、广德公李意触犯法律，赦免。

三月初一日，派小司寇淮南公元伟、纳言伊娄谦出使齐国。郡县各裁减主簿一人。十一日，从同州返回。十九日，任命柱国、赵王宇文招为雍州牧。

夏四月初十日，柱国、燕国公于𤇾犯法，赦免。十三日，令上书者同时上表，对皇太子以下称启。

六月，诏令东南道四州总管辖区之内，凡是去年以来新归附之户，可以免除赋税劳役3年。

秋七月初三日，驾临云阳宫。初六日，禁止五行大布钱出入潼关，布泉钱听任其入而禁出。十四日，从云阳宫返回。二十一日，陈国派使臣来访。

二十三日，在大德殿召集大将军以上官员，皇帝说："太祖皇帝受天之命，神威英武，开创帝业，凡军威所向，皆不战而胜，只有伪齐尚怀野心。虽然屡次征讨，而大功未成。朕以愚昧，继承帝业，过去由于大权旁落，无法举措。自从朕亲理万机，便谋划东征。节衣缩食，修整军备，数年以来，已大体做好征战准备。伪主昏庸暴虐，一意孤行，伐除残暴，正是时机。现在打算出兵数路，水陆并进，北守太行山路，东扼黎阳险关。倘若攻克河阴，则兖、豫两地可不战而下。然后养精蓄锐，待敌军来犯。只要抓住一次战机，则必能战而胜之。各位以为怎么样？"群臣都说好。二十四日，下诏伐齐。任命柱国陈王宇文纯为前一军总管，荥阳公司马消难为前二军总管，郑国公达奚震为前三军总管，越王宇文盛为后一军总管，周昌公侯莫陈琼为后二军总管，赵王宇文招为后三军总管，齐王宇文宪率军两万进发黎阳，随国公杨坚、广宁侯薛回率水军3万由渭水入黄河，柱国梁国公侯莫陈芮率军一万扼守太行之道，申国公李穆率军3万扼守河阳之道，常山公于翼率军两万由陈、汝出发。二十九日，帝亲率前后六军共6万人，直指河阴。

八月二十一日，大军进入齐国境内。禁止砍伐树木，践踏庄稼，违犯者以军法从事。二十五日，帝亲率诸军进攻河阴大城，将其占领。又进攻子城，未能攻下。帝患病。

九月初九日夜，全军撤回，水军将船只焚毁后退却。齐王宇文宪以及于翼、李穆等部取得胜利，攻占30余座城池，都是齐军放弃不守的。只有王药城为战略要地，令仪同三司韩正把守。韩正随即以此城投降齐国。二十六日，东征大军返回。二十七日，任命华州刺史、毕王宇文贤为荆州总管。

冬十月初七日，设置上柱国、上大将军官职。改开府仪同三司为开府仪同大将军，改仪同三司为仪同大将军，又设置上开府、上仪同官职。十三日，巡视同州。

闰十月，齐将尉迟贵侵犯大宁，被延州总管王庆击退。任命柱国齐王宇文宪、蜀国公尉迟迥为上柱国，任命柱国代王宇文达为益州总管，任命大司寇荥阳公司马消难为梁州总管。诏令京师所辖各郡举荐有德行的人。

十一月十九日，改派司内官员。

十二月初一日，出现日蚀。二十日，从同州返回。二十六日，陈国派使者来访。

同年，岐州、宁州饥荒，开仓赈济灾民。

建德五年春，正月初四日，巡视同州。十二日，巡视黄河以东的涑川，集合关中、河东诸军圈围野兽以猎取。十五日，返回同州。十八日，下诏说："可分派使臣，视察各地，检查诉讼案件，采听民谣，询问民间疾苦。凡有牢狱失治，鱼肉百姓者，可根据事实推究取证，分条纪录上报。倘若政绩显著，治理有方者，或者是品行高洁的隐居之士，也应予以查验，将其名字上奏。"废除布泉钱。二十九日，下令凡私铸钱者处绞刑，从犯流放到远处为民。

二月十二日，派皇太子宇文赟巡视西部国土，继续讨伐吐谷浑，由皇太子总理军事，可见机决断。

三月二十一日，月亮侵犯东井第一星。二十三日，由同州返回，为文宣皇后服两年之丧。十九日，为文宣皇后举行两周年祭礼。

夏四月初七日，驾临同州。开府、清河公宇文神举攻占齐国陆浑等5座城池。

五月十四日，从同州返回。

六月初一日，出现日蚀。初四日，祭祀太庙。初九日，利州总管、纪王宇文康有罪，赐其自尽。初十日，驾临云阳宫。月亮遮蔽心宿后星。二十三日，荧惑进入舆鬼星座。

秋七月初六日，京师出现旱情。

八月初二日，皇太子征讨吐谷浑，至伏俟城而归。初九日，从云阳宫返回。十九日，陈国派使臣来访。

九月初一日，在正武殿举行盛大祭祀，为东征祈祷。

冬十月，帝对群臣说："朕去年患了疹疾，以致不能讨平残敌。当初进入敌人境内，充分察知敌情，看他们行军作战如同儿戏。又听说他们朝政昏乱，群小把持大权，百姓喧扰，情况危急。这是上天赐予的机会，如果我们不予以行动，恐怕以后要感到后悔。倘若再同往年那样，出兵黄河以外，也只能击其后背，而不能扼住敌人的咽喉。不过，晋州本是高欢起家之处，地位重要，如今我们前去攻打，对方必然前来增援，我军严阵以待，战则必胜。然后乘破竹之势，一路东进，足可以荡平贼窟，将其地收入版图。"诸将多不愿意出兵。帝又说："事物变化的征兆不可失去啊！如果有人阻挠我的军事行动，朕当以军法制裁。"

初四日，帝率军东征。任命越王宇文盛为右一军总管，杞国公宇文亮为右二军总管、随国公杨坚为右三军总管，谯王宇文俭为左一军总管，大将军窦恭为左二军总管，广化公丘崇为左三军总管，齐王宇文宪、陈王宇文纯为前军。初五日，荧惑侵犯太微垣上将星座。十三日，岁星侵犯太陵。十八日，帝至晋州，派齐王宇文宪率领精锐骑兵两万人把守雀鼠谷，陈王宇文纯率领步兵、骑兵共两万人把守千里径，郑国公达奚震率领步兵骑兵一万人守统军川，大将军韩明率步骑兵5000人守齐子岭，乌氏公尹升率步骑兵5000人守鼓钟镇，凉城公辛韶率步骑兵5000人守蒲津关，柱国、赵王宇文招率步骑兵一万人从华谷进攻齐国汾州诸城，柱国宇文盛率步骑兵一万人守汾水关。派内史王谊监督六军，进攻晋州城。帝屯兵于汾水河湾。齐王宇文宪进攻洪洞、永安二城，一举占领。当夜，一道长虹出现在晋州城上空，虹首向南，虹尾进入紫微宫，长达10余丈。帝每天从汾水河湾赴城下，亲自督战，城内人心惶惶。二十五日，齐国行台左丞侯子钦出城投降。二十七日，齐国晋州刺史崔景颢把守城北，夜里悄悄派人表示归附，上开府王轨率军响应。天色未明，城上击鼓呼叫，齐军溃散，于是收取晋州，活捉晋州城主特进、开府、海昌王尉相贵，俘虏带甲将士8000人，遣送关中。二十九日，任命上开府梁士彦为晋州刺史，加授大将军，留精兵一万镇守。又派各路兵马攻占齐国其他城镇，并先后降服。

十一月初四日，齐主从并州率军来援。帝认为齐军刚刚集结，应暂时避其锋芒，于是诏令各军撤回，派齐王宇文宪担任后卫。当日，齐主抵达晋州，宇文宪不同他接战，率军渡汾。于是齐主包围晋州，昼夜进攻。齐王宇文宪将各军屯集在涑水，声援晋州。河东发生地震。十八日，帝从东征前线返回。在太庙献俘。十九日，下诏说："伪齐背弃信约，恶贯满盈，朕因此亲率六军，东征问罪。兵威所及，攻无不克，贼众惶惶，无暇自保。等到我军班师回朝，伪齐竟又纠集贼众,游弋边境,蠢蠢欲动。朕今日再次率领各军出征,抓住机会,务必全歼。"二十一日,放回齐国各城镇投降的士兵。二十二日,帝从京师出发。二十七日,帝渡过黄河,与各军会合。

十二月初四日,在晋州扎营。当初齐国进攻晋州时,担心帝师突然袭击,在城南挖了一条大沟,从乔山延伸到汾水。六日,帝统率各军共8万人,摆开阵势,东西绵延20余里。帝乘着平日之骑,带领随从数人巡视阵地,所到之处都呼唤主帅姓名,表示慰问勉励。将士们深感知遇之恩,人人精神振奋,思有作为。将要开战,随从官员请皇帝换马,帝答道:"我独个儿骑着良马到哪里去?"齐主也在沟北列开阵势。申时后,齐军填平大沟,向南移动。帝大喜,指挥各军进攻,齐军撤退。齐主与部下数十骑逃回并州。齐军完全溃败,几百里内,到处是丢弃的辎重、盔甲和兵器,堆积如山。

初七日,帝驾临晋州,仍然率领各军追击齐主。诸将坚持请求撤军,帝说:"放走敌人,就是留下隐患。你们如果不相信,我就独自去追。"诸将不敢再说。十一日,齐主派丞相高阿那肱把守高壁。帝率军一路前进,高阿那肱看见势头不好,便率军撤退,随即溃散。十三日,大军驻扎介休,齐国将领韩建业举城投降,被任命为上柱国,封郇国公。十四日,大军扎营并州,齐主留其从兄安德王高延宗把守并州,自己率领轻装骑兵逃向邺城。当天,向齐国王公以下官员下诏,敦促他们放弃抵抗,立即投降。从此齐国将帅接连投降。封其特进、开府贺拔伏恩为郜国公,其余降将也授予不同官爵。

十五日,高延宗承继伪位,号为德昌。十六日,大军屯集并州。十七日,高延宗率兵4万抵抗,帝率各军接战,齐军退却,帝乘胜追击,率千余骑兵闯入东门,诏令诸军绕城布阵。到夜里,高延宗率军排好阵势,步步进逼,城中军队被迫退却,互相践踏,被高延宗打得大败,几乎全部死伤。齐军想关闭城门,因为门下积尸太多,城门难以关上。帝随从数骑,历尽艰险,得以冲出城门。天明时分,率诸军再战,大破齐军,活捉高延宗,并州自此平定。

二十三日,将齐宫中的金银财宝及宫女2000人赏赐将士。任命柱国赵王宇文招、陈王宇文纯、赵王宇文盛、杞国公宇文亮、梁国公侯莫陈芮、庸国公王谦、北平公寇绍、郑国公达奚震等人为上柱国。封齐王宇文宪之子、安城郡公宇文质为河间王,大将军广化公丘崇为潞国公,神水公姬愿为原国公,广业公尉迟运为卢国公。其他有功之人,也都授予不同官爵。三十日,帝率六军开赴邺城。任命上柱国、陈王宇文纯为并州总管。

建德六年春,正月初一日,齐王传位给太子高恒,改年号为承光,自称太上皇。十八日,帝到达邺城外。齐王事先在城外挖掘壕沟,竖起栅栏。十九日,帝率各军将该城包围,齐军抵抗,各军奋起攻击,齐军大败,于是平定邺城。齐主事先将其母亲妻儿送到青州,在邺城陷落时,率数十骑败走青州。帝派大将军尉迟勤率2000骑兵追击。这一仗活捉了齐国齐昌王莫多娄敬显。帝斥责他道："你有3条死罪：当初你从并州逃到邺城时，只带小妾，不要老母，这是不孝；你表面上为伪主效力，暗中却向朕通报消息，这是不忠；你表示归降之后，仍然脚踏两只船，这是不信。像你这样的用心，不死还等待什么？"于是下令将其斩首。当天，西方天空有雷鸣般的巨响。

二十日，帝进入邺城。齐国任城王高湝本来就在冀州，齐主抵达黄河以后，派侍中斛律孝卿将传国之玺送去，让位给高湝。斛律孝卿还没到达冀州，在中途被捉，押送邺城。诏令凡去年大赦时疏漏之人，均依照赦免之例执行。封齐国开府、洛州刺史独孤永业为应国公。二十二日，任命上柱国、越王宇文盛为相州总管。二十五日，下诏说："从晋州大战到平定邺城，凡阵亡者，即将其本来官职授予他们的儿子。"尉迟勤在青州活捉齐主及其太子高恒。

二十六日，下诏说："伪齐国已故右丞相、咸阳王斛律明月和已故侍中、特进、开府崔季舒等7人宜追赠谥号，妥善安葬。他们的现存子孙，均根据其先世功劳给予相应待遇。凡家人田宅没收入官者，一律发还。"

二十七日，下诏说："伪齐所建之东山、南园、三台可一并拆毁。将其能用的砖瓦木料赏赐百姓。山园所占之田还归本主。"

二月初三日，议定各军战功，在齐国太和殿摆设酒宴，会宴军士以上武职，按等级颁给不同赏赐。初四日，齐主到，帝亲自走下台阶迎接，按宾主之礼相见。高湝在冀州还拥有军队，不肯归附，派上柱国、齐王宇文宪和柱国、随国公杨坚率军将其讨平。齐国定州刺史、范阳王高绍义叛变，归附突厥。齐国各行台、州、镇全部投降，潼关以东平定。得齐国五55州，162郡，385县，3302528户，20006686口。于是在河阳、幽、青、南兖、豫、徐、北朔、定等地同时设置总管府，相州、并州二总管各设置宫室和六府官。

初十日，下诏说："凡是从伪武平三年（572年）以来，黄河以南各州被劫掠为奴婢者，不论官奴婢还是私奴婢，一律放免为民。愿住在淮河以南的，听任其返回，愿住在淮河以北的，予以安置。对于其中的残疾老弱、无法生活者，各级地方官员要亲自检查验明，并供给衣食，务必使之得以存活。"

十二日，帝从邺城返回京师。十三日，任命柱国、随国公杨坚为定州总管。

三月初九日，诏令太行山以东诸郡，各郡举荐两名通晓经书、干练能办事的人。倘若有奇才异术，出类拔萃者，则不拘多少。

夏四月初三日，从东征前线返回。让齐主站在前面，齐国诸王公随之，把缴获的车舆、旗帜及各种器物依次陈列在他们后面。帝部署六军，奏凯乐，向太庙献俘。京城观礼者都高呼万岁。初六日，封齐主为温国公。初八日，帝在露寝会宴群臣及诸外邦客人。十三日，撤销蒲、陕、泾、宁四州总管。二十七日，祭祀太庙。

五月初五日，任命柱国、谯王宇文俭为大冢宰。初八日，任命上柱国、杞国公宇文亮为大司徒，郑国公达奚震为大宗伯，梁国公侯莫陈芮为大司马，柱国、应国公独孤永业为大司寇，郧国公韦孝宽为大司空。初九日，帝在正武殿举行祭祀，以报告功业。十七日，祭祀地神。二十一日，驾临云阳宫。二十八日，陈国派使者来访。当月，青城门无故崩坍。

六月初六日，从云阳宫返回。初十日，帝在正武殿亲自查讯纪录囚犯的罪状。二十二日，在河州鸡鸣防设置旭州，在甘松防设置芳州，在广川防设置弘州。二十三日，帝东行巡视。二十六日，下诏说："禁止娶与母同姓者为妻妾。"

秋七月初八日，封齐王宇文宪第四子广都公宇文负为莒国公，承继莒庄公洛生后嗣。十二日，应州贡献灵芝草。十五日，驾临洛州。十八日，诏令太行山以东各州举荐人才，上县举荐6人，中县举荐6人，下县举荐4人，均赴皇帝所在之处，共同讨论政事得失。二十七日，任命上柱国、庸公王谦为益州总管。

八月初一日，议定度量衡制，颁布天下。凡不依新制者，一律追究。诏令凡因前代犯罪而没为官奴婢者，一律恢复平民身份。二十二日，郑州贡献九尾狐，皮肉已销腐净尽，只余骨架。帝说："祥端之物出现，一定象征着德政。倘若屡建功勋，四海和平，家家懂得孝敬慈和，人人知道礼义谦让，才能如此。如今并非，只恐这九尾狐也不是真的。"于是令人将其焚去。

九月初二日，任命柱国、邓国公窦炽和申国公李穆为上柱国。初八日，下令凡平民以上，其衣料为绸、绵绸、丝布、圆绫、纱、绢、绡、葛、布等9种，不得穿用其他衣料。朝会及祭祀时的衣服可不拘泥于此例。十四日，绛州贡献白雀。二十二日，诏令东部诸州儒生，凡通晓一种以上经书的，可一块举荐，州郡应按照礼仪将他们送来。癸卯日，封上大将军、上黄公王轨为郯国公。

冬十月初七日，驾临邺宫，十七日，将德皇帝改葬在冀州。帝穿着细麻布做成的丧服，在太极殿哭祭，百官穿白色衣服哭祭。当月，处死温国公高纬。

十一月初一日，百济派使臣贡献土产。初三日，封皇子宇文充为道王，宇文兑为蔡王。初四日，陈将吴明彻侵犯吕梁，徐州总管梁士彦率军接战失利，退守徐州。派上大将军、郯国公王轨领军讨伐。当月，稽胡反叛，派齐王宇文宪率军将其平定。

诏令从永熙三年（534年）七月以来，至去年十月以前，凡东部百姓被劫掠在境内为奴婢者，以及平定江陵之后，平民而沦为奴婢者，应当一律放还为平民。他们的所在地户籍，同平民士兵一样，如果旧主人还必须同他们生活在一起，可听任他们留为家仆和婢女。

三十日，出现日蚀。

颁布《刑书要制》。凡持杖群盗赃在一匹以上，监临自盗赃在20匹以上，小盗及诈骗官物赃在30匹以上、正、长隐瞒5户及10丁以上、隐瞒田地3顷以上者，皆可处死。《刑书》所未载者，仍依照律科量刑。

十二月十九日，吐谷浑派使臣贡献土产。二十日，东寿阳人反叛，率领5000人袭击并州城，刺史、东平公宇文神举将其荡平。二十一日，驾临并州宫。迁徙并州军民4万户到函谷关以西。二十七日，任命柱国、滕王宇文逌为河阳总管。二十八日，任命柱国、随国公杨坚为南兖州总管，上柱国、申国公李穆为并州总管。二十九日，撤销并州宫及六府。当月，北营州刺史高宝宁反叛。

宣政元年（578年）春，正月初五日，吐谷浑伪赵王他娄屯前来归降。十四日，驾临邺宫。从相州划出广平郡设置洺州，划出清河郡设置贝州，划出黎阳郡设置黎州，划出汲郡设置卫州；从定州划出常山郡设置恒州；从并州划出上党郡设置潞州。二十三日，巡幸怀州。二十五年，驾临洛州。下诏在怀州设置行宫。

二月初六日，柱国、大冢宰宇文俭去世。十九日，帝东巡返回。二十七日，任命上柱国、越王宇文盛为大冢宰，陈王宇文纯为雍州牧。

三月初一日，在蒲州设置行宫。撤去同州、长春二宫。五日，突厥派使臣贡献土产。初七日，开始戴平常的冠，冠用黑纱制成，加簪，没有系冠的丝带和束发的笄，样子像如今的折角巾。上大将军、郯国公王轨在吕梁击败陈军，活捉陈将吴明彻等，俘虏斩杀3万余人。十一日，下诏说："已故柱国豆卢宁征伐长江以南武陵、南平等郡时，所有平民没为奴婢者，一律依江陵之例恢复其平民身份。"十六日，改年号为宣政。

夏四月十五日，下令凡父母去世者，可服满3年丧期。二十三日，突厥侵入幽州，杀掠官吏百姓。商议派军讨伐。

五月二十三日，帝率军北伐。派柱国原公姬愿、东平公宇文神举等人率军，五路俱发。征派关中公私驴马，全部从军。二十七日，帝患病，到云阳宫后停止前进。三十日，下诏停止一切军事行动。

六月初一日，帝病重，返回京师。当夜，在所乘车辇中驾崩，享年36岁。遗诏令王公大臣辅导太子，丧礼从俭，不起高坟。逢吉日及时下葬，妃嫔以下未生子者，一律放其回家。

谥号为武皇帝，庙号为高祖。二十三日，在孝陵安葬。